W9-BGY-202

MISAL

Para todos los domingos
y fiestas del año

Ciclo dominical A

2020

Buena Prensa

Obra de los jesuitas de México
al servicio de la misión de la Iglesia

Pertenece a:
Belongs to:
CARLOS ZERPA
(403)
305-9842

Buena Prensa

Misal
Para todos los domingos y fiestas del año 2020. Ciclo dominical A

Director general: Jaime Porras, SJ
Editor: Juan E. Ponce de León

Dibujos en la apertura de cada Misa: † P. Antonio Serrano, SJ.
Dibujos de los comentarios a los evangelios: Israel Campos.

Imprimatur: ✠ Jonás Guerrero Corona,
Presidente de la Comisión Episcopal
para la Pastoral Litúrgica

© 2019, Obra Nacional de la Buena Prensa, A. C.
México
www.buenaprensa.com

Certificados de Licitud de Título y Contenido, núms. 6283 y 4953 respectivamente, otorgados por la Comisión Calificadora de Publicaciones y Revistas Ilustradas. Certificado de Reserva de Derechos de Autor no. 04-2006-021413092800-102.

Impreso en México, en Litografía Magno Graf, S.A. de C.V.

Obra de los jesuitas de México
al servicio de la misión de la Iglesia

ÍNDICE

Misas dominicales y festivas de 2020

Índice

Índice

PRESENTACIÓN

Damos gracias a Dios por la buena acogida que ha tenido nuestro Misal anual en otros años. Pretendemos que este Misal 2020 sea de utilidad para los fieles que participan en las celebraciones eucarísticas dominicales y festivas de nuestras comunidades.

Estamos invitados a participar en la doble mesa de la Palabra y del Cuerpo y la Sangre de nuestro Señor Jesucristo, y todo aquello que favorezca hacerlo de una manera "plena, consciente y activa", de acuerdo con lo que pidió el Concilio Vaticano II en la Constitución *Sacrosanctum Concilium* sobre la sagrada liturgia, tiene que ser debidamente valorado.

Este Misal, destinado al uso de los fieles, es de una gran riqueza, ya que en él vienen organizados 69 formularios de Misa con las lecturas de la Sagrada Escritura que aparecen en el Leccionario y con las oraciones propias del Misal Romano, que corresponden a los domingos, solemnidades y algunas fiestas del calendario litúrgico del año 2020, que en su mayoría pertenecen al ciclo dominical A y, a partir del 29 de noviembre, al ciclo B.

Al final de cada formulario de Misa ofrecemos una breve reflexión, que pretende ser el eco de algún aspecto de la celebración del día, inspirado ya sea por el evangelio, por alguna otra de las lecturas o por el misterio que se celebra. Esperamos que sean de provecho para todos.

Nuevamente incluimos las propuestas de notas musicales de los salmos y las aclamaciones antes del Evangelio, con un código QR asociado que, mediante los dispositivos móviles y la aplicación adecuados (existen varios y pueden ser descargados gratuitamente) y una conexión a internet, permite escuchar la tonada de la respuesta cantada de cada uno de ellos, para que puedan ser ensayados antes de la celebración por quienes entonan el salmo responsorial de la Misa desde el ambón.

Debido a que en algunas ocasiones no se cuenta con un coro o cantor, los fieles podemos animar las celebraciones con nuestra voz, aun cuando no contemos con el acompañamiento de instrumentos musicales. Es por eso que hemos incluido las letras de algunos cantos.

Como algo que puede ser utilizado antes y después de nuestro encuentro con el Señor en la Eucaristía, ofrecemos una sección de oraciones para uso personal o comunitario, sabiendo que "oramos lo que creemos" y "creemos lo que oramos".

Pedimos a Jesús, nuestro único Maestro, que nos conceda la gracia de asimilar su Palabra que da vida, y de permanecer fieles a la fe que nos ha dado. Que la santísima Virgen María de Guadalupe nos proteja y nos ayude a crecer como verdaderos hijos de Dios y hermanos de Jesucristo.

ORDINARIO DE LA MISA

RITOS INICIALES

Terminado el canto de entrada, todos, de pie, se santiguan con la señal de la cruz, mientras el sacerdote dice:

En el nombre del Padre, y del Hijo, y del Espíritu Santo.

El pueblo responde:

Amén.

SALUDO

Después el sacerdote saluda al pueblo, diciendo:

La gracia de nuestro Señor Jesucristo,
el amor del Padre
y la comunión del Espíritu Santo
estén con todos ustedes.

O bien:

La gracia y la paz de parte de Dios, nuestro Padre,
y de Jesucristo, el Señor,
estén con todos ustedes.

O bien:

El Señor esté con ustedes.

El sacerdote puede utilizar otro saludo del misal de altar.

RESPUESTA

El pueblo responde:

Y con tu espíritu.

ACTO PENITENCIAL
(El domingo, especialmente en el Tiempo Pascual, puede ser sustituido por la bendición y aspersión del agua en memoria del Bautismo).

El sacerdote invita al acto penitencial, diciendo:

Hermanos:
para celebrar dignamente estos sagrados misterios,
reconozcamos nuestros pecados.

El sacerdote puede usar otra invitación de las que se encuentran en el misal de altar. Al final se hace una breve pausa en silencio.

7

Después, todos dicen en común la fórmula de la confesión general:

**Yo confieso ante Dios todopoderoso
y ante ustedes, hermanos,
que he pecado mucho
de pensamiento, palabra, obra y omisión.**

Y, golpeándose el pecho, dicen:

Por mi culpa, por mi culpa, por mi gran culpa.

Luego prosiguen:

**Por eso ruego a santa María, siempre Virgen,
a los ángeles, a los santos
y a ustedes, hermanos,
que intercedan por mí ante Dios, nuestro Señor.**

El sacerdote concluye:

Dios todopoderoso
tenga misericordia de nosotros,
perdone nuestros pecados
y nos lleve a la vida eterna.

El pueblo responde:

Amén.

El sacerdote puede emplear otra fórmula, para el acto penitencial, de las que se encuentran en el misal de altar.

Siguen las invocaciones Señor, ten piedad (Kýrie eléison), si no se han dicho ya en alguna de las fórmulas del acto penitencial.

V. Señor, ten piedad. R. **Señor, ten piedad.**
V. Cristo, ten piedad. R. **Cristo, ten piedad.**
V. Señor, ten piedad. R. **Señor, ten piedad.**

GLORIA

A continuación, cuando está prescrito, se canta o se dice el himno:

**Gloria a Dios en el cielo,
y en la tierra paz a los hombres
que ama el Señor.
Por tu inmensa gloria te alabamos,
te bendecimos,
te adoramos,
te glorificamos,**

te damos gracias,
Señor Dios, Rey celestial,
Dios Padre todopoderoso.
Señor, Hijo único, Jesucristo;
Señor Dios, Cordero de Dios,
Hijo del Padre;
tú que quitas el pecado del mundo,
ten piedad de nosotros;
tú que quitas el pecado del mundo,
atiende nuestra súplica;
tú que estás sentado a la derecha del Padre,
ten piedad de nosotros;
porque sólo tú eres Santo,
sólo tú Señor,
sólo tú Altísimo, Jesucristo,
con el Espíritu Santo
en la gloria de Dios Padre.
Amén.

ORACIÓN COLECTA
Terminado el himno, el sacerdote, con las manos juntas, dice:

Oremos.

Y todos, junto con el sacerdote, oran en silencio durante un breve tiempo.

Después el sacerdote, con las manos extendidas, dice la oración colecta.

La colecta termina siempre con la conclusión larga:

… por los siglos de los siglos.

Al final de la oración el pueblo aclama:
Amén.

LITURGIA DE LA PALABRA

PRIMERA LECTURA
El lector va al ambón y proclama la primera lectura, que todos escuchan sentados.

Para indicar el final de la lectura, el lector dice:

Palabra de Dios.

Todos responden:
Te alabamos, Señor.

SALMO

El salmista, o el cantor, canta o recita el salmo, y el pueblo pronuncia la respuesta.

SEGUNDA LECTURA

El lector lee la segunda lectura desde el ambón, como la primera.

Para indicar el final de la lectura, el lector dice:

Palabra de Dios.

Todos responden:

Te alabamos, Señor.

ACLAMACIÓN ANTES DEL EVANGELIO

Sigue el **Aleluya**, u otro canto, según lo requiera el tiempo litúrgico.

EVANGELIO

Después el diácono, o el sacerdote, va al ambón, y dice:

El Señor esté con ustedes.

El pueblo responde:

Y con tu espíritu.

El diácono, o el sacerdote:

Del santo Evangelio según san N.

El pueblo aclama:

Gloria a ti, Señor.

Luego el diácono, o el sacerdote, proclama el Evangelio.

Acabado el Evangelio, el diácono, o el sacerdote, aclama:

Palabra del Señor.

Todos responden:

Gloria a ti, Señor Jesús.

HOMILÍA

Luego se hace la homilía.

PROFESIÓN DE FE

Al terminar la homilía, si corresponde, se dice el Símbolo o Profesión de fe:

Creo en un solo Dios,
Padre todopoderoso,
Creador del cielo y de la tierra,
de todo lo visible y lo invisible.

Creo en un solo Señor, Jesucristo,
Hijo único de Dios,
nacido del Padre antes de todos los siglos:
Dios de Dios, Luz de Luz,
Dios verdadero de Dios verdadero,
engendrado, no creado,
de la misma naturaleza del Padre,
por quien todo fue hecho;
que por nosotros, los hombres,
y por nuestra salvación bajó del cielo,

En las palabras que siguen, hasta se hizo hombre, todos se inclinan.

y por obra del Espíritu Santo
se encarnó de María, la Virgen, y se hizo hombre;
y por nuestra causa fue crucificado
en tiempos de Poncio Pilato;
padeció y fue sepultado,
y resucitó al tercer día, según las Escrituras,
y subió al cielo,
y está sentado a la derecha del Padre;
y de nuevo vendrá con gloria
para juzgar a vivos y muertos,
y su reino no tendrá fin.

Creo en el Espíritu Santo,
Señor y dador de vida,
que procede del Padre y del Hijo,
que con el Padre y el Hijo
recibe una misma adoración y gloria,
y que habló por los profetas.

Creo en la Iglesia,
que es una, santa, católica y apostólica.
Confieso que hay un solo bautismo
para el perdón de los pecados.
Espero la resurrección de los muertos
y la vida del mundo futuro.
Amén.

En lugar del Símbolo Niceno-constantinopolitano, sobre todo en el Tiempo de Cuaresma y en el Tiempo Pascual, se puede emplear el Símbolo bautismal de la Iglesia de Roma, también llamado "de los Apóstoles".

**Creo en Dios, Padre todopoderoso,
Creador del cielo y de la tierra.**

Creo en Jesucristo, su único Hijo, nuestro Señor,

En las palabras que siguen, hasta María Virgen, todos se inclinan.

**que fue concebido por obra y gracia del Espíritu Santo,
nació de santa María Virgen,
padeció bajo el poder de Poncio Pilato,
fue crucificado, muerto y sepultado,
descendió a los infiernos,
al tercer día resucitó de entre los muertos,
subió a los cielos
y está sentado a la derecha de Dios, Padre todopoderoso.
Desde allí ha de venir a juzgar a vivos y muertos.**

**Creo en el Espíritu Santo,
la santa Iglesia católica,
la comunión de los santos,
el perdón de los pecados,
la resurrección de la carne
y la vida eterna.
Amén.**

ORACIÓN UNIVERSAL
La plegaria universal u oración de los fieles se desarrolla de la siguiente manera:

1. Invitatorio
El sacerdote invita a los fieles a orar, por medio de una breve monición.

2. Intenciones
Las intenciones son propuestas por un diácono o, en su defecto, por un lector o por otra persona idónea.
El pueblo manifiesta su participación con una invocación u orando en silencio.

3. Conclusión
El sacerdote termina la plegaria universal con una oración conclusiva.

LITURGIA EUCARÍSTICA

PREPARACIÓN DE LOS DONES

Terminado lo anterior, comienza el canto para el ofertorio.

Conviene que los fieles expresen su participación en la ofrenda, bien sea llevando el pan y el vino para la celebración de la Eucaristía, bien presentando otros dones para las necesidades de la Iglesia o de los pobres.

El sacerdote, de pie junto al altar, toma la patena con el pan y, teniéndola con ambas manos un poco elevada sobre el altar, dice en voz baja:

Bendito seas, Señor, Dios del universo,
por este pan, fruto de la tierra y del trabajo del hombre,
que recibimos de tu generosidad y ahora te presentamos;
él será para nosotros pan de vida.

Si no se hace el canto para el ofertorio, el sacerdote puede decir estas palabras en voz alta; al final, el pueblo puede aclamar:

Bendito seas por siempre, Señor.

Después, el sacerdote toma el cáliz y, teniéndolo con ambas manos un poco elevado sobre el altar, dice en voz baja:

Bendito seas, Señor, Dios del universo,
por este vino, fruto de la vid y del trabajo del hombre,
que recibimos de tu generosidad y ahora te presentamos;
él será para nosotros bebida de salvación.

Si no se hace el canto para el ofertorio, el sacerdote puede decir estas palabras en voz alta; al final, el pueblo puede aclamar:

Bendito seas por siempre, Señor.

LAVABO

Luego el sacerdote, de pie a un lado del altar, se lava las manos.

ORACIÓN SOBRE LAS OFRENDAS

Invitación

El sacerdote, de pie en el centro del altar, dice:

Oren, hermanos,
para que este sacrificio, mío y de ustedes,
sea agradable a Dios, Padre todopoderoso.

El sacerdote puede emplear alguna otra de las fórmulas que se encuentran en el misal de altar.

El pueblo se pone de pie y responde:

**El Señor reciba de tus manos este sacrificio,
para alabanza y gloria de su nombre,
para nuestro bien
y el de toda su santa Iglesia.**

Oración

Luego el sacerdote, con las manos extendidas, dice la oración sobre las ofrendas.

La oración sobre las ofrendas termina siempre con la conclusión breve:

Por Jesucristo, nuestro Señor.

O bien:

… por los siglos de los siglos.

Concluida la oración sobre las ofrendas, el pueblo aclama:

Amén.

PLEGARIA EUCARÍSTICA

DIÁLOGO INTRODUCTORIO AL PREFACIO

El sacerdote empieza la Plegaria eucarística con el prefacio. Dice:

El Señor esté con ustedes.

El pueblo responde:

Y con tu espíritu.

El sacerdote prosigue:

Levantemos el corazón.

El pueblo:

Lo tenemos levantado hacia el Señor.

El sacerdote dice:

Demos gracias al Señor, nuestro Dios.

El pueblo:

Es justo y necesario.

El sacerdote prosigue el prefacio.

PREFACIO II DE ADVIENTO

En verdad es justo y necesario, es nuestro deber y salvación darte gracias siempre y en todo lugar, Señor, Padre santo, Dios todopoderoso y eterno, por Cristo, Señor nuestro.

A quien todos los profetas anunciaron y la Virgen esperó con inefable amor de madre; Juan el Bautista anunció su próxima venida y lo señaló después ya presente.

Él mismo es quien nos concede ahora prepararnos con alegría al misterio de su nacimiento, para encontrarnos así cuando llegue, velando en oración y cantando gozosos su alabanza.

Por eso, con los ángeles y los arcángeles, con los tronos y dominaciones y con todos los coros celestiales, cantamos sin cesar el himno de tu gloria: **Santo, Santo, Santo...**

PREFACIO II DE NAVIDAD

En verdad es justo y necesario, es nuestro deber y salvación darte gracias siempre y en todo lugar, Señor, Padre santo, Dios todopoderoso y eterno, por Cristo, Señor nuestro.

Quien, en el misterio santo que hoy celebramos, siendo invisible en su naturaleza divina, se hizo visible al asumir la nuestra y, engendrado antes de todo tiempo, comenzó a existir en el tiempo para devolver su perfección a la creación entera, reconstruyendo en su persona cuanto en el mundo yacía derrumbado y para llamar de nuevo al hombre caído al Reino de los cielos.

Por eso, también nosotros, unidos a todos los ángeles, te alabamos llenos de alegría, diciendo: **Santo, Santo, Santo...**

PREFACIO V DE CUARESMA

En verdad es justo bendecir tu nombre, Padre rico en misericordia, ahora que, en nuestro itinerario hacia la luz pascual, seguimos los pasos de Cristo, maestro y modelo de la humanidad reconciliada en el amor.

Tú abres a la Iglesia el camino de un nuevo éxodo a través del desierto cuaresmal, para que, llegados a la montaña santa, con el corazón contrito y humillado, reavivemos nuestra vocación de pueblo de la alianza, convocado para bendecir tu nombre, escuchar tu palabra, y experimentar con gozo tus maravillas.

Por estos signos de salvación, unidos a los ángeles, ministros de tu gloria, proclamamos el canto de tu alabanza: **Santo, Santo, Santo...**

PREFACIO I DE PASCUA

En verdad es justo y necesario, es nuestro deber y salvación glorificarte siempre, Señor, pero más que nunca (en esta noche) (en este día) (en este tiempo), en que Cristo, nuestra Pascua, fue inmolado.

Porque él es el verdadero Cordero que quitó el pecado del mundo: muriendo, destruyó nuestra muerte, y resucitando, restauró la vida.

Por eso, con esta efusión del gozo pascual, el mundo entero se desborda de alegría y también los coros celestiales, los ángeles y los arcángeles, cantan sin cesar el himno de tu gloria: **Santo, Santo, Santo…**

PREFACIO I PARA LOS DOMINGOS DEL TIEMPO ORDINARIO

En verdad es justo y necesario, es nuestro deber y salvación darte gracias siempre y en todo lugar, Señor, Padre santo, Dios todopoderoso y eterno, por Cristo, Señor nuestro.

Quien, por su Misterio Pascual, realizó la obra maravillosa de llamarnos de la esclavitud del pecado y de la muerte al honor de ser estirpe elegida, sacerdocio real, nación consagrada, pueblo de tu propiedad, para que, trasladados por ti de las tinieblas a tu luz admirable, proclamemos ante el mundo tus maravillas.

Por eso, con los ángeles y los arcángeles, con los tronos y dominaciones y con todos los coros celestiales, cantamos sin cesar el himno de tu gloria: **Santo, Santo, Santo…**

PREFACIO VII PARA LOS DOMINGOS DEL TIEMPO ORDINARIO

En verdad es justo y necesario, es nuestro deber y salvación darte gracias siempre y en todo lugar, Señor, Padre santo, Dios todopoderoso y eterno.

Porque tu amor al mundo fue tan misericordioso, que no sólo nos enviaste como Redentor a tu propio Hijo, sino que lo quisiste en todo semejante a nosotros, menos en el pecado, para poder así amar en nosotros lo que en él amabas.

Y con su obediencia nos devolviste aquellos dones que por la desobediencia del pecado habíamos perdido.

Por eso, ahora nosotros, llenos de alegría, te aclamamos con los ángeles y los santos, diciendo: **Santo, Santo, Santo…**

SANTO

En unión con el pueblo, concluye el prefacio, cantando o diciendo con voz clara:

Santo, Santo, Santo es el Señor, Dios del universo.
Llenos están el cielo y la tierra de tu gloria.
Hosanna en el cielo.
Bendito el que viene en nombre del Señor.
Hosanna en el cielo.

PLEGARIA EUCARÍSTICA II

V. El Señor esté con ustedes.
R. **Y con tu espíritu.**
V. Levantemos el corazón.
R. **Lo tenemos levantado hacia el Señor.**
V. Demos gracias al Señor, nuestro Dios.
R. **Es justo y necesario.**

En verdad es justo y necesario,
es nuestro deber y salvación
darte gracias, Padre santo,
siempre y en todo lugar,
por Jesucristo, tu Hijo amado.

Por él, que es tu Palabra,
hiciste todas las cosas;
tú nos lo enviaste
para que, hecho hombre por obra del Espíritu Santo
y nacido de María, la Virgen,
fuera nuestro Salvador y Redentor.

Él, en cumplimiento de tu voluntad,
para destruir la muerte
y manifestar la resurrección,
extendió sus brazos en la cruz,
y así adquirió para ti un pueblo santo.

Por eso,
con los ángeles y los santos,
proclamamos tu gloria, diciendo:
Santo, Santo, Santo...

El sacerdote dice:

Santo eres en verdad, Señor,
fuente de toda santidad;
por eso te pedimos que santifiques estos dones
con la efusión de tu Espíritu,
de manera que se conviertan para nosotros
en el Cuerpo y ✠ la Sangre
de Jesucristo, nuestro Señor.

El cual,
cuando iba a ser entregado a su Pasión,
voluntariamente aceptada,
tomó pan, dándote gracias, lo partió
y lo dio a sus discípulos, diciendo:

**Tomen y coman todos de él,
porque esto es mi Cuerpo,
que será entregado por ustedes.**

Muestra el pan consagrado al pueblo, lo deposita luego sobre la patena y lo adora haciendo genuflexión.

Después prosigue:

Del mismo modo, acabada la cena,
tomó el cáliz,
y, dándote gracias de nuevo,
lo pasó a sus discípulos, diciendo:

**Tomen y beban todos de él,
porque éste es el cáliz de mi Sangre,
Sangre de la alianza nueva y eterna,
que será derramada
por ustedes y por muchos
para el perdón de los pecados.**

Hagan esto en conmemoración mía.

Muestra el cáliz al pueblo, lo deposita luego sobre el corporal y lo adora haciendo genuflexión.

Luego dice una de las siguientes fórmulas:

1 Éste es el Misterio de la fe.

O bien:

Éste es el Sacramento de nuestra fe.

Y el pueblo prosigue, aclamando:

**Anunciamos tu muerte,
proclamamos tu resurrección.
¡Ven, Señor Jesús!**

2 Éste es el Misterio de la fe.
Cristo nos redimió.

Y el pueblo prosigue, aclamando:

**Cada vez que comemos de este pan
y bebemos de este cáliz,
anunciamos tu muerte, Señor,
hasta que vuelvas.**

3 Éste es el Misterio de la fe.
Cristo se entregó por nosotros.

Y el pueblo prosigue, aclamando:

**Salvador del mundo, sálvanos,
tú que nos has liberado por tu cruz
y resurrección.**

Después el sacerdote dice:

Así, pues, Padre,
al celebrar ahora el memorial
de la muerte y resurrección de tu Hijo,
te ofrecemos
el pan de vida y el cáliz de salvación,
y te damos gracias
porque nos haces dignos de servirte en tu presencia.

Te pedimos humildemente
que el Espíritu Santo congregue en la unidad
a cuantos participamos
del Cuerpo y la Sangre de Cristo.

Acuérdate, Señor,
de tu Iglesia extendida por toda la tierra;

En los domingos, cuando no hay otro **Acuérdate, Señor** propio, puede decirse:

Acuérdate, Señor,
de tu Iglesia extendida por toda la tierra
y reunida aquí en el domingo,
día en que Cristo ha vencido a la muerte
y nos ha hecho partícipes de su vida inmortal;

y con el Papa N.,
con nuestro Obispo N.,
y todos los pastores que cuidan de tu pueblo,
llévala a su perfección por la caridad.

Acuérdate también de nuestros hermanos
que se durmieron en la esperanza
de la resurrección,
y de todos los que han muerto en tu misericordia;
admítelos a contemplar la luz de tu rostro.
Ten misericordia de todos nosotros,
y así, con María, la Virgen Madre de Dios,
su esposo san José, los apóstoles
y cuantos vivieron en tu amistad
a través de los tiempos,
merezcamos, por tu Hijo Jesucristo,
compartir la vida eterna
y cantar tus alabanzas.

Toma la patena con el pan consagrado y el cáliz, los eleva y dice:

Por Cristo, con él y en él,
a ti, Dios Padre omnipotente,
en la unidad del Espíritu Santo,
todo honor y toda gloria
por los siglos de los siglos.

El pueblo aclama:

Amén.

Después sigue el rito de la Comunión (p. 25).

PLEGARIA EUCARÍSTICA III

Después del prefacio, el sacerdote dice:

Santo eres en verdad, Padre,
y con razón te alaban todas tus creaturas,
ya que por Jesucristo, tu Hijo, Señor nuestro,
con la fuerza del Espíritu Santo,
das vida y santificas todo,
y congregas a tu pueblo sin cesar,
para que ofrezca en tu honor
un sacrificio sin mancha
desde donde sale el sol hasta el ocaso.

Por eso, Padre, te suplicamos
que santifiques por el mismo Espíritu
estos dones que hemos separado para ti,
de manera que se conviertan
en el Cuerpo y ✠ la Sangre de Jesucristo,
Hijo tuyo y Señor nuestro,
que nos mandó celebrar estos misterios.

Porque él mismo,
la noche en que iba a ser entregado,
tomó pan,
y dando gracias te bendijo,
lo partió
y lo dio a sus discípulos, diciendo:

**Tomen y coman todos de él,
porque esto es mi Cuerpo,
que será entregado por ustedes.**

Muestra el pan consagrado al pueblo, lo deposita luego sobre la patena y lo adora haciendo genuflexión.

Después prosigue:

Del mismo modo, acabada la cena,
tomó el cáliz,
dando gracias te bendijo,
y lo pasó a sus discípulos, diciendo:

Tomen y beban todos de él,
porque éste es el cáliz de mi Sangre,
Sangre de la alianza nueva y eterna,
que será derramada
por ustedes y por muchos
para el perdón de los pecados.
Hagan esto en conmemoración mía.

Muestra el cáliz al pueblo, lo deposita luego sobre el corporal y lo adora haciendo genuflexión.

Luego dice una de las siguientes fórmulas:

1   Éste es el Misterio de la fe.

   O bien:

   Éste es el Sacramento de nuestra fe.

   Y el pueblo prosigue, aclamando:

   Anunciamos tu muerte,
   proclamamos tu resurrección.
   ¡Ven, Señor Jesús!

2   Éste es el Misterio de la fe.
       Cristo nos redimió.

   Y el pueblo prosigue, aclamando:

   Cada vez que comemos de este pan
   y bebemos de este cáliz,
   anunciamos tu muerte, Señor,
   hasta que vuelvas.

3   Éste es el Misterio de la fe.
       Cristo se entregó por nosotros.

   Y el pueblo prosigue, aclamando:

   Salvador del mundo, sálvanos,
   tú que nos has liberado por tu cruz
   y resurrección.

Después el sacerdote dice:

Así, pues, Padre, al celebrar ahora el memorial
de la pasión salvadora de tu Hijo,
de su admirable resurrección y ascensión al cielo,
mientras esperamos su venida gloriosa, te ofrecemos,
en esta acción de gracias, el sacrificio vivo y santo.

Dirige tu mirada sobre la ofrenda de tu Iglesia,
y reconoce en ella la Víctima por cuya inmolación
quisiste devolvernos tu amistad,
para que, fortalecidos
con el Cuerpo y la Sangre de tu Hijo
y llenos de su Espíritu Santo,
formemos en Cristo
un solo cuerpo y un solo espíritu.

Que él nos transforme en ofrenda permanente,
para que gocemos de tu heredad
junto con tus elegidos:
con María, la Virgen Madre de Dios,
su esposo san José, los apóstoles y los mártires,
(san N.: santo del día o patrono)
y todos los santos, por cuya intercesión
confiamos obtener siempre tu ayuda.

Te pedimos, Padre,
que esta Víctima de reconciliación
traiga la paz y la salvación al mundo entero.
Confirma en la fe y en la caridad
a tu Iglesia, peregrina en la tierra:
a tu servidor, el Papa N., a nuestro Obispo N.,
al orden episcopal, a los presbíteros y diáconos,
y a todo el pueblo redimido por ti.

Atiende los deseos y súplicas de esta familia
que has congregado en tu presencia.

En los domingos, si no hay otro **Atiende** propio, puede decirse:

Atiende los deseos y súplicas de esta familia
que has congregado en tu presencia
en el domingo, día en que Cristo
ha vencido a la muerte
y nos ha hecho partícipes de su vida inmortal.

Reúne en torno a ti, Padre misericordioso,
a todos tus hijos dispersos por el mundo.

✝ A nuestros hermanos difuntos
y a cuantos murieron en tu amistad
recíbelos en tu reino,
donde esperamos gozar todos juntos
de la plenitud eterna de tu gloria,
por Cristo, Señor nuestro,
por quien concedes al mundo todos los bienes. ✝

En las Misas de difuntos, puede decirse:

> ✝ Recuerda a tu hijo (hija) N.,
> a quien llamaste (hoy)
> de este mundo a tu presencia:
> concédele que, así como ha compartido ya
> la muerte de Jesucristo,
> comparta también con él
> la gloria de la resurrección,
> cuando Cristo haga resurgir de la tierra a los muertos,
> y transforme nuestro cuerpo frágil
> en cuerpo glorioso como el suyo.
> Y a todos nuestros hermanos difuntos
> y a cuantos murieron en tu amistad
> recíbelos en tu reino,
> donde esperamos gozar todos juntos
> de la plenitud eterna de tu gloria;
> allí enjugarás las lágrimas de nuestros ojos,
> porque, al contemplarte como tú eres, Dios nuestro,
> seremos para siempre semejantes a ti
> y cantaremos eternamente tus alabanzas,
> por Cristo, Señor nuestro,
> por quien concedes al mundo todos los bienes. ✝

Por Cristo, con él y en él,
a ti, Dios Padre omnipotente,
en la unidad del Espíritu Santo,
todo honor y toda gloria
por los siglos de los siglos.

El pueblo aclama:

Amén.

RITO DE LA COMUNIÓN

Una vez depositados el cáliz y la patena sobre el altar, el sacerdote, con las manos juntas, dice:

Fieles a la recomendación del Salvador
y siguiendo su divina enseñanza,
nos atrevemos a decir:

O bien:

Llenos de alegría por ser hijos de Dios,
digamos confiadamente
la oración que Cristo nos enseñó:

O bien:

El amor de Dios ha sido derramado
en nuestros corazones
con el Espíritu Santo que se nos ha dado;
digamos con fe y esperanza:

O bien:

Antes de participar en el banquete de la Eucaristía,
signo de reconciliación
y vínculo de unión fraterna,
oremos juntos como el Señor nos ha enseñado:

Junto con el pueblo, continúa:

**Padre nuestro, que estás en el cielo,
santificado sea tu nombre;
venga a nosotros tu reino;
hágase tu voluntad en la tierra como en el cielo.
Danos hoy nuestro pan de cada día;
perdona nuestras ofensas,
como también nosotros perdonamos
a los que nos ofenden;
no nos dejes caer en la tentación,
y líbranos del mal.**

Solo el sacerdote prosigue diciendo:

Líbranos de todos los males, Señor,
y concédenos la paz en nuestros días,
para que, ayudados por tu misericordia,
vivamos siempre libres de pecado
y protegidos de toda perturbación,
mientras espéramos la gloriosa venida
de nuestro Salvador Jesucristo.

El pueblo concluye la oración, aclamando:

**Tuyo es el reino,
tuyo el poder y la gloria, por siempre, Señor.**

Despúes el sacerdote dice en voz alta:

Señor Jesucristo, que dijiste a tus apóstoles:
"La paz les dejo, mi paz les doy",
no tengas en cuenta nuestros pecados, sino la fe de tu Iglesia
y, conforme a tu palabra, concédele la paz y la unidad.
Tú que vives y reinas por los siglos de los siglos.

El pueblo responde:

Amén.

El sacerdote añade:

La paz del Señor esté siempre con ustedes.

El pueblo responde:

Y con tu espíritu.

Luego el diácono, o el sacerdote, añade:

Dense fraternalmente la paz.

O bien:

Como hijos de Dios, intercambien ahora
un signo de comunión fraterna.

O bien:

En Cristo, que nos ha hecho hermanos con su cruz,
dense la paz como signo de reconciliación.

O bien:

En el Espíritu de Cristo resucitado,
dense fraternalmente la paz.

Y todos, según las costumbres del lugar, se intercambian un signo de paz.

Después el sacerdote toma el pan consagrado, lo parte sobre la patena y pone una partícula dentro del cáliz. Mientras tanto, se canta o se dice:

Cordero de Dios, que quitas el pecado del mundo,
ten piedad de nosotros.
Cordero de Dios, que quitas el pecado del mundo,
ten piedad de nosotros.
Cordero de Dios, que quitas el pecado del mundo,
danos la paz.

El sacerdote hace genuflexión, toma el pan consagrado y, sosteniéndolo un poco elevado sobre la patena o sobre el cáliz, dice:

Éste es el Cordero de Dios, que quita el pecado del mundo.
Dichosos los invitados a la cena del Señor.

Y, juntamente con el pueblo, añade:

Señor, no soy digno de que entres en mi casa,
pero una palabra tuya bastará para sanarme.

Después de haber comulgado, el sacerdote se acerca a los que van a comulgar. Muestra el pan consagrado a cada uno y le dice:

El Cuerpo de Cristo.

El que va a comulgar responde:

Amén.

Y comulga.

Si se comulga bajo las dos especies, se observa el rito descrito en el misal de altar.

Cuando el sacerdote ha comulgado el Cuerpo de Cristo, comienza el canto de Comunión.

Finalizada la Comunión, el sacerdote puede volver a la sede. Si se considera oportuno, se puede dejar un breve espacio de silencio sagrado o entonar un salmo o algún cántico de alabanza.

Luego, de pie en el altar o en la sede, el sacerdote dice:

Oremos.

Todos oran en silencio durante unos momentos, a no ser que este silencio ya se haya hecho antes. Después el sacerdote dice la oración después de la Comunión.

La oración después de la Comunión termina con la conclusión breve:

Por Jesucristo, nuestro Señor.

O bien:

… por los siglos de los siglos.

El pueblo aclama:

Amén.

RITO DE CONCLUSIÓN

Siguen, si es necesario, breves avisos para el pueblo.

BENDICIÓN FINAL

Después tiene lugar la despedida. El sacerdote dice:

El Señor esté con ustedes.

El pueblo responde:

Y con tu espíritu.

El sacerdote bendice al pueblo, diciendo:

La bendición de Dios todopoderoso,
Padre, Hijo ✠, y Espíritu Santo,
descienda sobre ustedes.

El pueblo responde:

Amén.

En algunos días u ocasiones, a esta fórmula de bendición precede otra fórmula de bendición más solemne, o una oración sobre el pueblo.

Luego el diácono, o el mismo sacerdote, dice:

Pueden ir en paz.

O bien:

La alegría del Señor sea nuestra fuerza. Pueden ir en paz.

O bien:

Glorifiquen al Señor con su vida. Pueden ir en paz.

O bien:

En el nombre del Señor, pueden ir en paz.

O bien:

En la paz de Cristo,
vayan a servir a Dios y a sus hermanos.

O bien, especialmente en los domingos de Pascua:

Anuncien a todos la alegría del Señor resucitado.
Pueden ir en paz.

El pueblo responde:

Demos gracias a Dios.

Después el sacerdote se retira.

Misas dominicales
y festivas de 2020

1 de enero
Miércoles

Santa María, Madre de Dios
(Blanco)

Hoy brillará una luz sobre nosotros, porque nos ha nacido el Señor; y se llamará Admirable, Dios, Príncipe de la paz, Padre del mundo futuro, y su Reino no tendrá fin.

Se dice Gloria.

ORACIÓN COLECTA

Señor Dios, que por la fecunda virginidad de María diste al género humano el don de la salvación eterna, concédenos sentir la intercesión de aquella por quien recibimos al autor de la vida, Jesucristo, tu Hijo, Señor nuestro. Él, que vive y reina contigo…

Ocho días después de su nacimiento (EVANGELIO), el Niño Dios fue circuncidado de acuerdo con la ley de Moisés y recibió el nombre de Jesús. Eso es lo que nos relata san Lucas; pero antes, hace alusión a la visita de los pastores al establo de Belén y, al mismo tiempo, hace una evocación de María, la Madre de Dios, completamente recogida en oración. También san Pablo la recuerda (SEGUNDA LECTURA), cuando dice que Dios envió a su Hijo "nacido de una mujer", como si quisiera subrayar el papel que desempeñó María en el desarrollo del misterio de la salvación. El pasaje del Antiguo Testamento, por su parte (PRIMERA LECTURA), invoca el nombre del Señor sobre el nuevo año y le pide la paz.

PRIMERA LECTURA

Del libro de los Números
6, 22-27

En aquel tiempo, el Señor habló a Moisés y le dijo:
"Di a Aarón y a sus hijos:
'De esta manera bendecirán a los israelitas:
El Señor te bendiga y te proteja,
haga resplandecer su rostro sobre ti y te conceda su favor.
Que el Señor te mire con benevolencia
y te conceda la paz'.
    Así invocarán mi nombre sobre los israelitas
y yo los bendeciré".
Palabra de Dios.   R. **Te alabamos, Señor.**

SALMO RESPONSORIAL
Del salmo 66

R. **Ten piedad de nosotros, Señor, y bendícenos.**

Ten piedad de nosotros y bendícenos;
vuelve, Señor, tus ojos a nosotros.
Que conozca la tierra tu bondad
y los pueblos tu obra salvadora. R.

[R. **Ten piedad de nosotros, Señor, y bendícenos.**]

Las naciones con júbilo te canten,
porque juzgas al mundo con justicia;
con equidad tú juzgas a los pueblos
y riges en la tierra a las naciones. R.

Que te alaben, Señor, todos los pueblos,
que los pueblos te aclamen todos juntos.
Que nos bendiga Dios
y que le rinda honor el mundo entero. R.

SEGUNDA LECTURA
De la carta del apóstol san Pablo a los gálatas
4, 4-7

Hermanos: Al llegar la plenitud de los tiempos, envió Dios a su Hijo, nacido de una mujer, nacido bajo la ley, para rescatar a los que estábamos bajo la ley, a fin de hacernos hijos suyos.

Puesto que ya son ustedes hijos, Dios envió a sus corazones el Espíritu de su Hijo, que clama "¡Abbá!", es decir, ¡Padre! Así que ya no eres siervo, sino hijo; y siendo hijo, eres también heredero por voluntad de Dios.

Palabra de Dios.   R. **Te alabamos**, **Señor.**

ACLAMACIÓN ANTES DEL EVANGELIO
Heb 1, 1-2

B.P. 1032 - Sosa

A - le - lu - ya, a - le - lu - ya, a - le - lu - ya.

R. **Aleluya, aleluya.**

En distintas ocasiones y de muchas maneras
habló Dios en el pasado a nuestros padres,
por boca de los profetas.
Ahora, en estos tiempos, que son los últimos,
nos ha hablado por medio de su Hijo.

R. **Aleluya, aleluya.**

EVANGELIO

✠ Del santo Evangelio según san Lucas
2, 16-21

R. **Gloria a ti, Señor.**

En aquel tiempo, los pastores fueron a toda prisa hacia Belén y encontraron a María, a José y al niño, recostado en el pesebre. Después de verlo, contaron lo que se les había dicho de aquel niño, y cuantos los oían quedaban maravillados. María, por su parte, guardaba todas estas cosas y las meditaba en su corazón.

Los pastores se volvieron a sus campos, alabando y glorificando a Dios por todo cuanto habían visto y oído, según lo que se les había anunciado.

Cumplidos los ocho días, circuncidaron al niño y le pusieron el nombre de Jesús, aquel mismo que había dicho el ángel, antes de que el niño fuera concebido.

Palabra del Señor. R. **Gloria a ti, Señor Jesús.**

Se dice Credo.

ORACIÓN SOBRE LAS OFRENDAS

Señor Dios, que das origen y plenitud a todo bien, concédenos que, al celebrar, llenos de gozo, la solemnidad de la Santa Madre de Dios, así como nos gloriamos de las primicias de su gracia, podamos gozar también de su plenitud. Por Jesucristo, nuestro Señor.

ANTÍFONA DE LA COMUNIÓN   Heb 13, 8

Jesucristo es el mismo ayer, hoy y por todos los siglos.

ORACIÓN DESPUÉS DE LA COMUNIÓN

Señor, que estos sacramentos celestiales que hemos recibido con alegría, sean fuente de vida eterna para nosotros, que nos gloriamos de proclamar a la siempre Virgen María como Madre de tu Hijo y Madre de la Iglesia. Por Jesucristo, nuestro Señor.

CELEBRAMOS QUE LA VIRGEN MARÍA ES LA MADRE DE DIOS

En el evangelio de hoy vemos que los pastores alabaron y glorificaron a Dios "por todo cuanto habían visto y oído, según lo que se les había anunciado" por parte del ángel del Señor, es decir, que había nacido, "en la ciudad de David, un Salvador, que es el Mesías, el Señor".

✳ Aunque no tuvimos la dicha de estar ahí para ver al Niño Dios recién nacido, por la Sagrada Escritura y por la Tradición de la Iglesia sabemos que fue reconocido por los pastores, gente de corazón sencillo.

✳ Jesucristo, "Dios de Dios, Luz de Luz, Dios verdadero de Dios verdadero", "por obra del Espíritu Santo se encarnó de María, la Virgen, y se hizo hombre", como afirmamos en el Credo.

✳ Cristo es verdadero Dios y, por lo tanto, la santísima Virgen es Madre de Dios, "porque parió según la carne al Verbo de Dios hecho carne".

**¡Bendita sea la excelsa
Madre de Dios,
María santísima!**

5 de enero
Domingo

La Epifanía del Señor
(Misa del día)

(Blanco)

Cfr. Mal 3, 1; 1 Crón 29, 12
Miren que ya viene el Señor todopoderoso; en su mano están el reino, la potestad y el imperio.

Se dice Gloria.

ORACIÓN COLECTA
Señor Dios, que en este día manifestaste a tu Unigénito a las naciones, guiándolas por la estrella, concede a los que ya te conocemos por la fe, que lleguemos a contemplar la hermosura de tu excelsa gloria. Por nuestro Señor Jesucristo…

Todos los hombres estamos llamados a formar un solo cuerpo con Cristo y a vivir juntos cerca de Dios. En esto consiste, según san Pablo (SEGUNDA LECTURA), el misterio oculto desde siempre. Sólo algunos profetas, como Isaías (PRIMERA LECTURA), alcanzaron a presentarlo. Luego pasaron los siglos. Y he aquí que el nacimiento de Cristo transforma la esperanza en realidad. Con la llegada de los magos a Belén, el misterio comienza a revelarse: los pueblos paganos se ponen en camino hacia Cristo (EVANGELIO).

PRIMERA LECTURA
Del libro del profeta Isaías
60, 1-6

Levántate y resplandece, Jerusalén,
porque ha llegado tu luz
y la gloria del Señor alborea sobre ti.
Mira: las tinieblas cubren la tierra
y espesa niebla envuelve a los pueblos;
pero sobre ti resplandece el Señor
y en ti se manifiesta su gloria.
Caminarán los pueblos a tu luz
y los reyes, al resplandor de tu aurora.

    Levanta los ojos y mira alrededor:
todos se reúnen y vienen a ti;
tus hijos llegan de lejos, a tus hijas las traen en brazos.
Entonces verás esto radiante de alegría;
tu corazón se alegrará, y se ensanchará,
cuando se vuelquen sobre ti los tesoros del mar
y te traigan las riquezas de los pueblos.
Te inundará una multitud de camellos y dromedarios,
procedentes de Madián y de Efá.
Vendrán todos los de Sabá
trayendo incienso y oro
y proclamando las alabanzas del Señor.

Palabra de Dios.   R. **Te alabamos, Señor.**

SALMO RESPONSORIAL
Del salmo 71

U. Ochoa B.P. 1514

Que te_a-do-ren, Se-ñor, to-dos los pue-blos, que te_a-do-ren, Se-ñor, to-dos los pue-blos.

R. **Que te adoren, Señor, todos los pueblos.**

Comunica, Señor, al rey tu juicio,
y tu justicia al que es hijo de reyes;
así tu siervo saldrá en defensa de tus pobres
y regirá a tu pueblo justamente. R.

Florecerá en sus días la justicia
y reinará la paz, era tras era.
De mar a mar se extenderá su reino
y de un extremo al otro de la tierra. R.

Los reyes de occidente y de las islas
le ofrecerán sus dones.
Ante él se postrarán todos los reyes
y todas las naciones. R.

Al débil librará del poderoso
y ayudará al que se encuentra sin amparo;
se apiadará del desvalido y pobre
y salvará la vida al desdichado. R.

SEGUNDA LECTURA

De la carta del apóstol san Pablo a los efesios.
3, 2-3. 5-6

Hermanos: Han oído hablar de la distribución de la gracia de Dios, que se me ha confiado en favor de ustedes. Por revelación se me dio a conocer este designio secreto, que no había sido manifestado a los hombres en otros tiempos, pero que ha sido revelado ahora por el Espíritu a sus santos apóstoles y profetas: es decir, que por el Evangelio, también los paganos son coherederos de la misma herencia, miembros del mismo cuerpo y partícipes de la misma promesa en Jesucristo.

Palabra de Dios.   R. **Te alabamos, Señor.**

ACLAMACIÓN ANTES DEL EVANGELIO
Mt 2, 2

B.P. 1034 - Palazón

A-le-lu-ya, a-le-lu-ya, a-le-lu - ya.

R. **Aleluya, aleluya.**
Hemos visto su estrella en el oriente
y hemos venido a adorar al Señor.
R. **Aleluya, aleluya.**

EVANGELIO

✠ Del santo Evangelio según san Mateo
2, 1-12

R. **Gloria a ti, Señor.**

Jesús nació en Belén de Judá, en tiempos del rey Herodes. Unos magos de oriente llegaron entonces a Jerusalén y preguntaron: "¿Dónde está el rey de los judíos que acaba de nacer? Porque vimos surgir su estrella y hemos venido a adorarlo".

Al enterarse de esto, el rey Herodes se sobresaltó y toda Jerusalén con él. Convocó entonces a los sumos sacerdotes y a los escribas del pueblo y les preguntó dónde tenía que nacer el Mesías. Ellos le contestaron: "En Belén de Judá, porque así lo ha escrito el profeta: Y tú, Belén, tierra de Judá, no eres en manera alguna la menor entre las ciudades ilustres de Judá, pues de ti saldrá un jefe, que será el pastor de mi pueblo, Israel".

Entonces Herodes llamó en secreto a los magos, para que le precisaran el tiempo en que se les había aparecido la estrella y los mandó a Belén, diciéndoles: "Vayan a averiguar cuidadosamente qué hay de ese niño, y cuando lo encuentren, avísenme para que yo también vaya a adorarlo".

Después de oír al rey, los magos se pusieron en camino, y de pronto la estrella que habían visto surgir, comenzó a guiarlos, hasta que se detuvo encima de donde estaba el niño. Al ver de nuevo la estrella, se llenaron de inmensa alegría. Entraron en la casa y vieron al niño con María, su madre, y postrándose, lo adoraron. Después, abriendo sus cofres, le ofrecieron regalos: oro, incienso y mirra. Advertidos durante el sueño de que no volvieran a Herodes, regresaron a su tierra por otro camino.

Palabra del Señor.   R. **Gloria a ti, Señor Jesús.**

Se dice Credo.

ORACIÓN SOBRE LAS OFRENDAS

Mira con bondad, Señor, los dones de tu Iglesia, que no consisten ya en oro, incienso y mirra, sino en lo que por esos dones se representa, se inmola y se recibe como alimento, Jesucristo, Señor nuestro. Él, que vive y reina por los siglos de los siglos.

ANTÍFONA DE LA COMUNIÓN   Cfr. Mt 2, 2
Hemos visto su estrella en el Oriente y venimos con regalos a adorar al Señor.

ORACIÓN DESPUÉS DE LA COMUNIÓN

Te pedimos, Señor, que tu luz celestial siempre y en todas partes vaya guiándonos, para que contemplemos con ojos puros y recibamos con amor sincero el misterio del que quisiste hacernos partícipes. Por Jesucristo, nuestro Señor.

JESÚS VINO A SALVAR
A TODOS LOS PUEBLOS DE LA TIERRA

La manifestación del único Dios verdadero a personas provenientes de pueblos distintos al de Israel, representados por los magos de oriente, parte de la voluntad divina de que "todos los hombres se salven y todos lleguen al conocimiento de la verdad, porque no hay sino un solo Dios y un solo mediador entre Dios y los hombres, Cristo Jesús" (1 Tim 2, 4-5).

✳ Los magos reconocen que Jesús es Dios y hombre verdadero, ya que, "postrándose, lo adoraron" y por eso le entregaron el incienso, que simboliza la ofrenda y el sacrificio de los creyentes hacia Dios.

✳ La salvación nos viene por el misterio de la encarnación, muerte y resurrección del Hijo de Dios, y se nos aplica mediante el Bautismo y en la fe, para ser liberados del pecado y hacernos partícipes de la vida de Dios.

12 de enero

Domingo

El Bautismo del Señor

(Blanco)

ANTÍFONA DE ENTRADA   Cfr. Mt 3, 16-17

Inmediatamente después de que Jesús recibió el bautismo, se abrieron los cielos y el Espíritu Santo se posó sobre él en forma de paloma, y resonó la voz del Padre que decía: "Éste es mi Hijo amado, en quien he puesto todo mi amor".

Se dice Gloria.

ORACIÓN COLECTA

Señor Dios, cuyo Unigénito se manifestó en la realidad de nuestra carne, concédenos, por aquel que hemos conocido semejante a nosotros en lo exterior, que merezcamos quedar interiormente renovados. Él, que vive y reina contigo…

En la PRIMERA LECTURA, el profeta Isaías habla del siervo del Señor, el elegido, que promoverá sin descanso la justicia, a quien el mismo Señor ha puesto como luz de las naciones. En el EVANGELIO, Jesús aparece como este siervo de Dios, "el Hijo muy amado de Dios", que se acerca a recibir el bautismo de Juan el Bautista. En la SEGUNDA LECTURA, san Pedro dice que "Dios ungió con el poder del Espíritu

41

Santo a Jesús de Nazaret", que "pasó haciendo el bien, sanando a todos los oprimidos por el diablo, porque Dios estaba con él".

PRIMERA LECTURA
Del libro del profeta Isaías
42, 1-4. 6-7

Esto dice el Señor:
"Miren a mi siervo, a quien sostengo,
a mi elegido, en quien tengo mis complacencias.
En él he puesto mi espíritu
para que haga brillar la justicia sobre las naciones.

No gritará, no clamará, no hará oír su voz por las calles;
no romperá la caña resquebrajada,
ni apagará la mecha que aún humea.
Promoverá con firmeza la justicia,
no titubeará ni se doblegará
hasta haber establecido el derecho sobre la tierra
y hasta que las islas escuchen su enseñanza.

Yo, el Señor, fiel a mi designio de salvación,
te llamé, te tomé de la mano, te he formado
y te he constituido alianza de un pueblo,
luz de las naciones,
para que abras los ojos de los ciegos,
saques a los cautivos de la prisión
y de la mazmorra a los que habitan en tinieblas".

Palabra de Dios.   R. **Te alabamos, Señor.**

SALMO RESPONSORIAL
Del salmo 28

L. Martínez B.P. 1515

Te a - la - ba - mos, Se - ñor, oh Se - ñor.

R. **Te alabamos, Señor.**

Hijos de Dios, glorifiquen al Señor,
denle la gloria que merece.
Postrados en su templo santo,
alabemos al Señor. R.

La voz del Señor se deja oír
sobre las aguas torrenciales.
La voz del Señor es poderosa,
la voz del Señor es imponente. R.

El Dios de majestad hizo sonar
el trueno de su voz.
El Señor se manifestó sobre las aguas
desde su trono eterno. R.

SEGUNDA LECTURA
Del libro de los Hechos de los Apóstoles
10, 34-38

E n aquellos días, Pedro se dirigió a Cornelio y a los que
estaban en su casa, con estas palabras: "Ahora caigo en
la cuenta de que Dios no hace distinción de personas, sino
que acepta al que lo teme y practica la justicia, sea de la nación que fuere. Él envió su palabra a los hijos de Israel, para
anunciarles la paz por medio de Jesucristo, Señor de todos.

Ya saben ustedes lo sucedido en toda Judea, que tuvo
principio en Galilea, después del bautismo predicado por
Juan: cómo Dios ungió con el poder del Espíritu Santo a
Jesús de Nazaret, y cómo éste pasó haciendo el bien, sanando a todos los oprimidos por el diablo, porque Dios estaba
con él".

Palabra de Dios. R. **Te alabamos, Señor.**

ACLAMACIÓN ANTES DEL EVANGELIO
Cfr. Mc 9, 7

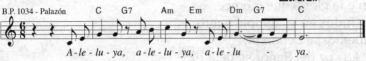

R. **Aleluya, aleluya.**

Se abrió el cielo y resonó la voz del Padre, que decía:
"Éste es mi Hijo amado; escúchenlo".

R. **Aleluya, aleluya.**

EVANGELIO

✠ Del santo Evangelio según san Mateo
3, 13-17

R. **Gloria a ti, Señor.**

En aquel tiempo, Jesús llegó de Galilea al río Jordán y le pidió a Juan que lo bautizara. Pero Juan se resistía, diciendo: "Yo soy quien debe ser bautizado por ti, ¿y tú vienes a que yo te bautice?" Jesús le respondió: "Haz ahora lo que te digo, porque es necesario que así cumplamos todo lo que Dios quiere". Entonces Juan accedió a bautizarlo.

Al salir Jesús del agua, una vez bautizado, se le abrieron los cielos y vio al Espíritu de Dios, que descendía sobre él en forma de paloma, y se oyó una voz que decía desde el cielo: "Éste es mi Hijo muy amado, en quien tengo mis complacencias".

Palabra del Señor.   R. **Gloria a ti, Señor Jesús.**

Se dice Credo.

ORACIÓN SOBRE LAS OFRENDAS
Acepta, Señor, los dones que te presentamos en la manifestación de tu Hijo muy amado, para que la oblación de tus hijos se convierta en el mismo sacrificio de aquel que quiso

en su misericordia lavar los pecados del mundo. Él, que vive y reina por los siglos de los siglos.

ANTÍFONA DE LA COMUNIÓN   Cfr. Jn 1, 32. 34
Éste es aquel de quien Juan decía: Yo lo he visto y doy testimonio de que él es el Hijo de Dios.

ORACIÓN DESPUÉS DE LA COMUNIÓN
Saciados con estos sagrados dones, imploramos, Señor, tu clemencia, para que, escuchando fielmente a tu Unigénito, nos llamemos y seamos de verdad hijos tuyos. Por Jesucristo, nuestro Señor.

¿DE VERAS NOS SABEMOS HIJOS DE DIOS POR EL BAUTISMO?

En aquella ocasión en que Jesús fue bautizado por Juan en el río Jordán, al salir del agua "se le abrieron los cielos y vio al Espíritu de Dios, que descendía sobre él en forma de paloma, y se oyó una voz que decía desde el cielo: 'Éste es mi Hijo muy amado, en quien tengo mis complacencias'".

♦ Cuando recibimos el Bautismo, aunque éramos todavía muy pequeños, "fuimos hechos hijos en el Hijo", es decir, ¡fuimos hechos hijos adoptivos de Dios!, fuimos incorporados al Cuerpo Místico de Cristo.

Para vivir como verdaderos hijos de Dios será necesario que sigamos los pasos del Hijo único de Dios.

Tiempo Ordinario

El año litúrgico es una admirable escuela para ser cristianos. Los misterios de la salvación que celebramos no son simplemente el recuerdo de algo que sucedió hace muchos siglos. Hay una presencia totalmente actual del mismo hecho salvífico.

"Lo único que celebra la Iglesia es la Pascua de Cristo". Todos los hechos de la vida del Señor son pascuales, porque van hacia esa culminación. La santísima Virgen y cada uno de los santos, desde luego, han vivido en ellos la Pascua, han caminado con Jesús o han participado de su muerte, por eso participan ahora de su gloria.

A este tiempo que iniciamos se le ha llamado de varios modos, Tiempo "entre año" o también, y ahora oficialmente, "Tiempo Ordinario". En Europa se le llegó a llamar "Domingos verdes".

Durante el año litúrgico, el Tiempo Ordinario se da en dos etapas: una que va desde que concluye el Tiempo de Navidad hasta antes del inicio de la Cuaresma (que en esta ocasión será del 13 de enero al 25 de febrero), y la segunda parte –mucho más amplia–, que abarca desde que termina el Tiempo Pascual hasta el día anterior al inicio del Adviento (este año del 1 de junio al 28 de noviembre).

19 de enero   2º Domingo del T. Ordinario

(*Verde*)

ANTÍFONA DE ENTRADA   Sal 65, 4
Que se postre ante ti, Señor, la tierra entera; que todos canten himnos en tu honor y alabanzas a tu nombre.

Se dice Gloria.

ORACIÓN COLECTA
Dios todopoderoso y eterno, que gobiernas los cielos y la tierra, escucha con amor las súplicas de tu pueblo y haz que los días de nuestra vida transcurran en tu paz. Por nuestro Señor Jesucristo…

El profeta Isaías nos señala (PRIMERA LECTURA) al misterioso "Siervo de Dios" que el Señor había elegido para que fuera la "luz de las naciones". Juan el Bautista, después de bautizar a Jesús en el Jordán (EVANGELIO), nos lo señaló como el Hijo de Dios. Por su parte, san Pablo insiste desde el principio de su primera Carta a los corintios (SEGUNDA LECTURA) en que su vocación al apostolado es de carácter divino y recuerda a los cristianos que también ellos han sido llamados por Cristo.

PRIMERA LECTURA
Del libro del profeta Isaías
49, 3. 5-6

El Señor me dijo:
"Tú eres mi siervo, Israel;
en ti manifestaré mi gloria".

Ahora habla el Señor,
el que me formó desde el seno materno,
para que fuera su servidor,
para hacer que Jacob volviera a él
y congregar a Israel en torno suyo
–tanto así me honró el Señor
y mi Dios fue mi fuerza–.

Ahora, pues, dice el Señor:
"Es poco que seas mi siervo
sólo para restablecer a las tribus de Jacob
y reunir a los sobrevivientes de Israel;
te voy a convertir en luz de las naciones,
para que mi salvación llegue
hasta los últimos rincones de la tierra".

Palabra de Dios. R. **Te alabamos, Señor.**

SALMO RESPONSORIAL
Del salmo 39

L. Martínez B.P. 1541

A - quí es - toy, Se - ñor, pa - ra_ha - cer tu vo - lun - tad.

R. **Aquí estoy, Señor, para hacer tu voluntad.**

Esperé en el Señor con gran confianza;
él se inclinó hacia mí y escuchó mis plegarias.
Él me puso en la boca un canto nuevo,
un himno a nuestro Dios. R.

Sacrificios y ofrendas no quisiste,
abriste, en cambio, mis oídos a tu voz.
No exigiste holocaustos por la culpa,
así que dije: "Aquí estoy". R.

En tus libros se me ordena
hacer tu voluntad;
esto es, Señor, lo que deseo:
tu ley en medio de mi corazón. R.

He anunciado tu justicia
en la gran asamblea;
no he cerrado mis labios,
tú lo sabes, Señor. R.

SEGUNDA LECTURA

De la primera carta del apóstol san Pablo a los corintios
1, 1-3

Yo, Pablo, apóstol de Jesucristo por voluntad de Dios, y
Sóstenes, mi colaborador, saludamos a la comunidad cristiana que está en Corinto. A todos ustedes, a quienes Dios
santificó en Cristo Jesús y que son su pueblo santo, así como
a todos aquellos que en cualquier lugar invocan el nombre
de Cristo Jesús, Señor nuestro y Señor de ellos, les deseo la
gracia y la paz de parte de Dios, nuestro Padre, y de Cristo
Jesús, el Señor.

Palabra de Dios.   R. **Te alabamos, Señor.**

ACLAMACIÓN ANTES DEL EVANGELIO
Jn 1, 14. 12

19 de enero

R. **Aleluya, aleluya.**
Aquel que es la Palabra se hizo hombre
y habitó entre nosotros.
A todos los que lo recibieron
les concedió poder llegar a ser hijos de Dios.
R. **Aleluya, aleluya.**

EVANGELIO

✠ Del santo Evangelio según san Juan
1, 29-34

R. **Gloria a ti, Señor.**

En aquel tiempo, vio Juan el Bautista a Jesús, que venía hacia él, y exclamó: "Éste es el Cordero de Dios, el que quita el pecado del mundo. Éste es aquel de quien yo he dicho: 'El que viene después de mí, tiene precedencia sobre mí, porque ya existía antes que yo'. Yo no lo conocía, pero he venido a bautizar con agua, para que él sea dado a conocer a Israel".

Entonces Juan dio este testimonio: "Vi al Espíritu descender del cielo en forma de paloma y posarse sobre él. Yo no lo conocía, pero el que me envió a bautizar con agua me dijo: 'Aquel sobre quien veas que baja y se posa el Espíritu Santo, ése es el que ha de bautizar con el Espíritu Santo'. Pues bien, yo lo vi y doy testimonio de que éste es el Hijo de Dios".

Palabra del Señor.   R. **Gloria a ti, Señor Jesús.**

ORACIÓN SOBRE LAS OFRENDAS

Concédenos, Señor, participar dignamente en estos misterios, porque cada vez que se celebra el memorial de este sacrificio, se realiza la obra de nuestra redención. Por Jesucristo, nuestro Señor.

ANTÍFONA DE LA COMUNIÓN 1 Jn 4, 16

Nosotros hemos conocido el amor que Dios nos tiene y hemos creído en él.

ORACIÓN DESPUÉS DE LA COMUNIÓN

Infúndenos, Señor, el espíritu de tu caridad, para que, saciados con el pan del cielo, vivamos siempre unidos en tu amor. Por Jesucristo, nuestro Señor.

HOY NOS TOCA CONOCER Y ANUNCIAR AL CORDERO DE DIOS

Juan el Bautista, aun cuando era pariente de Jesús, "no lo conocía", pero luego de bautizarlo vio cómo el Espíritu Santo descendió sobre él, y así pudo reconocer que Jesús es el Hijo de Dios, y se puso a declarar: "yo lo vi y doy testimonio".

❊ A nosotros se nos ha hablado de Jesús en nuestro hogar, en las catequesis de preparación a los sacramentos y en cada celebración eucarística a la que hemos asistido, y tal vez sabemos muchas cosas de él, pero ¿será esto suficiente? ¿Lo conocemos realmente?

No basta con haber recibido el Bautismo, es imprescindible que crezcamos en el conocimiento del Señor y que demos testimonio de él, como el Bautista.

26 de enero   3er Domingo del T. Ordinario

(Verde)

ANTÍFONA DE ENTRADA   Cfr. Sal 95, 1. 6

Canten al Señor un cántico nuevo, hombres de toda la tierra, canten al Señor. Hay brillo y esplendor en su presencia, y en su templo, belleza y majestad.

Se dice Gloria.

ORACIÓN COLECTA

Dios todopoderoso y eterno, dirige nuestros pasos de manera que podamos agradarte en todo y así merezcamos, en nombre de tu Hijo amado, abundar en toda clase de obras buenas. Por nuestro Señor Jesucristo…

Por medio de una profecía (PRIMERA LECTURA), Isaías nos anuncia la proximidad del día del Señor, cuando quedarán en libertad los exiliados de Israel, "los que vivían en tierra de sombras", porque aquel día brillará una gran luz. San Mateo (EVANGELIO) toma la misma profecía cuando comienza a relatarnos el desarrollo del ministerio de Jesús en Galilea, donde ya empezaba "a brillar esa gran luz". San Pablo (SEGUNDA LECTURA) se queja de que se hayan producido divisiones en la Iglesia de Corinto y hace un llamado a los cristianos para que tengan un solo sentir, ya que todos fueron salvados por la cruz de Cristo.

PRIMERA LECTURA

Del libro del profeta Isaías

8, 23–9, 3

En otro tiempo, el Señor humilló al país de Zabulón y al país de Neftalí; pero en el futuro llenará de gloria el camino del mar, más allá del Jordán, en la región de los paganos.

El pueblo que caminaba en tinieblas
vio una gran luz;
sobre los que vivían en tierra de sombras,
una luz resplandeció.

Engrandeciste a tu pueblo
e hiciste grande su alegría.
Se gozan en tu presencia como gozan al cosechar,
como se alegran al repartirse el botín.

Porque tú quebrantaste su pesado yugo,
la barra que oprimía sus hombros
y el cetro de su tirano,
como en el día de Madián.

Palabra de Dios.   R. **Te alabamos, Señor.**

SALMO RESPONSORIAL

Del salmo 26

B. Rojas B.P. 1539

El Se-ñor es mi luz y mi sal-va-ción.

R. **El Señor es mi luz y mi salvación.**

El Señor es mi luz y mi salvación,
¿a quién voy a tenerle miedo?
El Señor es la defensa de mi vida,
¿quién podrá hacerme temblar? R.

Lo único que pido, lo único que busco,
es vivir en la casa del Señor toda mi vida,
para disfrutar las bondades del Señor
y estar continuamente en su presencia. R.

[R. **El Señor es mi luz y mi salvación.**]

La bondad del Señor espero ver
en esta misma vida.
Ármate de valor y fortaleza
y en el Señor confía. R.

SEGUNDA LECTURA

De la primera carta del apóstol san Pablo a los corintios
1, 10-13. 17

Hermanos: Los exhorto, en nombre de nuestro Señor Jesucristo, a que todos vivan en concordia y no haya divisiones entre ustedes, a que estén perfectamente unidos en un mismo sentir y en un mismo pensar.

Me he enterado, hermanos, por algunos servidores de Cloe, de que hay discordia entre ustedes. Les digo esto, porque cada uno de ustedes ha tomado partido, diciendo: "Yo soy de Pablo, yo de Apolo, yo de Pedro, yo de Cristo". ¿Acaso Cristo está dividido? ¿Es que Pablo fue crucificado por ustedes? ¿O han sido bautizados ustedes en nombre de Pablo?

Por lo demás, no me envió Cristo a bautizar, sino a predicar el Evangelio, y eso, no con sabiduría de palabras, para no hacer ineficaz la cruz de Cristo.

Palabra de Dios.   R. **Te alabamos, Señor.**

ACLAMACIÓN ANTES DEL EVANGELIO
Cfr. Mt 4, 23

R. **Aleluya, aleluya.**
Jesús predicaba la buena nueva del Reino
y curaba a la gente de toda enfermedad.
R. **Aleluya, aleluya.**

EVANGELIO

✠ Del santo Evangelio según san Mateo
4, 12-23

R. **Gloria a ti, Señor.**

Al enterarse Jesús de que Juan había sido arrestado, se retiró a Galilea, y dejando el pueblo de Nazaret, se fue a vivir a Cafarnaúm, junto al lago, en territorio de Zabulón y Neftalí, para que así se cumpliera lo que había anunciado el profeta Isaías:

Tierra de Zabulón y Neftalí, camino del mar, al otro lado del Jordán, Galilea de los paganos. El pueblo que yacía en tinieblas vio una gran luz. Sobre los que vivían en tierra de sombras una luz resplandeció.

Desde entonces comenzó Jesús a predicar, diciendo: "Conviértanse, porque ya está cerca el Reino de los cielos".

Una vez que Jesús caminaba por la ribera del mar de Galilea, vio a dos hermanos, Simón, llamado después Pedro, y Andrés, los cuales estaban echando las redes al mar, porque eran pescadores. Jesús les dijo: "Síganme y yo los haré pescadores de hombres". Ellos inmediatamente dejaron las redes y lo siguieron. Pasando más adelante, vio a otros dos hermanos, Santiago y Juan, hijos de Zebedeo, que estaban con su padre en la barca, remendando las redes, y los llamó también. Ellos, dejando enseguida la barca y a su padre, lo siguieron.

Andaba por toda Galilea, enseñando en las sinagogas y proclamando la buena nueva del Reino de Dios y curando a la gente de toda enfermedad y dolencia.

Palabra del Señor.   R. **Gloria a ti, Señor Jesús.**

Se dice Credo.

ORACIÓN SOBRE LAS OFRENDAS

Recibe, Señor, benignamente, nuestros dones, y santifícalos, a fin de que nos sirvan para nuestra salvación. Por Jesucristo, nuestro Señor.

ANTÍFONA DE LA COMUNIÓN   Jn 8, 12

Yo soy la luz del mundo, dice el Señor; el que me sigue, no camina en tinieblas, sino que tendrá la luz de la vida.

ORACIÓN DESPUÉS DE LA COMUNIÓN

Concédenos, Dios todopoderoso, que al experimentar el efecto vivificante de tu gracia, nos sintamos siempre dichosos por este don tuyo. Por Jesucristo, nuestro Señor.

"CONVIÉRTANSE, PORQUE YA ESTÁ CERCA EL REINO DE LOS CIELOS"

Jesús inició su predicación invitando a todos a cambiar de vida, porque en el plan de Dios para la salvación del mundo es necesario volvernos a él de todo corazón.

▸ Los profetas ya habían anunciado al pueblo de Israel que un día se revelaría a todas las naciones que sólo hay un Dios verdadero, y que es el único Señor del universo.

▸ Jesús hoy nos llama también a la conversión. Es necesario que cambiemos nuestra vida, que la orientemos hacia nuestra meta, que es Dios. No se trata de una labor de un solo momento, sino que tenemos que dirigirnos hacia nuestro Creador a cada instante de nuestra existencia, es necesario que nos mantengamos de cara a él.

¿De qué manera podemos hacer realidad la conversión a la que Jesús nos llama hoy?

2 de febrero

Domingo

Presentación del Señor

(*Blanco*)

ANTÍFONA DE ENTRADA

Cfr. Sal 47, 10-11

Meditamos, Señor, los dones de tu amor, en medio de tu templo. Tu alabanza llega hasta los confines de la tierra como tu fama. Tu diestra está llena de justicia.

Se dice Gloria.

ORACIÓN COLECTA

Dios todopoderoso y eterno, suplicamos humildemente a tu majestad que así como en este día fue presentado al templo tu Unigénito en su realidad humana como la nuestra, así nos concedas, con el espíritu purificado, ser presentados ante ti. Por nuestro Señor Jesucristo…

Ya viene el Señor, a quien deseamos y buscamos. Ya va entrando en su santuario (PRIMERA LECTURA). Lo desean con todo su corazón Simeón y Ana, y el Señor se les manifiesta plenamente en Jesús niño, por medio del Espíritu Santo (EVANGELIO). El Señor Jesús, sumo sacerdote, se hace semejante en todo a nosotros, sus hermanos, para ayudarnos en todo (SEGUNDA LECTURA).

PRIMERA LECTURA
Del libro del profeta Malaquías
3, 1-4

Esto dice el Señor: "He aquí que yo envío a mi mensajero. Él preparará el camino delante de mí. De improviso entrará en el santuario el Señor, a quien ustedes buscan, el mensajero de la alianza a quien ustedes desean. Miren: Ya va entrando, dice el Señor de los ejércitos.

¿Quién podrá soportar el día de su venida? ¿Quién quedará en pie cuando aparezca? Será como fuego de fundición, como la lejía de los lavanderos. Se sentará como un fundidor que refina la plata; como a la plata y al oro, refinará a los hijos de Leví y así podrán ellos ofrecer, como es debido, las ofrendas al Señor. Entonces agradará al Señor la ofrenda de Judá y de Jerusalén, como en los días pasados, como en los años antiguos".

Palabra de Dios.   R. **Te alabamos, Señor.**

SALMO RESPONSORIAL
Del salmo 23

B.P. 1190 B. Carrillo

El Se - ñor es el rey de la glo-ria.

R. **El Señor es el rey de la gloria.**

¡Puertas, ábranse de par en par;
agrándense, portones eternos,
porque va a entrar el rey de la gloria! R.

Y ¿quién es el rey de la gloria?
Es el Señor, fuerte y poderoso,
el Señor, poderoso en la batalla. R.

¡Puertas, ábranse de par en par;
agrándense, portones eternos,
porque va a entrar el rey de la gloria! R.

Y ¿quién es el rey de la gloria?
El Señor, Dios de los ejércitos,
es el rey de la gloria. R.

SEGUNDA LECTURA

De la carta a los hebreos
2, 14-18

Hermanos: Todos los hijos de una familia tienen la misma sangre; por eso, Jesús quiso ser de nuestra misma sangre, para destruir con su muerte al diablo, que mediante la muerte, dominaba a los hombres, y para liberar a aquellos que, por temor a la muerte, vivían como esclavos toda su vida.

Pues como bien saben, Jesús no vino a ayudar a los ángeles, sino a los descendientes de Abraham; por eso tuvo que hacerse semejante a sus hermanos en todo, a fin de llegar a ser sumo sacerdote, misericordioso con ellos y fiel en las relaciones que median entre Dios y los hombres, y expiar así los pecados del pueblo. Como él mismo fue probado por medio del sufrimiento, puede ahora ayudar a los que están sometidos a la prueba.

Palabra de Dios.   R. **Te alabamos, Señor.**

ACLAMACIÓN ANTES DEL EVANGELIO
Lc 2, 32

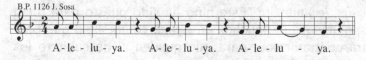

B.P. 1126 J. Sosa

A - le - lu - ya.   A - le - lu - ya.   A - le - lu - ya.

2 de febrero

R. **Aleluya, aleluya.**

Cristo es la luz que alumbra a las naciones
y la gloria de tu pueblo, Israel.

R. **Aleluya, aleluya.**

EVANGELIO

✠ Del santo Evangelio según san Lucas
2, 22-40

R. **Gloria a ti, Señor.**

Transcurrido el tiempo de la purificación de María, según la ley de Moisés, ella y José llevaron al niño a Jerusalén para presentarlo al Señor, de acuerdo con lo escrito en la ley: *Todo primogénito varón será consagrado al Señor*, y también para ofrecer, como dice la ley, *un par de tórtolas o dos pichones*.

Vivía en Jerusalén un hombre llamado Simeón, varón justo y temeroso de Dios, que aguardaba el consuelo de Israel; en él moraba el Espíritu Santo, el cual le había revelado que no moriría sin haber visto antes al Mesías del Señor. Movido por el Espíritu, fue al templo, y cuando José y María entraban con el niño Jesús para cumplir con lo prescrito por la ley, Simeón lo tomó en brazos y bendijo a Dios, diciendo:

"Señor, ya puedes dejar morir en paz a tu siervo,
según lo que me habías prometido,
porque mis ojos han visto a tu Salvador,
al que has preparado para bien de todos los pueblos,
luz que alumbra a las naciones
y gloria de tu pueblo, Israel".

El padre y la madre del niño estaban admirados de semejantes palabras. Simeón los bendijo, y a María, la madre de Jesús, le anunció: "Este niño ha sido puesto para ruina y resurgimiento de muchos en Israel, como signo que provocará contradicción, para que queden al descubierto los pensamientos de todos los corazones. Y a ti, una espada te atravesará el alma".

Había también una profetisa, Ana, hija de Fanuel, de la tribu de Aser. Era una mujer muy anciana. De joven, había vivido siete años casada y tenía ya ochenta y cuatro años de edad. No se apartaba del templo ni de día ni de noche, sirviendo a Dios con ayunos y oraciones. Ana se acercó en aquel momento, dando gracias a Dios y hablando del niño a todos los que aguardaban la liberación de Jerusalén.

Una vez que José y María cumplieron todo lo que prescribía la ley del Señor, se volvieron a Galilea, a su ciudad de Nazaret. El niño iba creciendo y fortaleciéndose, se llenaba de sabiduría y la gracia de Dios estaba con él.

Palabra del Señor. R. **Gloria a ti, Señor Jesús.**

Se dice Credo.

ORACIÓN SOBRE LAS OFRENDAS

Que te sea grata, Señor, la ofrenda de tu Iglesia desbordante de alegría, tú que quisiste que tu Unigénito te fuera ofrecido, como Cordero inmaculado, para la vida del mundo. Él, que vive y reina por los siglos de los siglos.

ANTÍFONA DE LA COMUNIÓN   Lc 2, 30-31

Mis ojos han visto a tu Salvador, a quien has puesto ante la vista de todos los pueblos.

ORACIÓN DESPUÉS DE LA COMUNIÓN

Señor, por este santo sacramento que acabamos de recibir, lleva a su plenitud en nosotros la obra de tu gracia, tú, que colmaste las esperanzas de Simeón; para que, así como él no vio la muerte sin que antes mereciera tener en sus brazos a Cristo, así nosotros, al salir al encuentro del Señor, merezcamos alcanzar la vida eterna. Él, que vive y reina por los siglos de los siglos.

DIOS SIEMPRE CUMPLE SUS PROMESAS

A cuarenta días de que hemos contemplado el nacimiento de Jesús en Belén, hoy nos toca celebrar aquella ocasión en que María y José, para cumplir con la ley, presentaron a su bendito Hijo en el Templo de Jerusalén. El Mesías esperado por el pueblo de Israel entra en el lugar santo, pero sólo es reconocido por Simeón y Ana.

✴ Dios nunca se contradice a sí mismo y siempre cumple lo que promete; por eso, la familia de Jesús realizó todo lo indicado por la ley de Moisés; sin embargo, llegará el tiempo en que Jesús llevará a su plenitud esa ley.

✴ Simeón y Ana vivían en una especial amistad con Dios, y por eso les fue revelado el misterio de la presencia del Señor en su Templo. Profetizaron lo que sería de Jesús, y Simeón predijo lo que le ocurriría a María.

Hoy, tenemos la presencia del Mesías del Señor en cada iglesia, todos los días. Él nos espera ahí con amor y paciencia.

9 de febrero 5º Domingo del T. Ordinario

ANTÍFONA DE ENTRADA Sal 94, 6-7
Entremos y adoremos de rodillas al Señor, creador nuestro, porque él es nuestro Dios.

Se dice Gloria.

ORACIÓN COLECTA
Te rogamos, Señor, que guardes con incesante amor a tu familia santa, que tiene puesto su apoyo sólo en tu gracia, para que halle siempre en tu protección su fortaleza. Por nuestro Señor Jesucristo…

"Ustedes son la luz del mundo", dijo el Señor. El tema de la luz ilumina toda la liturgia de hoy. Isaías nos da una serie de consejos para que "surja nuestra luz como una aurora" (PRIMERA LECTURA). San Pablo dice a los cristianos de Corinto (SEGUNDA LECTURA) que él les ha anunciado a Cristo crucificado para que tengan la luz, que es el poder de Dios. Por fin, san Mateo (EVANGELIO) nos presenta al mismo Cristo declarando que sus seguidores tendrán su misma luz, que habrá de brillar ante los hombres.

PRIMERA LECTURA
Del libro del profeta Isaías
58, 7-10

Esto dice el Señor:
"Comparte tu pan con el hambriento,
abre tu casa al pobre sin techo,
viste al desnudo
y no des la espalda a tu propio hermano.

Entonces surgirá tu luz como la aurora
y cicatrizarán de prisa tus heridas;
te abrirá camino la justicia
y la gloria del Señor cerrará tu marcha.

Entonces clamarás al Señor y él te responderá;
lo llamarás y él te dirá: 'Aquí estoy'.

Cuando renuncies a oprimir a los demás
y destierres de ti el gesto amenazador
y la palabra ofensiva;
cuando compartas tu pan con el hambriento
y sacies la necesidad del humillado,
brillará tu luz en las tinieblas
y tu oscuridad será como el mediodía".

Palabra de Dios.   R. **Te alabamos, Señor.**

SALMO RESPONSORIAL
Del salmo 111

B. Carrillo B.P. 1543

El jus-to bri - lla   co - mo   luz en las ti - nie - blas.

R. **El justo brilla como una luz en las tinieblas.**

Quien es justo, clemente y compasivo,
como una luz en las tinieblas brilla.
Quienes, compadecidos, prestan
y llevan su negocio honradamente,
jamás se desviarán. R.

El justo no vacilará;
vivirá su recuerdo para siempre.
No temerá malas noticias,
porque en el Señor vive confiadamente. R.

Firme está y sin temor su corazón.
Al pobre da limosna,
obra siempre conforme a la justicia;
su frente se alzará llena de gloria. R.

SEGUNDA LECTURA

De la primera carta del apóstol san Pablo a los corintios
2, 1-5

Hermanos: Cuando llegué a la ciudad de ustedes para anunciarles el Evangelio, no busqué hacerlo mediante la elocuencia del lenguaje o la sabiduría humana, sino que resolví no hablarles sino de Jesucristo, más aún, de Jesucristo crucificado.

Me presenté ante ustedes débil y temblando de miedo. Cuando les hablé y les prediqué el Evangelio, no quise convencerlos con palabras de hombre sabio; al contrario, los convencí por medio del Espíritu y del poder de Dios, a fin de que la fe de ustedes dependiera del poder de Dios y no de la sabiduría de los hombres.

Palabra de Dios.   R. **Te alabamos, Señor.**

ACLAMACIÓN ANTES DEL EVANGELIO
Jn 8, 12

B.P. 1033 - Palazón

A-le-lu-ya, a-le-lu-ya, a-le-lu - ya.

R. **Aleluya, aleluya.**
Yo soy la luz del mundo, dice el Señor;
el que me sigue tendrá la luz de la vida.
R. **Aleluya, aleluya.**

EVANGELIO

✠ Del santo Evangelio según san Mateo
5, 13-16

R. **Gloria a ti, Señor.**

En aquel tiempo, Jesús dijo a sus discípulos: "Ustedes son la sal de la tierra. Si la sal se vuelve insípida, ¿con qué se le devolverá el sabor? Ya no sirve para nada y se tira a la calle para que la pise la gente.

Ustedes son la luz del mundo. No se puede ocultar una ciudad construida en lo alto de un monte; y cuando se enciende una vela, no se esconde debajo de una olla, sino que se pone sobre un candelero, para que alumbre a todos los de la casa.

Que de igual manera brille la luz de ustedes ante los hombres, para que viendo las buenas obras que ustedes hacen, den gloria a su Padre, que está en los cielos".

Palabra del Señor.   R. **Gloria a ti, Señor Jesús.**

Se dice Credo.

ORACIÓN SOBRE LAS OFRENDAS
Señor Dios nuestro, que has creado los frutos de la tierra sobre todo para ayuda de nuestra fragilidad, concédenos que también se conviertan para nosotros en sacramento de eternidad. Por Jesucristo, nuestro Señor.

ANTÍFONA DE LA COMUNIÓN   Mt 5, 4. 6
Dichosos los que lloran, porque serán consolados. Dichosos los que tienen hambre y sed de justicia, porque serán saciados.

ORACIÓN DESPUÉS DE LA COMUNIÓN
Señor Dios, que quisiste hacernos participar de un mismo pan y un mismo cáliz, concédenos vivir de tal manera, que, hechos uno en Cristo, demos fruto con alegría para la salvación del mundo. Por Jesucristo, nuestro Señor.

"QUE DE IGUAL MANERA BRILLE LA LUZ DE USTEDES ANTE LOS HOMBRES"

Nuestro Señor Jesucristo es la única Luz del mundo, pero él llama a todos los bautizados, a su Cuerpo Místico –a nosotros–, a llevar su luz a todos los rincones de este planeta.

✳ Cuando el mundo camina sin Dios, es cuando "se da de frentazos contra una pared" (guerras, dictaduras, injusticias, robos, asesinatos, secuestros, etc.), porque sólo la Luz divina puede iluminar nuestros senderos, para no tropezar y caer en medio de la oscuridad ("Tu palabra es una lámpara para mis pasos, y una luz en mi camino"; Sal 118 [119], 105).

✳ Porque sólo los criterios de Cristo pueden llevar a la humanidad por el buen camino, ya que él "conoce lo que hay dentro del hombre. ¡Sólo él lo conoce!", y su voluntad es que lleguemos a puerto seguro al final de nuestra vida en esta tierra.

✳ Dios nos ha dado sus Mandamientos para nuestro bien; él sabe que son el camino seguro para alcanzar la felicidad verdadera: "La ley del Señor es perfecta y es descanso del alma" (Sal 18 [19], 8).

Llevemos la luz de Cristo a todos nuestros ambientes, y así haremos mucho bien.

16 de febrero 6° Domingo del T. Ordinario

(Verde)

ANTÍFONA DE ENTRADA Cfr. Sal 30, 3-4

Sírveme de defensa, Dios mío, de roca y fortaleza salvadoras. Tú eres mi baluarte y mi refugio, por tu nombre condúceme y guíame.

Se dice Gloria.

ORACIÓN COLECTA

Señor Dios, que prometiste poner tu morada en los corazones rectos y sinceros, concédenos, por tu gracia, vivir de tal manera que te dignes habitar en nosotros. Por nuestro Señor Jesucristo…

Jesús proclama una nueva ley. No es una anulación de la antigua ley que Dios dio a su pueblo (PRIMERA LECTURA), sino que Cristo la proclamó para perfeccionar la antigua ley, acentuando la íntima disposición interior, donde el hombre pone en juego su fidelidad para con Dios y su apertura hacia los demás (EVANGELIO). San Pablo (SEGUNDA LECTURA) nos anuncia que el Espíritu Santo le reveló el plan de salvación que Dios dispuso sabiamente desde siempre.

PRIMERA LECTURA

Del libro del Sirácide (Eclesiástico)

15, 16-21

Si tú lo quieres, puedes guardar los mandamientos;
permanecer fiel a ellos es cosa tuya.
El Señor ha puesto delante de ti fuego y agua;
extiende la mano a lo que quieras.
Delante del hombre están la muerte y la vida;
le será dado lo que él escoja.

   Es infinita la sabiduría del Señor;
es inmenso su poder y él lo ve todo.
Los ojos del Señor ven con agrado
a quienes lo temen;
el Señor conoce todas las obras del hombre.
A nadie le ha mandado ser impío
y a nadie le ha dado permiso de pecar.

Palabra de Dios.   R. **Te alabamos, Señor.**

SALMO RESPONSORIAL

Del salmo 118

E. Loarca B.P. 1544

Di - cho - so el que cum - ple la vo - lun - tad del Se - ñor.

R.   **Dichoso el que cumple la voluntad del Señor.**

Dichoso el hombre de conducta intachable,
que cumple la ley del Señor.
Dichoso el que es fiel a sus enseñanzas
y lo busca de todo corazón. R.

   Tú, Señor, has dado tus preceptos
para que se observen exactamente.
Ojalá que mis pasos se encaminen
al cumplimiento de tus mandamientos. R.

[R. **Dichoso el que cumple la voluntad del Señor.**]

Favorece a tu siervo
para que viva y observe tus palabras.
Ábreme los ojos para ver
las maravillas de tu voluntad. R.

Muéstrame, Señor, el camino de tus leyes
y yo lo seguiré con cuidado.
Enséñame a cumplir tu voluntad
y a guardarla de todo corazón. R.

SEGUNDA LECTURA

De la primera carta del apóstol san Pablo a los corintios
2, 6-10

Hermanos: Es cierto que a los adultos en la fe les predicamos la sabiduría, pero no la sabiduría de este mundo ni la de aquellos que dominan al mundo, los cuales van a quedar aniquilados. Por el contrario, predicamos una sabiduría divina, misteriosa, que ha permanecido oculta y que fue prevista por Dios desde antes de los siglos, para conducirnos a la gloria. Ninguno de los que dominan este mundo la conoció, porque, de haberla conocido, nunca hubieran crucificado al Señor de la gloria.

Pero lo que nosotros predicamos es, como dice la Escritura, que *lo que Dios ha preparado para los que lo aman, ni el ojo lo ha visto, ni el oído lo ha escuchado, ni la mente del hombre pudo siquiera haberlo imaginado.* A nosotros, en cambio, Dios nos lo ha revelado por el Espíritu que conoce perfectamente todo, hasta lo más profundo de Dios.

Palabra de Dios.   R. **Te alabamos, Señor.**

ACLAMACIÓN ANTES DEL EVANGELIO

Cfr. Mt 11, 25

70

R.   **Aleluya, aleluya.**

Yo te alabo, Padre, Señor del cielo y de la tierra,
porque has revelado los misterios del Reino
a la gente sencilla.

R.   **Aleluya, aleluya.**

EVANGELIO

✝ Del santo Evangelio según san Mateo
5, 17-37

R.   **Gloria a ti, Señor.**

En aquel tiempo, Jesús dijo a sus discípulos: "No crean que
he venido a abolir la ley o los profetas; no he venido a
abolirlos, sino a darles plenitud. Yo les aseguro que antes
se acabarán el cielo y la tierra, que deje de cumplirse hasta
la más pequeña letra o coma de la ley. Por lo tanto, el que
quebrante uno de estos preceptos menores y enseñe eso a
los hombres, será el menor en el Reino de los cielos; pero el
que los cumpla y los enseñe, será grande en el Reino de los
cielos. Les aseguro que si su justicia no es mayor que la de
los escribas y fariseos, ciertamente no entrarán ustedes en el
Reino de los cielos.

Han oído que se dijo a los antiguos: *No matarás y el que
mate será llevado ante el tribunal.* Pero yo les digo: Todo el que
se enoje con su hermano, será llevado también ante el tribunal; el que insulte a su hermano, será llevado ante el tribunal
supremo, y el que lo desprecie, será llevado al fuego del lugar
de castigo.

Por lo tanto, si cuando vas a poner tu ofrenda sobre el
altar, te acuerdas allí mismo de que tu hermano tiene alguna
queja contra ti, deja tu ofrenda junto al altar y ve primero a
reconciliarte con tu hermano, y vuelve luego a presentar tu
ofrenda. Arréglate pronto con tu adversario, mientras vas
con él por el camino; no sea que te entregue al juez, el juez
al policía y te metan a la cárcel. Te aseguro que no saldrás
de allí hasta que hayas pagado el último centavo.

16 de febrero

También han oído que se dijo a los antiguos: No *cometerás adulterio*. Pero yo les digo que quien mire con malos deseos a una mujer, ya cometió adulterio con ella en su corazón. Por eso, si tu ojo derecho es para ti ocasión de pecado, arráncatelo y tíralo lejos, porque más te vale perder una parte de tu cuerpo y no que todo él sea arrojado al lugar de castigo. Y si tu mano derecha es para ti ocasión de pecado, córtatela y arrójala lejos de ti, porque más te vale perder una parte de tu cuerpo y no que todo él sea arrojado al lugar de castigo.

También se dijo antes: *El que se divorcie, que le dé a su mujer un certificado de divorcio*. Pero yo les digo que el que se divorcia, salvo el caso de que vivan en unión ilegítima, expone a su mujer al adulterio, y el que se casa con una divorciada comete adulterio.

Han oído que se dijo a los antiguos: No *jurarás en falso y le cumplirás al Señor lo que le hayas prometido con juramento*. Pero yo les digo: No juren de ninguna manera, ni por el cielo, que es el trono de Dios; ni por la tierra, porque es donde él pone los pies; ni por Jerusalén, que es la ciudad del gran Rey.

Tampoco jures por tu cabeza, porque no puedes hacer blanco o negro uno solo de tus cabellos. Digan simplemente sí, cuando es sí; y no, cuando es no. Lo que se diga de más, viene del maligno".

Palabra del Señor.   R. **Gloria a ti, Señor Jesús.**

Se dice Credo.

ORACIÓN SOBRE LAS OFRENDAS
Que esta ofrenda, Señor, nos purifique y nos renueve, y se convierta en causa de recompensa eterna para quienes cumplimos tu voluntad. Por Jesucristo, nuestro Señor.

ANTÍFONA DE LA COMUNIÓN   Jn 3, 16
Tanto amó Dios al mundo, que le dio a su Hijo único, para que todo el que crea en él no perezca, sino que tenga vida eterna.

ORACIÓN DESPUÉS DE LA COMUNIÓN

Saciados, Señor, por este manjar celestial, te rogamos que nos hagas anhelar siempre este mismo sustento por el cual verdaderamente vivimos. Por Jesucristo, nuestro Señor.

SEGUIR A JESÚS TIENE SUS EXIGENCIAS

Hoy Jesús, porque nos ama, nos instruye acerca de la importancia de cumplir la ley de Dios en plenitud.

† El Señor nos enseña que no basta con no quitarle la vida a otro ser humano ("No matarás", el quinto mandamiento de la ley de Dios), sino que el que se deja llevar por la ira, o insulta o desprecia a otra persona, va en contra de la voluntad de Dios y se aleja de él. Por eso es necesario reconciliarnos con aquel a quien hemos ofendido, y perdonar a quien nos ha ofendido, según sea el caso.

† Jesús no quiere que nos arranquemos un ojo ni que nos cortemos una mano, pero dice que más nos valdría hacer eso que vivir en estado de pecado, porque esto lo ofende y rompe nuestra amistad con él (ver *Catecismo de la Iglesia católica*, números 1846-1876), y porque el pecado, a final de cuentas, nos destruye.

† Jesús nos manda decir "sí, cuando es sí; y no, cuando es no", porque lo que se diga de más "viene del maligno".

El Señor nos ofrece su gracia, para vivir como verdaderos cristianos.

23 de febrero   7° Domingo del T. Ordinario

(*Verde*)

ANTÍFONA DE ENTRADA

Confío, Señor, en tu misericordia. Se alegra mi corazón con tu auxilio; cantaré al Señor por el bien que me ha hecho.

Se dice Gloria.

ORACIÓN COLECTA

Concédenos, Dios todopoderoso, que la constante meditación de tus misterios nos impulse a decir y hacer siempre lo que sea de tu agrado. Por nuestro Señor Jesucristo…

Mientras que la antigua ley prescribía amar al amigo tanto como a uno mismo (PRIMERA LECTURA), la ley de Jesús añade que debemos amar incluso a nuestros enemigos (EVANGELIO), para que así imitemos a Dios, que es santo y perfecto. En su carta a los corintios (SEGUNDA LECTURA), san Pablo evoca nuestra grandeza, ya que pertenecemos a Cristo, el Espíritu Santo habita en nosotros y somos templos de Dios.

PRIMERA LECTURA
Del libro del Levítico
19, 1-2. 17-18

En aquellos días, dijo el Señor a Moisés: "Habla a la asamblea de los hijos de Israel y diles: Sean santos, porque yo, el Señor, soy santo.

No odies a tu hermano ni en lo secreto de tu corazón. Trata de corregirlo, para que no cargues tú con su pecado. No te vengues ni guardes rencor a los hijos de tu pueblo. Ama a tu prójimo como a ti mismo. Yo soy el Señor".

Palabra de Dios.   R. **Te alabamos, Señor.**

SALMO RESPONSORIAL
Del salmo 102

R. **El Señor es compasivo y misericordioso.**

Bendice al Señor, alma mía,
que todo mi ser bendiga su santo nombre.
Bendice al Señor, alma mía,
y no te olvides de sus beneficios. R.

   El Señor perdona tus pecados
y cura tus enfermedades;
él rescata tu vida del sepulcro
y te colma de amor y de ternura. R.

   El Señor es compasivo y misericordioso,
lento para enojarse y generoso para perdonar.
No nos trata como merecen nuestras culpas,
ni nos paga según nuestros pecados. R.

   Como dista el oriente del ocaso,
así aleja de nosotros nuestros delitos;
como un padre es compasivo con sus hijos,
así es compasivo el Señor con quien lo ama. R.

SEGUNDA LECTURA

De la primera carta del apóstol san Pablo a los corintios
3, 16-23

Hermanos: ¿No saben ustedes que son el templo de Dios y que el Espíritu de Dios habita en ustedes? Quien destruye el templo de Dios, será destruido por Dios, porque el templo de Dios es santo y ustedes son ese templo.

Que nadie se engañe: si alguno de ustedes se tiene a sí mismo por sabio según los criterios de este mundo, que se haga ignorante para llegar a ser verdaderamente sabio. Porque la sabiduría de este mundo es ignorancia ante Dios, como dice la Escritura: *Dios hace que los sabios caigan en la trampa de su propia astucia.* También dice: *El Señor conoce los pensamientos de los sabios y los tiene por vanos.*

Así pues, que nadie se gloríe de pertenecer a ningún hombre, ya que todo les pertenece a ustedes: Pablo, Apolo y Pedro, el mundo, la vida y la muerte, lo presente y lo futuro: todo es de ustedes; ustedes son de Cristo, y Cristo es de Dios.

Palabra de Dios.   R. **Te alabamos, Señor.**

ACLAMACIÓN ANTES DEL EVANGELIO

1 Jn 2, 5

B.P. 1036

A-le-lu-ya, a-le-lu-ya, a-le-lu - ya.

R. **Aleluya, aleluya.**
En aquel que cumple la palabra de Cristo,
el amor de Dios ha llegado a su plenitud.
R. **Aleluya, aleluya.**

EVANGELIO

✠ Del santo Evangelio según san Mateo
5, 38-48

R. **Gloria a ti, Señor.**

En aquel tiempo, Jesús dijo a sus discípulos: "Han oído que se dijo: *Ojo por ojo, diente por diente.* Pero yo les digo que no hagan resistencia al hombre malo. Si alguno te golpea en la mejilla derecha, preséntale también la izquierda; al que te quiera demandar en juicio para quitarte la túnica, cédele también el manto. Si alguno te obliga a caminar mil pasos en su servicio, camina con él dos mil. Al que te pide, dale; y al que quiere que le prestes, no le vuelvas la espalda.

Han oído que se dijo: A*ma a tu prójimo y odia a tu enemigo.* Yo, en cambio, les digo: Amen a sus enemigos, hagan el bien a los que los odian y rueguen por los que los persiguen y calumnian, para que sean hijos de su Padre celestial, que hace salir su sol sobre los buenos y los malos, y manda su lluvia sobre los justos y los injustos.

Porque, si ustedes aman a los que los aman, ¿qué recompensa merecen? ¿No hacen eso mismo los publicanos? Y si saludan tan sólo a sus hermanos, ¿qué hacen de extraordinario? ¿No hacen eso mismo los paganos? Ustedes, pues, sean perfectos, como su Padre celestial es perfecto".

Palabra del Señor.   R. **Gloria a ti, Señor Jesús.**

Se dice Credo.

ORACIÓN SOBRE LAS OFRENDAS
Al celebrar con la debida reverencia tus misterios, te rogamos, Señor, que los dones ofrecidos en honor de tu gloria nos sirvan para la salvación. Por Jesucristo, nuestro Señor.

ANTÍFONA DE LA COMUNIÓN   Jn 11, 27
Señor, yo creo que tú eres el Mesías, el Hijo de Dios vivo, el que tenía que venir al mundo.

ORACIÓN DESPUÉS DE LA COMUNIÓN
Concédenos, Dios todopoderoso, que alcancemos aquel fruto celestial, cuyo adelanto acabamos de recibir mediante estos sacramentos. Por Jesucristo, nuestro Señor.

"HAN OÍDO QUE SE DIJO… PERO YO LES DIGO…"

Jesús no ha venido a abolir la ley de Dios, sino a darle plenitud. Por eso, la Iglesia nos enseña que Dios ha seguido una "pedagogía" para manifestarnos quién es él y qué pide de nosotros: "Dios se comunica gradualmente al hombre, lo prepara por etapas para acoger la Revelación sobrenatural que hace de sí mismo y que culminará en la Persona y la misión del Verbo encarnado, Jesucristo" (*Catecismo de la Iglesia católica*, número 53).

✓ Las enseñanzas de Jesús, nuestro único Maestro,

son definitivas, por lo que hemos de atender a ellas con sumo interés. En el Antiguo Testamento, Dios buscó poner límites a la maldad del hombre, pero ahora Jesús viene a dar el paso definitivo.

✓ Para vencer el mal, tenemos que romper las interminables cadenas del mal; por eso no tenemos que devolver mal por mal (la venganza es un círculo vicioso). Jesús no nos invita a ser tontos, ni a ser cómplices de quienes cometen injusticias, sino a hacer nuestros los criterios del amor a Dios y al prójimo.

✓ En la cruz, Jesús supo perdonar a sus verdugos, porque sabía que había un bien mayor en llevar hasta el final esta entrega: así él nos obtenía la salvación.

Los santos han demostrado que se puede vivir esto que Jesús nos pide, con el auxilio de Dios.

Tiempo de Cuaresma

Cuaresma significa "cuarenta días", y es el tiempo de preparación para la fiesta más importante del año: la Pascua. El 40 es uno de los números que en la tradición semita significa "totalidad" o "completitud". Los 40 días de la Cuaresma nos recuerdan el periodo de preparación para un encuentro con Dios, como ocurrió con Moisés (Éx 34, 28) y Elías (1 Re 19, 8). Pero sobre todo hacen referencia a la Cuaresma del Señor Jesús antes de iniciar su ministerio (Mt 4, 1-2; Mc 1, 13; Lc 4, 2).

La Cuaresma es un tiempo de penitencia, de conversión, de arrepentimiento, de reconciliación. Dios nos dio la libertad como regalo precioso para que pudiéramos amar. Por ella, podemos decirle a él "sí", o podemos decirle "no". Si caemos en cuenta de que le hemos dicho "no" al amor sustancial, tendría que venir el arrepentimiento, y esto pide la conversión, es decir, el "enderezarnos". Todos necesitamos una continua conversión.

Este año la Cuaresma va del Miércoles de Ceniza, el día 26 de febrero, hasta el Jueves de la Semana Santa, antes de la Misa de la Cena del Señor en la tarde, ya que con esta celebración comienza el Triduo Pascual, que es el momento central del año litúrgico.

26 de febrero   Miércoles de Ceniza

(*Morado*)

Debemos creer en el Evangelio, no solamente diciendo que "estamos de acuerdo" con lo que dice el Evangelio, sino con un compromiso para toda la vida. ¿Cómo emplearé este tiempo de Cuaresma para ver si vivo conforme a lo que creo?

En la Misa de este día se bendice y se impone la ceniza hecha de ramas de olivo o de otros árboles, bendecidas el Domingo de Ramos del año anterior.

RITOS INICIALES Y LITURGIA DE LA PALABRA

ANTÍFONA DE ENTRADA   Cfr. Sab 11, 23. 24. 26

Tú, Señor, te compadeces de todos y no aborreces nada de lo que has creado, aparentas no ver los pecados de los hombres, para darles ocasión de arrepentirse, porque tú eres el Señor, nuestro Dios.

Se omite el acto penitencial, que es sustituido por el rito de la imposición de la ceniza.

ORACIÓN COLECTA

Que el día de ayuno, con el que iniciamos, Señor, esta Cuaresma, sea el principio de una verdadera conversión a ti, y que nuestros actos de penitencia nos ayuden a vencer el espíritu del mal. Por nuestro Señor Jesucristo…

Oímos el llamado que hace el profeta Joel al Pueblo de Dios (PRIMERA LECTURA), invitándonos a la penitencia y a la conversión íntima. Ese llamado nos prepara a escuchar la invitación de san Pablo (SEGUNDA LECTURA), que nos pide, en nombre de Cristo, que nos reconciliemos con Dios, porque "ahora es el día de la salvación". Después vemos en Jesús (EVANGELIO) el espíritu con que se deben hacer la limosna, la oración y el ayuno, y así llegamos a descubrir que no es la Iglesia la que ha elaborado las diversas modalidades de la penitencia, sino que las ha recibido de su Señor.

PRIMERA LECTURA

Del libro del profeta Joel

2, 12-18

Esto dice el Señor:
"Todavía es tiempo.
Conviértanse a mí de todo corazón,
con ayunos, con lágrimas y llanto;
enluten su corazón y no sus vestidos.

Conviértanse al Señor su Dios,
porque es compasivo y misericordioso,
lento a la cólera, rico en clemencia,
y se conmueve ante la desgracia".

Quizá se arrepienta, se compadezca de nosotros
y nos deje una bendición,
que haga posibles las ofrendas y libaciones
al Señor, nuestro Dios.

Toquen la trompeta en Sión, promulguen un ayuno,
convoquen la asamblea, reúnan al pueblo,
santifiquen la reunión, junten a los ancianos,
convoquen a los niños, aun a los niños de pecho.
Que el recién casado deje su alcoba
y su tálamo la recién casada.

Entre el vestíbulo y el altar lloren los sacerdotes,
ministros del Señor, diciendo:
"Perdona, Señor, perdona a tu pueblo.
No entregues tu heredad a la burla de las naciones".
Que no digan los paganos: "¿Dónde está el Dios de Israel?".

Y el Señor se llenó de celo por su tierra
y tuvo piedad de su pueblo.
Palabra de Dios. R. **Te alabamos, Señor.**

SALMO RESPONSORIAL
Del salmo 50

R. **Misericordia, Señor, hemos pecado.**

Por tu inmensa compasión y misericordia,
Señor, apiádate de mí y olvida mis ofensas.
Lávame bien de todos mis delitos
y purifícame de mis pecados. R.

   Puesto que reconozco mis culpas,
tengo siempre presentes mis pecados.
Contra ti solo pequé, Señor,
haciendo lo que a tus ojos era malo. R.

   Crea en mí, Señor, un corazón puro,
un espíritu nuevo para cumplir tus mandamientos.
No me arrojes, Señor, lejos de ti,
ni retires de mí tu santo espíritu. R.

   Devuélveme tu salvación, que regocija,
y mantén en mí un alma generosa.
Señor, abre mis labios
y cantará mi boca tu alabanza. R.

SEGUNDA LECTURA
De la segunda carta del apóstol san Pablo a los corintios
5, 20–6, 2

Hermanos: Somos embajadores de Cristo, y por nuestro medio, es como si Dios mismo los exhortara a ustedes. En nombre de Cristo les pedimos que se dejen reconciliar con Dios. Al que nunca cometió pecado, Dios lo hizo "pecado" por nosotros, para que, unidos a él, recibamos la salvación de Dios y nos volvamos justos y santos.

Como colaboradores que somos de Dios, los exhortamos a no echar su gracia en saco roto. Porque el Señor dice: E*n el tiempo favorable te escuché y en el día de la salvación te socorrí.* Pues bien, ahora es el tiempo favorable; ahora es el día de la salvación.

Palabra de Dios.　R. **Te alabamos, Señor.**

ACLAMACIÓN ANTES DEL EVANGELIO
Cfr. Sal 94, 8

R.　**Honor y gloria a ti, Señor Jesús.**
Hagámosle caso al Señor, que nos dice:
"No endurezcan su corazón".

R.　**Honor y gloria a ti, Señor Jesús.**

EVANGELIO

✠ Del santo Evangelio según san Mateo
6, 1-6. 16-18

R.　**Gloria a ti, Señor.**

En aquel tiempo, Jesús dijo a sus discípulos: "Tengan cuidado de no practicar sus obras de piedad delante de los hombres para que los vean. De lo contrario, no tendrán recompensa con su Padre celestial.

Por lo tanto, cuando des limosna, no lo anuncies con trompeta, como hacen los hipócritas en las sinagogas y por las calles, para que los alaben los hombres. Yo les aseguro que ya recibieron su recompensa. En cambio, cuando tú des limosna, que no sepa tu mano izquierda lo que hace la derecha, para que tu limosna quede en secreto; y tu Padre, que ve lo secreto, te recompensará.

Cuando ustedes hagan oración, no sean como los hipócritas, a quienes les gusta orar de pie en las sinagogas y en las esquinas de las plazas, para que los vea la gente. Yo les aseguro que ya recibieron su recompensa. Tú, en cambio, cuando vayas a orar, entra en tu cuarto, cierra la puerta y ora ante tu Padre, que está allí, en lo secreto; y tu Padre, que ve lo secreto, te recompensará.

Cuando ustedes ayunen, no pongan cara triste, como esos hipócritas que descuidan la apariencia de su rostro, para que la gente note que están ayunando. Yo les aseguro que ya recibieron su recompensa. Tú, en cambio, cuando ayunes, perfúmate la cabeza y lávate la cara, para que no sepa la gente que estás ayunando, sino tu Padre, que está en lo secreto; y tu Padre, que ve lo secreto, te recompensará".

Palabra del Señor.   R. **Gloria a ti, Señor Jesús.**

BENDICIÓN E IMPOSICIÓN DE LA CENIZA

Después de la homilía, el sacerdote, de pie y con las manos juntas, dice:

Queridos hermanos, pidamos humildemente a Dios Padre que bendiga con su gracia esta ceniza que, en señal de penitencia, vamos a imponer sobre nuestra cabeza.

Y, después de un breve momento de oración en silencio, con las manos extendidas, prosigue:

Señor Dios, que no quieres la muerte del pecador sino su conversión, escucha bondadosamente nuestras súplicas y dígnate bendecir ✠ esta ceniza, que vamos a imponer sobre nuestra cabeza, sabiendo que somos polvo y al polvo hemos de volver y concédenos que, por nuestro esfuerzo en las prácticas cuaresmales, obtengamos el perdón de nuestros pecados y una vida renovada a imagen de tu Hijo resucitado. Él, que vive y reina por los siglos de los siglos.

R. **Amén.**

Y rocía la ceniza con agua bendita, sin decir nada. Después el sacerdote impone la ceniza a todos los presentes que se acercan a él, y dice a cada uno:

Conviértete y cree en el Evangelio.

O bien:

Recuerda que eres polvo y al polvo has de volver.

Mientras tanto, se canta la antífona.

ANTÍFONA
Renovemos nuestra vida con signos de penitencia; ayunemos y lloremos delante del Señor, porque la misericordia de nuestro Dios está siempre dispuesta a perdonar nuestros pecados.

Esta antífona puede repetirse después de cada verso del salmo 50.

RESPONSORIO   Cfr. Bar 3, 2; Sal 78, 9
R. **Renovemos y mejoremos nuestra vida, pues por ignorancia hemos pecado; no sea que, sorprendidos por el día de la muerte, busquemos un tiempo para hacer penitencia, y ya no sea posible encontrarlo. * Escúchanos, Señor, y ten piedad, porque hemos pecado contra ti.**

V. Ven en nuestra ayuda, Dios salvador nuestro; por el honor de tu nombre, líbranos, Señor.

R. **Escúchanos, Señor, y ten piedad, porque hemos pecado contra ti.**

Se puede entonar también otro canto apropiado.

Terminada la imposición de la ceniza, el sacerdote se lava las manos y continúa con la oración universal, y la Misa prosigue del modo acostumbrado.

No se dice Credo.

ORACIÓN SOBRE LAS OFRENDAS

Al ofrecer el sacrificio con el que iniciamos solemnemente la Cuaresma, te rogamos, Señor, que por nuestras obras de penitencia y de caridad nos veamos libres de los vicios y los malos deseos, para que, purificados de todo pecado, merezcamos celebrar con fervor la pasión de tu Hijo. Él, que vive y reina por los siglos de los siglos.

ANTÍFONA DE LA COMUNIÓN   Cfr. Sal 1, 2-3

El que día y noche medita la ley del Señor, al debido tiempo dará su fruto.

ORACIÓN DESPUÉS DE LA COMUNIÓN

Que nos auxilien, Señor, los sacramentos que recibimos, para que nuestro ayuno sea de tu agrado y nos aproveche como remedio saludable. Por Jesucristo, nuestro Señor.

ORACIÓN SOBRE EL PUEBLO

Infunde benignamente, Señor Dios, en quienes, postrados, te adoramos, un espíritu de contrición y que, por nuestro arrepentimiento, merezcamos alcanzar el premio que misericordiosamente nos volviste a prometer. Por Jesucristo, nuestro Señor.

HOY EMPEZAMOS EL CAMINO CUARESMAL

Estamos llamados a pedirle perdón a Dios por nuestros pecados, a manifestarle nuestra decisión de convertirnos a él, para participar dignamente en la celebración de la Pascua del Señor, para lo cual tendremos seis semanas de preparación.

1 de marzo   1er Domingo de Cuaresma

(*Morado*)

ANTÍFONA DE ENTRADA   Cfr. Sal 90, 15-16
Me invocará y yo lo escucharé; lo libraré y lo glorificaré; prolongaré los días de su vida.

No se dice Gloria.

ORACIÓN COLECTA
Concédenos, Dios todopoderoso, que, por las prácticas anuales del sacramento cuaresmal, progresemos en el conocimiento del misterio de Cristo y traduzcamos su efecto en una conducta irreprochable. Por nuestro Señor Jesucristo...

Acabamos de pedirle a Dios (ORACIÓN COLECTA) que nos ilumine para progresar constantemente en el conocimiento del misterio de Cristo, porque la liturgia de hoy nos introduce en ese misterio al presentarnos a Jesús como el nuevo Adán, la cabeza de la humanidad restaurada en la amistad con Dios (SEGUNDA LECTURA). La primera pareja humana cedió ante la tentación e introdujo el pecado en el mundo (PRIMERA LECTURA); pero Jesús venció al tentador (EVANGELIO), ofrendó su vida y salvó al hombre del pecado y de la muerte al brindarle la vida eterna.

87

Del libro del Génesis

2, 7-9; 3, 1-7

Después de haber creado el cielo y la tierra, el Señor Dios tomó polvo del suelo y con él formó al hombre; le sopló en la nariz un aliento de vida, y el hombre comenzó a vivir. Después plantó el Señor un jardín al oriente del Edén y allí puso al hombre que había formado. El Señor Dios hizo brotar del suelo toda clase de árboles, de hermoso aspecto y sabrosos frutos, y además, en medio del jardín, el árbol de la vida y el árbol del conocimiento del bien y del mal.

La serpiente era el más astuto de los animales del campo que había creado el Señor Dios. Un día le dijo a la mujer: "¿Es cierto que Dios les ha prohibido comer de todos los árboles del jardín?".

La mujer respondió: "Podemos comer del fruto de todos los árboles del jardín, pero del árbol que está en el centro, dijo Dios: 'No comerán de él ni lo tocarán, porque de lo contrario, habrán de morir'".

La serpiente replicó a la mujer: "De ningún modo. No morirán. Bien sabe Dios que el día que coman de los frutos de ese árbol, se les abrirán a ustedes los ojos y serán como Dios, que conoce el bien y el mal".

La mujer vio que el árbol era bueno para comer, agradable a la vista y codiciable, además, para alcanzar la sabiduría. Tomó, pues, de su fruto, comió y le dio a su marido, que estaba junto a ella, el cual también comió. Entonces se les abrieron los ojos a los dos y se dieron cuenta de que estaban desnudos. Entrelazaron unas hojas de higuera y se cubrieron con ellas.

Palabra de Dios.   R. **Te alabamos, Señor.**

SALMO RESPONSORIAL
Del salmo 50

J. García B.P. 1516

Mi - se - ri - cor - dia, Se - ñor, he - mos pe - ca - do.

R. **Misericordia, Señor, hemos pecado.**

Por tu inmensa compasión y misericordia,
Señor, apiádate de mí y olvida mis ofensas.
Lávame bien de todos mis delitos
y purifícame de mis pecados. R.

　　Puesto que reconozco mis culpas,
tengo siempre presentes mis pecados.
Contra ti solo pequé, Señor,
haciendo lo que a tus ojos era malo. R.

　　Crea en mí, Señor, un corazón puro,
un espíritu nuevo para cumplir tus mandamientos.
No me arrojes, Señor, lejos de ti,
ni retires de mí tu santo espíritu. R.

　　Devuélveme tu salvación, que regocija,
mantén en mí un alma generosa.
Señor, abre mis labios
y cantará mi boca tu alabanza. R.

SEGUNDA LECTURA

De la carta del apóstol san Pablo a los romanos
5, 12-19

Hermanos: Así como por un solo hombre entró el pecado en el mundo y por el pecado entró la muerte, así la
muerte llegó a todos los hombres, por cuanto todos pecaron.

　　Antes de la ley de Moisés ya había pecado en el mundo
y, si bien es cierto que el pecado no se imputa cuando no hay
ley, sin embargo, la muerte reinó desde Adán hasta Moisés

1 de marzo

aun sobre aquellos que no pecaron con una transgresión semejante a la de Adán, el cual es figura del que había de venir.

Ahora bien, con el don no sucede como con el delito, porque si por el delito de uno solo murieron todos, ¡cuánto más la gracia de Dios y el don otorgado por la gracia de un solo hombre, Jesucristo, se han desbordado sobre todos! Y con el don no sucede como con las consecuencias del pecado de uno solo, porque ciertamente la sentencia, partiendo de uno solo, lleva a la condenación, pero la obra de la gracia, partiendo de muchos delitos, se resuelve en justificación.

En efecto, si por el delito de uno solo reinó la muerte, por un solo hombre, ¡con cuánta más razón los que reciben la abundancia de la gracia y el don de la justicia, reinarán en la vida por uno solo, Jesucristo!

Así pues, como el delito de uno solo atrajo sobre todos los hombres la condenación, así también la obra de justicia de uno solo procura para todos los hombres la justificación, que da la vida. En efecto, así como por la desobediencia de un solo hombre, todos fueron constituidos pecadores, así también por la obediencia de uno solo todos serán constituidos justos.

Palabra de Dios.   R. **Te alabamos, Señor.**

ACLAMACIÓN ANTES DEL EVANGELIO
Mt 4, 4

R. **Honor y gloria a ti, Señor Jesús.**
No sólo de pan vive el hombre,
sino también de toda palabra
que sale de la boca de Dios.
R. **Honor y gloria a ti, Señor Jesús.**

EVANGELIO

✠ Del santo Evangelio según san Mateo
4, 1-11

R. **Gloria a ti, Señor.**

En aquel tiempo, Jesús fue conducido por el Espíritu al desierto, para ser tentado por el demonio. Pasó cuarenta días y cuarenta noches sin comer y, al final, tuvo hambre. Entonces se le acercó el tentador y le dijo: "Si tú eres el Hijo de Dios, manda que estas piedras se conviertan en panes". Jesús le respondió: "Está escrito: *No sólo de pan vive el hombre, sino también de toda palabra que sale de la boca de Dios*".

Entonces el diablo lo llevó a la ciudad santa, lo puso en la parte más alta del templo y le dijo: "Si eres el Hijo de Dios, échate para abajo, porque está escrito: *Mandará a sus ángeles que te cuiden y ellos te tomarán en sus manos, para que no tropiece tu pie en piedra alguna*". Jesús le contestó: "También está escrito: *No tentarás al Señor, tu Dios*".

Luego lo llevó el diablo a un monte muy alto y desde ahí le hizo ver la grandeza de todos los reinos del mundo y le dijo: "Te daré todo esto, si te postras y me adoras". Pero Jesús le replicó: "Retírate, Satanás, porque está escrito: *Adorarás al Señor, tu Dios, y a él sólo servirás*".

Entonces lo dejó el diablo y se acercaron los ángeles para servirle.

Palabra del Señor.   R. **Gloria a ti, Señor Jesús.**

Se dice Credo.

ORACIÓN SOBRE LAS OFRENDAS

Te pedimos, Señor, que nos hagas dignos de estos dones que vamos a ofrecerte, ya que con ellos celebramos el inicio de este santo sacramento cuaresmal. Por Jesucristo, nuestro Señor.

1 de marzo

ANTÍFONA DE LA COMUNIÓN   Cfr. Sal 90, 4

El Señor te cubrirá con sus plumas, y bajo sus alas encontrarás refugio.

ORACIÓN DESPUÉS DE LA COMUNIÓN

Alimentados, Señor, de este pan celestial que nutre la fe, hace crecer la esperanza y fortalece la caridad, te suplicamos la gracia de aprender a sentir hambre de aquel que es el pan vivo y verdadero, y a vivir de toda palabra que procede de tu boca. Por Jesucristo, nuestro Señor.

ORACIÓN SOBRE EL PUEBLO

Derrama sobre tu pueblo, Señor, la abundancia de tu bendición para que su esperanza crezca en la adversidad, su virtud se fortalezca en la tentación, y alcance la redención eterna. Por Jesucristo, nuestro Señor.

COMO JESÚS, Y CON ÉL, PREPARÉMONOS PARA LAS PRUEBAS

Luego de que Jesús fue bautizado, el Espíritu Santo lo condujo al desierto, "para ser tentado por el demonio".

* El evangelio de Mateo nos habla de las tentaciones de

Jesús y de cómo salió bien librado de cada una de ellas, derrotando al demonio de una manera apabullante.

* Por nuestro Bautismo, somos parte del Cuerpo Místico de Cristo, y también tenemos que cumplir una misión; precisamente por eso no estaremos exentos de las mismas pruebas que experimentó Jesús.

Confiando en Jesús, preparémonos para superar también nuestras pruebas.

8 de marzo
2º Domingo de Cuaresma
(*Morado*)

ANTÍFONA DE ENTRADA   Cfr. Sal 24, 6. 2. 22

Recuerda, Señor, que tu ternura y tu misericordia son eternas. No permitas que nos derrote el enemigo. Sálvanos, Dios de Israel, de todas nuestras angustias.

No se dice Gloria.

ORACIÓN COLECTA

Señor Dios, que nos mandaste escuchar a tu Hijo muy amado, dígnate alimentarnos íntimamente con tu palabra, para que, ya purificada nuestra mirada interior, nos alegremos en la contemplación de tu gloria. Por nuestro Señor Jesucristo…

Se diría que no hay relación alguna entre la vocación de Abraham (PRIMERA LECTURA) y la transfiguración del Señor (EVANGELIO); sin embargo, san Pablo nos permite enlazar un acontecimiento con el otro. Nosotros, lo mismo que Abraham, nuestro padre en la fe (SEGUNDA LECTURA), hemos sido llamados a la vida y a la luz que resplandece en Cristo transfigurado; hemos sido llamados a convertirnos en hijos de Dios junto con el Hijo de Dios.

PRIMERA LECTURA

Del libro del Génesis

12, 1-4

En aquellos días, dijo el Señor a Abram: "Deja tu país, a tu parentela y la casa de tu padre, para ir a la tierra que yo te mostraré. Haré nacer de ti un gran pueblo y te bendeciré. Engrandeceré tu nombre y tú mismo serás una bendición. Bendeciré a los que te bendigan, maldeciré a los que te maldigan. En ti serán bendecidos todos los pueblos de la tierra". Abram partió, como se lo había ordenado el Señor.

Palabra de Dios.   R. **Te alabamos, Señor.**

SALMO RESPONSORIAL

Del salmo 32

M. Ramírez B.P. 1517

R.   **Señor, ten misericordia de nosotros.**

Sincera es la palabra del Señor
y todas sus acciones son leales.
Él ama la justicia y el derecho,
la tierra llena está de sus bondades. R.

　　Cuida el Señor de aquellos que lo temen
y en su bondad confían;
los salva de la muerte
y en épocas de hambre les da vida. R.

　　En el Señor está nuestra esperanza,
pues él es nuestra ayuda y nuestro amparo.
Muéstrate bondadoso con nosotros,
puesto que en ti, Señor, hemos confiado. R.

SEGUNDA LECTURA

De la segunda carta del apóstol san Pablo a Timoteo

1, 8-10

Querido hermano: Comparte conmigo los sufrimientos por la predicación del Evangelio, sostenido por la fuerza de Dios. Pues Dios es quien nos ha salvado y nos ha llamado a que le consagremos nuestra vida, no porque lo merecieran nuestras buenas obras, sino porque así lo dispuso él gratuitamente.

Este don, que Dios nos ha concedido por medio de Cristo Jesús desde toda la eternidad, ahora se ha manifestado con la venida del mismo Cristo Jesús, nuestro Salvador, que destruyó la muerte y ha hecho brillar la luz de la vida y de la inmortalidad, por medio del Evangelio.

Palabra de Dios.   R. **Te alabamos, Señor.**

ACLAMACIÓN ANTES DEL EVANGELIO
Cfr. Mt 17, 5

R. **Honor y gloria a ti, Señor Jesús.**
En el esplendor de la nube se oyó la voz del Padre, que decía: "Éste es mi Hijo amado; escúchenlo".
R. **Honor y gloria a ti, Señor Jesús.**

EVANGELIO

✠ Del santo Evangelio según san Mateo
17, 1-9
R. **Gloria a ti, Señor.**

En aquel tiempo, Jesús tomó consigo a Pedro, a Santiago y a Juan, el hermano de éste, y los hizo subir a solas con él a un monte elevado. Ahí se transfiguró en su presencia: su rostro se puso resplandeciente como el sol y sus vestiduras se volvieron blancas como la nieve. De pronto aparecieron ante ellos Moisés y Elías, conversando con Jesús.

Entonces Pedro le dijo a Jesús: "Señor, ¡qué bueno sería quedarnos aquí! Si quieres, haremos aquí tres tiendas, una para ti, otra para Moisés y otra para Elías".

Cuando aún estaba hablando, una nube luminosa los cubrió y de ella salió una voz que decía: "Éste es mi Hijo muy amado, en quien tengo puestas mis complacencias; escúchenlo". Al oír esto, los discípulos cayeron rostro en tierra, llenos de un gran temor. Jesús se acercó a ellos, los tocó y les dijo: "Levántense y no teman". Alzando entonces los ojos, ya no vieron a nadie más que a Jesús.

Mientras bajaban del monte, Jesús les ordenó: "No le cuenten a nadie lo que han visto, hasta que el Hijo del hombre haya resucitado de entre los muertos".

Palabra del Señor.   R. **Gloria a ti, Señor Jesús.**

Se dice Credo.

ORACIÓN SOBRE LAS OFRENDAS
Te rogamos, Señor, que estos dones borren nuestros pecados y santifiquen el cuerpo y el alma de tus fieles, para celebrar dignamente las fiestas pascuales. Por Jesucristo, nuestro Señor.

ANTÍFONA DE LA COMUNIÓN   Mt 17, 5
Éste es mi Hijo muy amado, en quien tengo puestas mis complacencias; escúchenlo.

ORACIÓN DESPUÉS DE LA COMUNIÓN
Al recibir, Señor, este glorioso sacramento, queremos darte gracias de todo corazón porque así nos permites, desde este mundo, participar ya de los bienes del cielo. Por Jesucristo, nuestro Señor.

ORACIÓN SOBRE EL PUEBLO

Bendice, Señor, a tus fieles con una bendición perpetua, y haz que de tal manera acojan el Evangelio de tu Hijo, que puedan debida y felizmente desear y alcanzar la gloria que él manifestó a los apóstoles. Por Jesucristo, nuestro Señor.

EN LA TRANSFIGURACIÓN, JESÚS NOS MOSTRÓ QUIÉN ES ÉL EN REALIDAD

La experiencia que tuvieron Pedro, Santiago y Juan cuando presenciaron la Transfiguración del Señor en aquel monte elevado, sólo la iban a comprender hasta el día de Pentecostés, con la ayuda del Espíritu Santo.

✧ Jesús es verdadero Dios y verdadero hombre, de un modo inseparable e irreversible. Pero su naturaleza divina no la podían ver sus discípulos.

✧ El Padre el cielo habló en aquel monte, y dijo: "Éste es mi Hijo muy amado, en quien tengo puestas mis complacencias; escúchenlo".

✧ Cuando nos bautizaron, nosotros fuimos hechos hijos de Dios en Cristo.

Pidamos al Espíritu Santo nos haga comprender la verdad de que somos hijos de Dios, y lo que esto conlleva.

15 de marzo   3er Domingo de Cuaresma

(*Morado*)

ANTÍFONA DE ENTRADA   Cfr. Ez 36, 23-26

Cuando manifieste en medio de ustedes mi santidad, los reuniré de todos los países; derramaré sobre ustedes agua pura y quedarán purificados de todos sus pecados, y les infundiré un espíritu nuevo, dice el Señor.

No se dice Gloria.

ORACIÓN COLECTA

Señor Dios, fuente de misericordia y de toda bondad, que enseñaste que el remedio contra el pecado está en el ayuno, la oración y la limosna, mira con agrado nuestra humilde confesión, para que a quienes agobia la propia conciencia nos reconforte siempre tu misericordia. Por nuestro Señor Jesucristo…

En la aridez del desierto es donde se puede experimentar con más realidad lo indispensable que es el agua para la vida. Por eso se reveló Dios a sí mismo como el salvador de su pueblo, haciendo que brotara el agua de la roca en medio del desierto, por mediación de Moisés (PRIMERA LECTURA). Pero más importante que el agua que da la vida al cuerpo, es el agua viva del Espíritu que Jesús prometió a la mujer de Samaria (EVANGELIO), ese manantial de la fe, de la esperanza y del amor en lo más íntimo de su ser (SEGUNDA LECTURA).

PRIMERA LECTURA

Del libro del Éxodo
17, 3-7

En aquellos días, el pueblo, torturado por la sed, fue a protestar contra Moisés, diciéndole: "¿Nos has hecho salir de Egipto para hacernos morir de sed a nosotros, a nuestros hijos y a nuestro ganado?".

Moisés clamó al Señor y le dijo: "¿Qué puedo hacer con este pueblo? Sólo falta que me apedreen". Respondió el Señor a Moisés: "Preséntate al pueblo, llevando contigo a algunos de los ancianos de Israel, toma en tu mano el cayado con que golpeaste el Nilo y vete. Yo estaré ante ti, sobre la peña, en Horeb. Golpea la peña y saldrá de ella agua para que beba el pueblo".

Así lo hizo Moisés a la vista de los ancianos de Israel y puso por nombre a aquel lugar Masá y Meribá, por la rebelión de los hijos de Israel y porque habían tentado al Señor, diciendo: "¿Está o no está el Señor en medio de nosotros?".

Palabra de Dios.   R. **Te alabamos, Señor.**

SALMO RESPONSORIAL
Del salmo 94

J. García B.P. 1518

Se - ñor, que no se - a - mos sor - dos a tu voz.

R. **Señor, que no seamos sordos a tu voz.**

Vengan, lancemos vivas al Señor,
aclamemos al Dios que nos salva.
Acerquémonos a él, llenos de júbilo,
y démosle gracias. R.

[R. **Señor, que no seamos sordos a tu voz.**]

Vengan, y puestos de rodillas,
adoremos y bendigamos al Señor, que nos hizo,
pues él es nuestro Dios y nosotros, su pueblo;
él es nuestro pastor y nosotros, sus ovejas. R.

Hagámosle caso al Señor, que nos dice:
"No endurezcan su corazón,
como el día de la rebelión en el desierto,
cuando sus padres dudaron de mí,
aunque habían visto mis obras". R.

SEGUNDA LECTURA

De la carta del apóstol san Pablo a los romanos
5, 1-2. 5-8

Hermanos: Ya que hemos sido justificados por la fe, mantengámonos en paz con Dios, por mediación de nuestro Señor Jesucristo. Por él hemos obtenido, con la fe, la entrada al mundo de la gracia, en el cual nos encontramos; por él, podemos gloriarnos de tener la esperanza de participar en la gloria de Dios.

La esperanza no defrauda, porque Dios ha infundido su amor en nuestros corazones por medio del Espíritu Santo, que él mismo nos ha dado. En efecto, cuando todavía no teníamos fuerzas para salir del pecado, Cristo murió por los pecadores en el tiempo señalado.

Difícilmente habrá alguien que quiera morir por un justo, aunque puede haber alguno que esté dispuesto a morir por una persona sumamente buena. Y la prueba de que Dios nos ama está en que Cristo murió por nosotros, cuando aún éramos pecadores.

Palabra de Dios.   R. **Te alabamos, Señor.**

ACLAMACIÓN ANTES DEL EVANGELIO
Cfr. Jn 4, 42. 15

B.P. 1050 - B. Carrillo

Ho-nor y glo-ria a ti,___ Se-ñor Je - sús.___

R. **Honor y gloria a ti, Señor Jesús.**
Señor, tú eres el Salvador del mundo.
Dame de tu agua viva para que no vuelva a tener sed.
R. **Honor y gloria a ti, Señor Jesús.**

EVANGELIO

✠ Del santo Evangelio según san Juan
4, 5-42

R. **Gloria a ti, Señor.**

En aquel tiempo, llegó Jesús a un pueblo de Samaria, llamado Sicar, cerca del campo que dio Jacob a su hijo José. Ahí estaba el pozo de Jacob. Jesús, que venía cansado del camino, se sentó sin más en el brocal del pozo. Era cerca del mediodía.

Entonces llegó una mujer de Samaria a sacar agua y Jesús le dijo: "Dame de beber". (Sus discípulos habían ido al pueblo a comprar comida). La samaritana le contestó: "¿Cómo es que tú, siendo judío, me pides de beber a mí, que soy samaritana?". (Porque los judíos no tratan a los samaritanos). Jesús le dijo: "Si conocieras el don de Dios y quién es el que te pide de beber, tú le pedirías a él, y él te daría agua viva".

La mujer le respondió: "Señor, ni siquiera tienes con qué sacar agua y el pozo es profundo, ¿cómo vas a darme agua viva? ¿Acaso eres tú más que nuestro padre Jacob, que nos dio este pozo, del que bebieron él, sus hijos y sus ganados?". Jesús le contestó: "El que bebe de esta agua vuelve a tener sed. Pero el que beba del agua que yo le daré, nunca más tendrá sed; el agua que yo le daré se convertirá dentro de él en un manantial capaz de dar la vida eterna".

15 de marzo

La mujer le dijo: "Señor, dame de esa agua para que no vuelva a tener sed ni tenga que venir hasta aquí a sacarla". Él le dijo: "Ve a llamar a tu marido y vuelve". La mujer le contestó: "No tengo marido". Jesús le dijo: "Tienes razón en decir: 'No tengo marido'. Has tenido cinco, y el de ahora no es tu marido. En eso has dicho la verdad".

La mujer le dijo: "Señor, ya veo que eres profeta. Nuestros padres dieron culto en este monte y ustedes dicen que el sitio donde se debe dar culto está en Jerusalén". Jesús le dijo: "Créeme, mujer, que se acerca la hora en que ni en este monte ni en Jerusalén adorarán al Padre. Ustedes adoran lo que no conocen; nosotros adoramos lo que conocemos. Porque la salvación viene de los judíos. Pero se acerca la hora, y ya está aquí, en que los que quieran dar culto verdadero adorarán al Padre en espíritu y en verdad, porque así es como el Padre quiere que se le dé culto. Dios es espíritu, y los que lo adoran deben hacerlo en espíritu y en verdad".

La mujer le dijo: "Ya sé que va a venir el Mesías (es decir, Cristo). Cuando venga, él nos dará razón de todo". Jesús le dijo: "Soy yo, el que habla contigo".

En esto llegaron los discípulos y se sorprendieron de que estuviera conversando con una mujer; sin embargo, ninguno le dijo: '¿Qué le preguntas o de qué hablas con ella?'. Entonces la mujer dejó su cántaro, se fue al pueblo y comenzó a decir a la gente: "Vengan a ver a un hombre que me ha dicho todo lo que he hecho. ¿No será éste el Mesías?". Salieron del pueblo y se pusieron en camino hacia donde él estaba.

Mientras tanto, sus discípulos le insistían: "Maestro, come". Él les dijo: "Yo tengo por comida un alimento que ustedes no conocen". Los discípulos comentaban entre sí: "¿Le habrá traído alguien de comer?". Jesús les dijo: "Mi alimento es hacer la voluntad del que me envió y llevar a término su obra. ¿Acaso no dicen ustedes que todavía faltan cuatro meses para la siega? Pues bien, yo les digo: Levanten los ojos y contemplen los campos, que ya están dorados para la siega.

Ya el segador recibe su jornal y almacena frutos para la vida eterna. De este modo se alegran por igual el sembrador y el segador. Aquí se cumple el dicho: 'Uno es el que siembra y otro el que cosecha'. Yo los envié a cosechar lo que no habían trabajado. Otros trabajaron y ustedes recogieron su fruto".

Muchos samaritanos de aquel poblado creyeron en Jesús por el testimonio de la mujer: 'Me dijo todo lo que he hecho'. Cuando los samaritanos llegaron a donde él estaba, le rogaban que se quedara con ellos, y se quedó allí dos días. Muchos más creyeron en él al oír su palabra. Y decían a la mujer: "Ya no creemos por lo que tú nos has contado, pues nosotros mismos lo hemos oído y sabemos que él es, de veras, el Salvador del mundo".

Palabra del Señor. R. **Gloria a ti, Señor Jesús.**

Se dice Credo.

ORACIÓN SOBRE LAS OFRENDAS
Por estas ofrendas, Señor, concédenos benigno el perdón de nuestras ofensas, y ayúdanos a perdonar a nuestros hermanos. Por Jesucristo, nuestro Señor.

ANTÍFONA DE LA COMUNIÓN   Jn 4, 13-14
El que beba del agua que yo le daré, dice el Señor, nunca más tendrá sed; el agua que yo le daré se convertirá dentro de él en un manantial capaz de dar la vida eterna.

ORACIÓN DESPUÉS DE LA COMUNIÓN
Alimentados en la tierra con el pan del cielo, prenda de eterna salvación, te suplicamos, Señor, que lleves a su plenitud en nuestra vida la gracia recibida en este sacramento. Por Jesucristo, nuestro Señor.

15 de marzo

ORACIÓN SOBRE EL PUEBLO

Dirige, Señor, los corazones de tus fieles y da en tu bondad a tus siervos una gracia tan grande que, cumpliendo en plenitud tus mandamientos, nos haga permanecer en tu amor y en el de nuestro prójimo. Por Jesucristo, nuestro Señor.

UN MANANTIAL CAPAZ DE DAR LA VIDA ETERNA

Jesús le reveló a la samaritana que él es el Mesías esperado por el pueblo de Israel.

◆ Jesús le dijo a la mujer: "Dame de beber", y esta petición la repetiría de algún modo cuando estuvo clavado en la cruz, en el Calvario: "Tengo sed", porque él nos estaba dando todo por amor, para salvarnos.

◆ Pero Jesús también quiere darnos de beber a nosotros: "Si conocieras el don de Dios y quién es el que te pide de beber, tú le pedirías a él, y él te daría agua viva".

◆ Aunque muchos lo nieguen, en realidad en el fondo de cada corazón humano permanece el deseo de ser salvado por Dios, pero con frecuencia no nos sentimos dignos de eso.

◆ Los cristianos tenemos que servir a Dios en nuestro prójimo, sea quien sea, para expresarle que sólo en el Señor está la salvación, la vida y la resurrección que nos darán la felicidad definitiva.

Pidámosle a Jesús que él nos dé a beber de su agua viva, porque sólo él puede saciar nuestra sed de infinito.

19 de marzo
Jueves

San José, esposo de la santísima Virgen María

(*Blanco*)

ANTÍFONA DE ENTRADA   Cfr. Lc 12, 42

Éste es el siervo fiel y prudente, a quien el Señor puso al frente de su familia.

Se dice Gloria.

ORACIÓN COLECTA

Dios todopoderoso, que quisiste poner bajo la protección de san José el nacimiento y la infancia de nuestro Redentor, concédele a tu Iglesia proseguir y llevar a término, bajo su patrocinio, la obra de la redención humana. Por nuestro Señor Jesucristo…

La misión de san José al lado de Jesús y de María, queda expuesta en esta Misa. Él es el "hombre justo", el "siervo fiel y prudente", el custodio de la Sagrada Familia, el que, haciendo las veces de padre, cuidará de Jesús. Dios confió el nacimiento y la infancia de nuestro Redentor a la fiel custodia de san José (ORACIÓN COLECTA) y el Señor quiso que siguiera desempeñando en la Iglesia, que es el cuerpo de Cristo, la misma función que desempeñó cuando se entregó por entero a servir a Jesús. Así como María, Madre de Jesús, es la Madre de la Iglesia, José, el custodio de Jesús, es el protector de la Iglesia.

PRIMERA LECTURA

Del segundo libro de Samuel
7, 4-5. 12-14. 16

En aquellos días, el Señor le habló al profeta Natán y le dijo: "Ve y dile a mi siervo David que el Señor le manda decir esto: 'Cuando tus días se hayan cumplido y descanses para siempre con tus padres, engrandeceré a tu hijo, sangre de tu sangre, y consolidaré su reino.

Él me construirá una casa y yo consolidaré su trono para siempre. Yo seré para él un padre y él será para mí un hijo. Tu casa y tu reino permanecerán para siempre ante mí, y tu trono será estable eternamente'".

Palabra de Dios. R. **Te alabamos, Señor.**

SALMO RESPONSORIAL
Del salmo 88

H. Ramírez B.P. 1580

Su des-cen-den-cia per-du-ra-rá   e-ter-na-men-te.

R. **Su descendencia perdurará eternamente.**

Proclamaré sin cesar la misericordia del Señor
y daré a conocer que su fidelidad es eterna,
pues el Señor ha dicho: "Mi amor es para siempre
y mi lealtad, más firme que los cielos. R.

Un juramento hice a David, mi servidor,
una alianza pacté con mi elegido:
'Consolidaré tu dinastía para siempre
y afianzaré tu trono eternamente'. R.

Él me podrá decir: 'Tú eres mi padre,
el Dios que me protege y que me salva'.
Yo jamás le retiraré mi amor
ni violaré el juramento que le hice". R.

SEGUNDA LECTURA

De la carta del apóstol san Pablo a los romanos
4, 13. 16-18. 22

Hermanos: La promesa que Dios hizo a Abraham y a sus descendientes, de que ellos heredarían el mundo, no dependía de la observancia de la ley, sino de la justificación obtenida mediante la fe.

En esta forma, por medio de la fe, que es gratuita, queda asegurada la promesa para todos sus descendientes, no sólo para aquellos que cumplen la ley, sino también para todos los que tienen la fe de Abraham. Entonces, él es padre de todos nosotros, como dice la Escritura: *Te he constituido padre de todos los pueblos.*

Así pues, Abraham es nuestro padre delante de aquel Dios en quien creyó y que da la vida a los muertos y llama a la existencia a las cosas que todavía no existen. Él, esperando contra toda esperanza, creyó que habría de ser padre de muchos pueblos, conforme a lo que Dios le había prometido: *Así de numerosa será tu descendencia.* Por eso, Dios le acreditó esta fe como justicia.

Palabra de Dios.   R. **Te alabamos, Señor.**

ACLAMACIÓN ANTES DEL EVANGELIO
Sal 83, 5

R.   **Honor y gloria a ti, Señor Jesús.**
Dichosos los que viven en tu casa;
siempre, Señor, te alabarán.
R.   **Honor y gloria a ti, Señor Jesús.**

EVANGELIO

✠ Del santo Evangelio según san Lucas
2, 41-51

R. **Gloria a ti, Señor.**

Los padres de Jesús solían ir cada año a Jerusalén para las festividades de la Pascua. Cuando el niño cumplió doce años, fueron a la fiesta, según la costumbre. Pasados aquellos días, se volvieron, pero el niño Jesús se quedó en Jerusalén, sin que sus padres lo supieran. Creyendo que iba en la caravana, hicieron un día de camino; entonces lo buscaron, y al no encontrarlo, regresaron a Jerusalén en su busca.

Al tercer día lo encontraron en el templo, sentado en medio de los doctores, escuchándolos y haciéndoles preguntas. Todos los que lo oían se admiraban de su inteligencia y de sus respuestas. Al verlo, sus padres se quedaron atónitos y su madre le dijo: "Hijo mío, ¿por qué te has portado así con nosotros? Tu padre y yo te hemos estado buscando llenos de angustia". Él les respondió: "¿Por qué me andaban buscando? ¿No sabían que debo ocuparme en las cosas de mi Padre?". Ellos no entendieron la respuesta que les dio. Entonces volvió con ellos a Nazaret y siguió sujeto a su autoridad.

Palabra del Señor.   R. **Gloria a ti, Señor Jesús.**

En lugar del evangelio de Lucas 2, 41-51, se puede utilizar el de Mateo 1, 16. 18-21. 24, tal como aparece en el Leccionario.

Se dice Credo.

ORACIÓN SOBRE LAS OFRENDAS

Te rogamos, Señor, que así como san José sirvió con amorosa entrega a tu Unigénito, nacido de la Virgen María, así también nosotros, con un corazón limpio, merezcamos servirte en tu altar. Por Jesucristo, nuestro Señor.

San José

Alégrate, siervo bueno y fiel. Entra a compartir el gozo de tu Señor.

ORACIÓN DESPUÉS DE LA COMUNIÓN

Señor, protege siempre a esta familia tuya que alimentada con el sacramento del altar, se alegra hoy al celebrar la solemnidad de san José, y conserva en ella los dones que con tanta bondad le concedes. Por Jesucristo, nuestro Señor.

LA IGLESIA ACUDE CONFIADAMENTE A SAN JOSÉ

Una de las santas que tuvo la gracia de conocer quién es san José, y que acudía a él con frecuencia, fue santa Teresa de Jesús. En su *Libro de la vida* (6, 6-8) encontramos lo siguiente:

"Es cosa que espanta las grandes mercedes que me ha hecho Dios por medio de este bienaventurado santo, y de los peligros de que me ha librado, así de cuerpo como de alma; que a otros santos parece que les dio el Señor gracia para socorrer en una necesidad; pero a este glorioso santo tengo experiencia de que socorre en todas, y quiere el Señor darnos a entender, que así como le estuvo sometido en la tierra, pues como tenía nombre de padre, siendo custodio, le podía mandar, así en el cielo hace cuanto le pide".

No olvidemos que san José es Patrono de la Iglesia católica.

19 de marzo

22 de marzo   4° Domingo de Cuaresma
(Morado o rosa)

ANTÍFONA DE ENTRADA   Cfr. Is 66, 10-11

Alégrate, Jerusalén, y que se reúnan cuantos la aman. Compartan su alegría los que estaban tristes, vengan a saciarse con su felicidad.

No se dice Gloria.

ORACIÓN COLECTA

Señor Dios, que por tu Palabra realizas admirablemente la reconciliación del género humano, concede al pueblo cristiano prepararse con generosa entrega y fe viva a celebrar las próximas fiestas de la Pascua. Por nuestro Señor Jesucristo…

El relato de la unción de David como rey de Israel (PRIMERA LECTURA), nos recuerda que Jesús, siendo Hijo de Dios, es también hijo de David, un hecho importantísimo en la historia de la salvación. Jesús se manifiesta y se proclama Hijo de Dios al devolverle la vista a un ciego de nacimiento (EVANGELIO). Así como devolvió la luz a los ojos del ciego, el Señor nos llena de su luz, como dice san Pablo (SEGUNDA LECTURA), cuando nos invita a vivir como hijos de la luz.

PRIMERA LECTURA

Del primer libro de Samuel
16, 1. 6-7. 10-13

En aquellos días, dijo el Señor a Samuel: "Ve a la casa de Jesé, en Belén, porque de entre sus hijos me he escogido un rey. Llena, pues, tu cuerno de aceite para ungirlo y vete".

Cuando llegó Samuel a Belén y vio a Eliab, el hijo mayor de Jesé, pensó: "Éste es, sin duda, el que voy a ungir como rey". Pero el Señor le dijo: "No te dejes impresionar por su aspecto ni por su gran estatura, pues yo lo he descartado, porque yo no juzgo como juzga el hombre. El hombre se fija en las apariencias, pero el Señor se fija en los corazones".

Así fueron pasando ante Samuel siete de los hijos de Jesé; pero Samuel dijo: "Ninguno de éstos es el elegido del Señor". Luego le preguntó a Jesé: "¿Son éstos todos tus hijos?". Él respondió: "Falta el más pequeño, que está cuidando el rebaño". Samuel le dijo: "Hazlo venir, porque no nos sentaremos a comer hasta que llegue". Y Jesé lo mandó llamar.

El muchacho era rubio, de ojos vivos y buena presencia. Entonces el Señor dijo a Samuel: "Levántate y úngelo, porque éste es". Tomó Samuel el cuerno con el aceite y lo ungió delante de sus hermanos. A partir de aquel día, el espíritu del Señor estuvo con David.

Palabra de Dios.   R. **Te alabamos, Señor.**

SALMO RESPONSORIAL
Del salmo 22

V.M. Amaral B.P. 1736

El Señor es mi pastor, nada me faltará.

22 de marzo

111

R. **El Señor es mi pastor, nada me faltará.**

El Señor es mi pastor, nada me falta;
en verdes praderas me hace reposar
y hacia fuentes tranquilas me conduce
para reparar mis fuerzas. R.

Por ser un Dios fiel a sus promesas,
me guía por el sendero recto;
así, aunque camine por cañadas oscuras,
nada temo, porque tú estás conmigo.
Tu vara y tu cayado me dan seguridad. R.

Tú mismo me preparas la mesa,
a despecho de mis adversarios;
me unges la cabeza con perfume
y llenas mi copa hasta los bordes. R.

Tu bondad y tu misericordia me acompañarán
todos los días de mi vida;
y viviré en la casa del Señor
por años sin término. R.

SEGUNDA LECTURA
De la carta del apóstol san Pablo a los efesios
5, 8-14

Hermanos: En otro tiempo ustedes fueron tinieblas, pero ahora, unidos al Señor, son luz. Vivan, por lo tanto, como hijos de la luz. Los frutos de la luz son la bondad, la justicia y la verdad. Busquen lo que es agradable al Señor y no tomen parte en las obras estériles de los que son tinieblas.

Al contrario, repruébenlas abiertamente; porque, si bien las cosas que ellos hacen en secreto da vergüenza aun mencionarlas, al ser reprobadas abiertamente, todo queda en claro, porque todo lo que es iluminado por la luz se convierte en luz.

Por eso se dice: *Despierta, tú que duermes; levántate de entre los muertos y Cristo será tu luz.*

Palabra de Dios.   R. **Te alabamos, Señor.**

ACLAMACIÓN ANTES DEL EVANGELIO
Jn 8, 12

Ho-nor y glo-ria a ti,___ Se-ñor Je - sús.___

R. **Honor y gloria a ti, Señor Jesús.**
Yo soy la luz del mundo, dice el Señor;
el que me sigue tendrá la luz de la vida.
R. **Honor y gloria a ti, Señor Jesús.**

EVANGELIO
Del santo Evangelio según san Juan
9, 1-41

R. **Gloria a ti, Señor.**

En aquel tiempo, Jesús vio al pasar a un ciego de nacimiento, y sus discípulos le preguntaron: "Maestro, ¿quién pecó para que éste naciera ciego, él o sus padres?". Jesús respondió: "Ni él pecó, ni tampoco sus padres. Nació así para que en él se manifestaran las obras de Dios. Es necesario que yo haga las obras del que me envió, mientras es de día, porque luego llega la noche y ya nadie puede trabajar. Mientras esté en el mundo, yo soy la luz del mundo".

Dicho esto, escupió en el suelo, hizo lodo con la saliva, se lo puso en los ojos al ciego y le dijo: "Ve a lavarte en la piscina de Siloé" (que significa 'Enviado'). Él fue, se lavó y volvió con vista.

Entonces los vecinos y los que lo habían visto antes pidiendo limosna, preguntaban: "¿No es éste el que se sentaba a pedir limosna?". Unos decían: "Es el mismo". Otros: "No es él, sino que se le parece". Pero él decía: "Yo soy". Y le preguntaban: "Entonces, ¿cómo se te abrieron los ojos?". Él les respondió: "El hombre que se llama Jesús hizo lodo, me lo puso en los ojos y me dijo: 'Ve a Siloé y lávate'. Entonces fui, me

22 de marzo

113

lavé y comencé a ver". Le preguntaron: "¿En dónde está él?".
Les contestó: "No lo sé".

Llevaron entonces ante los fariseos al que había sido ciego. Era sábado el día en que Jesús hizo lodo y le abrió los ojos. También los fariseos le preguntaron cómo había adquirido la vista. Él les contestó: "Me puso lodo en los ojos, me lavé y veo". Algunos de los fariseos comentaban: "Ese hombre no viene de Dios, porque no guarda el sábado". Otros replicaban: "¿Cómo puede un pecador hacer semejantes prodigios?". Y había división entre ellos. Entonces volvieron a preguntarle al ciego: "Y tú, ¿qué piensas del que te abrió los ojos?". Él les contestó: "Que es un profeta".

Pero los judíos no creyeron que aquel hombre, que había sido ciego, hubiera recobrado la vista. Llamaron, pues, a sus padres y les preguntaron: "¿Es éste su hijo, del que ustedes dicen que nació ciego? ¿Cómo es que ahora ve?". Sus padres contestaron: "Sabemos que éste es nuestro hijo y que nació ciego. Cómo es que ahora ve o quién le haya dado la vista, no lo sabemos. Pregúntenselo a él; ya tiene edad suficiente y responderá por sí mismo". Los padres del que había sido ciego dijeron esto por miedo a los judíos, porque éstos ya habían convenido en expulsar de la sinagoga a quien reconociera a Jesús como el Mesías. Por eso sus padres dijeron: 'Ya tiene edad; pregúntenle a él'.

Llamaron de nuevo al que había sido ciego y le dijeron: "Da gloria a Dios. Nosotros sabemos que ese hombre es pecador". Contestó él: "Si es pecador, yo no lo sé; sólo sé que yo era ciego y ahora veo". Le preguntaron otra vez: "¿Qué te hizo? ¿Cómo te abrió los ojos?". Les contestó: "Ya se lo dije a ustedes y no me han dado crédito. ¿Para qué quieren oírlo otra vez? ¿Acaso también ustedes quieren hacerse discípulos suyos?". Entonces ellos lo llenaron de insultos y le dijeron: "Discípulo de ése lo serás tú. Nosotros somos discípulos de Moisés. Nosotros sabemos que a Moisés le habló Dios. Pero ése, no sabemos de dónde viene".

Replicó aquel hombre: "Es curioso que ustedes no sepan de dónde viene y, sin embargo, me ha abierto los ojos. Sabemos que Dios no escucha a los pecadores, pero al que lo teme y hace su voluntad, a ése sí lo escucha. Jamás se había oído decir que alguien abriera los ojos a un ciego de nacimiento. Si éste no viniera de Dios, no tendría ningún poder". Le replicaron: "Tú eres puro pecado desde que naciste, ¿cómo pretendes darnos lecciones?". Y lo echaron fuera.

Supo Jesús que lo habían echado fuera, y cuando lo encontró, le dijo: "¿Crees tú en el Hijo del hombre?". Él contestó: "¿Y quién es, Señor, para que yo crea en él?". Jesús le dijo: "Ya lo has visto; el que está hablando contigo, ése es". Él dijo: "Creo, Señor". Y postrándose, lo adoró.

Entonces le dijo Jesús: "Yo he venido a este mundo para que se definan los campos: para que los ciegos vean, y los que ven queden ciegos". Al oír esto, algunos fariseos que estaban con él le preguntaron: "¿Entonces también nosotros estamos ciegos?". Jesús les contestó: "Si estuvieran ciegos, no tendrían pecado; pero como dicen que ven, siguen en su pecado".

Palabra del Señor.   R. **Gloria a ti, Señor Jesús.**

Se dice Credo.

ORACIÓN SOBRE LAS OFRENDAS
Te presentamos, Señor, llenos de alegría, estas ofrendas para el sacrificio redentor, y pedimos tu ayuda para celebrarlo con fe sincera y ofrecerlo dignamente por la salvación del mundo. Por Jesucristo, nuestro Señor.

ANTÍFONA DE LA COMUNIÓN   Cfr. Jn 9, 11. 38
El Señor me puso lodo sobre los ojos; entonces fui, me lavé, comencé a ver y creí en Dios.

ORACIÓN DESPUÉS DE LA COMUNIÓN
Señor Dios, luz que alumbra a todo hombre que viene a este mundo, ilumina nuestros corazones con el resplandor de tu

gracia, para que podamos siempre pensar lo que es digno y grato a tus ojos y amarte con sincero corazón. Por Jesucristo, nuestro Señor.

ORACIÓN SOBRE EL PUEBLO

Protege, Señor, a quienes te invocan, ayuda a los débiles y reaviva siempre con tu luz a quienes caminan en medio de las tinieblas de la muerte; concédeles que, liberados por tu bondad de todos los males, alcancen los bienes supremos. Por Jesucristo, nuestro Señor.

JESÚS HA VENIDO A ESTE MUNDO PARA QUE LOS CIEGOS VEAMOS

En muchos aspectos de la vida, los seres humanos hemos caído en la arrogancia de sentirnos los "infalibles", aquellos que en todas nuestras decisiones actuamos correctamente.

❱ Lo cierto es que sólo Dios es quien puede hacer que veamos la realidad de la vida.

❱ Necesitamos tener la humildad de aquel ciego de nacimiento:

– Porque creyó en Jesús, quien le mandó que fuera a lavarse a la piscina de Siloé, y él lo hizo con fe, sin poner objeciones.

– Porque, por el milagro que se le concedió, fue capaz de creer que Jesús es Dios, y por eso le rindió adoración.

Que el Señor abra nuestros ojos, para que veamos las cosas como él las ve.

25 de marzo
Miércoles

Anunciación del Señor
(*Blanco*)

ANTÍFONA DE ENTRADA   Heb 10, 5. 7

Cristo dijo, al entrar en el mundo: Aquí estoy, Dios mío; vengo para cumplir tu voluntad.

Se dice Gloria.

ORACIÓN COLECTA

Dios nuestro, que quisiste que tu Palabra asumiera la realidad de nuestra carne en el seno de la Virgen María, concede, a quienes proclamamos a nuestro Redentor como verdadero Dios y verdadero hombre, que merezcamos participar de su naturaleza divina. Por nuestro Señor Jesucristo…

Esta solemnidad por largo tiempo fue considerada la mayor de las fiestas de María, celebración de su maternidad del divino Niño. En la actualidad es claramente una fiesta del Señor, pero con el apropiado enfoque a María. El papel de la Madre de Dios se explica en la PRIMERA LECTURA y en el EVANGELIO. Dios no entró al mundo por la fuerza; quiso ser aceptado. El "sí" de María es la realización definitiva de la alianza. En ella está presente todo el pueblo de la promesa: el antiguo (Israel) y el nuevo (la Iglesia). "El Señor está con ella", es decir, Dios es nuestro Dios y nosotros somos para siempre su pueblo.

25 de marzo

PRIMERA LECTURA

Del libro del profeta Isaías
7, 10-14

En aquellos tiempos, el Señor le habló a Ajaz diciendo: "Pide al Señor, tu Dios, una señal de abajo, en lo profundo, o de arriba, en lo alto". Contestó Ajaz: "No la pediré. No tentaré al Señor".

Entonces dijo Isaías: "Oye, pues, casa de David: ¿No satisfechos con cansar a los hombres, quieren cansar también a mi Dios? Pues bien, el Señor mismo les dará por eso una señal: He aquí que la virgen concebirá y dará a luz un hijo y le pondrán el nombre de Emmanuel, que quiere decir Dios-con-nosotros".

Palabra de Dios.   R. **Te alabamos, Señor.**

SALMO RESPONSORIAL

Del salmo 39

R. **Aquí estoy, Señor, para hacer tu voluntad.**

Sacrificios, Señor, tú no quisiste,
abriste, en cambio, mis oídos a tu voz.
No exigiste holocaustos por la culpa,
así que dije: "Aquí estoy". R.

　　En tus libros se me ordena
hacer tu voluntad;
esto es, Señor, lo que deseo:
tu ley en medio de mi corazón. R.

　　He anunciado tu justicia
en la gran asamblea;
no he cerrado mis labios,
tú lo sabes, Señor. R.

No callé tu justicia,
antes bien, proclamé tu lealtad y tu auxilio.
Tu amor y tu lealtad no los he ocultado
a la gran asamblea. R.

25 de marzo

SEGUNDA LECTURA
De la carta a los hebreos
10, 4-10

Hermanos: Es imposible que la sangre de toros y machos cabríos pueda borrar los pecados. Por eso, al entrar al mundo, Cristo dijo, conforme al salmo: *No quisiste víctimas ni ofrendas; en cambio, me has dado un cuerpo. No te agradaron los holocaustos ni los sacrificios por el pecado; entonces dije –porque a mí se refiere la Escritura–: "Aquí estoy, Dios mío; vengo para hacer tu voluntad".*

Comienza por decir: *No quisiste víctimas ni ofrendas, no te agradaron los holocaustos ni los sacrificios por el pecado* –siendo así que eso es lo que pedía la ley–; y luego añade: *"Aquí estoy, Dios mío; vengo para hacer tu voluntad".*

Con esto, Cristo suprime los antiguos sacrificios, para establecer el nuevo. Y en virtud de esta voluntad, todos quedamos santificados por la ofrenda del cuerpo de Jesucristo, hecha una vez por todas.

Palabra de Dios. R. **Te alabamos, Señor.**

ACLAMACIÓN ANTES DEL EVANGELIO
Jn 1, 14

B.P. 1050 - B. Carrillo

Ho-nor y glo-ria a ti,___ Se-ñor Je - sús.___

R. **Honor y gloria a ti, Señor Jesús.**
Aquel que es la Palabra se hizo hombre
y habitó entre nosotros y hemos visto su gloria.
R. **Honor y gloria a ti, Señor Jesús.**

EVANGELIO

✠ Del santo Evangelio según san Lucas
1, 26-38

R. **Gloria a ti, Señor.**

En aquel tiempo, el ángel Gabriel fue enviado por Dios a una ciudad de Galilea, llamada Nazaret, a una virgen desposada con un varón de la estirpe de David, llamado José. La virgen se llamaba María.

Entró el ángel a donde ella estaba y le dijo: "Alégrate, llena de gracia, el Señor está contigo". Al oír estas palabras, ella se preocupó mucho y se preguntaba qué querría decir semejante saludo.

El ángel le dijo: "No temas, María, porque has hallado gracia ante Dios. Vas a concebir y a dar a luz un hijo y le pondrás por nombre Jesús. Él será grande y será llamado Hijo del Altísimo; el Señor Dios le dará el trono de David, su padre, y él reinará sobre la casa de Jacob por los siglos y su reinado no tendrá fin".

María le dijo entonces al ángel: "¿Cómo podrá ser esto, puesto que yo permanezco virgen?". El ángel le contestó: "El Espíritu Santo descenderá sobre ti y el poder del Altísimo te cubrirá con su sombra. Por eso, el Santo, que va a nacer de ti, será llamado Hijo de Dios. Ahí tienes a tu parienta Isabel, que a pesar de su vejez, ha concebido un hijo y ya va en el sexto mes la que llamaban estéril, porque no hay nada imposible para Dios". María contestó: "Yo soy la esclava del Señor; cúmplase en mí lo que me has dicho". Y el ángel se retiró de su presencia.

Palabra del Señor.   R. **Gloria a ti, Señor Jesús.**

Se dice Credo. Todos se arrodillan a las palabras y por obra…

120

ORACIÓN SOBRE LAS OFRENDAS

Dios todopoderoso, dígnate aceptar los dones de tu Iglesia, que reconoce su origen en la encarnación de tu Unigénito, y concédele celebrar con gozo sus misterios en esta solemnidad. Por Jesucristo, nuestro Señor.

ANTÍFONA DE LA COMUNIÓN   Is 7, 14

Miren: la Virgen concebirá y dará a luz un hijo, a quien le pondrá el nombre de Emmanuel.

ORACIÓN DESPUÉS DE LA COMUNIÓN

Señor, por esta comunión fortalece en nosotros la verdadera fe, para que, cuantos proclamamos que el Hijo de la Virgen María es verdadero Dios y verdadero hombre, lleguemos a la alegría eterna por el poder salvador de su resurrección. Por Jesucristo, nuestro Señor.

"CÚMPLASE EN MÍ LO QUE ME HAS DICHO"

En su plan para salvar a la humanidad, Dios quiso la participación libre de los seres humanos.

🌸 Dios pudo realizar grandes prodigios por medio de María, a quien él eligió, porque ella supo responderle libremente con una fidelidad plena.

Nuestra Madre Inmaculada nos enseña a confiar siempre en Dios.

25 de marzo

29 de marzo   5° Domingo de Cuaresma

(*Morado*)

ANTÍFONA DE ENTRADA   Cfr. Sal 42, 1-2

Señor, hazme justicia. Defiende mi causa contra la gente sin piedad, sálvame del hombre traidor y malvado, tú que eres mi Dios y mi defensa.

No se dice Gloria.

ORACIÓN COLECTA

Te rogamos, Señor Dios nuestro, que, con tu auxilio, avancemos animosamente hacia aquel grado de amor con el que tu Hijo, por la salvación del mundo, se entregó a la muerte. Él, que vive y reina contigo…

La resurrección de Lázaro (EVANGELIO), que fue un anuncio de la resurrección de Cristo y de nuestra propia resurrección, es el lazo que mantiene la unión entre las lecturas de la Misa de hoy. Aquel que otorgó a su Hijo el poder de resucitar a Lázaro de entre los muertos (SEGUNDA LECTURA), hizo que habitara en nosotros su Espíritu de vida. Él mismo fue el que cumplió, el día de Pentecostés, la promesa que había hecho a Israel por boca del profeta Ezequiel (PRIMERA LECTURA), pero dándole una dimensión mucho más amplia, puesto que no sólo ofrece la salvación a un pueblo, sino a todos los hombres que reciban el Espíritu del Señor.

PRIMERA LECTURA

Del libro del profeta Ezequiel
37, 12-14

Esto dice el Señor Dios: "Pueblo mío, yo mismo abriré sus sepulcros, los haré salir de ellos y los conduciré de nuevo a la tierra de Israel.

Cuando abra sus sepulcros y los saque de ellos, pueblo mío, ustedes dirán que yo soy el Señor.

Entonces les infundiré mi espíritu y vivirán, los estableceré en su tierra y ustedes sabrán que yo, el Señor, lo dije y lo cumplí".

Palabra de Dios.   R. **Te alabamos, Señor.**

SALMO RESPONSORIAL

Del salmo 129

C. Gálvez B.P. 1520

Per - dó-na-nos, Se-ñor, y vi-vi-re - mos. Per - vi-vi-re - mos.

R. **Perdónanos, Señor, y viviremos.**

Desde el abismo de mis pecados clamo a ti;
Señor, escucha mi clamor;
que estén atentos tus oídos
a mi voz suplicante. R.

Si conservaras el recuerdo de las culpas,
¿quién habría, Señor, que se salvara?
Pero de ti procede el perdón,
por eso con amor te veneramos. R.

Confío en el Señor,
mi alma espera y confía en su palabra;
mi alma aguarda al Señor,
mucho más que a la aurora el centinela. R.

[R. **Perdónanos, Señor, y viviremos.**]

Como aguarda a la aurora el centinela,
aguarda Israel al Señor,
porque del Señor viene la misericordia
y la abundancia de la redención,
y él redimirá a su pueblo
de todas sus iniquidades. R.

SEGUNDA LECTURA
De la carta del apóstol san Pablo a los romanos
8, 8-11

Hermanos: Los que viven en forma desordenada y egoísta no pueden agradar a Dios. Pero ustedes no llevan esa clase de vida, sino una vida conforme al Espíritu, puesto que el Espíritu de Dios habita verdaderamente en ustedes.

Quien no tiene el Espíritu de Cristo, no es de Cristo. En cambio, si Cristo vive en ustedes, aunque su cuerpo siga sujeto a la muerte a causa del pecado, su espíritu vive a causa de la actividad salvadora de Dios.

Si el Espíritu del Padre, que resucitó a Jesús de entre los muertos, habita en ustedes, entonces el Padre, que resucitó a Jesús de entre los muertos, también les dará vida a sus cuerpos mortales, por obra de su Espíritu, que habita en ustedes.

Palabra de Dios.   R. **Te alabamos, Señor.**

ACLAMACIÓN ANTES DEL EVANGELIO
Jn 11, 25. 26

B.P. 1050 - B. Carrillo

Ho-nor y glo-ria a ti,___ Se-ñor Je - sús.___

R. **Honor y gloria a ti, Señor Jesús.**
Yo soy la resurrección y la vida, dice el Señor;
el que cree en mí no morirá para siempre.
R. **Honor y gloria a ti, Señor Jesús.**

✠ Del santo Evangelio según san Juan
11, 1-45

R. **Gloria a ti, Señor.**

En aquel tiempo, se encontraba enfermo Lázaro, en Betania, el pueblo de María y de su hermana Marta. María era la que una vez ungió al Señor con perfume y le enjugó los pies con su cabellera. El enfermo era su hermano Lázaro. Por eso las dos hermanas le mandaron decir a Jesús: "Señor, el amigo a quien tanto quieres está enfermo".

Al oír esto, Jesús dijo: "Esta enfermedad no acabará en la muerte, sino que servirá para la gloria de Dios, para que el Hijo de Dios sea glorificado por ella".

Jesús amaba a Marta, a su hermana y a Lázaro. Sin embargo, cuando se enteró de que Lázaro estaba enfermo, se detuvo dos días más en el lugar en que se hallaba. Después dijo a sus discípulos: "Vayamos otra vez a Judea". Los discípulos le dijeron: "Maestro, hace poco que los judíos querían apedrearte, ¿y tú vas a volver allá?". Jesús les contestó: "¿Acaso no tiene doce horas el día? El que camina de día no tropieza, porque ve la luz de este mundo; en cambio, el que camina de noche tropieza, porque le falta la luz".

Dijo esto y luego añadió: "Lázaro, nuestro amigo, se ha dormido; pero yo voy ahora a despertarlo". Entonces le dijeron sus discípulos: "Señor, si duerme, es que va a sanar". Jesús hablaba de la muerte, pero ellos creyeron que hablaba del sueño natural. Entonces Jesús les dijo abiertamente: "Lázaro ha muerto, y me alegro por ustedes de no haber estado allí, para que crean. Ahora, vamos allá". Entonces Tomás, por sobrenombre el Gemelo, dijo a los demás discípulos: "Vayamos también nosotros, para morir con él".

Cuando llegó Jesús, Lázaro llevaba ya cuatro días en el sepulcro. Betania quedaba cerca de Jerusalén, como a unos dos kilómetros y medio, y muchos judíos habían ido a ver a Marta y a María para consolarlas por la muerte de su hermano. Apenas

29 de marzo

125

oyó Marta que Jesús llegaba, salió a su encuentro; pero María se quedó en casa. Le dijo Marta a Jesús: "Señor, si hubieras estado aquí, no habría muerto mi hermano. Pero aun ahora estoy segura de que Dios te concederá cuanto le pidas".

Jesús le dijo: "Tu hermano resucitará". Marta respondió: "Ya sé que resucitará en la resurrección del último día". Jesús le dijo: "Yo soy la resurrección y la vida. El que cree en mí, aunque haya muerto, vivirá; y todo aquel que está vivo y cree en mí, no morirá para siempre. ¿Crees tú esto?". Ella le contestó: "Sí, Señor. Creo firmemente que tú eres el Mesías, el Hijo de Dios, el que tenía que venir al mundo".

Después de decir estas palabras, fue a buscar a su hermana María y le dijo en voz baja: "Ya vino el Maestro y te llama". Al oír esto, María se levantó en el acto y salió hacia donde estaba Jesús, porque él no había llegado aún al pueblo, sino que estaba en el lugar donde Marta lo había encontrado. Los judíos que estaban con María en la casa, consolándola, viendo que ella se levantaba y salía de prisa, pensaron que iba al sepulcro para llorar allí y la siguieron.

Cuando llegó María adonde estaba Jesús, al verlo, se echó a sus pies y le dijo: "Señor, si hubieras estado aquí, no habría muerto mi hermano". Jesús, al verla llorar y al ver llorar a los judíos que la acompañaban, se conmovió hasta lo más hondo y preguntó: "¿Dónde lo han puesto?". Le contestaron: "Ven, Señor, y lo verás". Jesús se puso a llorar y los judíos comentaban: "De veras ¡cuánto lo amaba!". Algunos decían: "¿No podía éste, que abrió los ojos al ciego de nacimiento, hacer que Lázaro no muriera?".

Jesús, profundamente conmovido todavía, se detuvo ante el sepulcro, que era una cueva, sellada con una losa. Entonces dijo Jesús: "Quiten la losa". Pero Marta, la hermana del que había muerto, le replicó: "Señor, ya huele mal, porque lleva cuatro días". Le dijo Jesús: "¿No te he dicho que si crees, verás la gloria de Dios?". Entonces quitaron la piedra.

Jesús levantó los ojos a lo alto y dijo: "Padre, te doy gracias porque me has escuchado. Yo ya sabía que tú siempre me escuchas; pero lo he dicho a causa de esta muchedumbre que me rodea, para que crean que tú me has enviado". Luego gritó con voz potente: "¡Lázaro, sal de allí!". Y salió el muerto, atados con vendas las manos y los pies, y la cara envuelta en un sudario. Jesús les dijo: "Desátenlo, para que pueda andar".

Muchos de los judíos que habían ido a casa de Marta y María, al ver lo que había hecho Jesús, creyeron en él.

Palabra del Señor.   R. **Gloria a ti, Señor Jesús.**

Se dice Credo.

ORACIÓN SOBRE LAS OFRENDAS
Escúchanos, Dios todopoderoso, y concede a tus siervos, en quienes infundiste la sabiduría de la fe cristiana, quedar purificados, por la eficacia de este sacrificio. Por Jesucristo, nuestro Señor.

ANTÍFONA DE LA COMUNIÓN   Cfr. Jn 11, 26
Todo el que está vivo y cree en mí, no morirá para siempre, dice el Señor.

ORACIÓN DESPUÉS DE LA COMUNIÓN
Te rogamos, Dios todopoderoso, que podamos contarnos siempre entre los miembros de aquel cuyo Cuerpo y Sangre acabamos de comulgar. Él, que vive y reina por los siglos de los siglos.

ORACIÓN SOBRE EL PUEBLO
Bendice, Señor, a tu pueblo, que espera los dones de tu misericordia, y concédele recibir de tu mano generosa lo que tú mismo lo mueves a pedir. Por Jesucristo, nuestro Señor.

29 de marzo

"DESÁTENLO, PARA QUE PUEDA ANDAR"

El pasaje del Evangelio que escuchamos hoy es un relato que nos habla de amor y vida.

💜 Lázaro murió, y esto era tan cierto que ya presentaba los signos de la descomposición, uno de los cuales era que ya olía mal, porque ya llevaba cuatro días en el sepulcro.

💜 Es evidente que Jesús lo amaba entrañablemente, a tal grado que "se puso a llorar" por su amigo.

💜 Jesús se dirigió en oración al Padre celestial y le dio gracias porque siempre lo escucha, y ordenó a Lázaro que saliera de allí. ¡Jesús hizo que volviera a la vida!

💜 Jesús mandó que desataran a Lázaro, porque estaba atado de pies y manos y tenía un sudario que le cubría la cabeza.

💜 Hoy Jesús también nos envía a desatar a aquellas personas que ya han recibido el Bautismo, pero que tienen distintas clases de ataduras ocasionadas por el pecado.

**"Yo soy la resurrección
y la vida.
El que cree en mí,
aunque haya muerto, vivirá".**

5 de abril

Domingo de Ramos
de la Pasión del Señor

(*Rojo*)

Cristo nos convierte en el Pueblo de Dios y nos abre el camino de la resurrección y de la vida. Sigámoslo, proclamando nuestra fe: él es el Salvador del mundo.

CONMEMORACIÓN DE LA ENTRADA DEL SEÑOR EN JERUSALÉN

Primera forma: Procesión

ANTÍFONA   Mt 21, 9

Hosanna al Hijo de David. Bendito el que viene en nombre del Señor, el Rey de Israel. Hosanna en el cielo.

SALUDO

Queridos hermanos: Después de haber preparado nuestros corazones desde el principio de la Cuaresma con nuestra penitencia y nuestras obras de caridad, hoy nos reunimos para iniciar, unidos con toda la Iglesia, la celebración anual del Misterio Pascual, es decir, de la pasión y resurrección de nuestro

Señor Jesucristo, misterios que empezaron con su entrada en Jerusalén, su ciudad.

Por eso, recordando con toda fe y devoción esta entrada salvadora, sigamos al Señor, para que participando de su cruz, tengamos parte con él en su resurrección y su vida.

Bendición de las palmas

ORACIÓN DE BENDICIÓN

Oremos.

Aumenta, Señor Dios, la fe de los que esperan en ti y escucha con bondad las súplicas de quienes te invocan, para que, al presentar hoy nuestros ramos a Cristo victorioso, demos para ti en él frutos de buenas obras. Él que vive y reina por los siglos de los siglos.

R. **Amén.**

EVANGELIO

✠ Del santo Evangelio según san Mateo
21, 1-11

R. **Gloria a ti, Señor.**

Cuando se aproximaban ya a Jerusalén, al llegar a Betfagé, junto al monte de los Olivos, envió Jesús a dos de sus discípulos, diciéndoles: "Vayan al pueblo que ven allí enfrente; al entrar, encontrarán amarrada una burra y un burrito con ella; desátenlos y tráiganmelos. Si alguien les pregunta algo, díganle que el Señor los necesita y enseguida los devolverá".

Esto sucedió para que se cumplieran las palabras del profeta: *Díganle a la hija de Sión: He aquí que tu rey viene a ti, apacible y montado en un burro, en un burrito, hijo de animal de yugo.*

Fueron, pues, los discípulos e hicieron lo que Jesús les había encargado y trajeron consigo la burra y el burrito. Luego pusieron sobre ellos sus mantos y Jesús se sentó encima. La gente, muy numerosa, extendía sus mantos por el camino; algunos cortaban ramas de los árboles y las tendían a su paso. Los que iban delante de él y los que lo seguían gritaban:

"¡Hosanna! ¡Viva el Hijo de David! ¡*Bendito el que viene en nombre del Señor*! ¡Hosanna en el cielo!".

Al entrar Jesús en Jerusalén, toda la ciudad se conmovió. Unos decían: "¿Quién es éste?". Y la gente respondía: "Éste es el profeta Jesús, de Nazaret de Galilea".

Palabra del Señor.   R. **Gloria a ti, Señor Jesús.**

ANTÍFONA
Los niños hebreos, llevando ramos de olivo, salieron al encuentro del Señor, aclamando: "Hosanna en el cielo".

Si se cree oportuno, puede alternarse esta antífona con los versículos del siguiente salmo.

SALMO 23
Del Señor es la tierra y lo que ella tiene,
el orbe todo y los que en él habitan,
pues él lo edificó sobre los mares,
él fue quien lo asentó sobre los ríos.

Se repite la antífona

¿Quién subirá hasta el monte del Señor?
¿Quién podrá entrar en su recinto santo?
El de corazón limpio y manos puras
y que no jura en falso.

Se repite la antífona

Ése obtendrá la bendición de Dios
y Dios, su salvador, le hará justicia.
Ésta es la clase de hombres que te buscan
y vienen ante ti, Dios de Jacob.

Se repite la antífona

¡Puertas, ábranse de par en par;
agrándense, portones eternos,
porque va a entrar el rey de la gloria!

Se repite la antífona

Y ¿quién es el rey de la gloria?
Es el Señor, fuerte y poderoso,
el Señor, poderoso en la batalla.

Se repite la antífona

¡Puertas, ábranse de par en par;
agrándense, portones eternos,
porque va a entrar el rey de la gloria!

Se repite la antífona

Y ¿quién es el rey de la gloria?
El Señor, Dios de los ejércitos,
él es el rey de la gloria.

Se repite la antífona

En lugar del salmo 23 se puede utilizar el salmo 46 con su antífona correspondiente.

Al entrar la procesión en la iglesia, se canta el siguiente responsorio u otro canto alusivo a la entrada del Señor en Jerusalén:

RESPONSORIO

R. **Al entrar el Señor en la ciudad santa, los niños hebreos, anunciando con anticipación la resurrección del Señor de la vida, *con palmas en las manos, aclamaban: Hosanna en el cielo.**

V. Al enterarse de que Jesús llegaba a Jerusalén, el pueblo salió a su encuentro.

R. **Con palmas en las manos, aclamaban: Hosanna en el cielo.**

Segunda forma: Entrada solemne.

Los fieles se reúnen ante la puerta de la iglesia o bien dentro de la misma iglesia, llevando los ramos en las manos. El sacerdote, los ministros y algunos de los fieles, van a algún sitio adecuado de la iglesia, fuera del presbiterio, en donde pueda ser vista fácilmente la celebración, al menos por la mayor parte de los fieles.

Tercera forma: Entrada sencilla.

Se efectúa como en la Misa ordinaria, comenzando, si es posible, cantando la antífona de entrada (u otro canto sobre el mismo tema). Si no se canta, el sacerdote lee la antífona después del saludo inicial.

ANTÍFONA DE ENTRADA   Cfr. Jn 12, 1. 12-13; Sal 23, 9-10

Seis días antes de la Pascua, cuando el Señor entró a la ciudad de Jerusalén, salieron los niños a su encuentro y llevando en sus manos ramos de palmera aclamaban con fuerte voz: *Hosanna en el cielo. Bendito tú, que vienes lleno de bondad y de misericordia.

Puertas, ábranse de par en par; agrándense, portones eternos, porque va a entrar el Rey de la gloria. Y ¿quién es ese Rey de la gloria? El Señor de los ejércitos es el Rey de la gloria. *Hosanna en el cielo. Bendito tú, que vienes lleno de bondad y de misericordia.

MISA

No se dice Gloria.

ORACIÓN COLECTA

Dios todopoderoso y eterno, que quisiste que nuestro Salvador se hiciera hombre y padeciera en la cruz para dar al género humano ejemplo de humildad, concédenos, benigno, seguir las enseñanzas de su pasión y que merezcamos participar de su gloriosa resurrección. Él, que vive y reina contigo…

Jesús imprime a su realeza un tono de humildad pacífica. Al comienzo de su pasión el "rey de los judíos" no tiene otra grandeza que la de servir y entregar su vida (EVANGELIO). Está a punto de despojarse de su vida en una entrega total. Sólo así podrá decir al abatido palabras de aliento (PRIMERA LECTURA). Pero Dios lo exaltará sobre todas las cosas y toda lengua proclamará que Jesucristo es el Señor (SEGUNDA LECTURA).

PRIMERA LECTURA

Del libro del profeta Isaías
50, 4-7

E n aquel entonces, dijo Isaías:
"El Señor me ha dado una lengua experta,
para que pueda confortar al abatido con palabras de aliento.
   Mañana tras mañana, el Señor despierta mi oído,
para que escuche yo, como discípulo.
El Señor Dios me ha hecho oír sus palabras
y yo no he opuesto resistencia
ni me he echado para atrás.
   Ofrecí la espalda a los que me golpeaban,
la mejilla a los que me tiraban de la barba.
No aparté mi rostro de los insultos y salivazos.
   Pero el Señor me ayuda,
por eso no quedaré confundido,
por eso endurecí mi rostro como roca
y sé que no quedaré avergonzado".
Palabra de Dios.   R. **Te alabamos, Señor.**

SALMO RESPONSORIAL
Del salmo 21

B. Carrillo B.P. 1521

Dios   mí - o, Dios   mí - o, ¿por - qué me_has a - ban - do - na-do?

R.   **Dios mío, Dios mío, ¿por qué me has abandonado?**

Todos los que me ven, de mí se burlan;
me hacen gestos y dicen:
"Confiaba en el Señor, pues que él lo salve;
si de veras lo ama, que lo libre".   R.

   Los malvados me cercan por doquiera
como rabiosos perros.
Mis manos y mis pies han taladrado
y se pueden contar todos mis huesos.   R.

   Reparten entre sí mis vestiduras
y se juegan mi túnica a los dados.
Señor, auxilio mío, ven y ayúdame,
no te quedes de mí tan alejado.   R.

Domingo de Ramos

A mis hermanos contaré tu gloria
y en la asamblea alabaré tu nombre.
Que alaben al Señor los que lo temen.
Que el pueblo de Israel siempre lo adore. R.

SEGUNDA LECTURA

De la carta del apóstol san Pablo a los filipenses
2, 6-11

Cristo Jesús, siendo Dios,
no consideró que debía aferrarse
a las prerrogativas de su condición divina,
sino que, por el contrario, se anonadó a sí mismo,
tomando la condición de siervo,
y se hizo semejante a los hombres.
Así, hecho uno de ellos, se humilló a sí mismo
y por obediencia aceptó incluso la muerte,
y una muerte de cruz.
    Por eso Dios lo exaltó sobre todas las cosas
y le otorgó el nombre que está sobre todo nombre,
para que, al nombre de Jesús, todos doblen la rodilla
en el cielo, en la tierra y en los abismos,
y todos reconozcan públicamente que Jesucristo es el Señor,
para gloria de Dios Padre.
Palabra de Dios.   R. **Te alabamos, Señor.**

ACLAMACIÓN ANTES DEL EVANGELIO

Flp 2, 8-9

B.P. 1050 - B. Carrillo

Ho-nor y glo-ria a ti,___ Se-ñor Je - sús.___

R.   **Honor y gloria a ti, Señor Jesús.**
Cristo se humilló por nosotros
y por obediencia aceptó incluso la muerte,
y una muerte de cruz.

Por eso Dios lo exaltó sobre todas las cosas
y le otorgó el nombre que está sobre todo nombre.

R. **Honor y gloria a ti, Señor Jesús.**

PASIÓN DE NUESTRO SEÑOR JESUCRISTO SEGÚN SAN MATEO
26, 14–27, 66

E n aquel tiempo, uno de los Doce, llamado Judas Iscariote,
fue a ver a los sumos sacerdotes y les dijo: "¿Cuánto me
dan si les entrego a Jesús?". Ellos quedaron en darle treinta
monedas de plata. Y desde ese momento andaba buscando
una oportunidad para entregárselo.

El primer día de la fiesta de los panes Ázimos, los discípulos se acercaron a Jesús y le preguntaron: "¿Dónde quieres que te preparemos la cena de Pascua?". Él respondió:
"Vayan a la ciudad, a casa de fulano y díganle: 'El Maestro
dice: Mi hora está ya cerca. Voy a celebrar la Pascua con mis
discípulos en tu casa'". Ellos hicieron lo que Jesús les había
ordenado y prepararon la cena de Pascua.

Al atardecer, se sentó a la mesa con los Doce, y mientras
cenaban, les dijo: "Yo les aseguro que uno de ustedes va a
entregarme". Ellos se pusieron muy tristes y comenzaron
a preguntarle uno por uno: "¿Acaso soy yo, Señor?". Él respondió: "El que moja su pan en el mismo plato que yo, ése
va a entregarme. Porque el Hijo del hombre va a morir, como
está escrito de él; pero ¡ay de aquel por quien el Hijo del
hombre va a ser entregado! Más le valiera a ese hombre no
haber nacido". Entonces preguntó Judas, el que lo iba a entregar: "¿Acaso soy yo, Maestro?". Jesús le respondió: "Tú lo
has dicho".

Durante la cena, Jesús tomó un pan y, pronunciada la
bendición, lo partió y lo dio a sus discípulos, diciendo: "Tomen y coman. Éste es mi cuerpo". Luego tomó en sus manos
una copa de vino y, pronunciada la acción de gracias, la pasó

sus discípulos, diciendo: "Beban todos de ella, porque ésta es mi sangre, sangre de la nueva alianza, que será derramada por todos, para el perdón de los pecados. Les digo que ya no beberé más del fruto de la vid, hasta el día en que beba con ustedes el vino nuevo en el Reino de mi Padre".

Después de haber cantado el himno, salieron hacia el monte de los Olivos. Entonces Jesús les dijo: "Todos ustedes se van a escandalizar de mí esta noche, porque está escrito: *Heriré al pastor y se dispersarán las ovejas del rebaño*. Pero después de que yo resucite, iré delante de ustedes a Galilea". Entonces Pedro le replicó: "Aunque todos se escandalicen de ti, yo nunca me escandalizaré". Jesús le dijo: "Yo te aseguro que esta misma noche, antes de que el gallo cante, me habrás negado tres veces". Pedro le replicó: "Aunque tenga que morir contigo, no te negaré". Y lo mismo dijeron todos los discípulos.

Entonces Jesús fue con ellos a un lugar llamado Getsemaní y dijo a los discípulos: "Quédense aquí mientras yo voy a orar más allá". Se llevó consigo a Pedro y a los dos hijos de Zebedeo y comenzó a sentir tristeza y angustia. Entonces les dijo: "Mi alma está llena de una tristeza mortal. Quédense aquí y velen conmigo". Avanzó unos pasos más, se postró rostro en tierra y comenzó a orar, diciendo: "Padre mío, si es posible, que pase de mí este cáliz; pero que no se haga como yo quiero, sino como quieres tú".

Volvió entonces a donde estaban los discípulos y los encontró dormidos. Dijo a Pedro: "¿No han podido velar conmigo ni una hora? Velen y oren, para no caer en la tentación, porque el espíritu está pronto, pero la carne es débil". Y alejándose de nuevo, se puso a orar, diciendo: "Padre mío, si este cáliz no puede pasar sin que yo lo beba, hágase tu voluntad". Después volvió y encontró a sus discípulos otra vez dormidos, porque tenían los ojos cargados de sueño. Los dejó y se fue a orar de nuevo, por tercera vez, repitiendo las mismas palabras. Después de esto, volvió a donde estaban los discípulos y les dijo: "Duerman ya y descansen. He aquí que llega la hora y el Hijo del hombre va a ser entregado en manos de los pecadores. ¡Levántense! ¡Vamos! Ya está aquí el que me va a entregar".

Todavía estaba hablando Jesús, cuando llegó Judas, uno de los Doce, seguido de una chusma numerosa con espadas y palos, enviada por los sumos sacerdotes y los ancianos del pueblo. El que lo iba a entregar les había dado esta señal: "Aquel a quien yo le dé un beso, ése es. Apréhendanlo". Al instante se acercó a Jesús y le dijo: "¡Buenas noches, Maestro!". Y lo besó. Jesús le dijo: "Amigo, ¿es esto a lo que has venido?". Entonces se acercaron a Jesús, le echaron mano y lo apresaron.

Uno de los que estaban con Jesús, sacó la espada, hirió a un criado del sumo sacerdote y le cortó una oreja. Le dijo entonces Jesús: "Vuelve la espada a su lugar, pues quien usa la espada, a espada morirá. ¿No crees que si yo se lo pidiera a mi Padre, él pondría ahora mismo a mi disposición más de doce legiones de ángeles? Pero, ¿cómo se cumplirían entonces las Escrituras, que dicen que así debe suceder?". Enseguida dijo Jesús a aquella chusma: "¿Han salido ustedes a apresarme como a un bandido, con espadas y palos? Todos los días yo enseñaba, sentado en el templo, y no me aprehendieron. Pero todo esto ha sucedido para que se cumplieran las predicciones de los profetas". Entonces todos los discípulos lo abandonaron y huyeron.

Los que aprehendieron a Jesús lo llevaron a la casa del sumo sacerdote Caifás, donde los escribas y los ancianos estaban reunidos. Pedro los fue siguiendo de lejos hasta el palacio del sumo sacerdote. Entró y se sentó con los criados para ver en qué paraba aquello.

Los sumos sacerdotes y todo el sanedrín andaban buscando un falso testimonio contra Jesús, con ánimo de darle muerte; pero no lo encontraron, aunque se presentaron muchos testigos falsos. Al fin llegaron dos, que dijeron: "Éste dijo: 'Puedo derribar el templo de Dios y reconstruirlo en tres días'". Entonces el sumo sacerdote se levantó y le dijo: "¿No respondes nada a lo que éstos atestiguan en contra tuya?". Como Jesús callaba, el sumo sacerdote le dijo: "Te conjuro por el Dios vivo a que nos digas si tú eres el Mesías, el Hijo de Dios". Jesús le respondió: "Tú lo has dicho. Además, yo les declaro que pronto verán al Hijo del hombre, sentado a la derecha de Dios, venir sobre las nubes del cielo".

Entonces el sumo sacerdote rasgó sus vestiduras y exclamó: "¡Ha blasfemado! ¿Qué necesidad tenemos ya de testigos? Ustedes mismos han oído la blasfemia. ¿Qué les parece?". Ellos respondieron: "Es reo de muerte". Luego comenzaron a escupirle en la cara y a darle de bofetadas. Otros lo golpeaban, diciendo: "Adivina quién es el que te ha pegado".

Entretanto, Pedro estaba fuera, sentado en el patio. Una criada se le acercó y le dijo: "Tú también estabas con Jesús, el galileo". Pero él lo negó ante todos, diciendo: "No sé de qué me estás hablando". Ya se iba hacia el zaguán, cuando lo vio otra criada y dijo a los que estaban ahí: "También ése andaba con Jesús, el nazareno". Él de nuevo lo negó con juramento: "No conozco a ese hombre". Poco después se acercaron a Pedro los que estaban ahí y le dijeron: "No cabe duda de que tú también eres de ellos, pues hasta tu modo de hablar te delata". Entonces él comenzó a echar maldiciones y a jurar que no conocía a aquel hombre. Y en aquel momento cantó el gallo. Entonces se acordó Pedro de que Jesús había dicho: 'Antes de que cante el gallo, me habrás negado tres veces'. Y saliendo de ahí se soltó a llorar amargamente.

Llegada la mañana, todos los sumos sacerdotes y los ancianos del pueblo celebraron consejo contra Jesús para darle muerte. Después de atarlo, lo llevaron ante el procurador, Poncio Pilato, y se lo entregaron.

Entonces Judas, el que lo había entregado, viendo que Jesús había sido condenado a muerte, devolvió arrepentido las treinta monedas de plata a los sumos sacerdotes y a los ancianos, diciendo: "Pequé, entregando la sangre de un inocente". Ellos dijeron: "¿Y a nosotros qué nos importa? Allá tú". Entonces Judas arrojó las monedas de plata en el templo, se fue y se ahorcó.

Los sumos sacerdotes tomaron las monedas de plata y dijeron: "No es lícito juntarlas con el dinero de las limosnas, porque son precio de sangre". Después de deliberar, compraron con ellas el Campo del alfarero, para sepultar ahí a los extranjeros. Por eso aquel campo se llama hasta el día de hoy "Campo de sangre". Así se cumplió lo que dijo el profeta Jeremías: *Tomaron las treinta monedas de plata en que fue tasado aquel a quien pusieron precio algunos hijos de Israel, y las dieron por el Campo del alfarero, según lo que me ordenó el Señor.*

Jesús compareció ante el procurador, Poncio Pilato, quien le preguntó: "¿Eres tú el rey de los judíos?". Jesús respondió: "Tú lo has dicho". Pero nada respondió a las acusaciones que le hacían los sumos sacerdotes y los ancianos. Entonces le dijo Pilato: "¿No oyes todo lo que dicen contra ti?". Pero él nada respondió, hasta el punto de que el procurador se quedó muy extrañado. Con ocasión de la fiesta de la Pascua, el procurador solía conceder a la multitud la libertad del preso que quisieran. Tenían entonces un preso famoso, llamado Barrabás. Dijo, pues, Pilato a los ahí reunidos: "¿A quién quieren que les deje en libertad: a Barrabás o a Jesús, que se dice el Mesías?". Pilato sabía que se lo habían entregado por envidia.

Estando él sentado en el tribunal, su mujer mandó decirle: "No te metas con ese hombre justo, porque hoy he sufrido mucho en sueños por su causa".

Mientras tanto, los sumos sacerdotes y los ancianos convencieron a la muchedumbre de que pidieran la libertad de

Barrabás y la muerte de Jesús. Así, cuando el procurador les preguntó: "¿A cuál de los dos quieren que les suelte?", ellos respondieron: "A Barrabás". Pilato les dijo: "¿Y qué voy a hacer con Jesús, que se dice el Mesías?". Respondieron todos: "Crucifícalo". Pilato preguntó: "Pero, ¿qué mal ha hecho?". Mas ellos seguían gritando cada vez con más fuerza: "¡Crucifícalo!". Entonces Pilato, viendo que nada conseguía y que crecía el tumulto, pidió agua y se lavó las manos ante el pueblo, diciendo: "Yo no me hago responsable de la muerte de este hombre justo. Allá ustedes". Todo el pueblo respondió: "¡Que su sangre caiga sobre nosotros y sobre nuestros hijos!". Entonces Pilato puso en libertad a Barrabás. En cambio a Jesús lo hizo azotar y lo entregó para que lo crucificaran.

Los soldados del procurador llevaron a Jesús al pretorio y reunieron alrededor de él a todo el batallón. Lo desnudaron, le echaron encima un manto de púrpura, trenzaron una corona de espinas y se la pusieron en la cabeza; le pusieron una caña en su mano derecha y, arrodillándose ante él, se burlaban diciendo: "¡Viva el rey de los judíos!", y le escupían. Luego, quitándole la caña, lo golpeaban con ella en la cabeza. Después de que se burlaron de él, le quitaron el manto, le pusieron sus ropas y lo llevaron a crucificar.

Al salir, encontraron a un hombre de Cirene, llamado Simón, y lo obligaron a llevar la cruz. Al llegar a un lugar llamado Gólgota, es decir, "Lugar de la Calavera", le dieron a beber a Jesús vino mezclado con hiel; él lo probó, pero no lo quiso beber. Los que lo crucificaron se repartieron sus vestidos, echando suertes, y se quedaron sentados ahí para custodiarlo. Sobre su cabeza pusieron por escrito la causa de su condena: 'Éste es Jesús, el rey de los judíos'. Juntamente con él, crucificaron a dos ladrones, uno a su derecha y el otro a su izquierda.

Los que pasaban por ahí lo insultaban moviendo la cabeza y gritándole: "Tú, que destruyes el templo y en tres días lo reedificas, sálvate a ti mismo; si eres el Hijo de Dios, baja de la cruz". También se burlaban de él los sumos sacerdotes, los escribas y los ancianos, diciendo: "Ha salvado a otros y no puede salvarse a sí mismo. Si es el rey de Israel, que baje de la cruz y creeremos en él. Ha puesto su confianza en Dios, que Dios lo salve ahora, si es que de verdad lo ama, pues él ha dicho: 'Soy el Hijo de Dios'". Hasta los ladrones que estaban crucificados a su lado lo injuriaban.

Desde el mediodía hasta las tres de la tarde, se oscureció toda aquella tierra. Y alrededor de las tres, Jesús exclamó con fuerte voz: "*Elí, Elí, ¿lemá sabactaní*?", que quiere decir: "Dios mío, Dios mío, ¿por qué me has abandonado?". Algunos de los presentes, al oírlo, decían: "Está llamando a Elías".

Enseguida uno de ellos fue corriendo a tomar una esponja, la empapó en vinagre y sujetándola a una caña, le ofreció de beber. Pero los otros le dijeron: "Déjalo. Vamos a ver si viene Elías a salvarlo". Entonces Jesús, dando de nuevo un fuerte grito, expiró.

Aquí todos se arrodillan y guardan silencio por unos instantes.

Entonces el velo del templo se rasgó en dos partes, de arriba abajo, la tierra tembló y las rocas se partieron. Se abrieron los sepulcros y resucitaron muchos justos que habían muerto, y después de la resurrección de Jesús, entraron en la ciudad santa y se aparecieron a mucha gente. Por su parte, el oficial y los que estaban con él custodiando a Jesús, al ver el terremoto y las cosas que ocurrían, se llenaron de un gran temor y dijeron: "Verdaderamente éste era Hijo de Dios".

Estaban también allí, mirando desde lejos, muchas de las mujeres que habían seguido a Jesús desde Galilea para servirlo. Entre ellas estaban María Magdalena, María, la madre de Santiago y de José, y la madre de los hijos de Zebedeo.

Al atardecer, vino un hombre rico de Arimatea, llamado José, que se había hecho también discípulo de Jesús. Se presentó a Pilato y le pidió el cuerpo de Jesús, y Pilato dio orden de que se lo entregaran. José tomó el cuerpo, lo envolvió en una sábana limpia y lo depositó en un sepulcro nuevo, que había hecho excavar en la roca para sí mismo. Hizo rodar una gran piedra hasta la entrada del sepulcro y se retiró. Estaban ahí María Magdalena y la otra María, sentadas frente al sepulcro.

Al otro día, el siguiente de la preparación de la Pascua, los sumos sacerdotes y los fariseos se reunieron ante Pilato y le dijeron: "Señor, nos hemos acordado de que ese impostor, estando aún en vida, dijo: 'A los tres días resucitaré'. Manda, pues, asegurar el sepulcro hasta el tercer día; no sea que vengan sus discípulos, lo roben y digan luego al pueblo: 'Resucitó de entre los muertos', porque esta última impostura sería peor que la primera". Pilato les dijo: "Tomen un pelotón de soldados, vayan y aseguren el sepulcro como ustedes quieran". Ellos fueron y aseguraron el sepulcro, poniendo un sello sobre la puerta y dejaron ahí la guardia.

Palabra del Señor.   R. **Gloria a ti, Señor Jesús.**

Se dice Credo.

ORACIÓN SOBRE LAS OFRENDAS
Que la pasión de tu Unigénito, Señor, nos atraiga tu perdón, y aunque no lo merecemos por nuestras obras, por la mediación de este sacrificio único, lo recibamos de tu misericordia. Por Jesucristo, nuestro Señor.

ANTÍFONA DE LA COMUNIÓN   Mt 26, 42
Padre mío, si no es posible evitar que yo beba este cáliz, hágase tu voluntad.

ORACIÓN DESPUÉS DE LA COMUNIÓN

Tú que nos has alimentado con esta Eucaristía, y por medio de la muerte de tu Hijo nos das la esperanza de alcanzar lo que la fe nos promete, concédenos, Señor, llegar, por medio de su resurrección, a la meta de nuestras esperanzas. Por Jesucristo, nuestro Señor.

ORACIÓN SOBRE EL PUEBLO

Dios y Padre nuestro, mira con bondad a esta familia tuya, por la cual nuestro Señor Jesucristo no dudó en entregarse a sus verdugos y padecer el tormento de la cruz. Por Jesucristo, nuestro Señor.

EL SEÑOR ES RECIBIDO EN JERUSALÉN

Hoy la Iglesia recuerda la entrada triunfal del Señor en la ciudad santa de Jerusalén.

✳ La gente lo recibió, con palmas en las manos, como el auténtico Rey de los judíos

✳ Hoy rogamos al Padre del cielo que nos conceda amar y venerar con todo el corazón a nuestro Redentor, y le pedimos fortaleza para ser fieles a él en los momentos de prueba.

Jesús entró en la ciudad santa para morir en la cruz, pero el triunfo definitivo será suyo.

144

9 de abril

Jueves Santo
de la Cena del Señor

(Blanco)

En la catedral, la mañana del Jueves Santo o de otro día de la semana, el obispo, rodeado de sus sacerdotes, bendice los óleos destinados a la celebración de los sacramentos. En esta ocasión se invita a los sacerdotes a renovar el compromiso que hicieron ante Dios durante su ordenación.

La celebración del Misterio Pascual comienza en la tarde con la Misa de la Cena.

SAGRADO TRIDUO PASCUAL

Misa vespertina

En la Eucaristía de esta tarde conmemoramos y revivimos la Última Cena: nuestro pan y nuestro vino, convertidos en el sacramento del Cuerpo y la Sangre de Cristo, nos hacen entrar en comunión con él y con nuestros hermanos, mediante la fe y el amor.

ANTÍFONA DE ENTRADA   Cfr. Gál 6, 14
Debemos gloriarnos en la cruz de nuestro Señor Jesucristo, porque en él está nuestra salvación, nuestra vida y nuestra resurrección, y por él fuimos salvados y redimidos.

Se dice Gloria.

ORACIÓN COLECTA

Dios nuestro, reunidos para celebrar la santísima Cena en la que tu Hijo unigénito, antes de entregarse a la muerte, confió a la Iglesia el nuevo y eterno sacrificio, banquete pascual de su amor, concédenos que, de tan sublime misterio, brote para nosotros la plenitud del amor y de la vida. Por nuestro Señor Jesucristo…

También Jesús celebró, como los otros judíos, la comida del cordero en la "noche del milagro", cuando el pueblo de Israel recordaba solemnemente su liberación del cautiverio de Egipto (PRIMERA LECTURA). Pero Jesús le dio un nuevo sentido a aquella celebración. Ante todo, quiso dar a sus discípulos una muestra del amor inmenso que les tenía y una lección de humildad y de servicio, al lavarles los pies y anunciarles su entrega para la salvación del mundo (EVANGELIO). Después, durante la cena, hizo Jesús el máximo acto de amor al instituir la Eucaristía, tal como nos lo relata san Pablo (SEGUNDA LECTURA).

PRIMERA LECTURA

Del libro del Éxodo

12, 1-8. 11-14

En aquellos días, el Señor les dijo a Moisés y a Aarón en tierra de Egipto: "Este mes será para ustedes el primero de todos los meses y el principio del año. Díganle a toda la comunidad de Israel: 'El día diez de este mes, tomará cada uno un cordero por familia, uno por casa. Si la familia es demasiado pequeña para comérselo, que se junte con los vecinos y elija un cordero adecuado al número de personas y a la cantidad que cada cual pueda comer. Será un animal sin defecto, macho, de un año, cordero o cabrito.

Lo guardarán hasta el día catorce del mes, cuando toda la comunidad de los hijos de Israel lo inmolará al atardecer. Tomarán la sangre y rociarán las dos jambas y el dintel de la puerta de la casa donde vayan a comer el cordero. Esa noche comerán la carne, asada a fuego; comerán panes sin levadura y hierbas amargas. Comerán así: con la cintura ceñida, las sandalias en los pies, un bastón en la mano y a toda prisa, porque es la Pascua, es decir, el paso del Señor.

Yo pasaré esa noche por la tierra de Egipto y heriré a todos los primogénitos del país de Egipto, desde los hombres hasta los ganados. Castigaré a todos los dioses de Egipto, yo, el Señor. La sangre les servirá de señal en las casas donde habitan ustedes. Cuando yo vea la sangre, pasaré de largo y no habrá entre ustedes plaga exterminadora, cuando hiera yo la tierra de Egipto.

Ese día será para ustedes un memorial y lo celebrarán como fiesta en honor del Señor. De generación en generación celebrarán esta festividad, como institución perpetua'".

Palabra de Dios.   R. **Te alabamos, Señor.**

SALMO RESPONSORIAL
Del salmo 115

B. Carrillo B.P. 1522

Gra - cias, Se - ñor, por tu san - gre que nos la - va.

R.   **Gracias, Señor, por tu sangre que nos lava.**

¿Cómo le pagaré al Señor
todo el bien que me ha hecho?
Levantaré el cáliz de salvación
e invocaré el nombre del Señor. R.

A los ojos del Señor es muy penoso
que mueran sus amigos.
De la muerte, Señor, me has librado,
a mí, tu esclavo e hijo de tu esclava. R.

Te ofreceré con gratitud un sacrificio
e invocaré tu nombre.
Cumpliré mis promesas al Señor
ante todo su pueblo. R.

SEGUNDA LECTURA

De la primera carta del apóstol san Pablo a los corintios
11, 23-26

Hermanos: Yo recibí del Señor lo mismo que les he transmitido: que el Señor Jesús, la noche en que iba a ser entregado, tomó pan en sus manos, y pronunciando la acción de gracias, lo partió y dijo: "Esto es mi cuerpo, que se entrega por ustedes. Hagan esto en memoria mía".

Lo mismo hizo con el cáliz después de cenar, diciendo: "Este cáliz es la nueva alianza que se sella con mi sangre. Hagan esto en memoria mía siempre que beban de él".

Por eso, cada vez que ustedes comen de este pan y beben de este cáliz, proclaman la muerte del Señor, hasta que vuelva.

Palabra de Dios.   R. **Te alabamos, Señor.**

ACLAMACIÓN ANTES DEL EVANGELIO

Jn 13, 34

B.P. 1050 - B. Carrillo

Ho-nor y glo-ria a ti,___ Se-ñor Je - sús.___

R. **Honor y gloria a ti, Señor Jesús.**
Les doy un mandamiento nuevo, dice el Señor,
que se amen los unos a los otros, como yo los he amado.
R. **Honor y gloria a ti, Señor Jesús.**

EVANGELIO

✠ Del santo Evangelio según san Juan
13, 1-15

R. **Gloria a ti, Señor.**

Antes de la fiesta de la Pascua, sabiendo Jesús que había llegado la hora de pasar de este mundo al Padre y habiendo amado a los suyos, que estaban en el mundo, los amó hasta el extremo.

En el transcurso de la cena, cuando ya el diablo había puesto en el corazón de Judas Iscariote, hijo de Simón, la idea de entregarlo, Jesús, consciente de que el Padre había puesto en sus manos todas las cosas y sabiendo que había salido de Dios y a Dios volvía, se levantó de la mesa, se quitó el manto y tomando una toalla, se la ciñó; luego echó agua en una jofaina y se puso a lavarles los pies a los discípulos y a secárselos con la toalla que se había ceñido.

Cuando llegó a Simón Pedro, éste le dijo: "Señor, ¿me vas a lavar tú a mí los pies?". Jesús le replicó: "Lo que estoy haciendo tú no lo entiendes ahora, pero lo comprenderás más tarde". Pedro le dijo: "Tú no me lavarás los pies jamás". Jesús le contestó: "Si no te lavo, no tendrás parte conmigo". Entonces le dijo Simón Pedro: "En ese caso, Señor, no sólo los pies, sino también las manos y la cabeza". Jesús le dijo: "El que se ha bañado no necesita lavarse más que los pies, porque todo él está limpio. Y ustedes están limpios, aunque no todos". Como sabía quién lo iba a entregar, por eso dijo: 'No todos están limpios'.

Cuando acabó de lavarles los pies, se puso otra vez el manto, volvió a la mesa y les dijo: "¿Comprenden lo que acabo de hacer con ustedes? Ustedes me llaman Maestro y Señor, y dicen bien, porque lo soy. Pues si yo, que soy el Maestro y el Señor, les he lavado los pies, también ustedes deben lavarse los pies los unos a los otros. Les he dado ejemplo, para que lo que yo he hecho con ustedes, también ustedes lo hagan".

Palabra del Señor. R. **Gloria a ti, Señor Jesús.**

Después de la homilía, donde lo aconseje el bien pastoral, se lleva a cabo el lavatorio de los pies. No se dice Credo.

ORACIÓN SOBRE LAS OFRENDAS
Concédenos, Señor, participar dignamente en estos misterios, porque cada vez que se celebra el memorial de este sacrificio, se realiza la obra de nuestra redención. Por Jesucristo, nuestro Señor.

ANTÍFONA DE LA COMUNIÓN   1 Cor 11, 24-25

Esto es mi Cuerpo, que se entrega por ustedes. Este cáliz es la nueva alianza establecida por mi Sangre; cuantas veces lo beban, háganlo en memoria mía, dice el Señor.

ORACIÓN DESPUÉS DE LA COMUNIÓN

Concédenos, Dios todopoderoso, que así como somos alimentados en esta vida con la Cena pascual de tu Hijo, así también merezcamos ser saciados en el banquete eterno. Por Jesucristo, nuestro Señor.

Luego de la oración después de la Comunión, el sacerdote hace el traslado del Santísimo Sacramento al sitio donde será depositado. El sacerdote hace unos momentos de adoración en silencio y luego se retira. Todos los fieles estamos invitados a dedicar alguna parte de nuestro tiempo, en la noche, a la adoración delante del Santísimo Sacramento.

"LOS AMÓ HASTA EL EXTREMO"

El Jueves Santo,
Jesús celebró con sus
discípulos la Última Cena.

- Este día se celebró la primera Santa Misa.

- Este día Jesús instituyó el sacerdocio ministerial.

- Este día, de un modo conocido sólo por Dios, se anticipó el sacrificio de Cristo en la cruz.

- En cada celebración eucarística se renueva este mismo misterio.

"¿Cómo le pagaré al Señor todo el bien que me ha hecho?"

10 de abril

Viernes Santo
de la Pasión del Señor

(*Rojo*)

¿Qué vamos a responder ante la cruz, señal de amor universal?

El día de hoy no hay Misa. La celebración consta de tres partes: Liturgia de la Palabra, Adoración de la Cruz y la Sagrada Comunión.

RITO DE ENTRADA

Concentrémonos, ante todo, en silencio, en la presencia de Dios y tomemos conciencia de nuestros pecados, que han causado la muerte de su Hijo en la cruz.

ORACIÓN

Señor Dios, que por la Pasión de nuestro Señor Jesucristo nos libraste de la muerte heredada del antiguo pecado, concédenos asemejarnos a tu Hijo y haz que, así como naturalmente llevamos en nosotros la imagen del hombre terreno, por la gracia de la santificación, llevemos también la imagen del hombre celestial. Por Jesucristo, nuestro Señor.

R. **Amén.**

LITURGIA DE LA PALABRA

PRIMERA LECTURA
Del libro del profeta Isaías
52, 13–53, 12

He aquí que mi siervo prosperará,
será engrandecido y exaltado,
será puesto en alto.
Muchos se horrorizaron al verlo,
porque estaba desfigurado su semblante,
que no tenía ya aspecto de hombre;
pero muchos pueblos se llenaron de asombro.
Ante él los reyes cerrarán la boca,
porque verán lo que nunca se les había contado
y comprenderán lo que nunca se habían imaginado.

¿Quién habrá de creer lo que hemos anunciado?
¿A quién se le revelará el poder del Señor?
Creció en su presencia como planta débil,
como una raíz en el desierto.
No tenía gracia ni belleza.
No vimos en él ningún aspecto atrayente;
despreciado y rechazado por los hombres,
varón de dolores, habituado al sufrimiento;
como uno del cual se aparta la mirada,
despreciado y desestimado.

Él soportó nuestros sufrimientos
y aguantó nuestros dolores;
nosotros lo tuvimos por leproso,
herido por Dios y humillado,
traspasado por nuestras rebeliones,
triturado por nuestros crímenes.
Él soportó el castigo que nos trae la paz.
Por sus llagas hemos sido curados.

Todos andábamos errantes como ovejas,
cada uno siguiendo su camino,

y el Señor cargó sobre él todos nuestros crímenes.
Cuando lo maltrataban, se humillaba y no abría la boca,
como un cordero llevado a degollar;
como oveja ante el esquilador,
enmudecía y no abría la boca.

Inicuamente y contra toda justicia se lo llevaron.
¿Quién se preocupó de su suerte?
Lo arrancaron de la tierra de los vivos,
lo hirieron de muerte por los pecados de mi pueblo,
le dieron sepultura con los malhechores
a la hora de su muerte,
aunque no había cometido crímenes,
ni hubo engaño en su boca.

El Señor quiso triturarlo con el sufrimiento.
Cuando entregue su vida como expiación,
verá a sus descendientes, prolongará sus años
y por medio de él prosperarán los designios del Señor.
Por las fatigas de su alma, verá la luz y se saciará;
con sus sufrimientos justificará mi siervo a muchos,
cargando con los crímenes de ellos.

Por eso le daré una parte entre los grandes,
y con los fuertes repartirá despojos,
ya que indefenso se entregó a la muerte
y fue contado entre los malhechores,
cuando tomó sobre sí las culpas de todos
e intercedió por los pecadores.
Palabra de Dios.   R. **Te alabamos, Señor.**

SALMO RESPONSORIAL
Del salmo 30

B. Carrillo B.P. 1523

Pa - dre, en tus ma - nos en - co - mien - do mi_es - pí - ri - tu.

R. **Padre, en tus manos encomiendo mi espíritu.**

A ti, Señor, me acojo,
que no quede yo nunca defraudado.
En tus manos encomiendo mi espíritu
y tú, mi Dios leal, me librarás. R.

Se burlan de mí mis enemigos,
mis vecinos y parientes de mí se espantan,
los que me ven pasar huyen de mí.
Estoy en el olvido, como un muerto,
como un objeto tirado en la basura. R.

Pero yo, Señor, en ti confío.
Tú eres mi Dios,
y en tus manos está mi destino.
Líbrame de los enemigos que me persiguen. R.

Vuelve, Señor, tus ojos a tu siervo
y sálvame, por tu misericordia.
Sean fuertes y valientes de corazón,
ustedes, los que esperan en el Señor. R.

SEGUNDA LECTURA

De la carta a los hebreos

4, 14-16; 5, 7-9

Hermanos: Jesús, el Hijo de Dios, es nuestro sumo sacerdote, que ha entrado en el cielo. Mantengamos firme la profesión de nuestra fe. En efecto, no tenemos un sumo sacerdote que no sea capaz de compadecerse de nuestros sufrimientos, puesto que él mismo ha pasado por las mismas pruebas que nosotros, excepto el pecado. Acerquémonos, por lo tanto, con plena confianza al trono de la gracia, para recibir misericordia, hallar la gracia y obtener ayuda en el momento oportuno.

Precisamente por eso, Cristo, durante su vida mortal, ofreció oraciones y súplicas, con poderoso clamor y lágrimas, a aquel que podía librarlo de la muerte, y fue escuchado por su piedad. A pesar de que era el Hijo, aprendió a obedecer padeciendo, y llegado a su perfección, se convirtió en la causa de la salvación eterna para todos los que lo obedecen.

Palabra de Dios.   R. **Te alabamos, Señor.**

ACLAMACIÓN ANTES DEL EVANGELIO
Flp 2, 8-9

R. **Honor y gloria a ti, Señor Jesús.**
Cristo se humilló por nosotros
y por obediencia aceptó incluso la muerte,
y una muerte de cruz.
Por eso Dios lo exaltó sobre todas las cosas
y le otorgó el nombre que está sobre todo nombre.
R. **Honor y gloria a ti, Señor Jesús.**

PASIÓN DE NUESTRO SEÑOR JESUCRISTO SEGÚN SAN JUAN
18, 1–19, 42

En aquel tiempo, Jesús fue con sus discípulos al otro lado del torrente Cedrón, donde había un huerto, y entraron allí él y sus discípulos. Judas, el traidor, conocía también el sitio, porque Jesús se reunía a menudo allí con sus discípulos.

Entonces Judas tomó un batallón de soldados y guardias de los sumos sacerdotes y de los fariseos y entró en el huerto con linternas, antorchas y armas.

Jesús, sabiendo todo lo que iba a suceder, se adelantó y les dijo: "¿A quién buscan?". Le contestaron: "A Jesús, el nazareno". Les dijo Jesús: "Yo soy". Estaba también con ellos Judas, el traidor. Al decirles 'Yo soy', retrocedieron y cayeron a tierra. Jesús les volvió a preguntar: "¿A quién buscan?". Ellos dijeron: "A Jesús, el nazareno". Jesús contestó: "Les he dicho que soy yo. Si me buscan a mí, dejen que éstos se vayan". Así se cumplió lo que Jesús había dicho: 'No he perdido a ninguno de los que me diste'.

Entonces Simón Pedro, que llevaba una espada, la sacó e hirió a un criado del sumo sacerdote y le cortó la oreja derecha. Este criado se llamaba Malco. Dijo entonces Jesús a Pedro: "Mete la espada en la vaina. ¿No voy a beber el cáliz que me ha dado mi Padre?".

El batallón, su comandante y los criados de los judíos apresaron a Jesús, lo ataron y lo llevaron primero ante Anás, porque era suegro de Caifás, sumo sacerdote aquel año. Caifás era el que había dado a los judíos este consejo: 'Conviene que muera un solo hombre por el pueblo'.

Simón Pedro y otro discípulo iban siguiendo a Jesús. Este discípulo era conocido del sumo sacerdote y entró con Jesús en el palacio del sumo sacerdote, mientras Pedro se quedaba fuera, junto a la puerta. Salió el otro discípulo, el conocido del sumo sacerdote, habló con la portera e hizo entrar a Pedro. La portera dijo entonces a Pedro: "¿No eres tú también uno de los discípulos de ese hombre?". Él dijo: "No lo soy". Los criados y los guardias habían encendido un brasero, porque hacía frío, y se calentaban. También Pedro estaba con ellos de pie, calentándose.

El sumo sacerdote interrogó a Jesús acerca de sus discípulos y de su doctrina. Jesús le contestó: "Yo he hablado abiertamente al mundo y he enseñado continuamente en la sinagoga y en el templo, donde se reúnen todos los judíos, y no he dicho nada a escondidas. ¿Por qué me interrogas a mí? Interroga a los que me han oído, sobre lo que les he hablado. Ellos saben lo que he dicho".

Apenas dijo esto, uno de los guardias le dio una bofetada a Jesús, diciéndole: "¿Así contestas al sumo sacerdote?". Jesús le respondió: "Si he faltado al hablar, demuestra en qué he faltado; pero si he hablado como se debe, ¿por qué me pegas?". Entonces Anás lo envió atado a Caifás, el sumo sacerdote.

Simón Pedro estaba de pie, calentándose, y le dijeron: "¿No eres tú también uno de sus discípulos?". Él lo negó diciendo: "No lo soy". Uno de los criados del sumo sacerdote, pariente de aquel a quien Pedro le había cortado la oreja, le dijo: "¿Qué no te vi yo con él en el huerto?". Pedro volvió a negarlo y enseguida cantó un gallo.

Llevaron a Jesús de casa de Caifás al pretorio. Era muy de mañana y ellos no entraron en el palacio para no incurrir en impureza y poder así comer la cena de Pascua.

Salió entonces Pilato a donde estaban ellos y les dijo: "¿De qué acusan a este hombre?". Le contestaron: "Si éste no fuera un malhechor, no te lo hubiéramos traído". Pilato les dijo: "Pues llévenselo y júzguenlo según su ley". Los judíos le respondieron: "No estamos autorizados para dar muerte a nadie". Así se cumplió lo que había dicho Jesús, indicando de qué muerte iba a morir.

Entró otra vez Pilato en el pretorio, llamó a Jesús y le dijo: "¿Eres tú el rey de los judíos?". Jesús le contestó: "¿Eso lo preguntas por tu cuenta o te lo han dicho otros?". Pilato le respondió: "¿Acaso soy yo judío? Tu pueblo y los sumos sacerdotes te han entregado a mí. ¿Qué es lo que has hecho?". Jesús le contestó: "Mi Reino no es de este mundo. Si mi Reino fuera de este mundo, mis servidores habrían luchado para que no cayera yo en manos de los judíos. Pero mi Reino no es de aquí". Pilato le dijo: "¿Conque tú eres rey?". Jesús le contestó: "Tú lo has dicho. Soy rey. Yo nací y vine al mundo para ser testigo de la verdad. Todo el que es de la verdad, escucha mi voz". Pilato le dijo: "¿Y qué es la verdad?".

Dicho esto, salió otra vez a donde estaban los judíos y les dijo: "No encuentro en él ninguna culpa. Entre ustedes es costumbre que por Pascua ponga en libertad a un preso.

10 de abril

¿Quieren que les suelte al rey de los judíos?". Pero todos ellos gritaron: "¡No, a ése no! ¡A Barrabás!". (El tal Barrabás era un bandido).

Entonces Pilato tomó a Jesús y lo mandó azotar. Los soldados trenzaron una corona de espinas, se la pusieron en la cabeza, le echaron encima un manto color púrpura, y acercándose a él, le decían: "¡Viva el rey de los judíos!", y le daban de bofetadas.

Pilato salió otra vez afuera y les dijo: "Aquí lo traigo para que sepan que no encuentro en él ninguna culpa". Salió, pues, Jesús, llevando la corona de espinas y el manto color púrpura. Pilato les dijo: "Aquí está el hombre". Cuando lo vieron los sumos sacerdotes y sus servidores, gritaron: "¡Crucifícalo, crucifícalo!". Pilato les dijo: "Llévenselo ustedes y crucifíquenlo, porque yo no encuentro culpa en él". Los judíos le contestaron: "Nosotros tenemos una ley y según esa ley tiene que morir, porque se ha declarado Hijo de Dios".

Cuando Pilato oyó estas palabras, se asustó aún más, y entrando otra vez en el pretorio, dijo a Jesús: "¿De dónde eres tú?". Pero Jesús no le respondió. Pilato le dijo entonces: "¿A mí no me hablas? ¿No sabes que tengo autoridad para soltarte y autoridad para crucificarte?". Jesús le contestó: "No tendrías ninguna autoridad sobre mí, si no te la hubieran dado de lo alto. Por eso, el que me ha entregado a ti tiene un pecado mayor".

Desde ese momento Pilato trataba de soltarlo, pero los judíos gritaban: "¡Si sueltas a ése, no eres amigo del César!; porque todo el que pretende ser rey, es enemigo del César". Al oír estas palabras, Pilato sacó a Jesús y lo sentó en el tribunal, en el sitio que llaman "el Enlosado" (en hebreo Gábbata). Era el día de la preparación de la Pascua, hacia el mediodía. Y dijo Pilato a los judíos: "Aquí tienen a su rey". Ellos gritaron: "¡Fuera, fuera! ¡Crucifícalo!". Pilato les dijo: "¿A su rey voy a crucificar?". Contestaron los sumos sacerdotes: "No tenemos más rey que el César". Entonces se lo entregó para que lo crucificaran.

Tomaron a Jesús, y él, cargando con la cruz, se dirigió hacia el sitio llamado "la Calavera" (que en hebreo se dice Gólgota), donde lo crucificaron, y con él a otros dos, uno de cada lado, y en medio Jesús. Pilato mandó escribir un letrero y ponerlo encima de la cruz; en él estaba escrito: 'Jesús el nazareno, el rey de los judíos'. Leyeron el letrero muchos judíos, porque estaba cerca el lugar donde crucificaron a Jesús y estaba escrito en hebreo, latín y griego. Entonces los sumos sacerdotes de los judíos le dijeron a Pilato: "No escribas: 'El rey de los judíos', sino: 'Éste ha dicho: Soy rey de los judíos'". Pilato les contestó: "Lo escrito, escrito está".

Cuando crucificaron a Jesús, los soldados cogieron su ropa e hicieron cuatro partes, una para cada soldado, y apartaron la túnica. Era una túnica sin costura, tejida toda de una pieza de arriba abajo. Por eso se dijeron: "No la rasguemos, sino echemos suertes para ver a quién le toca". Así se cumplió lo que dice la Escritura: *Se repartieron mi ropa y echaron a suerte mi túnica*. Y eso hicieron los soldados.

Junto a la cruz de Jesús estaban su madre, la hermana de su madre, María la de Cleofás, y María Magdalena. Al ver a su madre y junto a ella al discípulo que tanto quería, Jesús dijo a su madre: "Mujer, ahí está tu hijo". Luego dijo al discípulo: "Ahí está tu madre". Y desde aquella hora el discípulo se la llevó a vivir con él.

Después de esto, sabiendo Jesús que todo había llegado a su término, para que se cumpliera la Escritura dijo: "*Tengo sed*". Había allí un jarro lleno de vinagre. Los soldados sujetaron una esponja empapada en vinagre a una caña de hisopo y se la acercaron a la boca. Jesús probó el vinagre y dijo:

"Todo está cumplido", e inclinando la cabeza, entregó el espíritu.

Aquí se arrodillan todos y se hace una breve pausa.

Entonces, los judíos, como era el día de la preparación de la Pascua, para que los cuerpos de los ajusticiados no se quedaran en la cruz el sábado, porque aquel sábado era un día muy solemne, pidieron a Pilato que les quebraran las piernas y los quitaran de la cruz. Fueron los soldados, le quebraron las piernas a uno y luego al otro de los que habían sido crucificados con él. Pero al llegar a Jesús, viendo que ya había muerto, no le quebraron las piernas, sino que uno de los soldados le traspasó el costado con una lanza e inmediatamente salió sangre y agua.

El que vio da testimonio de esto y su testimonio es verdadero y él sabe que dice la verdad, para que también ustedes crean. Esto sucedió para que se cumpliera lo que dice la Escritura: *No le quebrarán ningún hueso*; y en otro lugar la Escritura dice: *Mirarán al que traspasaron*.

Después de esto, José de Arimatea, que era discípulo de Jesús, pero oculto por miedo a los judíos, pidió a Pilato que lo dejara llevarse el cuerpo de Jesús. Y Pilato lo autorizó. Él fue entonces y se llevó el cuerpo.

Llegó también Nicodemo, el que había ido a verlo de noche, y trajo unas cien libras de una mezcla de mirra y áloe.

Tomaron el cuerpo de Jesús y lo envolvieron en lienzos con esos aromas, según se acostumbra enterrar entre los judíos. Había un huerto en el sitio donde lo crucificaron, y en el huerto, un sepulcro nuevo, donde nadie había sido enterrado todavía. Y como para los judíos era el día de la preparación de la Pascua y el sepulcro estaba cerca, allí pusieron a Jesús.

Palabra del Señor.　R. **Gloria a ti, Señor Jesús.**

ORACIÓN UNIVERSAL

1. Por la santa Iglesia

Oremos, queridos hermanos, por la santa Iglesia de Dios, para que nuestro Dios y Señor le conceda la paz y la unidad, se digne protegerla en toda la tierra y nos conceda glorificarlo, como Dios Padre omnipotente, con una vida pacífica y serena.

Se ora un momento en silencio. Luego prosigue el sacerdote:

Dios todopoderoso y eterno, que en Cristo revelaste tu gloria a todas las naciones, conserva la obra de tu misericordia, para que tu Iglesia, extendida por toda la tierra, persevere con fe inquebrantable en la confesión de tu nombre. Por Jesucristo, nuestro Señor. R. **Amén.**

2. Por el Papa

Oremos también por nuestro Santo Padre, el Papa N., para que Dios nuestro Señor, que lo escogió para el orden de los obispos, lo conserve a salvo y sin daño para bien de su santa Iglesia, a fin de que pueda gobernar al pueblo santo de Dios.

Se ora un momento en silencio. Luego prosigue el sacerdote:

Dios todopoderoso y eterno, cuya sabiduría gobierna el universo, atiende favorablemente nuestras súplicas y protege con tu amor al Papa que nos diste, para que el pueblo cristiano, que tú mismo pastoreas, progrese bajo su cuidado en la firmeza de su fe. Por Jesucristo, nuestro Señor. R. **Amén.**

3. Por el pueblo de Dios y sus ministros

Oremos también por nuestro obispo N., por todos los obispos, presbíteros y diáconos de la Iglesia, y por todo el pueblo santo de Dios.

Se ora un momento en silencio. Luego prosigue el sacerdote:

Dios todopoderoso y eterno, que con tu Espíritu santificas y gobiernas a toda la Iglesia, escucha nuestras súplicas por tus ministros, para que, con la ayuda de tu gracia, te sirvan con fidelidad. Por Jesucristo, nuestro Señor. R. **Amén.**

4. Por los catecúmenos

Oremos también por los (nuestros) catecúmenos, para que Dios nuestro Señor abra los oídos de sus corazones y les manifieste su misericordia, y para que, mediante el bautismo, se les perdonen todos sus pecados y queden incorporados a Cristo, Señor nuestro.

Se ora un momento en silencio. Luego prosigue el sacerdote:

Dios todopoderoso y eterno, que sin cesar concedes nuevos hijos a tu Iglesia, acrecienta la fe y el conocimiento a los (nuestros) catecúmenos, para que, renacidos en la fuente bautismal, los cuentes entre tus hijos de adopción. Por Jesucristo, nuestro Señor. R. **Amén.**

5. Por la unidad de los cristianos

Oremos también por todos los hermanos que creen en Cristo, para que Dios nuestro Señor se digne congregar y custodiar en la única Iglesia a quienes procuran vivir en la verdad.

Se ora un momento en silencio. Luego prosigue el sacerdote:

Dios todopoderoso y eterno, que reúnes a los que están dispersos y los mantienes en la unidad, mira benignamente la grey de tu Hijo, para que, a cuantos están consagrados por el único bautismo, también los una la integridad de la fe y los asocie el vínculo de la caridad. Por Jesucristo, nuestro Señor. R. **Amén.**

6. Por los judíos

Oremos también por los judíos, para que a quienes Dios nuestro Señor habló primero, les conceda progresar continuamente en el amor de su nombre y en la fidelidad a su alianza.

Se ora un momento en silencio. Luego prosigue el sacerdote:

Dios todopoderoso y eterno, que confiaste tus promesas a Abraham y a su descendencia, oye compasivo los ruegos de tu Iglesia, para que el pueblo que adquiriste primero como tuyo, merezca llegar a la plenitud de la redención. Por Jesucristo, nuestro Señor. R. **Amén.**

7. Por los que no creen en Cristo

Oremos también por los que no creen en Cristo, para que, iluminados por el Espíritu Santo, puedan ellos encontrar el camino de la salvación.

Se ora un momento en silencio. Luego prosigue el sacerdote:

Dios todopoderoso y eterno, concede a quienes no creen en Cristo, que, caminando en tu presencia con sinceridad de corazón, encuentren la verdad; y a nosotros concédenos crecer en el amor mutuo y en el deseo de comprender mejor los misterios de tu vida, a fin de que seamos testigos cada vez más auténticos de tu amor en el mundo. Por Jesucristo, nuestro Señor. R. **Amén.**

8. Por los que no creen en Dios

Oremos también por los que no conocen a Dios, para que, buscando con sinceridad lo que es recto, merezcan llegar hasta él.

Se ora un momento en silencio. Luego prosigue el sacerdote:

Dios todopoderoso y eterno, que creaste a todos los hombres para que deseándote te busquen, y para que al encontrarte descansen en ti; concédenos que, en medio de las dificultades de este mundo, al ver los signos de tu amor y el testimonio de las buenas obras de los creyentes, todos los hombres se alegren al confesarte como único Dios verdadero y Padre de todos. Por Jesucristo, nuestro Señor. R. **Amén.**

9. Por los gobernantes

Oremos también por todos los gobernantes de las naciones, para que Dios nuestro Señor guíe sus mentes y corazones, según su voluntad providente, hacia la paz verdadera y la libertad de todos.

Dios todopoderoso y eterno, en cuyas manos están los corazones de los hombres y los derechos de las naciones, mira con bondad a nuestros gobernantes, para que, con tu ayuda, se afiance en toda la tierra un auténtico progreso social, una paz duradera y una verdadera libertad religiosa. Por Jesucristo, nuestro Señor. R. **Amén.**

10. Por los que se encuentran en alguna tribulación

Oremos, hermanos muy queridos, a Dios Padre todopoderoso, para que libre al mundo de todos sus errores, aleje las enfermedades, alimente a los que tienen hambre, libere a los encarcelados y haga justicia a los oprimidos, conceda seguridad a los que viajan, un buen retorno a los que se hallan lejos del hogar, la salud a los enfermos y la salvación a los moribundos.

Se ora un momento en silencio. Luego prosigue el sacerdote:

Dios todopoderoso y eterno, consuelo de los afligidos y fortaleza de los que sufren, escucha a los que te invocan en su tribulación, para que todos experimenten en sus necesidades la alegría de tu misericordia. Por Jesucristo, nuestro Señor. R. **Amén.**

Segunda parte
ADORACIÓN DE LA SANTA CRUZ

PRESENTACIÓN DE LA SANTA CRUZ

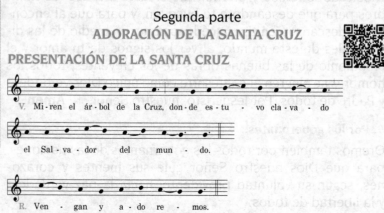

V. Miren el árbol de la Cruz, donde estuvo clavado el Salvador del mundo.

R. Vengan y adoremos.

V. Miren el árbol de la Cruz,
    donde estuvo clavado el Salvador del mundo.
R. **Vengan y adoremos.**

ADORACIÓN DE LA SANTA CRUZ

El sacerdote, el clero, los ministros laicos y los fieles se acercan procesionalmente y adoran la cruz, haciendo delante de ella una genuflexión simple o algún otro signo de veneración (como el de besarla), según la costumbre del lugar.

Cuando el sacerdote nos presenta la cruz para venerarla, recordemos las palabras de Jesús: "Así como Moisés levantó la serpiente de bronce en el desierto, así tiene que ser levantado el Hijo del hombre, para que todo el que crea, tenga por él la vida eterna" (Jn 3, 14).

CANTOS PARA LA ADORACIÓN DE LA SANTA CRUZ

ANTÍFONA

Tu Cruz adoramos, Señor,
tu santa resurrección alabamos y glorificamos,
pues del árbol de la Cruz
ha venido la alegría al mundo entero.

Cfr. Sal 66, 2

Que el Señor se apiade de nosotros y nos bendiga,
que nos muestre su rostro radiante y misericordioso.

Se repite la antífona: Tu Cruz…

Improperios

Las partes que corresponden al primer coro se indican con el número 1; las que corresponden al segundo con el número 2; las que deben cantarse juntamente por los dos coros, con los números 1 y 2. Algunos versos también pueden cantarse por dos cantores.

I

1 y 2. Pueblo mío, ¿qué mal te he causado,
       o en qué cosa te he ofendido? Respóndeme.

1. ¿Porque yo te saqué de Egipto,
    tú le has preparado una cruz a tu Salvador?

2. Pueblo mío, ¿qué mal te he causado,
   o en qué cosa te he ofendido? Respóndeme.

   1. Hágios o Theós.
   2. Santo Dios.
   1. Hágios Ischyrós.
   2. Santo fuerte.
   1. Hágios Athánatos, eléison himás.
   2. Santo inmortal, ten piedad de nosotros.

1 y 2. ¿Porque yo te guíe cuarenta años por el desierto,
       te alimenté con el maná y te introduje en una tierra fértil,
       tú le preparaste una cruz a tu Salvador?

       Hágios o Theós, etc.

1 y 2. ¿Qué más pude hacer, o qué dejé sin hacer por ti?
       Yo mismo te elegí y te planté, hermosa viña mía,
       pero tú te has vuelto áspera y amarga conmigo,
       porque en mi sed me diste de beber vinagre
       y has plantado una lanza en el costado a tu Salvador.

       Hágios o Theós, etc.

II

Se alternan los cantores (C) con la asamblea (1 y 2), que responde
con el estribillo.

C. Por ti yo azoté a Egipto y a sus primogénitos,
   y tú me has entregado para que me azoten.

1 y 2. R. **Pueblo mío, ¿qué mal te he causado,
       o en qué cosa te he ofendido? Respóndeme.**

C. Yo te saqué de Egipto y te libré del faraón en el Mar Rojo,
   y tú me has entregado a los sumos sacerdotes. 1 y 2. R.

C. Yo te abrí camino por el mar,
   y tú me has abierto el costado con tu lanza. 1 y 2. R.

C. Yo te serví de guía con una columna de nubes,
   y tú me has conducido al pretorio de Pilato. 1 y 2. R.

C. Yo te di de comer maná en el desierto,
y tú me has dado de bofetadas y azotes. 1 y 2. R.

C. Yo te di a beber el agua salvadora que brotó de la peña,
y tú me has dado a beber hiel y vinagre. 1 y 2. R.

C. Por ti yo herí a los reyes cananeos,
y tú, con una caña, me has herido en la cabeza. 1 y 2. R.

C. Yo puse en tus manos un cetro real,
y tú me has puesto en la cabeza
una corona de espinas. 1 y 2. R.

C. Yo te exalté con mi omnipotencia,
y tú me has hecho subir a la deshonra de la Cruz. 1 y 2. R.

Himno

Todos (T) dicen las estrofas en letra negrita, incluyendo R. 1 y R. 2. Los cantores (C) dicen las otras estrofas.

T. **Cruz amable y redentora,**
árbol noble, espléndido.
Ningún árbol fue tan rico,
ni en sus frutos ni en su flor.
Dulce leño, dulces clavos,
dulce el fruto que nos dio.

C. Canta, oh lengua jubilosa,
el combate singular
en que el Salvador del mundo,
inmolado en una cruz,
con su sangre redentora
a los hombres rescató.

R. 1. **Cruz amable y redentora,**
árbol noble, espléndido.
Ningún árbol fue tan rico,
ni en sus frutos ni en su flor.

C. Cuando Adán, movido a engaño,
comió el fruto del Edén,
el Creador, compadecido,
desde entonces decretó
que un árbol nos devolviera
lo que un árbol nos quitó.

R. 2. **Dulce leño, dulces clavos,**
dulce el fruto que nos dio.

C. Quiso, con sus propias armas,
vencer Dios al seductor,
la sabiduría a la astucia
fiero duelo le aceptó,
para hacer surgir la vida
donde la muerte brotó. R. 1.

10 de abril

167

C. Cuando el tiempo hubo llegado,
el Eterno nos envió
a su Hijo desde el cielo,
Dios eterno como él,
que en el seno de una Virgen
carne humana revistió. R. 2.

C. Hecho un niño está llorando,
de un pesebre en la estrechez.
En Belén, la Virgen madre
en pañales lo envolvió.
He allí al Dios potente,
pobre, débil, párvulo. R. 1.

C. Cuando el cuerpo
del Dios-Hombre
alcanzó su plenitud,
al tormento, libremente,
cual cordero, se entregó,
pues a ello vino al mundo
a morir en una cruz. R. 2.

C. Ya se enfrenta a las injurias,
a los golpes y al rencor,
ya la sangre está brotando
de la fuente de salud.

En qué río tan divino
se ha lavado la creación. R. 1.

C. Árbol santo, cruz excelsa,
tu dureza ablanda ya,
que tus ramas se dobleguen
al morir el Redentor
y en tu tronco suavizado,
lo sostengas con piedad. R. 2.

C. Feliz puerto preparaste
para el mundo náufrago
y el rescate presentaste
para nuestra redención,
pues la Sangre del Cordero
en tus brazos se ofrendó. R. 1.

Conclusión que nunca debe omitirse:

T. **Elevemos jubilosos
a la augusta Trinidad,
nuestra gratitud inmensa,
por su amor y redención,
al eterno Padre, al Hijo,
y al Espíritu de amor. Amén.**

Tercera parte
SAGRADA COMUNIÓN

Sacerdote:

Fieles a la recomendación del Salvador
y siguiendo su divina enseñanza,
nos atrevemos a decir:

El sacerdote, con las manos extendidas, dice junto con el pueblo:

**Padre nuestro, que estás en el cielo,
santificado sea tu nombre;
venga a nosotros tu reino;
hágase tu voluntad en la tierra como en el cielo.**

**Danos hoy nuestro pan de cada día;
perdona nuestras ofensas,
como también nosotros perdonamos
a los que nos ofenden;
no nos dejes caer en la tentación,
y líbranos del mal.**

El sacerdote, con las manos extendidas, prosigue él solo:

Líbranos de todos los males, Señor,
y concédenos la paz en nuestros días,
para que, ayudados por tu misericordia,
vivamos siempre libres de pecado
y protegidos de toda perturbación,
mientras esperamos la gloriosa venida
de nuestro Salvador Jesucristo.

El sacerdote junta las manos. El pueblo concluye la oración, aclamando:

**Tuyo es el reino,
tuyo el poder y la gloria, por siempre, Señor.**

A continuación el sacerdote, con las manos juntas, dice en secreto:

*Señor Jesucristo,
la comunión de tu Cuerpo
no sea para mí un motivo de juicio y condenación,
sino que, por tu piedad,
me aproveche para defensa de alma y cuerpo
y como remedio saludable.*

Enseguida hace genuflexión, toma una partícula, la mantiene un poco elevada sobre el copón, y dice con voz clara, de cara al pueblo:

Éste es el Cordero de Dios,
que quita el pecado del mundo.
Dichosos los invitados a la cena del Señor.

Y, juntamente con el pueblo, dice una sola vez:

**Señor, no soy digno de que entres en mi casa,
pero una palabra tuya bastará para sanarme.**

Y, vuelto hacia el altar, comulga reverentemente el Cuerpo de Cristo. Después distribuye la Comunión a los fieles. Durante la Comunión se puede cantar el salmo 21, u otro canto apropiado.

ORACIÓN DESPUÉS DE LA COMUNIÓN

Dios todopoderoso y eterno, que nos has redimido con la gloriosa muerte y resurrección de tu Hijo Jesucristo, prosigue en nosotros la obra de tu misericordia, para que, mediante nuestra participación en este misterio, permanezcamos dedicados a tu servicio. Por Jesucristo, nuestro Señor. R. **Amén.**

ORACIÓN SOBRE EL PUEBLO

Envía, Señor, sobre este pueblo tuyo, que ha conmemorado la muerte de tu Hijo, en espera de su resurrección, la abundancia de tu bendición; llegue a él tu perdón, reciba tu consuelo, se acreciente su fe santa y se consolide su eterna redención. Por Jesucristo, nuestro Señor. R. **Amén.**

**POR OBEDIENCIA
Y AMOR,
JESÚS ACEPTÓ UNA
MUERTE DE CRUZ**

Cuando Pedro cortó la oreja de Malco, Jesús lo reprendió, diciendo: "Mete la espada en la vaina. ¿No voy a beber el cáliz que me ha dado mi Padre?".

**Que el Señor
nos dé la fuerza
para vivir y morir unidos a él.**

Tiempo Pascual

Para la celebración de la Pascua, la Iglesia siempre ha seguido la fecha evangélica, el día 14 de nisán, el primer mes del calendario hebreo, que tiene como base el ciclo lunar. Celebramos la Pascua el primer domingo después de la primera luna llena de primavera; de ahí la movilidad de la fecha, pudiendo tener hasta una diferencia de un mes de un año a otro.

La fiesta de la Pascua, que es la más grande para nosotros los cristianos, dura cincuenta días, hasta del Domingo de Pentecostés; es la Cincuentena pascual. Según las normas del calendario litúrgico, se han de celebrar "con alegría y júbilo, como si se tratara de un solo y único día festivo, como 'un gran domingo' " (san Atanasio). Son los días más apropiados para el canto del *Aleluya*, que es un canto de fe, entusiasmo y gozo. Aleluya significa "alaben al Señor".

Al concluir el Tiempo Pascual, en Pentecostés, se forma como un gran arco, con dos puntos de apoyo: los hechos salvíficos de la Pascua, es decir, la pasión, muerte y resurrección de Jesús, como inicio, y el don del Espíritu Santo como aliento y vida, que impulsa a la Iglesia al anuncio del Evangelio, como conclusión.

12 de abril

Domingo de Pascua de la Resurrección del Señor
(Vigilia Pascual en la noche santa)
(Blanco)

¿Por qué nos reunimos en la noche?

Tratamos de buscar a Dios y la noche se presta. Nos ofrece recogimiento, tiene un atractivo especial para aquellos que quieren hablar con Dios. Es la hora en que el corazón vela esperando a su Señor.

Por otro lado, Jesucristo resucitó en la noche, a una hora en que nadie esperaba. Pero esta noche es la noche más importante para el mundo. Nosotros vivimos en una noche permanente. Noche de duda, noche de pecado, noche de falta de fe, noche de decepciones, de amores que no son fieles. En medio de esta noche nuestra, que es la "hora del poder de las tinieblas", resucitó Jesucristo, nuestra luz.

En esta noche acogemos en nuestro corazón:
a Cristo, nuestra única LUZ,
a Cristo, la PALABRA DE DIOS,
a Cristo, que es la VIDA,
a Cristo, que es el PAN y el VINO, alimento para el camino.

SOLEMNE INICIO DE LA VIGILIA, O "LUCERNARIO"

BENDICIÓN DEL FUEGO Y PREPARACIÓN DEL CIRIO

El sacerdote saluda, como de costumbre, al pueblo congregado y le hace una breve exhortación, con estas palabras u otras semejantes:

Hermanos: En esta noche santa, en que nuestro Señor Jesucristo pasó de la muerte a la vida, la Iglesia invita a todos sus hijos, diseminados por el mundo, a que se reúnan para velar en oración. Conmemoremos, pues, juntos, la Pascua del Señor, escuchando su palabra y participando en sus sacramentos, con la esperanza cierta de participar también en su triunfo sobre la muerte y de vivir con él para siempre en Dios.

El fuego nuevo puede ser pequeño (en el interior de la iglesia) o imponente (en el atrio). En el segundo caso convendría que este momento se pareciera a una reunión popular, como a una fogata de campamento.

El fuego nuevo que brilla en medio de la oscuridad no debe distraer nuestra atención del símbolo principal, que es el cirio pascual.

Oremos.
Dios nuestro, que por medio de tu Hijo comunicaste a tus fieles el fuego de tu luz, santifica ✠ este fuego nuevo y concédenos que, al celebrar estas fiestas pascuales, se encienda en nosotros el deseo de las cosas celestiales, para que podamos llegar con un espíritu renovado a las fiestas de la eterna claridad. Por Jesucristo, nuestro Señor. R. **Amén.**

Una vez bendecido el fuego nuevo, uno de los ministros lleva el cirio pascual ante el celebrante. Éste, con un punzón, graba una cruz en el cirio. Después, traza sobre él la letra griega Alfa y, debajo, la letra Omega; entre los brazos de la cruz traza los cuatro números del año en curso, mientras dice:

12 de abril

Cristo ayer y hoy,
Principio y fin, Alfa y Omega.
Suyo es el tiempo y la eternidad.
A él la gloria y el poder,
por los siglos de los siglos. Amén.

Por sus santas llagas gloriosas,
nos proteja y nos guarde
Jesucristo, nuestro Señor. Amén.

Que la luz de Cristo, resucitado y glorioso,
disipe las tinieblas de nuestro corazón
y de nuestro espíritu.

PROCESIÓN

La llama que avanza por en medio de la iglesia oscura, va iluminando progresivamente las cosas y las personas. De igual manera, Jesucristo, desde su resurrección en medio del silencio, no ha dejado de penetrar en el mundo para transfigurarlo.

El diácono, elevando el cirio, canta:

V. Luz de Cris - to.

Y todos responden:

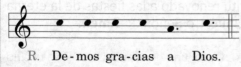

R. De - mos gra - cias a Dios.

Esto se canta en tres ocasiones. Después de la segunda vez, todos se comunican el fuego del cirio pascual, que es la luz de Cristo. Nos comunicamos unos a otros la fe y la esperanza. Todos participamos en la obra de la luz. Todos participamos en la única resurrección, que es la de Cristo.

Vigilia Pascual

A continuación el diácono pone el cirio pascual en el candelabro que está preparado en el presbiterio.

PREGÓN PASCUAL

El diácono (o algún otro ministro) proclama la alegría del mundo renovado: alegría para todos, aun para aquellos que están afligidos.

Alégrense, por fin, los coros de los ángeles, alégrense las jerarquías del cielo y, por la victoria de rey tan poderoso, que las trompetas anuncien la salvación.

Goce también la tierra, inundada de tanta claridad, y que, radiante con el fulgor del rey eterno, se sienta libre de la tiniebla que cubría el orbe entero.

Alégrese también nuestra madre la Iglesia, revestida de luz tan brillante; resuene este recinto con las aclamaciones del pueblo.

(Por eso, queridos hermanos, que asisten a la admirable claridad de esta luz santa, invoquen conmigo la misericordia de Dios omnipotente, para que aquel que, sin mérito mío, me agregó al número de los ministros, complete mi alabanza a este cirio, infundiendo el resplandor de su luz).

(V. El Señor esté con ustedes.
R. Y con tu espíritu).
V. Levantemos el corazón.
R. Lo tenemos levantado hacia el Señor.
V. Demos gracias al Señor, nuestro Dios.
R. Es justo y necesario.

En verdad es justo y necesario aclamar con nuestras voces y con todo el afecto del corazón, a Dios invisible, el Padre todopoderoso, y a su Hijo único, nuestro Señor Jesucristo.

Porque él ha pagado por nosotros al eterno Padre la deuda de Adán, y ha borrado con su sangre inmaculada la condena del antiguo pecado.

Porque éstas son las fiestas de Pascua, en las que se inmola el verdadero Cordero, cuya sangre consagra las puertas de los fieles.

Ésta es la noche en que sacaste de Egipto a los israelitas, nuestros padres, y los hiciste pasar a pie, sin mojarse, el Mar Rojo.

Ésta es la noche en que la columna de fuego esclareció las tinieblas del pecado.

Ésta es la noche que a todos los que creen en Cristo, por toda la tierra, los arranca de los vicios del mundo y de la oscuridad del pecado, los restituye a la gracia y los agrega a los santos.

Ésta es la noche en que, rotas las cadenas de la muerte, Cristo asciende victorioso del abismo.

¿De qué nos serviría haber nacido si no hubiéramos sido rescatados? ¡Qué asombroso beneficio de tu amor por nosotros! ¡Qué incomparable ternura y caridad! ¡Para rescatar al esclavo entregaste al Hijo!

Necesario fue el pecado de Adán, que ha sido borrado por la muerte de Cristo. ¡Feliz la culpa que mereció tal Redentor!

¡Qué noche tan dichosa! Sólo ella conoció el momento en que Cristo resucitó del abismo.

Ésta es la noche de la que estaba escrito: "Será la noche clara como el día, la noche iluminada por mi gozo".

Y así, esta noche santa ahuyenta los pecados, lava las culpas, devuelve la inocencia a los caídos, la alegría a los tristes, expulsa el odio, trae la concordia, doblega a los poderosos.

En esta noche de gracia, acepta, Padre santo, el sacrificio vespertino de alabanza, que la santa Iglesia te ofrece en la solemne ofrenda de este cirio, obra de las abejas.

Sabemos ya lo que anuncia esta columna de fuego, que arde en llama viva para la gloria de Dios. Y aunque distribuye su luz, no mengua al repartirla, porque se alimenta de cera fundida que elaboró la abeja fecunda para hacer esta lámpara preciosa.

¡Qué noche tan dichosa, en que se une el cielo con la tierra, lo humano con lo divino!

Te rogamos, Señor, que este cirio consagrado a tu nombre para destruir la oscuridad de esta noche, arda sin apagarse y, aceptado como perfume, se asocie a las lumbreras del cielo. Que el lucero matinal lo encuentre ardiendo, ese lucero que no conoce ocaso, Jesucristo, tu Hijo, que volviendo del abismo, brilla sereno para el linaje humano y vive y reina por los siglos de los siglos. R. **Amén.**

Segunda parte

LITURGIA DE LA PALABRA

A la luz de Cristo, simbolizado por el cirio pascual, escuchemos los relatos de las intervenciones de Dios en la historia de su pueblo. Es una historia que preparaba el camino de aquel que vino a salvarnos a todos.

Todos apagan sus velas y se sientan. Antes de las lecturas, el sacerdote dice:

Hermanos, habiendo iniciado solemnemente la Vigilia Pascual, escuchemos con recogimiento la Palabra de Dios. Meditemos cómo, en la antigua alianza, Dios salvó a su pueblo y en la plenitud de los tiempos, envió al mundo a su Hijo para que nos redimiera.

Oremos para que Dios lleve a su plenitud la obra de la redención realizada por el misterio pascual.

LECTURAS DEL ANTIGUO TESTAMENTO

Donde lo pidan circunstancias pastorales verdaderamente graves, puede reducirse el número de lecturas del Antiguo Testamento, que por lo menos han de ser tres. Aun en este caso, nunca se omita la tercera lectura, tomada del Éxodo, sobre el paso del Mar Rojo.

Todas las cosas que hizo Dios al principio de la creación eran muy buenas. Y el hombre, hecho a imagen y semejanza de Dios, fue la obra cumbre del Señor. Pero la desobediencia del hombre lo despojó de la grandeza que el Creador le había concedido. Entonces Dios inventó algo más maravilloso todavía: la redención o "re-creación" por medio de su Hijo, Jesucristo, que se hizo hombre, murió y resucitó por todos nosotros.

Del libro del Génesis
1, 1–2, 2

En el principio creó Dios el cielo y la tierra. La tierra era soledad y caos; y las tinieblas cubrían la faz del abismo. El espíritu de Dios se movía sobre la superficie de las aguas.

Dijo Dios: "Que exista la luz", y la luz existió. Vio Dios que la luz era buena, y separó la luz de las tinieblas. Llamó a la luz "día" y a las tinieblas, "noche". Fue la tarde y la mañana del primer día.

Dijo Dios: "Que haya una bóveda entre las aguas, que separe unas aguas de otras". E hizo Dios una bóveda y separó con ella las aguas de arriba, de las aguas de abajo. Y así fue. Llamó Dios a la bóveda "cielo". Fue la tarde y la mañana del segundo día.

Dijo Dios: "Que se junten las aguas de debajo del cielo en un solo lugar y que aparezca el suelo seco". Y así fue. Llamó Dios "tierra" al suelo seco y "mar" a la masa de las aguas. Y vio Dios que era bueno.

Dijo Dios: "Verdee la tierra con plantas que den semilla y árboles que den fruto y semilla, según su especie, sobre la tierra". Y así fue. Brotó de la tierra hierba verde, que producía semilla, según su especie, y árboles que daban fruto y llevaban semilla, según su especie. Y vio Dios que era bueno. Fue la tarde y la mañana del tercer día.

Vigilia Pascual

Dijo Dios: "Que haya lumbreras en la bóveda del cielo, que separen el día de la noche, señalen las estaciones, los días y los años, y luzcan en la bóveda del cielo para iluminar la tierra". Y así fue. Hizo Dios las dos grandes lumbreras: la lumbrera mayor para regir el día y la menor, para regir la noche; y también hizo las estrellas. Dios puso las lumbreras en la bóveda del cielo para iluminar la tierra, para regir el día y la noche, y separar la luz de las tinieblas. Y vio Dios que era bueno. Fue la tarde y la mañana del cuarto día.

Dijo Dios: "Agítense las aguas con un hervidero de seres vivientes y revoloteen sobre la tierra las aves, bajo la bóveda del cielo". Creó Dios los grandes animales marinos y los vivientes que en el agua se deslizan y la pueblan, según su especie. Creó también el mundo de las aves, según sus especies. Vio Dios que era bueno y los bendijo, diciendo: "Sean fecundos y multiplíquense; llenen las aguas del mar; que las aves se multipliquen en la tierra". Fue la tarde y la mañana del quinto día.

Dijo Dios: "Produzca la tierra vivientes, según sus especies: animales domésticos, reptiles y fieras, según sus especies". Y así fue. Hizo Dios las fieras, los animales domésticos y los reptiles, cada uno según su especie. Y vio Dios que era bueno.

Dijo Dios: "Hagamos al hombre a nuestra imagen y semejanza; que domine a los peces del mar, a las aves del cielo, a los animales domésticos y a todo animal que se arrastra sobre la tierra".

Y creó Dios al hombre a su imagen;
a imagen suya lo creó;
hombre y mujer los creó.

Y los bendijo Dios y les dijo: "Sean fecundos y multiplíquense, llenen la tierra y sométanla; dominen a los peces del mar, a las aves del cielo y a todo ser viviente que se mueve sobre la tierra".

Y dijo Dios: "He aquí que les entrego todas las plantas de semilla que hay sobre la faz de la tierra, y todos los árboles que producen fruto y semilla, para que les sirvan de alimento. Y a todas las fieras de la tierra, a todas las aves del cielo, a todos los reptiles de la tierra, a todos los seres que respiran, también les doy por alimento las verdes plantas". Y así fue. Vio Dios todo lo que había hecho y lo encontró muy bueno. Fue la tarde y la mañana del sexto día.

Así quedaron concluidos el cielo y la tierra con todos sus ornamentos, y terminada su obra, descansó Dios el séptimo día de todo cuanto había hecho.

Palabra de Dios.   R. **Te alabamos, Señor.**

SALMO RESPONSORIAL
Del salmo 32

F. Nieto, B.P. 2000

La tie - rra lle - na es - tá de tus bon - da - des.

R.   **La tierra llena está de tus bondades.**

Sincera es la palabra del Señor
y todas sus acciones son leales.
Él ama la justicia y el derecho,
la tierra llena está de sus bondades. R.

    La palabra del Señor hizo los cielos
y su aliento, los astros.
Los mares encerró como en un odre
y como en una presa, los océanos. R.

    Feliz la nación cuyo Dios es el Señor;
dichoso el pueblo que escogió por suyo.
Desde el cielo el Señor, atentamente,
mira a todos los hombres. R.

Vigilia Pascual

En el Señor está nuestra esperanza,
pues él es nuestra ayuda y nuestro amparo.
Muéstrate bondadoso con nosotros,
puesto que en ti, Señor, hemos confiado. R.

En lugar del salmo 32 se puede utilizar el salmo 103 con su respuesta correspondiente, tal como aparece en el Leccionario.

ORACIÓN

Oremos. Dios todopoderoso y eterno, que en todas las obras de tu amor te muestras admirable, concede a quienes has redimido, comprender que el sacrificio de Cristo, nuestra Pascua, en la plenitud de los tiempos, es una obra más maravillosa todavía que la misma creación del mundo. Por Jesucristo, nuestro Señor. R. **Amén.**

SEGUNDA LECTURA

Se puede decir que Abraham es una profecía de la acción de Dios, quien, "para rescatar al esclavo, entregó a su Hijo". El Señor había prometido a Abraham una numerosa descendencia, nacida de su hijo único, Isaac. Pero el Señor quiso probar la fe de Abraham y le ordenó sacrificar a su hijo. Abraham no dudó en sacrificarlo, como Dios se lo ordenaba, pero el mismo Dios intervino para impedir la muerte de Isaac. En esta forma, Abraham es "padre de nuestra fe" y su hijo, Isaac, representa a Cristo, que muere y resucita por nosotros.

Del libro del Génesis
22, 1-18

En aquel tiempo, Dios le puso una prueba a Abraham y le dijo: "¡Abraham, Abraham!". Él respondió: "Aquí estoy". Y Dios le dijo: "Toma a tu hijo único, Isaac, a quien tanto amas; vete a la región de Moria y ofrécemelo en sacrificio, en el monte que yo te indicaré".

Abraham madrugó, aparejó su burro, tomó consigo a dos de sus criados y a su hijo Isaac; cortó leña para el sacrificio y se encaminó al lugar que Dios le había indicado. Al tercer día divisó a lo lejos el lugar. Les dijo entonces a sus criados: "Quédense aquí con el burro; yo iré con el muchacho hasta allá, para adorar a Dios y después regresaremos".

Abraham tomó la leña para el sacrificio, se la cargó a su hijo Isaac y tomó en su mano el fuego y el cuchillo. Los dos caminaban juntos. Isaac dijo a su padre Abraham: "¡Padre!". Él respondió: "¿Qué quieres, hijo?". El muchacho contestó: "Ya tenemos fuego y leña, pero, ¿dónde está el cordero para el sacrificio?". Abraham le contestó: "Dios nos dará el cordero para el sacrificio, hijo mío". Y siguieron caminando juntos.

Cuando llegaron al sitio que Dios le había señalado, Abraham levantó un altar y acomodó la leña. Luego ató a su hijo Isaac, lo puso sobre el altar, encima de la leña, y tomó el cuchillo para degollarlo.

Pero el ángel del Señor lo llamó desde el cielo y le dijo: "¡Abraham, Abraham!". Él contestó: "Aquí estoy". El ángel le dijo: "No descargues la mano contra tu hijo, ni le hagas daño. Ya veo que temes a Dios, porque no le has negado a tu hijo único". Abraham levantó los ojos y vio un carnero, enredado por los cuernos en la maleza. Atrapó el carnero y lo ofreció en sacrificio en lugar de su hijo. Abraham puso por nombre a aquel sitio "el Señor provee", por lo que aun el día de hoy se dice: "el monte donde el Señor provee".

El ángel del Señor volvió a llamar a Abraham desde el cielo y le dijo: "Juro por mí mismo, dice el Señor, que por haber hecho esto y no haberme negado a tu hijo único, yo te bendeciré y multiplicaré tu descendencia como las estrellas del cielo y las arenas del mar. Tus descendientes conquistarán las ciudades enemigas. En tu descendencia serán bendecidos todos los pueblos de la tierra, porque obedeciste a mis palabras".

Palabra de Dios.   R. **Te alabamos**, **Señor.**

SALMO RESPONSORIAL
Del salmo 15

B. Carrillo B.P. 1525

Pro - té - ge - me, Se - ñor, por - que me re - fu - gio_en ti.

R. **Protégeme, Dios mío, porque me refugio en ti.**

El Señor es la parte que me ha tocado en herencia:
mi vida está en sus manos.
Tengo siempre presente al Señor
y con él a mi lado, jamás tropezaré. R.

Por eso se me alegran el corazón y el alma
y mi cuerpo vivirá tranquilo,
porque tú no me abandonarás a la muerte,
ni dejarás que sufra yo la corrupción. R.

Enséñame el camino de la vida,
sáciame de gozo en tu presencia
y de alegría perpetua junto a ti. R.

ORACIÓN

Oremos. Dios nuestro, excelso Padre de los creyentes, que por medio de la gracia de la adopción y por el misterio pascual sigues cumpliendo la promesa hecha a Abraham de multiplicar su descendencia por toda la tierra y de hacerlo el padre de todas las naciones, concede a tu pueblo responder dignamente a la gracia de tu llamada. Por Jesucristo, nuestro Señor. R. **Amén.**

12 de abril

Los israelitas salen de Egipto y cruzan el Mar Rojo: éste es el nacimiento del pueblo de Israel y un símbolo del pueblo cristiano. Los egipcios perseguidores, que se hunden en las aguas del mar, y los israelitas liberados, son una de las maravillas que el Señor ha hecho por su pueblo. El agua del Mar Rojo prefigura el agua del Bautismo. Y el pueblo que cruza las aguas del mar simboliza al pueblo cristiano, que, por medio del bautismo en el agua, queda libre del pecado y de la muerte, por la victoria de Cristo.

Del libro del Éxodo
14, 15–15, 1

En aquellos días, dijo el Señor a Moisés: "¿Por qué sigues clamando a mí? Diles a los israelitas que se pongan en marcha. Y tú, alza tu bastón, extiende tu mano sobre el mar y divídelo, para que los israelitas entren en el mar sin mojarse. Yo voy a endurecer el corazón de los egipcios para que los persigan, y me cubriré de gloria a expensas del faraón y de todo su ejército, de sus carros y jinetes. Cuando me haya cubierto de gloria a expensas del faraón, de sus carros y jinetes, los egipcios sabrán que yo soy el Señor".

El ángel del Señor, que iba al frente de las huestes de Israel, se colocó tras ellas. Y la columna de nubes que iba adelante, también se desplazó y se puso a sus espaldas, entre el campamento de los israelitas y el campamento de los egipcios. La nube era tinieblas para unos y claridad para otros, y así los ejércitos no trabaron contacto durante toda la noche.

Moisés extendió la mano sobre el mar, y el Señor hizo soplar durante toda la noche un fuerte viento del este, que secó el mar, y dividió las aguas. Los israelitas entraron en el mar y no se mojaban, mientras las aguas formaban una muralla a su derecha y a su izquierda. Los egipcios se lanzaron en su persecución y toda la caballería del faraón, sus carros y jinetes, entraron tras ellos en el mar.

Hacia el amanecer, el Señor miró desde la columna de fuego y humo al ejército de los egipcios y sembró entre ellos el pánico. Trabó las ruedas de sus carros, de suerte que no avanzaban sino pesadamente. Dijeron entonces los egipcios: "Huyamos de Israel, porque el Señor lucha en su favor contra Egipto".

Entonces el Señor le dijo a Moisés: "Extiende tu mano sobre el mar, para que vuelvan las aguas sobre los egipcios, sus carros y sus jinetes". Y extendió Moisés su mano sobre el mar, y al amanecer, las aguas volvieron a su sitio, de suerte que al huir, los egipcios se encontraron con ellas, y el Señor los derribó en medio del mar. Volvieron las aguas y cubrieron los carros, a los jinetes y a todo el ejército del faraón, que se había metido en el mar para perseguir a Israel. Ni uno solo se salvó.

Pero los hijos de Israel caminaban por lo seco en medio del mar. Las aguas les hacían muralla a derecha e izquierda. Aquel día salvó el Señor a Israel de las manos de Egipto. Israel vio a los egipcios, muertos en la orilla del mar. Israel vio la mano fuerte del Señor sobre los egipcios, y el pueblo temió al Señor y creyó en el Señor y en Moisés, su siervo. Entonces Moisés y los hijos de Israel cantaron este cántico al Señor:

SALMO RESPONSORIAL
Éxodo 15

B. Carrillo B.P. 1526

A - la - be - mos al Se - ñor por su vic - to - ria.

R. **Alabemos al Señor por su victoria.**

Cantemos al Señor, sublime es su victoria:
caballos y jinetes arrojó en el mar.
Mi fortaleza y mi canto es el Señor,
él es mi salvación;
él es mi Dios, y yo lo alabaré,
es el Dios de mis padres, y yo le cantaré. R.

[R. **Alabemos al Señor por su victoria.**]

El Señor es un guerrero, su nombre es el Señor.
Precipitó en el mar los carros del faraón
y a sus guerreros;
ahogó en el Mar Rojo a sus mejores capitanes. R.

Las olas los cubrieron,
cayeron hasta el fondo, como piedras.
Señor, tu diestra brilla por su fuerza,
tu diestra, Señor, tritura al enemigo. R.

Tú llevas a tu pueblo
para plantarlo en el monte que le diste en herencia,
en el lugar que convertiste en tu morada,
en el santuario que construyeron tus manos.
Tú, Señor, reinarás para siempre. R.

ORACIÓN

Oremos. Dios nuestro, que manifestaste a la luz del Nuevo
Testamento el sentido profundo de los prodigios realizados
en los tiempos antiguos, dejándonos ver en el paso del Mar
Rojo, una imagen del bautismo y en el pueblo liberado de la
esclavitud, un anuncio de los sacramentos del pueblo cristiano, haz que todos los hombres, mediante la fe, participen
del privilegio del pueblo elegido y sean regenerados por la
acción santificadora de tu Espíritu. Por Jesucristo, nuestro
Señor. R. **Amén.**

CUARTA LECTURA

Las lecturas anteriores han descrito la acción salvadora de Dios
con su pueblo. Ahora vamos a responder a Dios con nuestra propia historia. Los profetas nos invitan a aceptar la salvación que
Dios nos ofrece, es decir, a convertirnos. Esta lectura nos recuerda que el Señor, a pesar de nuestras infidelidades, está dispuesto
a recibirnos y a renovar su amor por nosotros.

Del libro del profeta Isaías
54, 5-14

" El que te creó, te tomará por esposa;
su nombre es 'Señor de los ejércitos'.
Tu redentor es el Santo de Israel;
será llamado 'Dios de toda la tierra'.
Como a una mujer abandonada y abatida
te vuelve a llamar el Señor.
¿Acaso repudia uno a la esposa de la juventud?,
dice tu Dios.

Por un instante te abandoné,
pero con inmensa misericordia te volveré a tomar.
En un arrebato de ira
te oculté un instante mi rostro,
pero con amor eterno me he apiadado de ti,
dice el Señor, tu redentor.

Me pasa ahora como en los días de Noé:
entonces juré que las aguas del diluvio
no volverían a cubrir la tierra;
ahora juro no enojarme ya contra ti
ni volver a amenazarte.
Podrán desaparecer los montes
y hundirse las colinas,
pero mi amor por ti no desaparecerá
y mi alianza de paz quedará firme para siempre.
Lo dice el Señor, el que se apiada de ti.

Tú, la afligida, la zarandeada por la tempestad,
la no consolada:
He aquí que yo mismo coloco tus piedras sobre piedras finas,
tus cimientos sobre zafiros;
te pondré almenas de rubí
y puertas de esmeralda
y murallas de piedras preciosas.

Todos tus hijos serán discípulos del Señor,
y será grande su prosperidad.

Serás consolidada en la justicia.
Destierra la angustia,
pues ya nada tienes que temer;
olvida tu miedo,
porque ya no se acercará a ti".

Palabra de Dios.   R. **Te alabamos, Señor.**

SALMO RESPONSORIAL
Del salmo 29

B. Carrillo B.P. 1527

Te_a - la - ba - ré,   Se - ñor,   e - ter - na - men - te.

R.   **Te alabaré, Señor, eternamente.**

Te alabaré, Señor, pues no dejaste
que se rieran de mí mis enemigos.
Tú, Señor, me salvaste de la muerte
y a punto de morir, me reviviste. R.

    Alaben al Señor quienes lo aman,
den gracias a su nombre,
porque su ira dura un solo instante
y su bondad, toda la vida.
El llanto nos visita por la tarde;
por la mañana, el júbilo. R.

    Escúchame, Señor, y compadécete;
Señor, ven en mi ayuda.
Convertiste mi duelo en alegría,
te alabaré por eso eternamente. R.

ORACIÓN

Oremos. Dios todopoderoso y eterno, multiplica, en honor a
tu nombre, cuanto prometiste a nuestros padres en la fe y
acrecienta la descendencia por ti prometida mediante la santa adopción filial, para que aquello que los antiguos patriarcas no dudaron que habría de acontecer, tu Iglesia advierta

Vigilia Pascual

que ya está en gran parte cumplido. Por Jesucristo, nuestro Señor. R. **Amén.**

QUINTA LECTURA

En esta noche santa nacen en el seno de la Iglesia nuevos cristianos. También nosotros, que hemos seguido a Cristo, renovaremos las promesas de nuestro Bautismo y nos propondremos vivir con valor la vida cristiana. A los nuevos cristianos y a los que vamos a renovar las promesas del Bautismo, el profeta nos describe el camino y las riquezas de la salvación.

Del libro del profeta Isaías
55, 1-11

Esto dice el Señor:
"Todos ustedes, los que tienen sed, vengan por agua;
y los que no tienen dinero,
vengan, tomen trigo y coman;
tomen vino y leche sin pagar.
¿Por qué gastar el dinero en lo que no es pan
y el salario, en lo que no alimenta?

Escúchenme atentos y comerán bien,
saborearán platillos sustanciosos.
Préstenme atención, vengan a mí,
escúchenme y vivirán.

Sellaré con ustedes una alianza perpetua,
cumpliré las promesas que hice a David.
Como a él lo puse por testigo ante los pueblos,
como príncipe y soberano de las naciones,
así tú reunirás a un pueblo desconocido,
y las naciones que no te conocían acudirán a ti,
por amor del Señor, tu Dios,
por el Santo de Israel, que te ha honrado.

Busquen al Señor mientras lo pueden encontrar,
invóquenlo mientras está cerca;
que el malvado abandone su camino,

y el criminal, sus planes;
que regrese al Señor, y él tendrá piedad;
a nuestro Dios, que es rico en perdón.

Mis pensamientos no son los pensamientos de ustedes,
sus caminos no son mis caminos.
Porque así como aventajan los cielos a la tierra,
así aventajan mis caminos a los de ustedes
y mis pensamientos a sus pensamientos.

Como bajan del cielo la lluvia y la nieve
y no vuelven allá, sino después de empapar la tierra,
de fecundarla y hacerla germinar,
a fin de que dé semilla para sembrar y pan para comer,
así será la palabra que sale de mi boca:
no volverá a mí sin resultado,
sino que hará mi voluntad
y cumplirá su misión".

Palabra de Dios.   R. **Te alabamos, Señor.**

SALMO RESPONSORIAL
Isaías 12

B. Carrillo B.P. 1528

El Se - ñor es mi Dios y mi sal - va - dor.

R. **El Señor es mi Dios y salvador.**

El Señor es mi Dios y salvador,
con él estoy seguro y nada temo.
El Señor es mi protección y mi fuerza
y ha sido mi salvación.
Sacarán agua con gozo
de la fuente de salvación. R.

Den gracias al Señor,
invoquen su nombre,
cuenten a los pueblos sus hazañas,
proclamen que su nombre es sublime. R.

Alaben al Señor por sus proezas,
anúncienlas a toda la tierra.
Griten jubilosos, habitantes de Sión,
porque el Dios de Israel
ha sido grande con ustedes. R.

ORACIÓN

Oremos. Dios todopoderoso y eterno, única esperanza del
mundo, tú que anunciaste, por voz de los profetas, los misterios que estamos celebrando esta noche, multiplica en el
corazón de tu pueblo los santos propósitos porque no podría
ningún santo anhelo alcanzar crecimiento sin el impulso que
procede de ti. Por Jesucristo, nuestro Señor. R. **Amén.**

SEXTA LECTURA

Con frecuencia nos sentimos decepcionados de nuestra propia
vida, porque no hemos seguido el camino que nos habíamos pro-
puesto, ni nos hemos entregado al Señor, como lo intentábamos.
¿Quizá nos hemos dejado cautivar por otra clase de sabiduría,
diferente de la del Evangelio?… ¡No dejemos que unos ideales,
contrarios al Evangelio, influyan en nosotros y nos dominen!

Del libro del profeta Baruc
3, 9-15. 32—4, 4

Escucha, Israel, los mandatos de vida,
presta oído para que adquieras prudencia.
¿A qué se debe, Israel, que estés aún en país enemigo,
que envejezcas en tierra extranjera,
que te hayas contaminado por el trato con los muertos,
que te veas contado entre los que descienden al abismo?
 Es que abandonaste la fuente de la sabiduría.
Si hubieras seguido los senderos de Dios,
habitarías en paz eternamente.
 Aprende dónde están la prudencia,
la inteligencia y la energía,

así aprenderás dónde se encuentra el secreto
de vivir larga vida,
y dónde la luz de los ojos y la paz.
¿Quién es el que halló el lugar de la sabiduría
y tuvo acceso a sus tesoros?
El que todo lo sabe, la conoce;
con su inteligencia la ha escudriñado.
El que cimentó la tierra para todos los tiempos,
y la pobló de animales cuadrúpedos;
el que envía la luz, y ella va,
la llama, y temblorosa le obedece;
llama a los astros, que brillan jubilosos
en sus puestos de guardia,
y ellos le responden: "Aquí estamos",
y refulgen gozosos para aquel que los hizo.
Él es nuestro Dios
y no hay otro como él;
él ha escudriñado los caminos de la sabiduría
y se la dio a su hijo Jacob,
a Israel, su predilecto.
Después de esto, ella apareció en el mundo
y convivió con los hombres.

La sabiduría es el libro de los mandatos de Dios,
la ley de validez eterna;
los que la guardan, vivirán,
los que la abandonan, morirán.

Vuélvete a ella, Jacob, y abrázala;
camina hacia la claridad de su luz;
no entregues a otros tu gloria,
ni tu dignidad a un pueblo extranjero.
Bienaventurados nosotros, Israel,
porque lo que agrada al Señor
nos ha sido revelado.

Palabra de Dios.   R. **Te alabamos, Señor.**

Del salmo 18

B. Carrillo B.P. 1529

R. **Tú tienes, Señor, palabras de vida eterna.**

La ley del Señor es perfecta del todo
y reconforta el alma;
inmutables son las palabras del Señor
y hacen sabio al sencillo. R.

En los mandamientos del Señor hay rectitud
y alegría para el corazón;
son luz los preceptos del Señor
para alumbrar el camino. R.

La voluntad de Dios es santa
y para siempre estable;
los mandatos del Señor son verdaderos
y enteramente justos. R.

Más deseables que el oro y las piedras preciosas,
las normas del Señor,
y más dulces que la miel
de un panal que gotea. R.

ORACIÓN

Oremos. Dios nuestro, que haces crecer continuamente a tu
Iglesia con hijos llamados de todos los pueblos, dígnate proteger siempre con tu gracia a quienes has purificado con el
agua del bautismo. Por Jesucristo, nuestro Señor. R. **Amén.**

12 de abril

El pueblo de Israel estaba desterrado en Babilonia, pero el Señor le anunció la liberación. Las palabras del profeta se realizan más plenamente en nosotros: el Señor nos purifica por medio del Bautismo y de nuestros sacrificios cuaresmales, por medio de su Espíritu, en la Confirmación, y por medio de nuestra unión con la Iglesia, Pueblo de Dios.

Del libro del profeta Ezequiel
36, 16-28

En aquel tiempo, me fue dirigida la palabra del Señor en estos términos: "Hijo de hombre, cuando los de la casa de Israel habitaban en su tierra, la mancharon con su conducta y con sus obras; como inmundicia fue su proceder ante mis ojos. Entonces descargué mi furor contra ellos, por la sangre que habían derramado en el país y por haberlo profanado con sus idolatrías. Los dispersé entre las naciones y anduvieron errantes por todas las tierras. Los juzgué según su conducta, según sus acciones los sentencié. Y en las naciones a las que se fueron, desacreditaron mi santo nombre, haciendo que de ellos se dijera: 'Éste es el pueblo del Señor, y ha tenido que salir de su tierra'.

Pero, por mi santo nombre, que la casa de Israel profanó entre las naciones a donde llegó, me he compadecido. Por eso, dile a la casa de Israel: 'Esto dice el Señor: no lo hago por ustedes, casa de Israel. Yo mismo mostraré la santidad de mi nombre excelso, que ustedes profanaron entre las naciones. Entonces ellas reconocerán que yo soy el Señor, cuando por medio de ustedes les haga ver mi santidad.

Los sacaré a ustedes de entre las naciones, los reuniré de todos los países y los llevaré a su tierra. Los rociaré con agua pura y quedarán purificados; los purificaré de todas sus inmundicias e idolatrías.

Les daré un corazón nuevo y les infundiré un espíritu nuevo; arrancaré de ustedes el corazón de piedra y les daré un corazón de carne. Les infundiré mi espíritu y los haré vivir según mis preceptos y guardar y cumplir mis mandamientos. Habitarán en la tierra que di a sus padres; ustedes serán mi pueblo y yo seré su Dios'".

Palabra de Dios.   R. **Te alabamos, Señor.**

SALMO RESPONSORIAL
De los salmos 41 y 42

B. Carrillo B.P. 1530

Es - toy se - dien - to del Dios   que da   la vi - da.

R. **Estoy sediento del Dios que da la vida.**

Como el venado busca
el agua de los ríos,
así, cansada, mi alma
te busca a ti, Dios mío. R.

　　Del Dios que da la vida
está mi ser sediento.
¿Cuándo será posible
ver de nuevo su templo? R.

　　Recuerdo cuando íbamos
a casa del Señor,
cantando, jubilosos,
alabanzas a Dios. R.

　　Envíame, Señor, tu luz y tu verdad;
que ellas se conviertan en mi guía
y hasta tu monte santo me conduzcan,
allí donde tú habitas. R.

　　Al altar del Señor me acercaré,
al Dios que es mi alegría,
y a mi Dios, el Señor, le daré gracias
al compás de la cítara. R.

ORACIÓN

Oremos. Señor Dios, que con las enseñanzas de ambos Testamentos nos instruyes para celebrar el sacramento de la Pascua, haz que comprendamos la hondura de tu misericordia, para que los dones que hoy recibimos afiancen en nosotros la esperanza de los bienes futuros. Por Jesucristo, nuestro Señor. R. **Amén.**

Después de la última oración, todos cantan el himno Gloria a Dios en el cielo (p. 8).

ORACIÓN COLECTA

Oremos. Dios nuestro, que haces resplandecer esta noche con la gloria de la resurrección del Señor, aviva en tu Iglesia el espíritu de adopción filial, para que, renovados en cuerpo y alma, nos entreguemos fielmente a tu servicio. Por nuestro Señor Jesucristo…

EPÍSTOLA

De la carta del apóstol san Pablo a los romanos
6, 3-11

Hermanos: ¿No saben ustedes que todos los que hemos sido incorporados a Cristo Jesús por medio del bautismo, hemos sido incorporados a él en su muerte? En efecto, por el bautismo fuimos sepultados con él en su muerte, para que, así como Cristo resucitó de entre los muertos por la gloria del Padre, así también nosotros llevemos una vida nueva.

Porque, si hemos estado íntimamente unidos a él por una muerte semejante a la suya, también lo estaremos en su resurrección. Sabemos que nuestro hombre viejo fue crucificado con Cristo, para que el cuerpo del pecado quedara destruido, a fin de que ya no sirvamos al pecado, pues el que ha muerto queda libre del pecado.

Por lo tanto, si hemos muerto con Cristo, estamos seguros de que también viviremos con él; pues sabemos que Cristo, una vez resucitado de entre los muertos, ya no morirá nunca.

La muerte ya no tiene dominio sobre él, porque al morir, murió al pecado de una vez para siempre; y al resucitar, vive ahora para Dios. Lo mismo ustedes, considérense muertos al pecado y vivos para Dios en Cristo Jesús, Señor nuestro.

Palabra de Dios.   R. **Te alabamos, Señor.**

SALMO RESPONSORIAL
Del salmo 117

B. Carrillo, B.P. 1531

A-le-lu - ya,   a-le-lu - ya,   a-le-lu - ya.

R. **Aleluya, aleluya.**

Te damos gracias, Señor, porque eres bueno,
porque tu misericordia es eterna.
Diga la casa de Israel:
"Su misericordia es eterna". R.

La diestra del Señor es poderosa,
la diestra del Señor es nuestro orgullo.
No moriré, continuaré viviendo,
para contar lo que el Señor ha hecho. R.

La piedra que desecharon los constructores,
es ahora la piedra angular.
Esto es obra de la mano del Señor,
es un milagro patente. R.

EVANGELIO

✝ Del santo Evangelio según san Mateo
28, 1-10

R. **Gloria a ti, Señor.**

Transcurrido el sábado, al amanecer del primer día de la semana, María Magdalena y la otra María fueron a ver el sepulcro. De pronto se produjo un gran temblor, porque el

12 de abril

197

ángel del Señor bajó del cielo y acercándose al sepulcro, hizo rodar la piedra que lo tapaba y se sentó encima de ella. Su rostro brillaba como el relámpago y sus vestiduras eran blancas como la nieve. Los guardias, atemorizados ante él, se pusieron a temblar y se quedaron como muertos. El ángel se dirigió a las mujeres y les dijo: "No teman. Ya sé que buscan a Jesús, el crucificado. No está aquí; ha resucitado, como lo había dicho. Vengan a ver el lugar donde lo habían puesto. Y ahora, vayan de prisa a decir a sus discípulos: 'Ha resucitado de entre los muertos e irá delante de ustedes a Galilea; allá lo verán'. Eso es todo".

Ellas se alejaron a toda prisa del sepulcro, y llenas de temor y de gran alegría, corrieron a dar la noticia a los discípulos. Pero de repente Jesús les salió al encuentro y las saludó. Ellas se le acercaron, le abrazaron los pies y lo adoraron. Entonces les dijo Jesús: "No tengan miedo. Vayan a decir a mis hermanos que se dirijan a Galilea. Allá me verán".

Palabra del Señor.   R. **Gloria a ti, Señor Jesús.**

Tercera parte

LITURGIA BAUTISMAL

Si están presentes los que se van a bautizar:

Hermanos, acompañemos con nuestra oración a quienes anhelan renacer a una nueva vida en la fuente del bautismo, para que Dios, nuestro Padre, les otorgue su protección y amor.

Si se bendice la fuente, pero no hay bautismos:

Hermanos, pidamos a Dios todopoderoso, que con su poder santifique esta fuente bautismal, para que cuantos en el bautismo van a ser regenerados en Cristo, sean agregados al número de hijos adoptivos de Dios.

LETANÍAS DE LOS SANTOS

En las letanías se pueden añadir algunos nombres de santos, especialmente el del titular de la iglesia, el de los patronos del lugar y el de los patronos de quienes serán bautizados.

Señor, ten piedad de nosotros.
Cristo, ten piedad de nosotros.
Señor, ten piedad de nosotros.

Señor, ten piedad de nosotros.
Cristo, ten piedad de nosotros.
Señor, ten piedad de nosotros.

Santa María, Madre de Dios,	ruega por nosotros.
San Miguel,	ruega por nosotros.
Santos ángeles de Dios,	rueguen por nosotros.
San Juan Bautista,	ruega por nosotros.
San José,	ruega por nosotros.
San Pedro y san Pablo,	rueguen por nosotros.
San Andrés,	ruega por nosotros.
San Juan,	ruega por nosotros.
Santa María Magdalena,	ruega por nosotros.
San Esteban,	ruega por nosotros.
San Ignacio de Antioquía,	ruega por nosotros.
San Lorenzo,	ruega por nosotros.
San Felipe de Jesús,	ruega por nosotros.
Santos Cristóbal Magallanes y compañeros, mártires,	rueguen por nosotros.
Santas Perpetua y Felícitas,	rueguen por nosotros.
Santa Inés,	ruega por nosotros.
San Gregorio,	ruega por nosotros.
San Agustín,	ruega por nosotros.
San Atanasio,	ruega por nosotros.
San Basilio,	ruega por nosotros.
San Martín,	ruega por nosotros.
San Benito,	ruega por nosotros.
San Francisco y santo Domingo,	rueguen por nosotros.
San Francisco Javier,	ruega por nosotros.
San Juan María Vianney,	ruega por nosotros.
San Rafael Guízar y Valencia,	ruega por nosotros.
San José María de Yermo y Parres,	ruega por nosotros.
Santa Catalina de Siena,	ruega por nosotros.
Santa Teresa de Jesús,	ruega por nosotros.
Santa Teresa del Niño Jesús,	ruega por nosotros.
Santa María de Jesús Sacramentado Venegas,	ruega por nosotros.

Santa María Guadalupe García Zavala,	ruega por nosotros.
San Juan Diego,	ruega por nosotros.
Todos los santos y santas de Dios,	rueguen por nosotros.
Muéstrate propicio,	líbranos, Señor.
De todo mal,	líbranos, Señor.
De todo pecado,	líbranos, Señor.
De la muerte eterna,	líbranos, Señor.
Por tu encarnación,	líbranos, Señor.
Por tu muerte y resurrección,	líbranos, Señor.
Por el don del Espíritu Santo,	líbranos, Señor.
Nosotros, que somos pecadores,	te rogamos, óyenos.

Si hay bautismos:

Para que estos elegidos renazcan a la vida nueva por medio del bautismo,	te rogamos, óyenos

---

Si no hay bautismos:

Para que santifiques esta fuente bautismal por la que renacerán tus hijos a la vida nueva,	te rogamos, óyenos.
Jesús, Hijo de Dios vivo,	te rogamos, óyenos.
Cristo, óyenos.	Cristo, óyenos.
Cristo, escúchanos.	Cristo, escúchanos.

Si hay bautismos, el sacerdote, con las manos extendidas, dice esta oración:

Derrama, Señor, tu infinita bondad en este sacramento del bautismo y envía tu santo Espíritu, para que haga renacer de la fuente bautismal a estos nuevos hijos tuyos, que van a ser santificados por tu gracia, mediante nuestra humilde colaboración en este ministerio. Por Jesucristo, nuestro Señor.
R. **Amén.**

BENDICIÓN DEL AGUA BAUTISMAL

En las iglesias donde se celebran bautismos, el sacerdote bendice el agua bautismal, diciendo:

Dios nuestro, que con tu poder invisible realizas obras admirables por medio de los signos sacramentales y has hecho que tu creatura, el agua, signifique de muchas maneras la gracia del bautismo;

Dios nuestro, cuyo Espíritu aleteaba sobre la superficie de las aguas en los mismos principios del mundo, para que ya desde entonces el agua recibiera el poder de dar la vida;

Dios nuestro, que incluso en las aguas torrenciales del diluvio prefiguraste el nuevo nacimiento de los hombres, al hacer que de una manera misteriosa, un mismo elemento diera fin al pecado y origen a la virtud;

Dios nuestro, que hiciste pasar a pie, sin mojarse, el Mar Rojo a los hijos de Abraham, a fin de que el pueblo, liberado de la esclavitud del faraón, prefigurara al pueblo de los bautizados;

Dios nuestro, cuyo Hijo, al ser bautizado por el Precursor en el agua del Jordán, fue ungido por el Espíritu Santo; suspendido en la cruz, quiso que brotaran de su costado sangre y agua; y después de su resurrección mandó a sus apóstoles: "Vayan y enseñen a todas las naciones, bautizándolas en el nombre del Padre, y del Hijo y del Espíritu Santo": mira ahora a tu Iglesia en oración y abre para ella la fuente del bautismo.

Que por obra del Espíritu Santo esta agua adquiera la gracia de tu Unigénito, para que el hombre, creado a tu imagen, limpio de su antiguo pecado, por el sacramento del bautismo, renazca a la vida nueva por el agua y el Espíritu Santo.

Si es oportuno, introduce el cirio pascual en el agua, una o tres veces, diciendo:

Te pedimos, Señor, que por tu Hijo, descienda sobre el agua de esta fuente el poder del Espíritu Santo,

Manteniendo el cirio dentro del agua, prosigue:

para que todos, sepultados con Cristo en su muerte por el bautismo, resuciten también con él a la vida nueva. Él, que vive y reina contigo… R. **Amén.**

Enseguida saca el cirio del agua, y el pueblo dice la siguiente aclamación:

**Fuentes del Señor, bendigan al Señor,
alábenlo y glorifíquenlo por los siglos.**

BENDICIÓN DEL AGUA

Si no hay bautismos ni tampoco se bendice la fuente bautismal, el sacerdote prepara a los fieles para la bendición del agua, diciendo:

Pidamos, queridos hermanos, a Dios nuestro Señor, que se digne bendecir esta agua, con la cual seremos rociados en memoria de nuestro bautismo, y que nos renueve interiormente, para que permanezcamos fieles al Espíritu que hemos recibido.

Y después de una breve pausa en silencio, dice la siguiente oración, con las manos extendidas:

Señor, Dios nuestro, mira con bondad a este pueblo tuyo, que vela en oración en esta noche santísima, recordando la obra admirable de nuestra creación y la obra más admirable todavía, de nuestra redención. Dígnate bendecir ✠ esta agua, que tú creaste para dar fertilidad a la tierra, frescura y limpieza a nuestros cuerpos.

Tú, además, convertiste el agua en un instrumento de tu misericordia: por ella liberaste a tu pueblo de la esclavitud y en el desierto saciaste su sed; con la imagen del agua viva los profetas anunciaron la nueva alianza que deseabas establecer con los hombres; por ella, finalmente, santificada por Cristo en el Jordán, renovaste, mediante el bautismo que nos da la vida nueva, nuestra naturaleza, corrompida por el pecado.

Que esta agua nos recuerde ahora nuestro bautismo y nos haga participar en la alegría de nuestros hermanos, que han sido bautizados en esta Pascua. Por Jesucristo, nuestro Señor. R. **Amén.**

Vigilia Pascual

RENOVACIÓN DE LAS PROMESAS BAUTISMALES

Todos, de pie y teniendo en sus manos las velas encendidas, hacen la renovación de las promesas del bautismo, junto con los bautizandos, a no ser que ya se hubieran hecho.

El sacerdote se dirige a los fieles, con estas palabras u oras semejantes:

Hermanos, por medio del bautismo, hemos sido hechos partícipes del misterio pascual de Cristo; es decir, por medio del bautismo, hemos sido sepultados con él en su muerte para resucitar con él a la vida nueva. Por eso, culminado nuestro camino cuaresmal, es muy conveniente que renovemos las promesas de nuestro bautismo, con las cuales un día renunciamos a Satanás y a sus obras y nos comprometimos a servir a Dios, en la santa Iglesia católica. Por consiguiente:

Sacerdote: ¿Renuncian ustedes a Satanás? Todos: **Sí, renuncio.**

Sacerdote: ¿Renuncian a todas sus obras? Todos: **Sí, renuncio.**

Sacerdote: ¿Renuncian a todas sus seducciones?

Todos: **Sí, renuncio.**

O bien:

Sacerdote: ¿Renuncian ustedes al pecado, para vivir en la libertad de los hijos de Dios? Todos: **Sí, renuncio.**

Sacerdote: ¿Renuncian a todas las seducciones del mal, para que el pecado no los esclavice? Todos: **Sí, renuncio.**

Sacerdote: ¿Renuncian a Satanás, padre y autor de todo pecado?

Todos: **Sí, renuncio.**

Prosigue el sacerdote:

¿Creen ustedes en Dios, Padre todopoderoso, creador del cielo y de la tierra? Todos: **Sí, creo.**

Sacerdote:

¿Creen en Jesucristo, su Hijo único y Señor nuestro, que nació de la Virgen María, padeció y murió por nosotros, resucitó y está sentado a la derecha del Padre? Todos: **Sí, creo.**

Sacerdote:
¿Creen en el Espíritu Santo, en la santa Iglesia católica, en la comunión de los santos, en el perdón de los pecados, en la resurrección de los muertos y en la vida eterna? Todos: **Sí, creo.**

Y el sacerdote concluye:

Que Dios todopoderoso, Padre de nuestro Señor Jesucristo, que nos liberó del pecado y nos ha hecho renacer por el agua y el Espíritu Santo, nos conserve con su gracia unidos a Jesucristo nuestro Señor, hasta la vida eterna. R. **Amén.**

El sacerdote rocía al pueblo con el agua bendita, mientras todos cantan:

**Vi brotar agua del lado derecho del templo, aleluya.
Vi que en todos aquellos que recibían el agua,
surgía una vida nueva y cantaban con gozo:
Aleluya, aleluya.**

Se puede entonar también algún otro canto de índole bautismal.

Cuarta parte
LITURGIA EUCARÍSTICA

El sacerdote va al altar y comienza la liturgia eucarística en la forma acostumbrada.

ORACIÓN SOBRE LAS OFRENDAS
Recibe, Señor, las súplicas de tu pueblo, junto con los dones que te presentamos para que los misterios de la Pascua que hemos comenzado a celebrar, nos obtengan, con tu ayuda, el remedio para conseguir la vida eterna. Por Jesucristo, nuestro Señor.

ANTÍFONA DE LA COMUNIÓN   1 Cor 5, 7-8
Cristo, nuestro Cordero Pascual, ha sido inmolado. Aleluya. Celebremos, pues, la Pascua, con el pan sin levadura, que es de sinceridad y verdad. Aleluya.

Conviene cantar el salmo 117.

ORACIÓN DESPUÉS DE LA COMUNIÓN

Infúndenos, Señor, el espíritu de tu caridad, para que, saciados con los sacramentos pascuales, vivamos siempre unidos en tu amor. Por Jesucristo, nuestro Señor.

DESPEDIDA

Anuncien a todos la alegría del Señor Resucitado.
Vayan en paz, aleluya, aleluya.

O bien:

Pueden ir en paz, aleluya, aleluya.

R. **Demos gracias a Dios, aleluya, aleluya.**

CRISTO PAGÓ POR NOSOTROS LA DEUDA DE ADÁN

Por su Misericordia, Dios quiso rescatar al género humano, porque por el pecado original de Adán y Eva rompimos nuestra amistad con Dios y nos habíamos apartado de él.

✥ Jesús se entregó a la muerte en la cruz, y con su Sangre preciosa pagó nuestro rescate.

✥ Hoy la Iglesia entera aclama al Señor resucitado. ¡Cristo cumplirá sus promesas de vida eterna!

**Cristo ya venció.
Unámonos a su triunfo
con una celebración gozosa.**

12 de abril

Domingo de Pascua de la Resurrección del Señor

(Misa del día)

(Blanco)

ANTÍFONA DE ENTRADA   Lc 24, 34; cfr. Apoc 1, 6

El Señor ha resucitado verdaderamente, aleluya. A él la gloria y el poder por toda la eternidad, aleluya, aleluya.

Se dice Gloria.

ORACIÓN COLECTA

Señor Dios, que por medio de tu Unigénito, vencedor de la muerte, nos has abierto hoy las puertas de la vida eterna, concede a quienes celebramos la solemnidad de la resurrección del Señor, resucitar también en la luz de la vida eterna, por la acción renovadora de tu Espíritu. Por nuestro Señor Jesucristo…

El mensaje de Pascua: ¡Cristo ha resucitado!, se repite en cada una de las lecturas de la Misa. San Juan nos lleva a la entrada del sepulcro vacío, que es la garantía de nuestra fe (EVANGELIO). San Pedro afirma que ha comido y bebido con Jesús después de su resurrección y, por lo tanto, puede afirmar con seguridad que Dios resucitó a su Hijo (PRIMERA LECTURA). San Pablo nos habla del cordero pascual sacrificado, que es Cristo, y nos recuerda que si hemos resucitado con Cristo por el bautismo, debemos vivir de su nueva vida, en espera de su regreso (SEGUNDA LECTURA).

PRIMERA LECTURA

Del libro de los Hechos de los Apóstoles
10, 34. 37-43

En aquellos días, Pedro tomó la palabra y dijo: "Ya saben ustedes lo sucedido en toda Judea, que tuvo principio en Galilea, después del bautismo predicado por Juan: cómo Dios ungió con el poder del Espíritu Santo a Jesús de Nazaret, y cómo éste pasó haciendo el bien, sanando a todos los oprimidos por el diablo, porque Dios estaba con él.

Nosotros somos testigos de cuanto él hizo en Judea y en Jerusalén. Lo mataron colgándolo de la cruz, pero Dios lo resucitó al tercer día y concedió verlo, no a todo el pueblo, sino únicamente a los testigos que él, de antemano, había escogido: a nosotros, que hemos comido y bebido con él después de que resucitó de entre los muertos.

Él nos mandó predicar al pueblo y dar testimonio de que Dios lo ha constituido juez de vivos y muertos. El testimonio de los profetas es unánime: que cuantos creen en él reciben, por su medio, el perdón de los pecados".

Palabra de Dios.   R. **Te alabamos, Señor.**

SALMO RESPONSORIAL
Del salmo 117

B.P. 1532

Éste es el día del triun-fo del Se-ñor.
A-le-lu-ya, a-le-lu-ya.

R. **Éste es el día del triunfo del Señor. Aleluya.**

Te damos gracias, Señor, porque eres bueno,
porque tu misericordia es eterna.
Diga la casa de Israel:
"Su misericordia es eterna". R.

La diestra del Señor es poderosa,
la diestra del Señor es nuestro orgullo.
No moriré, continuaré viviendo
para contar lo que el Señor ha hecho. R.

La piedra que desecharon los constructores,
es ahora la piedra angular.
Esto es obra de la mano del Señor,
es un milagro patente. R.

SEGUNDA LECTURA

De la primera carta del apóstol san Pablo a los corintios
5, 6-8

Hermanos: ¿No saben ustedes que un poco de levadura hace fermentar toda la masa? Tiren la antigua levadura, para que sean ustedes una masa nueva, ya que son pan sin levadura, pues Cristo, nuestro cordero pascual, ha sido inmolado.

Celebremos, pues, la fiesta de la Pascua, no con la antigua levadura, que es de vicio y maldad, sino con el pan sin levadura, que es de sinceridad y verdad.

Palabra de Dios.   R. **Te alabamos, Señor.**

En lugar de la segunda lectura de 1 Corintios 5, 6-8, se puede utilizar la de Colosenses 3, 1-4, tal como aparece en el Leccionario.

SECUENCIA

(Sólo el día de hoy es obligatoria; durante la octava es opcional)

Ofrezcan los cristianos
ofrendas de alabanza
a gloria de la Víctima
propicia de la Pascua.

Cordero sin pecado,
que a las ovejas salva,
a Dios y a los culpables
unió con nueva alianza.

Lucharon vida y muerte
en singular batalla,
y, muerto el que es la vida,
triunfante se levanta.

"¿Qué has visto de camino,
María, en la mañana?".
"A mi Señor glorioso,
la tumba abandonada,

los ángeles testigos,
sudarios y mortaja.
¡Resucitó de veras
mi amor y mi esperanza!

Venid a Galilea,
allí el Señor aguarda;
allí veréis los suyos
la gloria de la Pascua".

Primicia de los muertos,
sabemos por tu gracia
que estás resucitado;
la muerte en ti no manda.

Rey vencedor, apiádate
de la miseria humana
y da a tus fieles parte
en tu victoria santa.

ACLAMACIÓN ANTES DEL EVANGELIO
1 Cor 5, 7-8

B.P. 1610 - Estrella

A - le-lu - ya, a - le-lu - ya, a - le - lu - ya.

R. **Aleluya, aleluya.**
Cristo, nuestro cordero pascual, ha sido inmolado;
celebremos, pues, la Pascua.
R. **Aleluya, aleluya.**

✠ Del santo Evangelio según san Juan
20, 1-9

R. **Gloria a ti, Señor.**

El primer día después del sábado, estando todavía oscuro, fue María Magdalena al sepulcro y vio removida la piedra que lo cerraba. Echó a correr, llegó a la casa donde estaban Simón Pedro y el otro discípulo, a quien Jesús amaba, y les dijo: "Se han llevado del sepulcro al Señor y no sabemos dónde lo habrán puesto".

Salieron Pedro y el otro discípulo camino del sepulcro. Los dos iban corriendo juntos, pero el otro discípulo corrió más aprisa que Pedro y llegó primero al sepulcro, e inclinándose, miró los lienzos puestos en el suelo, pero no entró.

En eso llegó también Simón Pedro, que lo venía siguiendo, y entró en el sepulcro. Contempló los lienzos puestos en el suelo y el sudario, que había estado sobre la cabeza de Jesús, puesto no con los lienzos en el suelo, sino doblado en sitio aparte. Entonces entró también el otro discípulo, el que había llegado primero al sepulcro, y vio y creyó, porque hasta entonces no habían entendido las Escrituras, según las cuales Jesús debía resucitar de entre los muertos.

Palabra del Señor. R. **Gloria a ti, Señor Jesús.**

En lugar del evangelio de Juan 20, 1-9, se puede utilizar el de Mateo 28, 1-10, tal como apareció en la Vigilia Pascual (p. 197).

O bien, en las Misas vespertinas:

✠ Del santo Evangelio según san Lucas
24, 13-35

El mismo día de la resurrección, iban dos de los discípulos hacia un pueblo llamado Emaús, situado a unos once kilómetros de Jerusalén, y comentaban todo lo que había sucedido.

Domingo de Pascua (día)

Mientras conversaban y discutían, Jesús se les acercó y comenzó a caminar con ellos; pero los ojos de los dos discípulos estaban velados y no lo reconocieron. Él les preguntó: "¿De qué cosas vienen hablando, tan llenos de tristeza?".

Uno de ellos, llamado Cleofás, le respondió: "¿Eres tú el único forastero que no sabe lo que ha sucedido estos días en Jerusalén?". Él les preguntó: "¿Qué cosa?". Ellos le respondieron: "Lo de Jesús el nazareno, que era un profeta poderoso en obras y palabras, ante Dios y ante todo el pueblo. Cómo los sumos sacerdotes y nuestros jefes lo entregaron para que lo condenaran a muerte, y lo crucificaron. Nosotros esperábamos que él sería el libertador de Israel, y sin embargo, han pasado ya tres días desde que estas cosas sucedieron. Es cierto que algunas mujeres de nuestro grupo nos han desconcertado, pues fueron de madrugada al sepulcro, no encontraron el cuerpo y llegaron contando que se les habían aparecido unos ángeles, que les dijeron que estaba vivo. Algunos de nuestros compañeros fueron al sepulcro y hallaron todo como habían dicho las mujeres, pero a él no lo vieron".

Entonces Jesús les dijo: "¡Qué insensatos son ustedes y qué duros de corazón para creer todo lo anunciado por los profetas! ¿Acaso no era necesario que el Mesías padeciera todo esto y así entrara en su gloria?". Y comenzando por Moisés y siguiendo con todos los profetas, les explicó todos los pasajes de la Escritura que se referían a él.

Ya cerca del pueblo a donde se dirigían, él hizo como que iba más lejos; pero ellos le insistieron, diciendo: "Quédate con nosotros, porque ya es tarde y pronto va a oscurecer". Y entró para quedarse con ellos. Cuando estaban a la mesa, tomó un pan, pronunció la bendición, lo partió y se lo dio. Entonces se les abrieron los ojos y lo reconocieron, pero él se les desapareció. Y ellos se decían el uno al otro: "¡Con razón nuestro corazón ardía, mientras nos hablaba por el camino y nos explicaba las Escrituras!".

Se levantaron inmediatamente y regresaron a Jerusalén, donde encontraron reunidos a los Once con sus compañeros, los cuales les dijeron: "De veras ha resucitado el Señor y se le ha aparecido a Simón". Entonces ellos contaron lo que les había pasado en el camino y cómo lo habían reconocido al partir el pan.

Palabra del Señor.   R. **Gloria a ti, Señor Jesús.**

Se dice Credo.

ORACIÓN SOBRE LAS OFRENDAS

Llenos de júbilo por el gozo pascual te ofrecemos, Señor, este sacrificio, mediante el cual admirablemente renace y se nutre tu Iglesia. Por Jesucristo, nuestro Señor.

ANTÍFONA DE LA COMUNIÓN   1 Cor 5, 7-8

Cristo, nuestro Cordero Pascual, ha sido inmolado. Aleluya. Celebremos, pues, la Pascua, con el pan sin levadura, que es de sinceridad y verdad. Aleluya.

ORACIÓN DESPUÉS DE LA COMUNIÓN

Dios de bondad, protege paternalmente con amor incansable a tu Iglesia, para que, renovada por los misterios pascuales, pueda llegar a la gloria de la resurrección. Por Jesucristo, nuestro Señor.

DESPEDIDA

Anuncien a todos la alegría del Señor Resucitado.
Vayan en paz, aleluya, aleluya.

O bien:

Pueden ir en paz, aleluya, aleluya.

R. **Demos gracias a Dios, aleluya, aleluya.**

QUE EL SEÑOR NOS DÉ SU LUZ, PARA ENTENDER LAS ESCRITURAS

Simón Pedro y Juan, luego de que María Magdalena llegó presurosa a decirles que el cuerpo del Señor no estaba en el sepulcro, reaccionaron de inmediato y, "corriendo juntos", arribaron a ese lugar.

* Cuando Juan entró en el sepulcro, "vio y creyó, porque hasta entonces no habían entendido las Escrituras, según las cuales Jesús debía resucitar de entre los muertos".

* Aunque Jesús les dijo varias veces que iba a morir y a resucitar, ellos no lo comprendieron, aunque estuvieron con él durante tres años y lo vieron hacer muchos milagros y anunciar el Reino de Dios con autoridad.

* Fue el Espíritu Santo, el día de Pentecostés, quien les recordó todo lo que Jesús había dicho y hecho, y es el mismo Espíritu el que hoy nos permite ver, con los ojos de la fe, que Cristo venció a la muerte con su Resurrección.

* Lo que decimos en el Credo es la síntesis de lo que creemos. Estamos seguros de que Jesús "resucitó al tercer día", y esto lo celebramos todos los domingos del año.

Si perseveramos en la fe, resucitaremos con Jesús.

12 de abril

213

19 de abril

2° Domingo de Pascua o de la Divina Misericordia

(*Blanco*)

ANTÍFONA DE ENTRADA 4 Esd 2, 36-37

Abran el corazón con alegría, y den gracias a Dios, que los ha llamado al Reino de los cielos. Aleluya.

Se dice Gloria.

ORACIÓN COLECTA

Dios de eterna misericordia, que reanimas la fe de este pueblo a ti consagrado con la celebración anual de las fiestas pascuales, aumenta en nosotros los dones de tu gracia, para que todos comprendamos mejor la excelencia del bautismo que nos ha purificado, la grandeza del Espíritu que nos ha regenerado y el precio de la Sangre que nos ha redimido. Por nuestro Señor Jesucristo…

El relato de la aparición de Cristo a sus apóstoles y luego también a Tomás (EVANGELIO), nos muestra la certeza de la resurrección del Señor y, por boca del mismo Tomás, expresa la fe de todas las generaciones cristianas en Cristo resucitado. Nosotros resucitamos con él por medio del bautismo. Todos los cristianos, de ayer y de hoy, somos solidarios. Todos somos, en alguna manera, "recién nacidos" y todos tenemos necesidad de comprender mejor que el bautismo nos ha purificado, que el Espíritu nos ha hecho renacer y que la sangre de Cristo nos ha redimido (ORACIÓN COLECTA).

PRIMERA LECTURA

Del libro de los Hechos de los Apóstoles
2, 42-47

En los primeros días de la Iglesia, todos los que habían sido bautizados eran constantes en escuchar la enseñanza de los apóstoles, en la comunión fraterna, en la fracción del pan y en las oraciones. Toda la gente estaba llena de asombro y de temor, al ver los milagros y prodigios que los apóstoles hacían en Jerusalén.

Todos los creyentes vivían unidos y lo tenían todo en común. Los que eran dueños de bienes o propiedades los vendían, y el producto era distribuido entre todos, según las necesidades de cada uno. Diariamente se reunían en el templo, y en las casas partían el pan y comían juntos, con alegría y sencillez de corazón. Alababan a Dios y toda la gente los estimaba. Y el Señor aumentaba cada día el número de los que habían de salvarse.

Palabra de Dios. R. **Te alabamos, Señor.**

SALMO RESPONSORIAL

Del salmo 117

B. Carrillo /Javier M.-R. B.P. 1533

La mi-se-ri-cor-dia del Se-ñor es e-ter-na. A-le-lu-ya.

R. **La misericordia del Señor es eterna. Aleluya.**

Diga la casa de Israel: "Su misericordia es eterna".
Diga la casa de Aarón: "Su misericordia es eterna".
Digan los que temen al Señor: "Su misericordia es eterna". R.

19 de abril

Querían a empujones derribarme,
pero Dios me ayudó.
El Señor es mi fuerza y mi alegría,
en el Señor está mi salvación. R.

La piedra que desecharon los constructores,
es ahora la piedra angular.
Esto es obra de la mano del Señor,
es un milagro patente.
Éste es el día del triunfo del Señor,
día de júbilo y de gozo. R.

SEGUNDA LECTURA

De la primera carta del apóstol san Pedro
1, 3-9

Bendito sea Dios, Padre de nuestro Señor Jesucristo, por su gran misericordia, porque al resucitar a Jesucristo de entre los muertos, nos concedió renacer a la esperanza de una vida nueva, que no puede corromperse ni mancharse y que él nos tiene reservada como herencia en el cielo. Porque ustedes tienen fe en Dios, él los protege con su poder, para que alcancen la salvación que les tiene preparada y que él revelará al final de los tiempos.

Por esta razón, alégrense, aun cuando ahora tengan que sufrir un poco por adversidades de todas clases, a fin de que su fe, sometida a la prueba, sea hallada digna de alabanza, gloria y honor, el día de la manifestación de Cristo. Porque la fe de ustedes es más preciosa que el oro, y el oro se acrisola por el fuego.

A Cristo Jesús no lo han visto y, sin embargo, lo aman; al creer en él ahora, sin verlo, se llenan de una alegría radiante e indescriptible, seguros de alcanzar la salvación de sus almas, que es la meta de la fe.

Palabra de Dios. R. **Te alabamos, Señor.**

SECUENCIA opcional (p. 209)

ACLAMACIÓN ANTES DEL EVANGELIO

Jn 20, 29

A-le-lu - ya, a-le-lu - ya, a-le-lu-ya.

R. **Aleluya, aleluya.**

Tomás, tú crees porque me has visto;

dichosos los que creen sin haberme visto, dice el Señor.

R. **Aleluya, aleluya.**

EVANGELIO

✠ Del santo Evangelio según san Juan
20, 19-31

R. **Gloria a ti, Señor.**

Al anochecer del día de la resurrección, estando cerradas las puertas de la casa donde se hallaban los discípulos, por miedo a los judíos, se presentó Jesús en medio de ellos y les dijo: "La paz esté con ustedes". Dicho esto, les mostró las manos y el costado. Cuando los discípulos vieron al Señor, se llenaron de alegría.

De nuevo les dijo Jesús: "La paz esté con ustedes. Como el Padre me ha enviado, así también los envío yo". Después de decir esto, sopló sobre ellos y les dijo: "Reciban el Espíritu Santo. A los que les perdonen los pecados, les quedarán perdonados; y a los que no se los perdonen, les quedarán sin perdonar".

Tomás, uno de los Doce, a quien llamaban el Gemelo, no estaba con ellos cuando vino Jesús, y los otros discípulos le decían: "Hemos visto al Señor". Pero él les contestó: "Si no veo en sus manos la señal de los clavos y si no meto mi dedo en los agujeros de los clavos y no meto mi mano en su costado, no creeré".

19 de abril

Ocho días después, estaban reunidos los discípulos a puerta cerrada y Tomás estaba con ellos. Jesús se presentó de nuevo en medio de ellos y les dijo: "La paz esté con ustedes". Luego le dijo a Tomás: "Aquí están mis manos; acerca tu dedo. Trae acá tu mano, métela en mi costado y no sigas dudando, sino cree". Tomás le respondió: "¡Señor mío y Dios mío!". Jesús añadió: "Tú crees porque me has visto; dichosos los que creen sin haber visto".

Otros muchos signos hizo Jesús en presencia de sus discípulos, pero no están escritos en este libro. Se escribieron éstos para que ustedes crean que Jesús es el Mesías, el Hijo de Dios, y para que, creyendo, tengan vida en su nombre.

Palabra del Señor.   R. **Gloria a ti, Señor Jesús.**

Se dice Credo.

ORACIÓN SOBRE LAS OFRENDAS

Recibe, Señor, las ofrendas de tu pueblo (y de los recién bautizados), para que, renovados por la confesión de tu nombre y por el bautismo, consigamos la felicidad eterna. Por Jesucristo, nuestro Señor.

ANTÍFONA DE LA COMUNIÓN   Cfr. Jn 20, 27

Jesús dijo a Tomás: Acerca tu mano, toca los agujeros que dejaron los clavos y no seas incrédulo, sino creyente. Aleluya.

ORACIÓN DESPUÉS DE LA COMUNIÓN

Dios todopoderoso, concédenos que la gracia recibida en este sacramento pascual permanezca siempre en nuestra vida. Por Jesucristo, nuestro Señor.

PARA QUE CREAMOS EN JESÚS Y TENGAMOS VIDA EN ÉL

No hemos visto a Cristo Jesús y, sin embargo, lo amamos. Nos llenamos de alegría porque creemos en él, con la confianza de alcanzar la meta de nuestra fe, que es nuestra salvación.

✓ Este domingo seguimos celebrando la Resurrección de nuestro Salvador, con el mismo gozo de hace ocho días. Todo esto fue porque la misericordia del Señor es eterna.

✓ Sí, Jesús tuvo misericordia de los apóstoles, porque aun cuando lo habían abandonado en el momento más difícil, él se presentó ante ellos al anochecer del mismo domingo en que resucitó, en el sitio en el que estaban escondidos "por miedo a los judíos". ¿Qué hubiéramos hecho nosotros en lugar de Jesús?

✓ Él les mostró los signos de que había sido crucificado, y les dio el saludo de paz y el Espíritu Santo, junto con el poder de perdonar los pecados.

✓ El domingo siguiente, Jesús dijo a Tomás: "Tú crees porque me has visto; dichosos los que creen sin haber visto". Así que tenemos que alegrarnos, porque la mayoría de los creyentes no hemos visto a Jesús y, sin embargo, creemos en él, gracias al don de la fe.

Nuestra fe tenemos que traducirla en obras; no nos olvidemos de las obras de misericordia tanto corporales como espirituales, ya que todas son importantes para nuestro Dios.

26 de abril

3er Domingo de Pascua
(Blanco)

ANTÍFONA DE ENTRADA   Cfr. Sal 65, 1-2

Aclama a Dios, tierra entera. Canten todos un himno a su nombre, denle gracias y alábenlo. Aleluya.

Se dice Gloria.

ORACIÓN COLECTA

Dios nuestro, que tu pueblo se regocije siempre al verse renovado y rejuvenecido, para que, al alegrarse hoy por haber recobrado la dignidad de su adopción filial, aguarde seguro con gozosa esperanza el día de la resurrección. Por nuestro Señor Jesucristo…

El relato de san Lucas sobre la aparición de Jesús a los discípulos de Emaús (EVANGELIO), a los que se reveló en la fracción del pan, después de haberles explicado las Escrituras, es emotivo y conmovedor. Esa narración viene en la Misa, luego del testimonio de Pedro, el día de Pentecostés, al iniciar su ministerio apostólico (PRIMERA LECTURA), seguido por la recomendación del mismo Pedro, al final de su vida, para que los cristianos confirmen su fe y su esperanza, recordando que fueron salvados por la sangre de Cristo (SEGUNDA LECTURA).

Del libro de los Hechos de los Apóstoles

2, 14. 22-33

El día de Pentecostés, se presentó Pedro, junto con los Once, ante la multitud, y levantando la voz, dijo: "Israelitas, escúchenme. Jesús de Nazaret fue un hombre acreditado por Dios ante ustedes, mediante los milagros, prodigios y señales que Dios realizó por medio de él y que ustedes bien conocen. Conforme al plan previsto y sancionado por Dios, Jesús fue entregado, y ustedes utilizaron a los paganos para clavarlo en la cruz.

Pero Dios lo resucitó, rompiendo las ataduras de la muerte, ya que no era posible que la muerte lo retuviera bajo su dominio. En efecto, David dice, refiriéndose a él: *Yo veía constantemente al Señor delante de mí, puesto que él está a mi lado para que yo no tropiece. Por eso se alegra mi corazón y mi lengua se alboroza; por eso también mi cuerpo vivirá en la esperanza, porque tú, Señor, no me abandonarás a la muerte, ni dejarás que tu santo sufra la corrupción. Me has enseñado el sendero de la vida y me saciarás de gozo en tu presencia.*

Hermanos, que me sea permitido hablarles con toda claridad. El patriarca David murió y lo enterraron, y su sepulcro se conserva entre nosotros hasta el día de hoy. Pero como era profeta y sabía que Dios le había prometido con juramento que un descendiente suyo ocuparía su trono, con visión profética habló de la resurrección de Cristo, el cual no fue abandonado a la muerte ni sufrió la corrupción.

Pues bien, a este Jesús, Dios lo resucitó, y de ello todos nosotros somos testigos. Llevado a los cielos por el poder de Dios, recibió del Padre el Espíritu Santo prometido a él y lo ha comunicado, como ustedes lo están viendo y oyendo".

Palabra de Dios.   R. **Te alabamos, Señor.**

26 de abril

221

SALMO RESPONSORIAL
Del salmo 15

B. Carrillo B.P. 1534

En - sé - ña - me, Se - ñor, el ca - mi - no de la vi - da. A - le - lu - ya.

R. **Enséñanos, Señor, el camino de la vida. Aleluya.**

Protégeme, Dios mío, pues eres mi refugio.
Yo siempre he dicho que tú eres mi Señor.
El Señor es la parte que me ha tocado en herencia:
mi vida está en sus manos. R.

Bendeciré al Señor, que me aconseja,
hasta de noche me instruye internamente.
Tengo siempre presente al Señor
y con él a mi lado, jamás tropezaré. R.

Por eso se me alegran el corazón y el alma
y mi cuerpo vivirá tranquilo,
porque tú no me abandonarás a la muerte
ni dejarás que sufra yo la corrupción. R.

Enséñame el camino de la vida,
sáciame de gozo en tu presencia
y de alegría perpetua junto a ti. R.

SEGUNDA LECTURA

De la primera carta del apóstol san Pedro

1, 17-21

Hermanos: Puesto que ustedes llaman Padre a Dios, que juzga imparcialmente la conducta de cada uno según sus obras, vivan siempre con temor filial durante su peregrinar por la tierra.

Bien saben ustedes que de su estéril manera de vivir, heredada de sus padres, los ha rescatado Dios, no con bienes efímeros, como el oro y la plata, sino con la sangre preciosa de Cristo, el cordero sin defecto ni mancha, al cual Dios

3er Domingo de Pascua

había elegido desde antes de la creación del mundo y, por amor a ustedes, lo ha manifestado en estos tiempos, que son los últimos. Por Cristo, ustedes creen en Dios, quien lo resucitó de entre los muertos y lo llenó de gloria, a fin de que la fe de ustedes sea también esperanza en Dios.

Palabra de Dios. R. **Te alabamos, Señor.**

ACLAMACIÓN ANTES DEL EVANGELIO

Cfr. Lc 24, 32

B.P. 1610 - Estrella

A-le-lu - ya, a-le-lu - ya, a - le - lu - ya.

R. **Aleluya, aleluya.**
Señor Jesús, haz que comprendamos las Escrituras.
Enciende nuestro corazón mientras nos hablas.

R. **Aleluya, aleluya.**

EVANGELIO

✠ Del santo Evangelio según san Lucas
24, 13-35

R. **Gloria a ti, Señor.**

El mismo día de la resurrección, iban dos de los discípulos hacia un pueblo llamado Emaús, situado a unos once kilómetros de Jerusalén, y comentaban todo lo que había sucedido.

Mientras conversaban y discutían, Jesús se les acercó y comenzó a caminar con ellos; pero los ojos de los dos discípulos estaban velados y no lo reconocieron. Él les preguntó: "¿De qué cosas vienen hablando, tan llenos de tristeza?".

Uno de ellos, llamado Cleofás, le respondió: "¿Eres tú el único forastero que no sabe lo que ha sucedido estos días en Jerusalén?". Él les preguntó: "¿Qué cosa?". Ellos le respondieron: "Lo de Jesús el nazareno, que era un profeta poderoso en obras y palabras, ante Dios y ante todo el pueblo. Cómo los sumos sacerdotes y nuestros jefes lo entregaron para que lo condenaran a muerte, y lo crucificaron. Nosotros esperábamos que él sería el libertador de Israel, y sin embargo, han pasado ya tres días desde que estas cosas sucedieron. Es cierto que algunas mujeres de nuestro grupo nos han desconcertado, pues fueron de madrugada al sepulcro, no encontraron el cuerpo y llegaron contando que se les habían aparecido unos ángeles, que les dijeron que estaba vivo. Algunos de nuestros compañeros fueron al sepulcro y hallaron todo como habían dicho las mujeres, pero a él no lo vieron".

Entonces Jesús les dijo: "¡Qué insensatos son ustedes y qué duros de corazón para creer todo lo anunciado por los profetas! ¿Acaso no era necesario que el Mesías padeciera todo esto y así entrara en su gloria?". Y comenzando por Moisés y siguiendo con todos los profetas, les explicó todos los pasajes de la Escritura que se referían a él.

Ya cerca del pueblo a donde se dirigían, él hizo como que iba más lejos; pero ellos le insistieron, diciendo: "Quédate con nosotros, porque ya es tarde y pronto va a oscurecer". Y entró para quedarse con ellos. Cuando estaban a la mesa, tomó un pan, pronunció la bendición, lo partió y se lo dio. Entonces se les abrieron los ojos y lo reconocieron, pero él se les desapareció. Y ellos se decían el uno al otro: "¡Con razón nuestro corazón ardía, mientras nos hablaba por el camino y nos explicaba las Escrituras!".

Se levantaron inmediatamente y regresaron a Jerusalén, donde encontraron reunidos a los Once con sus compañeros, los cuales les dijeron: "De veras ha resucitado el Señor y se le ha aparecido a Simón". Entonces ellos contaron lo que les había pasado en el camino y cómo lo habían reconocido al partir el pan.

Palabra del Señor.   R. **Gloria a ti**, **Señor Jesús.**

Se dice Credo.

ORACIÓN SOBRE LAS OFRENDAS

Recibe, Señor, los dones que, jubilosa, tu Iglesia te presenta, y puesto que es a ti a quien debe su alegría, concédele también disfrutar de la felicidad eterna. Por Jesucristo, nuestro Señor

ANTÍFONA DE LA COMUNIÓN   Lc 24, 35

Los discípulos reconocieron al Señor Jesús, al partir el pan. Aleluya.

ORACIÓN DESPUÉS DE LA COMUNIÓN

Dirige, Señor, tu mirada compasiva sobre tu pueblo, al que te has dignado renovar con estos misterios de vida eterna, y concédele llegar un día a la gloria incorruptible de la resurrección. Por Jesucristo, nuestro Señor.

¿RECONOCEMOS A JESÚS CUANDO CAMINA CON NOSOTROS?

Los discípulos de Emaús, debido a que sus ojos estaban "velados", no supieron reconocer al Señor resucitado, que se les unió en su caminar.

🖎 Jesús les hizo ver que su insensatez y dureza de corazón no les había permitido creer todo lo anunciado por los profetas.

🖎 Hoy Jesús está presente en cada Eucaristía. ¿Se abrirán nuestros ojos y reconoceremos a nuestro Señor resucitado en medio de nosotros?

Que el Señor, por su misericordia, nos libre de la insensatez y la dureza de nuestro corazón.

3 de mayo   4º Domingo de Pascua

(Blanco)

ANTÍFONA DE ENTRADA   Cfr. Sal 32, 5-6
La tierra está llena del amor del Señor y su palabra hizo los cielos. Aleluya.

Se dice Gloria.

ORACIÓN COLECTA
Dios todopoderoso y eterno, te pedimos que nos lleves a gozar de las alegrías celestiales, para que tu rebaño, a pesar de su fragilidad, llegue también a donde lo precedió su glorioso Pastor. Él, que vive y reina contigo…

Jesús fue constituido por Dios como Señor y pastor de nuestras almas. Fue el "siervo doliente" del que hablaba Isaías y, "cargando con nuestros pecados subió a la cruz" (SEGUNDA LECTURA). Por medio de aquel sacrificio nos abrió las fuentes de la vida (EVANGELIO), puesto que, por haber sido bautizados en su nombre, recibimos el perdón de nuestros pecados y el don del Espíritu Santo (PRIMERA LECTURA).

PRIMERA LECTURA
Del libro de los Hechos de los Apóstoles
2, 14. 36-41

El día de Pentecostés, se presentó Pedro, junto con los Once, ante la multitud, y levantando la voz, dijo: "Sepa todo Israel con absoluta certeza, que Dios ha constituido Señor y Mesías al mismo Jesús, a quien ustedes han crucificado".

Estas palabras les llegaron al corazón y preguntaron a Pedro y a los demás apóstoles: "¿Qué tenemos que hacer, hermanos?". Pedro les contestó: "Conviértanse y bautícense en el nombre de Jesucristo para el perdón de sus pecados y recibirán el Espíritu Santo. Porque las promesas de Dios valen para ustedes y para sus hijos y también para todos los paganos que el Señor, Dios nuestro, quiera llamar, aunque estén lejos".

Con éstas y otras muchas razones, los instaba y exhortaba, diciéndoles: "Pónganse a salvo de este mundo corrompido". Los que aceptaron sus palabras se bautizaron, y aquel día se les agregaron unas tres mil personas.

Palabra de Dios.   R. **Te alabamos, Señor.**

SALMO RESPONSORIAL
Del salmo 22

H. Hernández B.P. 1535

El Señor es mi pastor, nada me faltará. Aleluya.

R.   **El Señor es mi pastor, nada me faltará. Aleluya.**

El Señor es mi pastor, nada me falta;
en verdes praderas me hace reposar
y hacia fuentes tranquilas me conduce
para reparar mis fuerzas. R.

　Por ser un Dios fiel a sus promesas,
me guía por el sendero recto;
así, aunque camine por cañadas oscuras,
nada temo, porque tú estás conmigo,
tu vara y tu cayado me dan seguridad. R.

[R. **El Señor es mi pastor, nada me faltará. Aleluya.**]

Tú mismo me preparas la mesa,
a despecho de mis adversarios;
me unges la cabeza con perfume
y llenas mi copa hasta los bordes. R.

Tu bondad y tu misericordia me acompañarán
todos los días de mi vida;
y viviré en la casa del Señor
por años sin término. R.

SEGUNDA LECTURA

De la primera carta del apóstol san Pedro
2, 20-25

Hermanos: Soportar con paciencia los sufrimientos que les vienen a ustedes por hacer el bien, es cosa agradable a los ojos de Dios, pues a esto han sido llamados, ya que también Cristo sufrió por ustedes y les dejó así un ejemplo para que sigan sus huellas.

Él no cometió pecado ni hubo engaño en su boca; insultado, no devolvió los insultos; maltratado, no profería amenazas, sino que encomendaba su causa al único que juzga con justicia; cargado con nuestros pecados, subió al madero de la cruz, para que, muertos al pecado, vivamos para la justicia.

Por sus llagas ustedes han sido curados, porque ustedes eran como ovejas descarriadas, pero ahora han vuelto al pastor y guardián de sus vidas.

Palabra de Dios.   R. **Te alabamos, Señor.**

ACLAMACIÓN ANTES DEL EVANGELIO

Jn 10, 14

B.P. 1610 - Estrella

A-le-lu - ya, a-le-lu - ya, a - le - lu - ya.

R. **Aleluya, aleluya.**

Yo soy el buen pastor, dice el Señor;
yo conozco a mis ovejas y ellas me conocen a mí.

R. **Aleluya, aleluya.**

EVANGELIO

✠ Del santo Evangelio según san Juan
✠ 10, 1-10

R. **Gloria a ti, Señor.**

En aquel tiempo, Jesús dijo a los fariseos: "Yo les aseguro que el que no entra por la puerta del redil de las ovejas, sino que salta por otro lado, es un ladrón, un bandido; pero el que entra por la puerta, ése es el pastor de las ovejas. A ése le abre el que cuida la puerta, y las ovejas reconocen su voz; él llama a cada una por su nombre y las conduce afuera. Y cuando ha sacado a todas sus ovejas, camina delante de ellas, y ellas lo siguen, porque conocen su voz. Pero a un extraño no lo seguirán, sino que huirán de él, porque no conocen la voz de los extraños".

Jesús les puso esta comparación, pero ellos no entendieron lo que les quería decir. Por eso añadió: "Les aseguro que yo soy la puerta de las ovejas. Todos los que han venido antes que yo, son ladrones y bandidos; pero mis ovejas no los han escuchado.

Yo soy la puerta; quien entre por mí se salvará, podrá entrar y salir y encontrará pastos. El ladrón sólo viene a robar, a matar y a destruir. Yo he venido para que tengan vida y la tengan en abundancia".

Palabra del Señor. R. **Gloria a ti, Señor Jesús.**

Se dice Credo.

ORACIÓN SOBRE LAS OFRENDAS

Concédenos, Señor, vivir siempre llenos de gratitud por estos misterios pascuales que celebramos, para que, continuamente renovados por su acción, se conviertan para nosotros en causa de eterna felicidad. Por Jesucristo, nuestro Señor.

ANTÍFONA DE LA COMUNIÓN

Ha resucitado el Buen Pastor, que dio la vida por sus ovejas y se entregó a la muerte por su rebaño. Aleluya.

ORACIÓN DESPUÉS DE LA COMUNIÓN

Buen Pastor, vela con solicitud por tu rebaño y dígnate conducir a las ovejas que redimiste con la preciosa sangre de tu Hijo, a las praderas eternas. Por Jesucristo, nuestro Señor.

EL SEÑOR ES NUESTRO AUTÉNTICO PASTOR, SÓLO ÉL ES FIEL A SUS PROMESAS

Nosotros muchas veces hemos sido "como ovejas descarriadas", pero el "pastor

y guardián de nuestras vidas" quiere llevarnos a una vida plena. Escuchemos su voz, porque él nos ama de verdad.

❀ Jesús es la puerta que nos da acceso a la salvación. Tenemos que cuidarnos de aquellos que nos quieren confundir, porque el ladrón "sólo viene a matar, a robar y a destruir".

El mundo sólo puede encontrar salvación y vida eterna en Cristo Jesús; en nadie más.

10 de mayo

5º Domingo de Pascua
(*Blanco*)

ANTÍFONA DE ENTRADA   Cfr. Sal 97, 1-2
Canten al Señor un cántico nuevo, porque ha hecho maravillas y todos los pueblos han presenciado su victoria. Aleluya.

Se dice Gloria.

ORACIÓN COLECTA
Dios todopoderoso y eterno, lleva a su plenitud en nosotros el sacramento pascual, para que, a quienes te dignaste renovar por el santo bautismo, les hagas posible, con el auxilio de tu protección, abundar en frutos buenos, y alcanzar los gozos de la vida eterna. Por nuestro Señor Jesucristo...

San Juan nos hace oír las palabras que Jesús dirigió a sus discípulos la tarde del Jueves Santo: "Yo soy el camino, la verdad y la vida" (EVANGELIO); pero al oírlas nos parece escuchar a Cristo resucitado en la noche de Pascua. Luego se nos dicta una enseñanza que es la consecuencia de las palabras de Jesús: la Iglesia es el Pueblo de Dios, cuyos miembros siguen el camino trazado por Jesús y componen un "sacerdocio real" (SEGUNDA LECTURA). También se nos

231

enseña que, dentro de la Iglesia hay diversos ministerios para el servicio de la comunidad (PRIMERA LECTURA).

PRIMERA LECTURA

Del libro de los Hechos de los Apóstoles
6, 1-7

En aquellos días, como aumentaba mucho el número de los discípulos, hubo ciertas quejas de los judíos griegos contra los hebreos, de que no se atendía bien a sus viudas en el servicio de caridad de todos los días.

Los Doce convocaron entonces a la multitud de los discípulos y les dijeron: "No es justo que, dejando el ministerio de la palabra de Dios, nos dediquemos a administrar los bienes. Escojan entre ustedes a siete hombres de buena reputación, llenos del Espíritu Santo y de sabiduría, a los cuales encargaremos este servicio. Nosotros nos dedicaremos a la oración y al servicio de la palabra".

Todos estuvieron de acuerdo y eligieron a Esteban, hombre lleno de fe y del Espíritu Santo, a Felipe, Prócoro, Nicanor, Timón, Pármenas y Nicolás, prosélito de Antioquía. Se los presentaron a los apóstoles y éstos, después de haber orado, les impusieron las manos.

Mientras tanto, la palabra de Dios iba cundiendo. En Jerusalén se multiplicaba grandemente el número de los discípulos. Incluso un grupo numeroso de sacerdotes había aceptado la fe.

Palabra de Dios.   R. **Te alabamos, Señor.**

SALMO RESPONSORIAL

Del salmo 32

B. Carrillo B.P. 1536

El Se-ñor   cui - da de_a - que - llos que lo te-men. A - le - lu - ya.

R. **El Señor cuida de aquellos que lo temen. Aleluya.**

Que los justos aclamen al Señor;
es propio de los justos alabarlo.
Demos gracias a Dios al son del arpa,
que la lira acompañe nuestros cantos. R.

Sincera es la palabra del Señor
y todas sus acciones son leales.
Él ama la justicia y el derecho,
la tierra llena está de sus bondades. R.

Cuida el Señor de aquellos que lo temen
y en su bondad confían;
los salva de la muerte
y en épocas de hambre les da vida. R.

SEGUNDA LECTURA
De la primera carta del apóstol san Pedro
2, 4-9

Hermanos: Acérquense al Señor Jesús, la piedra viva, rechazada por los hombres, pero escogida y preciosa a los ojos de Dios; porque ustedes también son piedras vivas, que van entrando en la edificación del templo espiritual, para formar un sacerdocio santo, destinado a ofrecer sacrificios espirituales, agradables a Dios, por medio de Jesucristo. Tengan presente que está escrito: *He aquí que pongo en Sión una piedra angular, escogida y preciosa; el que crea en ella no quedará defraudado.*

Dichosos, pues, ustedes, los que han creído. En cambio, para aquellos que se negaron a creer, vale lo que dice la Escritura: *La piedra que rechazaron los constructores ha llegado a ser la piedra angular, y también tropiezo y roca de escándalo.* Tropiezan en ella los que no creen en la palabra, y en esto se cumple un designio de Dios.

Ustedes, por el contrario, son *estirpe elegida, sacerdocio real, nación consagrada a Dios y pueblo de su propiedad,* para que proclamen las obras maravillosas de aquel que los llamó de las tinieblas a su luz admirable.

Palabra de Dios.   R. **Te alabamos, Señor.**

Jn 14, 6

B.P. 1610 - Estrella

A - le - lu - ya, a - le - lu - ya, a - le - lu - ya.

R. **Aleluya, aleluya.**
Yo soy el camino, la verdad y la vida;
nadie va al Padre, si no es por mí, dice el Señor.
R. **Aleluya, aleluya.**

EVANGELIO

✠ Del santo Evangelio según san Juan
✠ 14, 1-12

R. **Gloria a ti, Señor.**

E n aquel tiempo, Jesús dijo a sus discípulos: "No pierdan la paz. Si creen en Dios, crean también en mí. En la casa de mi Padre hay muchas habitaciones. Si no fuera así, yo se lo habría dicho a ustedes, porque ahora voy a prepararles un lugar. Cuando me haya ido y les haya preparado un lugar, volveré y los llevaré conmigo, para que donde yo esté, estén también ustedes. Y ya saben el camino para llegar al lugar a donde voy".

Entonces Tomás le dijo: "Señor, no sabemos a dónde vas, ¿cómo podemos saber el camino?". Jesús le respondió: "Yo soy el camino, la verdad y la vida. Nadie va al Padre si no es por mí. Si ustedes me conocen a mí, conocen también a mi Padre. Ya desde ahora lo conocen y lo han visto".

Le dijo Felipe: "Señor, muéstranos al Padre y eso nos basta". Jesús le replicó: "Felipe, tanto tiempo hace que estoy con ustedes, ¿y todavía no me conoces? Quien me ve a mí, ve al Padre. ¿Entonces por qué dices: 'Muéstranos al Padre'? ¿O no crees que yo estoy en el Padre y que el Padre está en mí? Las palabras que yo les digo, no las digo por mi propia cuenta. Es el Padre, que permanece en mí, quien hace las obras. Créanme: yo estoy en el Padre y el Padre está en mí. Si no me dan fe a mí, créanlo por las obras. Yo les aseguro: el que crea en mí, hará las obras que hago yo y las hará aun mayores, porque yo me voy al Padre".

Palabra del Señor.   R. **Gloria a ti, Señor Jesús.**

Se dice Credo.

ORACIÓN SOBRE LAS OFRENDAS

Dios nuestro, que por el santo valor de este sacrificio nos hiciste participar de tu misma y gloriosa vida divina, concédenos que, así como hemos conocido tu verdad, de igual manera vivamos de acuerdo con ella. Por Jesucristo, nuestro Señor.

ANTÍFONA DE LA COMUNIÓN   Cfr. Jn 15, 1. 5

Yo soy la vid verdadera y ustedes los sarmientos, dice el Señor; si permanecen en mí y yo en ustedes darán fruto abundante. Aleluya.

ORACIÓN DESPUÉS DE LA COMUNIÓN

Señor, muéstrate benigno con tu pueblo, y ya que te dignaste alimentarlo con los misterios celestiales, hazlo pasar de su antigua condición de pecado a una vida nueva. Por Jesucristo, nuestro Señor.

10 de mayo

"NADIE VA AL PADRE SI NO ES POR MÍ"

En el evangelio de este domingo, Jesús invita a sus discípulos –y a nosotros– a no perder la paz, a creer en él.

↑ Nos dice que en la casa de su Padre (que es el cielo) hay muchas habitaciones, que él nos va preparar un lugar y que volverá y nos llevará con él, "para que donde yo esté, estén también ustedes".

↑ Jesús es "el camino". No nos dice que sea uno de los caminos que hay, ni si quiera que sea el mejor de los caminos, sino que es **el único camino** que nos lleva al Padre del cielo, y, por lo tanto, no existe otro.

↑ Jesús es "la verdad". Él, como verdadero Dios y verdadero hombre, no puede engañarse ni engañarnos, porque en él no hay mentira, ya que detesta las mentiras.

↑ Jesús es "la vida". Él murió en la cruz, pero en ella venció a la muerte. Él vive para siempre y ya nunca morirá. Él nos ofrece vida en abundancia, vida plena por toda la eternidad.

↑ Sólo si volvemos a aquel que es "el camino, la verdad y la vida" podremos recuperar aquello que nos hace verdaderamente humanos, de acuerdo con el plan de Dios.

Que el Señor nos conceda creer en él y obrar siempre de acuerdo con su voluntad.

EGO SVM VIA ET VERITAS ET VITA

17 de mayo
6º Domingo de Pascua

(*Blanco*)

ANTÍFONA DE ENTRADA   Cfr. Is 48, 20
Con voz de júbilo, anúncienlo; que se oiga. Que llegue a todos los rincones de la tierra: el Señor ha liberado a su pueblo. Aleluya.

Se dice Gloria.

ORACIÓN COLECTA
Dios todopoderoso, concédenos continuar celebrando con incansable amor estos días de tanta alegría en honor del Señor resucitado, y que los misterios que hemos venido conmemorando se manifiesten siempre en nuestras obras. Por nuestro Señor Jesucristo…

En la Misa de hoy se nos informa sobre la expansión inicial de la Iglesia, porque el diácono Felipe ha conquistado para la nueva fe la región de Samaria y los apóstoles Pedro y Juan fueron a confirmar a la comunidad y a conferir a sus miembros el Espíritu Santo (PRIMERA LECTURA). Por su parte, san Juan nos recuerda que Jesucristo rogó al Padre por los que él le había dado para que conocieran al Padre (EVANGELIO), mientras que san Pedro nos exhorta a vivir el misterio pascual de Cristo, que "murió en su cuerpo y resucitó glorificado" (SEGUNDA LECTURA).

PRIMERA LECTURA

Del libro de los Hechos de los Apóstoles
8, 5-8. 14-17

En aquellos días, Felipe bajó a la ciudad de Samaria y predicaba allí a Cristo. La multitud escuchaba con atención lo que decía Felipe, porque habían oído hablar de los milagros que hacía y los estaban viendo: de muchos poseídos salían los espíritus inmundos, lanzando gritos, y muchos paralíticos y lisiados quedaban curados. Esto despertó gran alegría en aquella ciudad.

Cuando los apóstoles que estaban en Jerusalén se enteraron de que Samaria había recibido la palabra de Dios, enviaron allá a Pedro y a Juan. Éstos, al llegar, oraron por los que se habían convertido, para que recibieran el Espíritu Santo, porque aún no lo habían recibido y solamente habían sido bautizados en el nombre del Señor Jesús. Entonces Pedro y Juan impusieron las manos sobre ellos, y ellos recibieron el Espíritu Santo.

Palabra de Dios.   R. **Te alabamos, Señor.**

SALMO RESPONSORIAL
Del salmo 65

R.   **Las obras del Señor son admirables. Aleluya.**

Que aclame al Señor toda la tierra.
Celebremos su gloria y su poder,
cantemos un himno de alabanza,
digamos al Señor: "Tu obra es admirable". R.

Que se postre ante ti la tierra entera
y celebre con cánticos tu nombre.
Admiremos las obras del Señor,
los prodigios que ha hecho por los hombres. R.

Él transformó el Mar Rojo en tierra firme
y los hizo cruzar el Jordán a pie enjuto.
Llenémonos por eso de gozo y gratitud:
el Señor es eterno y poderoso. R.

Cuantos temen a Dios, vengan y escuchen,
y les diré lo que ha hecho por mí.
Bendito sea Dios, que no rechazó mi súplica,
ni me retiró su gracia. R.

SEGUNDA LECTURA

De la primera carta del apóstol san Pedro
3, 15-18

Hermanos: Veneren en sus corazones a Cristo, el Señor, dispuestos siempre a dar, al que las pidiere, las razones de la esperanza de ustedes. Pero háganlo con sencillez y respeto y estando en paz con su conciencia. Así quedarán avergonzados los que denigran la conducta cristiana de ustedes, pues mejor es padecer haciendo el bien, si tal es la voluntad de Dios, que padecer haciendo el mal. Porque también Cristo murió, una sola vez y para siempre, por los pecados de los hombres; él, el justo, por nosotros, los injustos, para llevarnos a Dios; murió en su cuerpo y resucitó glorificado.

Palabra de Dios.   R. **Te alabamos, Señor.**

ACLAMACIÓN ANTES DEL EVANGELIO

Jn 14, 23

B.P. 1610 - Estrella

A-le-lu — ya, a-le-lu — ya, a-le-lu-ya.

R. **Aleluya, aleluya.**
El que me ama, cumplirá mi palabra, dice el Señor;
y mi Padre lo amará y vendremos a él.

R. **Aleluya, aleluya.**

EVANGELIO

✠ Del santo Evangelio según san Juan
✠ 14, 15-21

R. **Gloria a ti, Señor.**

En aquel tiempo, Jesús dijo a sus discípulos: "Si me aman, cumplirán mis mandamientos; yo le rogaré al Padre y él les dará otro Paráclito para que esté siempre con ustedes, el Espíritu de la verdad. El mundo no puede recibirlo, porque no lo ve ni lo conoce; ustedes, en cambio, sí lo conocen, porque habita entre ustedes y estará en ustedes.

No los dejaré desamparados, sino que volveré a ustedes. Dentro de poco, el mundo no me verá más, pero ustedes sí me verán, porque yo permanezco vivo y ustedes también vivirán. En aquel día entenderán que yo estoy en mi Padre, ustedes en mí y yo en ustedes.

El que acepta mis mandamientos y los cumple, ése me ama. Al que me ama a mí, lo amará mi Padre, yo también lo amaré y me manifestaré a él".

Palabra del Señor.   R. **Gloria a ti, Señor Jesús.**

Se dice Credo.

ORACIÓN SOBRE LAS OFRENDAS
Suba hasta ti, Señor, nuestra oración, acompañada por estas ofrendas, para que, purificados por tu bondad, nos dispongas para celebrar el sacramento de tu inmenso amor. Por Jesucristo, nuestro Señor.

Si me aman, cumplirán mis mandamientos, dice el Señor; y yo rogaré al Padre, y él les dará otro Abogado, que permanecerá con ustedes para siempre. Aleluya.

ORACIÓN DESPUÉS DE LA COMUNIÓN

Dios todopoderoso y eterno, que, por la resurrección de Cristo, nos has hecho renacer a la vida eterna, multiplica en nosotros el efecto de este sacramento pascual, e infunde en nuestros corazones el vigor que comunica este alimento de salvación. Por Jesucristo, nuestro Señor.

¿DE VERDAD AMAMOS A JESÚS?

Esta pregunta es fundamental en la vida de todo cristiano, porque para amar a Jesús primero tenemos que conocerlo, porque "nadie ama lo que no conoce". ¿Qué estamos haciendo para conocerlo cada día más?

➡ Y no se trata de un conocimiento meramente "intelectual", sino de tener la experiencia de tratar con él, de cultivar nuestra amistad con el Resucitado, porque Cristo no es un ser imaginario, no es una teoría ni un "invento", es alguien –el Verbo de Dios encarnado, el Hijo único de Dios– vivo, real, a quien tenemos que buscar como se busca un tesoro (aunque él siempre se hace el "encontradizo", como lo hizo con los discípulos de Emaús).

Que el Señor nos conceda crecer en su conocimiento y en su amor.

17 de mayo

24 de mayo
Domingo

La Ascensión del Señor
(Misa del día)

(*Blanco*)

ANTÍFONA DE ENTRADA   Hech 1, 11

Hombres de Galilea, ¿qué hacen allí parados mirando al cielo? Ese mismo Jesús, que los ha dejado para subir al cielo, volverá como lo han visto marcharse. Aleluya.

Se dice Gloria.

ORACIÓN COLECTA

Te rogamos nos concedas, Dios todopoderoso, que al reafirmar, en este día, nuestra fe en la ascensión a los cielos de tu Unigénito, nuestro Redentor, nosotros vivamos también con nuestros pensamientos puestos en los bienes del cielo. Por nuestro Señor Jesucristo…

San Lucas, al principio de los Hechos de los Apóstoles nos describe la partida del Señor hacia el cielo (PRIMERA LECTURA). San Mateo (EVANGELIO), refiere los términos de la misión confiada por Jesús a sus apóstoles, después de su última manifestación. San Pablo, por su parte (SEGUNDA LECTURA), se adentra más allá de la nube que escondió a Cristo y contempla al Señor, "sentado a la derecha de Dios en el cielo", como cabeza de toda la Iglesia y Señor del universo.

PRIMERA LECTURA
Del libro de los Hechos de los Apóstoles
1, 1-11

En mi primer libro, querido Teófilo, escribí acerca de todo lo que Jesús hizo y enseñó, hasta el día en que ascendió al cielo, después de dar sus instrucciones, por medio del Espíritu Santo, a los apóstoles que había elegido. A ellos se les apareció después de la pasión, les dio numerosas pruebas de que estaba vivo y durante cuarenta días se dejó ver por ellos y les habló del Reino de Dios.

Un día, estando con ellos a la mesa, les mandó: "No se alejen de Jerusalén. Aguarden aquí a que se cumpla la promesa de mi Padre, de la que ya les he hablado: Juan bautizó con agua; dentro de pocos días ustedes serán bautizados con el Espíritu Santo".

Los ahí reunidos le preguntaban: "Señor, ¿ahora sí vas a restablecer la soberanía de Israel?". Jesús les contestó: "A ustedes no les toca conocer el tiempo y la hora que el Padre ha determinado con su autoridad; pero cuando el Espíritu Santo descienda sobre ustedes, los llenará de fortaleza y serán mis testigos en Jerusalén, en toda Judea, en Samaria y hasta los últimos rincones de la tierra".

Dicho esto, se fue elevando a la vista de ellos, hasta que una nube lo ocultó a sus ojos. Mientras miraban fijamente al cielo, viéndolo alejarse, se les presentaron dos hombres vestidos de blanco, que les dijeron: "Galileos, ¿qué hacen allí parados, mirando al cielo? Ese mismo Jesús que los ha dejado para subir al cielo, volverá como lo han visto alejarse".

Palabra de Dios.   R. **Te alabamos, Señor.**

SALMO RESPONSORIAL

Del salmo 46

E. Loarca B.P. 1538

En - tre vo - ces de jú - bi - lo, Dios as - cien - de_a su tro - no. A - le - lu - ya, a - le - lu - ya.

R. **Entre voces de júbilo, Dios asciende a su trono. Aleluya.**

Aplaudan, pueblos todos;
aclamen al Señor, de gozo llenos;
que el Señor, el Altísimo, es terrible
y de toda la tierra, rey supremo. **R.**

Entre voces de júbilo y trompetas,
Dios, el Señor, asciende hasta su trono.
Cantemos en honor de nuestro Dios,
al rey honremos y cantemos todos. **R.**

Porque Dios es el rey del universo,
cantemos el mejor de nuestros cantos.
Reina Dios sobre todas las naciones
desde su trono santo. **R.**

SEGUNDA LECTURA

De la carta del apóstol san Pablo a los efesios
1, 17-23

Hermanos: Pido al Dios de nuestro Señor Jesucristo, el Padre de la gloria, que les conceda espíritu de sabiduría y de revelación para conocerlo. Le pido que les ilumine la mente para que comprendan cuál es la esperanza que les da su llamamiento, cuán gloriosa y rica es la herencia que Dios da a los que son suyos y cuál la extraordinaria grandeza de su poder para con nosotros, los que confiamos en él, por la eficacia de su fuerza poderosa.

La Ascensión del Señor (día)

Con esta fuerza resucitó a Cristo de entre los muertos y lo hizo sentar a su derecha en el cielo, por encima de todos los ángeles, principados, potestades, virtudes y dominaciones, y por encima de cualquier persona, no sólo del mundo actual sino también del futuro.

Todo lo puso bajo sus pies y a él mismo lo constituyó cabeza suprema de la Iglesia, que es su cuerpo, y la plenitud del que lo consuma todo en todo.

Palabra de Dios.   R. **Te alabamos, Señor.**

ACLAMACIÓN ANTES DEL EVANGELIO
Mt 28, 19. 20

A-le-lu - ya, a-le-lu - ya, a - le - lu - ya.

R. **Aleluya, aleluya.**
Vayan y hagan discípulos a todos los pueblos, dice el Señor,
y sepan que yo estoy con ustedes todos los días,
hasta el fin del mundo.

R. **Aleluya, aleluya.**

EVANGELIO
✠ Del santo Evangelio según san Mateo
28, 16-20

R. **Gloria a ti, Señor.**

En aquel tiempo, los once discípulos se fueron a Galilea y subieron al monte en el que Jesús los había citado. Al ver a Jesús, se postraron, aunque algunos titubeaban.

Entonces, Jesús se acercó a ellos y les dijo: "Me ha sido dado todo poder en el cielo y en la tierra. Vayan, pues, y hagan discípulos a todos los pueblos, bautizándolos en el nombre del Padre y del Hijo y del Espíritu Santo, y enseñándoles a

24 de mayo

cumplir todo cuanto yo les he mandado; y sepan que yo estoy con ustedes todos los días, hasta el fin del mundo".

Palabra del Señor.   R. **Gloria a ti, Señor Jesús.**

Se dice Credo.

ORACIÓN SOBRE LAS OFRENDAS

Al ofrecerte, Señor, este sacrificio en la gloriosa festividad de la ascensión, concédenos que por este santo intercambio, nos elevemos también nosotros a los bienes del cielo. Por Jesucristo, nuestro Señor.

ANTÍFONA DE LA COMUNIÓN   Mt 28, 20

Yo estaré con ustedes todos los días, hasta el fin del mundo. Aleluya.

ORACIÓN DESPUÉS DE LA COMUNIÓN

Dios todopoderoso y eterno, que nos permites participar en la tierra de los misterios divinos, concede que nuestro fervor cristiano nos oriente hacia el cielo, donde ya nuestra naturaleza humana está contigo. Por Jesucristo, nuestro Señor.

CRISTO QUIERE TENER MÁS DISCÍPULOS

Jesús desea que toda la humanidad encuentre la salvación que él nos ha ganado. No podemos quedarnos con sus enseñanzas sólo para nosotros; él quiere que haya cada día más gente que reciba sus beneficios. Colaboremos en esta obra que él confía a toda su Iglesia.

31 de mayo

Domingo de Pentecostés

(Misa del día)

(Rojo)

ANTÍFONA DE ENTRADA   Rom 5, 5; cfr. 8, 12

El amor de Dios ha sido infundido en nuestros corazones por el Espíritu Santo, que habita en nosotros. Aleluya.

Se dice Gloria.

ORACIÓN COLECTA

Dios nuestro, que por el misterio de la festividad de Pentecostés que hoy celebramos santificas a tu Iglesia, extendida por todas las naciones, concede al mundo entero los dones del Espíritu Santo y continúa obrando en el corazón de tus fieles las maravillas que te dignaste realizar en los comienzos de la predicación evangélica. Por nuestro Señor Jesucristo…

En el pasaje de los Hechos de los Apóstoles (PRIMERA LECTURA), se nos describe en detalle el acontecimiento del día de Pentecostés, aquel día en que el Espíritu Santo descendió sobre los apóstoles, reunidos con María, para que cumplieran con la misión que les había sido encomendada, como nos lo dice san Juan (EVANGELIO). También san Pablo (SEGUNDA LECTURA) se refiere a la venida del Espíritu Santo como principio de la unidad de la Iglesia en la diversidad de sus ministerios.

247

Del libro de los Hechos de los Apóstoles
2, 1-11

El día de Pentecostés, todos los discípulos estaban reunidos en un mismo lugar. De repente se oyó un gran ruido que venía del cielo, como cuando sopla un viento fuerte, que resonó por toda la casa donde se encontraban. Entonces aparecieron lenguas de fuego, que se distribuyeron y se posaron sobre ellos; se llenaron todos del Espíritu Santo y empezaron a hablar en otros idiomas, según el Espíritu los inducía a expresarse.

En esos días había en Jerusalén judíos devotos, venidos de todas partes del mundo. Al oír el ruido, acudieron en masa y quedaron desconcertados, porque cada uno los oía hablar en su propio idioma.

Atónitos y llenos de admiración, preguntaban: "¿No son galileos todos estos que están hablando? ¿Cómo, pues, los oímos hablar en nuestra lengua nativa? Entre nosotros hay medos, partos y elamitas; otros vivimos en Mesopotamia, Judea, Capadocia, en el Ponto y en Asia, en Frigia y en Panfilia, en Egipto o en la zona de Libia que limita con Cirene. Algunos somos visitantes, venidos de Roma, judíos y prosélitos; también hay cretenses y árabes. Y sin embargo, cada quien los oye hablar de las maravillas de Dios en su propia lengua".

Palabra de Dios.   R. **Te alabamos, Señor.**

SALMO RESPONSORIAL
Del salmo 103

E. Loarca B.P. 1540

En - ví - a, Se - ñor, tu Es - pí - ri - tu a re - no - var la

tie - rra. A - le - lu - ya, a - le - lu - ya, a - le - lu - ya.

R. Envía, Señor, tu Espíritu a renovar la tierra. Aleluya.

Bendice al Señor, alma mía;
Señor y Dios mío, inmensa es tu grandeza.
¡Qué numerosas son tus obras, Señor!
La tierra llena está de tus creaturas. R.

Si retiras tu aliento,
toda creatura muere y vuelve al polvo.
Pero envías tu espíritu, que da vida,
y renuevas el aspecto de la tierra. R.

Que Dios sea glorificado para siempre
y se goce en sus creaturas.
Ojalá que le agraden mis palabras
y yo me alegraré en el Señor. R.

SEGUNDA LECTURA

De la primera carta del apóstol san Pablo a los corintios
12, 3-7. 12-13

Hermanos: Nadie puede llamar a Jesús "Señor", si no es bajo la acción del Espíritu Santo.

Hay diferentes dones, pero el Espíritu es el mismo. Hay diferentes servicios, pero el Señor es el mismo. Hay diferentes actividades, pero Dios, que hace todo en todos, es el mismo.

En cada uno se manifiesta el Espíritu para el bien común. Porque así como el cuerpo es uno y tiene muchos miembros y todos ellos, a pesar de ser muchos, forman un solo cuerpo, así también es Cristo. Porque todos nosotros, seamos judíos o no judíos, esclavos o libres, hemos sido bautizados en un mismo Espíritu para formar un solo cuerpo, y a todos se nos ha dado a beber del mismo Espíritu.

Palabra de Dios. R. **Te alabamos, Señor.**

SECUENCIA

Ven, Dios Espíritu Santo,
y envíanos desde el cielo
tu luz, para iluminarnos.

Ven ya, padre de los pobres,
luz que penetra en las almas,
dador de todos los dones.

Fuente de todo consuelo,
amable huésped del alma,
paz en las horas de duelo.

Eres pausa en el trabajo;
brisa, en un clima de fuego;
consuelo, en medio del llanto.

Ven, luz santificadora,
y entra hasta el fondo del alma
de todos los que te adoran.

Sin tu inspiración divina
los hombres nada podemos
y el pecado nos domina.

Lava nuestras inmundicias,
fecunda nuestros desiertos
y cura nuestras heridas.

Doblega nuestra soberbia,
calienta nuestra frialdad,
endereza nuestras sendas.

Concede a aquellos que ponen
en ti su fe y su confianza
tus siete sagrados dones.

Danos virtudes y méritos,
danos una buena muerte
y contigo el gozo eterno.

ACLAMACIÓN ANTES DEL EVANGELIO

R. **Aleluya, aleluya.**
Ven, Espíritu Santo, llena los corazones de tus fieles
y enciende en ellos el fuego de tu amor.
R. **Aleluya, aleluya.**

EVANGELIO

✠ Del santo Evangelio según san Juan
20, 19-23

R. **Gloria a ti, Señor.**

Al anochecer del día de la resurrección, estando cerradas las puertas de la casa donde se hallaban los discípulos, por miedo a los judíos, se presentó Jesús en medio de ellos y les dijo: "La paz esté con ustedes". Dicho esto, les mostró las manos y el costado. Cuando los discípulos vieron al Señor, se llenaron de alegría.

De nuevo les dijo Jesús: "La paz esté con ustedes. Como el Padre me ha enviado, así también los envío yo". Después de decir esto, sopló sobre ellos y les dijo: "Reciban el Espíritu Santo. A los que les perdonen los pecados, les quedarán perdonados; y a los que no se los perdonen, les quedarán sin perdonar".

Palabra del Señor.　R. **Gloria a ti, Señor Jesús.**

Se dice Credo.

ORACIÓN SOBRE LAS OFRENDAS

Concédenos, Señor, que, conforme a la promesa de tu Hijo, el Espíritu Santo nos haga comprender con más plenitud el misterio de este sacrificio y haz que nos descubra toda su verdad. Por Jesucristo, nuestro Señor.

ANTÍFONA DE LA COMUNIÓN　　　　　　Hech 2, 4. 11
Todos quedaron llenos del Espíritu Santo, y proclamaban las maravillas de Dios. Aleluya.

ORACIÓN DESPUÉS DE LA COMUNIÓN

Dios nuestro, tú que concedes a tu Iglesia dones celestiales consérvale la gracia que le has dado, para que permanezca siempre vivo en ella el don del Espíritu Santo que le infundiste; y que este alimento espiritual nos sirva para alcanzar la salvación eterna. Por Jesucristo, nuestro Señor.

DESPEDIDA

Anuncien a todos la alegría del Señor Resucitado.
Vayan en paz, aleluya, aleluya.

O bien:

Pueden ir en paz, aleluya, aleluya.

R.　**Demos gracias a Dios, aleluya, aleluya.**

PIDAMOS UN NUEVO PENTECOSTÉS PARA LA IGLESIA

Nos damos cuenta de que los apóstoles tuvieron un impresionante cambio a partir de aquel Domingo de Pentecostés, en que, reunidos con la santísima Virgen María y las santas mujeres, recibieron la efusión del Espíritu Santo.

◆ Pedro pasó del miedo a los judíos al valor de anunciar a Cristo muerto y resucitado, sin importarle ya entregar su vida por la causa de su Señor. De hecho, Pedro murió crucificado en Roma (alrededor del año 67), dando un fiel testimonio de su amor a Jesús, durante la persecución de Nerón a la Iglesia.

◆ Es innegable que el Espíritu Santo asiste a su Iglesia en cada momento. Sin su acción no serían posibles los sacramentos. Pero hace falta que el pueblo de Dios y sus pastores recibamos una especial efusión del Espíritu Santo que nos quite la tibieza, el miedo y todo aquello que no nos permite ser santos.

**¡Ven, Espíritu Santo,
llena los corazones
de tus fieles y enciende
en ellos el fuego de tu amor!**

7 de junio   La Santísima Trinidad

(Blanco)

ANTÍFONA DE ENTRADA

Bendito sea Dios, Padre, Hijo y Espíritu Santo, porque ha tenido misericordia con nosotros.

Se dice Gloria.

ORACIÓN COLECTA

Dios Padre, que al enviar al mundo la Palabra de verdad y el Espíritu santificador, revelaste a todos los hombres tu misterio admirable, concédenos que, profesando la fe verdadera, reconozcamos la gloria de la eterna Trinidad y adoremos la Unidad de su majestad omnipotente. Por nuestro Señor Jesucristo…

Siguiendo a Moisés (PRIMERA LECTURA), vamos a encontrarnos con el Dios Altísimo que es también el Dios comprensivo y misericordioso. Tan inmensa es la misericordia de Dios, que entregó a su Hijo único por amor al mundo (EVANGELIO) y el Hijo de Dios, hecho hombre, nos envió a su vez al Espíritu Santo. De esta manera nos encontramos frente a la Santísima Trinidad, al contemplar en nuestro interior la gracia del Hijo, nuestro Señor Jesucristo, el amor del Padre y la comunión del Espíritu Santo, como lo dice san Pablo (SEGUNDA LECTURA).

PRIMERA LECTURA

Del libro del Éxodo

34, 4-6. 8-9

En aquellos días, Moisés subió de madrugada al monte Sinaí, llevando en la mano las dos tablas de piedra, como le había mandado el Señor. El Señor descendió en una nube y se le hizo presente.

Moisés pronunció entonces el nombre del Señor, y el Señor, pasando delante de él, proclamó: "Yo soy el Señor, el Señor Dios, compasivo y clemente, paciente, misericordioso y fiel".

Al instante, Moisés se postró en tierra y lo adoró, diciendo: "Si de veras he hallado gracia a tus ojos, dígnate venir ahora con nosotros, aunque este pueblo sea de cabeza dura; perdona nuestras iniquidades y pecados, y tómanos como cosa tuya".

Palabra de Dios.   R. **Te alabamos, Señor.**

SALMO RESPONSORIAL

Daniel 3

B.P. 1573

Ben - di - to, ben - di - to se - a el Se - ñor pa - ra siem - pre.

R. **Bendito seas para siempre, Señor.**

Bendito seas, Señor, Dios de nuestros padres.
Bendito sea tu nombre santo y glorioso. R.
Bendito seas en el templo santo y glorioso.
Bendito seas en el trono de tu reino. R.
Bendito eres tú, Señor,
que penetras con tu mirada los abismos
y te sientas en un trono rodeado de querubines.
Bendito seas, Señor, en la bóveda del cielo. R.

SEGUNDA LECTURA

De la segunda carta del apóstol san Pablo a los corintios
13, 11-13

Hermanos: Estén alegres, trabajen por su perfección, aní-
mense mutuamente, vivan en paz y armonía. Y el Dios
del amor y de la paz estará con ustedes.

Salúdense los unos a los otros con el saludo de paz.

Los saludan todos los fieles.

La gracia de nuestro Señor Jesucristo, el amor del Padre
y la comunión del Espíritu Santo estén siempre con ustedes.

Palabra de Dios.   R. **Te alabamos, Señor.**

ACLAMACIÓN ANTES DEL EVANGELIO

Cfr. Apoc 1, 8

R. **Aleluya, aleluya.**
Gloria al Padre y al Hijo y al Espíritu Santo.
Al Dios que es, que era y que vendrá.

R. **Aleluya, aleluya.**

EVANGELIO

✠ Del santo Evangelio según san Juan
3, 16-18

R. **Gloria a ti, Señor.**

"Tanto amó Dios al mundo, que le entregó a su Hijo único, para que todo el que crea en él no perezca, sino que
tenga vida eterna. Porque Dios no envió a su Hijo para con-
denar al mundo, sino para que el mundo se salvara por él. El
que cree en él no será condenado; pero el que no cree ya está
condenado, por no haber creído en el Hijo único de Dios".

Palabra del Señor.   R. **Gloria a ti, Señor Jesús.**

Se dice Credo.

ORACIÓN SOBRE LAS OFRENDAS
Por la invocación de tu nombre, santifica, Señor, estos dones que te presentamos y transfórmanos por ellos en una continua oblación a ti. Por Jesucristo, nuestro Señor.

ANTÍFONA DE LA COMUNIÓN   Gál 4, 6
Porque ustedes son hijos de Dios, Dios infundió en sus corazones el Espíritu de su Hijo, que clama: Abbá, Padre.

ORACIÓN DESPUÉS DE LA COMUNIÓN
Que la recepción de este sacramento y nuestra profesión de fe en la Trinidad santa y eterna, y en su Unidad indivisible, nos aprovechen, Señor, Dios nuestro, para la salvación de cuerpo y alma. Por Jesucristo, nuestro Señor.

EN LA LITURGIA CELEBRAMOS LO QUE CREEMOS

La Iglesia ora lo que cree, y para este domingo ha establecido una fiesta que nos recuerda una verdad fundamental: Dios es Padre, Hijo y Espíritu Santo.

▲ La gran mayoría de las oraciones de nuestra liturgia están dirigidas al Padre, por Cristo, en el Espíritu Santo.

▲ Fuimos bautizados "en el nombre del Padre, y del Hijo, y del Espíritu Santo", y toda oración cristiana la iniciamos "en el nombre del Padre, y del Hijo, y del Espíritu Santo".

Adoremos al único Dios verdadero en tres Personas distintas.

11 de junio   El Cuerpo y la Sangre de Cristo

Jueves   *(Blanco)*

ANTÍFONA DE ENTRADA   Cfr. Sal 80, 17

Alimentó a su pueblo con lo mejor del trigo y lo sació con miel sacada de la roca.

Se dice Gloria.

ORACIÓN COLECTA

Señor nuestro Jesucristo, que en este admirable sacramento nos dejaste el memorial de tu pasión, concédenos venerar de tal modo los sagrados misterios de tu Cuerpo y de tu Sangre, que experimentemos continuamente en nosotros el fruto de tu redención. Tú que vives y reinas con el Padre…

Mientras el pueblo de Israel caminaba por el desierto, Dios mismo lo alimentaba proporcionándole el maná (PRIMERA LECTURA). Aquel alimento sostenía el cuerpo, pero no evitaba la muerte de los que lo comían. En cambio, vino Jesús, el verdadero pan de la vida, y proclamó: "El que come mi carne y bebe mi sangre, tiene vida eterna" (EVANGELIO). San Pablo añade (SEGUNDA LECTURA) que todos los cristianos forman entre sí "un solo cuerpo" al participar todos del cuerpo del Señor y al compartir su cáliz.

PRIMERA LECTURA
Del libro del Deuteronomio

8, 2-3. 14-16

En aquel tiempo, habló Moisés al pueblo y le dijo: "Recuerda el camino que el Señor, tu Dios, te ha hecho recorrer estos cuarenta años por el desierto, para afligirte, para ponerte a prueba y conocer si ibas a guardar sus mandamientos o no.

Él te afligió, haciéndote pasar hambre, y después te alimentó con el maná, que ni tú ni tus padres conocían, para enseñarte que no sólo de pan vive el hombre, sino también de toda palabra que sale de la boca de Dios.

No sea que te olvides del Señor, tu Dios, que te sacó de Egipto y de la esclavitud; que te hizo recorrer aquel desierto inmenso y terrible, lleno de serpientes y alacranes; que en una tierra árida hizo brotar para ti agua de la roca más dura, y que te alimentó en el desierto con un maná que no conocían tus padres".

Palabra de Dios.   R. **Te alabamos, Señor.**

SALMO RESPONSORIAL
Del salmo 147

M.T. Carrasco B.P. 1576

Ben - di - to   se - a el Se - ñor,   ben - di - to   se - a el Se - ñor.

R. **Bendito sea el Señor.**

Glorifica al Señor, Jerusalén,
a Dios ríndele honores, Israel.
Él refuerza el cerrojo de tus puertas
y bendice a tus hijos en tu casa. R.

    Él mantiene la paz en tus fronteras,
con su trigo mejor sacia tu hambre.
Él envía a la tierra su mensaje
y su palabra corre velozmente. R.

Le muestra a Jacob sus pensamientos,
sus normas y designios a Israel.
No ha hecho nada igual con ningún pueblo
ni le ha confiado a otro sus proyectos. R.

SEGUNDA LECTURA

De la primera carta del apóstol san Pablo a los corintios
10, 16-17

Hermanos: El cáliz de la bendición con el que damos gracias, ¿no nos une a Cristo por medio de su sangre? Y el pan que partimos, ¿no nos une a Cristo por medio de su cuerpo? El pan es uno, y así nosotros, aunque somos muchos, formamos un solo cuerpo, porque todos comemos del mismo pan.

Palabra de Dios.   R. **Te alabamos, Señor.**

SECUENCIA

(Puede omitirse o puede recitarse en forma abreviada, comenzando por la estrofa: *"El pan que del cielo baja").

Al Salvador alabemos,
que es nuestro pastor y guía.
Alabémoslo con himnos
y canciones de alegría.

Alabémoslo sin límites
y con nuestras fuerzas todas;
pues tan grande es el Señor,
que nuestra alabanza es poca.

Gustosos hoy aclamamos
a Cristo, que es nuestro pan,
pues él es el pan de vida,
que nos da vida inmortal.

Doce eran los que cenaban
y les dio pan a los doce.
Doce entonces lo comieron,
y, después, todos los hombres.

Sea plena la alabanza
y llena de alegres cantos;
que nuestra alma se desborde
en todo un concierto santo.

Hoy celebramos con gozo
la gloriosa institución
de este banquete divino,
el banquete del Señor.

Ésta es la nueva Pascua,
Pascua del único Rey,
que termina con la alianza
tan pesada de la ley.

Esto nuevo, siempre nuevo,
es la luz de la verdad,
que sustituye a lo viejo
con reciente claridad.

En aquella última cena
Cristo hizo la maravilla
de dejar a sus amigos
el memorial de su vida.

Enseñados por la Iglesia,
consagramos pan y vino,
que a los hombres nos redimen,
y dan fuerza en el camino.

Es un dogma del cristiano
que el pan se convierte en carne,
y lo que antes era vino
queda convertido en sangre.

Hay cosas que no entendemos,
pues no alcanza la razón;
mas si las vemos con fe,
entrarán al corazón.

Bajo símbolos diversos
y en diferentes figuras,
se esconden ciertas verdades
maravillosas, profundas.

Su sangre es nuestra bebida;
su carne, nuestro alimento;
pero en el pan o en el vino
Cristo está todo completo.

Quien lo come, no lo rompe,
no lo parte ni divide;
él es el todo y la parte;
vivo está en quien lo recibe.

Puede ser tan sólo uno
el que se acerca al altar,
o pueden ser multitudes:
Cristo no se acabará.

Lo comen buenos y malos,
con provecho diferente;
no es lo mismo tener vida
que ser condenado a muerte.

A los malos les da muerte
y a los buenos les da vida.
¡Qué efecto tan diferente
tiene la misma comida!

Si lo parten, no te apures;
sólo parten lo exterior;
en el mínimo fragmento
entero late el Señor.

Cuando parten lo exterior,
sólo parten lo que has visto;
no es una disminución
de la persona de Cristo.

*El pan que del cielo baja
es comida de viajeros.
Es un pan para los hijos.
¡No hay que tirarlo a los perros!

Isaac, el inocente,
es figura de este pan,
con el cordero de Pascua
y el misterioso maná.

Ten compasión de nosotros,
buen pastor, pan verdadero.
Apaciéntanos y cuídanos
y condúcenos al cielo.

Todo lo puedes y sabes,
pastor de ovejas, divino.
Concédenos en el cielo
gozar la herencia contigo. Amén.

ACLAMACIÓN ANTES DEL EVANGELIO
Jn 6, 51

R. **Aleluya, aleluya.**
Yo soy el pan vivo que ha bajado del cielo, dice el Señor;
el que coma de este pan vivirá para siempre.
R. **Aleluya, aleluya.**

EVANGELIO
✠ Del santo Evangelio según san Juan
6, 51-58

R. **Gloria a ti, Señor.**

En aquel tiempo, Jesús dijo a los judíos: "Yo soy el pan vivo que ha bajado del cielo; el que coma de este pan vivirá para siempre. Y el pan que yo les voy a dar es mi carne para que el mundo tenga vida".

Entonces los judíos se pusieron a discutir entre sí: "¿Cómo puede éste darnos a comer su carne?".

Jesús les dijo: "Yo les aseguro: Si no comen la carne del Hijo del hombre y no beben su sangre, no podrán tener vida en ustedes. El que come mi carne y bebe mi sangre, tiene vida eterna y yo lo resucitaré el último día.

Mi carne es verdadera comida y mi sangre es verdadera bebida. El que come mi carne y bebe mi sangre, permanece en mí y yo en él. Como el Padre, que me ha enviado, posee la vida y yo vivo por él, así también el que me come vivirá por mí.

Éste es el pan que ha bajado del cielo; no es como el maná que comieron sus padres, pues murieron. El que come de este pan vivirá para siempre".

Palabra del Señor.   R. **Gloria a ti, Señor Jesús.**

Se dice Credo.

ORACIÓN SOBRE LAS OFRENDAS

Señor, concede, bondadoso, a tu Iglesia, los dones de la unidad y de la paz, significados místicamente en las ofrendas que te presentamos. Por Jesucristo, nuestro Señor.

ANTÍFONA DE LA COMUNIÓN   Jn 6, 56

El que come mi carne y bebe mi sangre, permanece en mí y yo en él, dice el Señor.

ORACIÓN DESPUÉS DE LA COMUNIÓN

Concédenos, Señor Jesucristo, disfrutar eternamente del gozo de tu divinidad que ahora pregustamos, en la comunión de tu Cuerpo y de tu Sangre. Tú que vives y reinas por los siglos de los siglos.

ÉL ESTÁ CON NOSOTROS
¿Y NO NOS DAMOS CUENTA?

Aun estando en el cielo, Cristo está con nosotros.

○ Él se queda como verdadero alimento nuestro.

○ Su presencia real permanece en cada hostia consagrada que se conserva en los sagrarios de todo el mundo.

No seamos indiferentes ante la presencia eucarística de Jesús.

14 de junio 11º Domingo del T. Ordinario

(*Verde*)

ANTÍFONA DE ENTRADA Cfr. Sal 26, 7. 9

Oye, Señor, mi voz y mis clamores. Ven en mi ayuda, no me rechaces, ni me abandones, Dios, salvador mío.

Se dice Gloria.

ORACIÓN COLECTA

Señor Dios, fortaleza de los que en ti esperan, acude, bonda-doso, a nuestro llamado y puesto que sin ti nada puede nues-tra humana debilidad, danos siempre la ayuda de tu gracia, para que, en el cumplimiento de tu voluntad, te agrademos siempre con nuestros deseos y acciones. Por nuestro Señor Jesucristo…

Ya en el Antiguo Testamento, el Señor había escogido a su pueblo y "lo había levantado en alas de águila" (PRIMERA LECTURA). Nuestro Señor, en el EVANGELIO, escoge a doce apóstoles para que vayan a proclamar el Reino de los cielos. Los envía con un poder gratuito que ellos han de ejercer gratuitamente. San Pablo, en la SEGUNDA LEC-TURA, nos habla de la prueba suprema que Dios nos ha dado cuando éramos pecadores: Cristo murió por nosotros. Y concluye que ahora, que hemos sido ya reconciliados, participaremos más abundantemente de la vida de su Hijo.

PRIMERA LECTURA

Del libro del Éxodo

19, 2-6

En aquellos días, el pueblo de Israel salió de Refidim, llegó al desierto del Sinaí y acampó frente al monte. Moisés subió al monte para hablar con Dios. El Señor lo llamó desde el monte y le dijo: "Esto dirás a la casa de Jacob, esto anunciarás a los hijos de Israel: 'Ustedes han visto cómo castigué a los egipcios y de qué manera los he levantado a ustedes sobre alas de águila y los he traído a mí. Ahora bien, si escuchan mi voz y guardan mi alianza, serán mi especial tesoro entre todos los pueblos, aunque toda la tierra es mía. Ustedes serán para mí un reino de sacerdotes y una nación consagrada' ".

Palabra de Dios. ℟. **Te alabamos, Señor.**

SALMO RESPONSORIAL

Del salmo 99

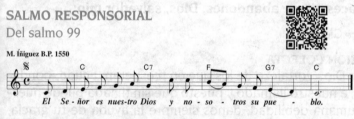

M. Íñiguez B.P. 1550

El Se - ñor es nues-tro Dios y no - so - tros su pue - blo.

℟. **El Señor es nuestro Dios y nosotros su pueblo.**

Alabemos a Dios todos los hombres,
sirvamos al Señor con alegría
y con júbilo entremos en su templo. ℟.

    Reconozcamos que el Señor es Dios,
que él fue quien nos hizo y somos suyos,
que somos su pueblo y su rebaño. ℟.

    Porque el Señor es bueno, bendigámoslo,
porque es eterna su misericordia
y su fidelidad nunca se acaba. ℟.

SEGUNDA LECTURA

De la carta del apóstol san Pablo a los romanos
5, 6-11

Hermanos: Cuando todavía no teníamos fuerzas para salir del pecado, Cristo murió por los pecadores en el tiempo señalado. Difícilmente habrá alguien que quiera morir por un justo, aunque puede haber alguno que esté dispuesto a morir por una persona sumamente buena. Y la prueba de que Dios nos ama está en que Cristo murió por nosotros, cuando aún éramos pecadores.

Con mayor razón, ahora que ya hemos sido justificados por su sangre, seremos salvados por él del castigo final. Porque, si cuando éramos enemigos de Dios, fuimos reconciliados con él por la muerte de su Hijo, con mucho más razón, estando ya reconciliados, recibiremos la salvación participando de la vida de su Hijo. Y no sólo esto, sino que también nos gloriamos en Dios, por medio de nuestro Señor Jesucristo, por quien hemos obtenido ahora la reconciliación.

Palabra de Dios. R. **Te alabamos, Señor.**

ACLAMACIÓN ANTES DEL EVANGELIO

Mc 1, 15

R. **Aleluya, aleluya.**
El Reino de Dios ya está cerca, dice el Señor.
Conviértanse y crean en el Evangelio.
R. **Aleluya, aleluya.**

EVANGELIO

✠ Del santo Evangelio según san Mateo
9, 36–10, 8

R. **Gloria a ti, Señor.**

En aquel tiempo, al ver Jesús a las multitudes, se compadecía de ellas, porque estaban extenuadas y desamparadas, como ovejas sin pastor. Entonces dijo a sus discípulos: "La cosecha es mucha y los trabajadores, pocos. Rueguen, por lo tanto, al dueño de la mies que envíe trabajadores a sus campos".

Después, llamando a sus doce discípulos, les dio poder para expulsar a los espíritus impuros y curar toda clase de enfermedades y dolencias.

Éstos son los nombres de los doce apóstoles: el primero de todos, Simón, llamado Pedro, y su hermano Andrés; Santiago y su hermano Juan, hijos de Zebedeo; Felipe y Bartolomé; Tomás y Mateo, el publicano; Santiago, hijo de Alfeo, y Tadeo; Simón, el cananeo, y Judas Iscariote, que fue el traidor.

A estos doce los envió Jesús con estas instrucciones: "No vayan a tierra de paganos ni entren en ciudades de samaritanos. Vayan más bien en busca de las ovejas perdidas de la casa de Israel. Vayan y proclamen por el camino que ya se acerca el Reino de los cielos. Curen a los leprosos y demás enfermos; resuciten a los muertos y echen fuera a los demonios. Gratuitamente han recibido este poder; ejérzanlo, pues, gratuitamente".

Palabra del Señor.   R. **Gloria a ti, Señor Jesús.**

Se dice Credo.

ORACIÓN SOBRE LAS OFRENDAS
Tú que con este pan y este vino que te presentamos das al género humano el alimento que lo sostiene y el sacramento que lo renueva, concédenos, Señor, que nunca nos falte esta ayuda para el cuerpo y el alma. Por Jesucristo, nuestro Señor.

ANTÍFONA DE LA COMUNIÓN   Jn 17, 11
Padre santo, guarda en tu nombre a los que me has dado, para que, como nosotros, sean uno, dice el Señor.

ORACIÓN DESPUÉS DE LA COMUNIÓN

Señor, que esta santa comunión, que acabamos de recibir, así como significa la unión de los fieles en ti, así también lleve a efecto la unidad en tu Iglesia. Por Jesucristo, nuestro Señor.

NECESITAMOS CONTAR CON MINISTROS ORDENADOS

San Ignacio de Antioquía escribió: "Los ministerios conferidos por la ordenación son insustituibles para la estructura orgánica de la Iglesia: sin el obispo, los presbíteros y los diáconos no se puede hablar de Iglesia".

✤ En el evangelio de este domingo, Jesús nos invita a orar por las vocaciones: "La cosecha es mucha y los trabajadores, pocos.

Rueguen, por lo tanto, al dueño de la mies que envíe trabajadores a sus campos".

✤ ¿Qué haríamos si ya no contáramos con los ministros válidamente ordenados?, ¿cómo recibiríamos a Jesús en la Eucaristía si no hubiera sacerdotes?, ¿cómo podríamos seguir adelante sin los sacramentos?, ¿quién sería cabeza de nuestras comunidades cristianas?

✤ El de hoy es un llamado urgente a rogar, con todo el corazón, que el Señor se apiade de nosotros y, en su Divina Providencia, no deje de enviarnos obispos, presbíteros y diáconos santos.

Tenemos que pedir, con humildad y fe, que el Señor envíe trabajadores a sus campos.

19 de junio   El Sagrado Corazón de Jesús

Viernes   (*Blanco*)

ANTÍFONA DE ENTRADA   Sal 32, 11. 19

Los proyectos de su corazón subsisten de generación en generación, para librar de la muerte a sus fieles y reanimarlos en tiempo de hambre.

Se dice Gloria.

ORACIÓN COLECTA

Señor Dios, que en tu misericordia te dignas enriquecernos con los infinitos tesoros del amor del Corazón de tu Hijo, traspasado por nuestros pecados, concédenos que al presentarte el fervoroso homenaje de nuestra devoción, cumplamos también con el deber de una digna reparación. Por nuestro Señor Jesucristo, tu Hijo…

Jesús fue manso y humilde de corazón (EVANGELIO) y aquella mansedumbre lo llevó hasta aceptar la humillación de la cruz y a dar muestras de su infinito amor hacia los hombres. Así lo indica san Juan (SEGUNDA LECTURA), al señalarnos que Dios envió, por amor a nosotros, a su Hijo único para redimirnos. Y ya desde muchos siglos antes, Dios había preparado a los hombres para la revelación de su amor, al liberar a su pueblo de los opresores (PRIMERA LECTURA).

PRIMERA LECTURA

Del libro del Deuteronomio
7, 6-11

En aquel tiempo, habló Moisés al pueblo y le dijo: "Eres un pueblo consagrado al Señor, tu Dios; él te ha elegido a ti para que seas pueblo suyo entre todos los pueblos de la tierra.

El Señor se ha comprometido contigo y te ha elegido, no por ser tú el más numeroso de todos los pueblos, ya que al contrario, eres el menos numeroso; más bien te ha elegido por el amor que te tiene y para cumplir el juramento hecho a tus padres. Por eso, el Señor, con mano firme, te sacó de la esclavitud y del poder del faraón, rey de Egipto.

Reconoce, pues, que el Señor, tu Dios, es el Dios verdadero y fiel. Él guarda su alianza y su misericordia hasta mil generaciones para los que lo aman y cumplen sus mandamientos; pero castiga a quienes lo odian, y los hace perecer sin demora.

Guarda, pues, los mandamientos, preceptos y leyes que yo te mando hoy poner en práctica".

Palabra de Dios.   R. **Te alabamos, Señor.**

SALMO RESPONSORIAL
Del salmo 102

B.P. 1546

El Se - ñor es com - pa - si - vo, y mi - se - ri - cor - dio - so.

R. **El Señor es compasivo y misericordioso.**

Bendice al Señor, alma mía,
que todo mi ser bendiga su santo nombre.
Bendice al Señor, alma mía,
y no te olvides de sus beneficios. R.

269

El Señor perdona tus pecados
y cura tus enfermedades;
él rescata tu vida del sepulcro
y te colma de amor y de ternura. R.

El Señor hace justicia
y le da la razón al oprimido.
A Moisés le mostró su bondad
y sus prodigios al pueblo de Israel. R.

El Señor es compasivo y misericordioso,
lento para enojarse y generoso para perdonar.
No nos trata como merecen nuestras culpas,
ni nos paga según nuestros pecados. R.

SEGUNDA LECTURA
De la primera carta del apóstol san Juan
4, 7-16

Queridos hijos: Amémonos los unos a los otros, porque el amor viene de Dios; y todo el que ama ha nacido de Dios y conoce a Dios. El que no ama, no conoce a Dios, porque Dios es amor. El amor que Dios nos tiene se ha manifestado en que envió al mundo a su Hijo unigénito, para que vivamos por él.

El amor consiste en esto: no en que nosotros hayamos amado a Dios, sino en que él nos amó primero y nos envió a su Hijo, como víctima de expiación por nuestros pecados.

Si Dios nos ha amado tanto, también nosotros debemos amarnos los unos a los otros. A Dios nadie lo ha visto nunca; pero si nos amamos los unos a los otros, Dios permanece en nosotros y su amor en nosotros es perfecto.

En esto conocemos que permanecemos en él, y él en nosotros: en que nos ha dado su Espíritu. Nosotros hemos visto, y de ello damos testimonio, que el Padre envió a su Hijo como Salvador del mundo. Quien confiesa que Jesús es el Hijo de Dios, permanece en Dios y Dios en él.

El Sagrado Corazón de Jesús

Nosotros hemos conocido el amor que Dios nos tiene y hemos creído en ese amor. Dios es amor y quien permanece en el amor, permanece en Dios y Dios en él.

Palabra de Dios.   R. **Te alabamos, Señor.**

ACLAMACIÓN ANTES DEL EVANGELIO
Mt 11, 29

B.P. 1032 - Sosa

A - le - lu - ya, a - le - lu - ya, a-le-lu - ya.

R. **Aleluya, aleluya.**
Tomen mi yugo sobre ustedes, dice el Señor,
y aprendan de mí, que soy manso y humilde de corazón.
R. **Aleluya, aleluya.**

EVANGELIO

✠ Del santo Evangelio según san Mateo
✠ 11, 25-30

R. **Gloria a ti, Señor.**

En aquel tiempo, Jesús exclamó: "¡Yo te alabo, Padre, Señor del cielo y de la tierra, porque has escondido estas cosas a los sabios y entendidos, y las has revelado a la gente sencilla! Gracias, Padre, porque así te ha parecido bien.

El Padre ha puesto todas las cosas en mis manos. Nadie conoce al Hijo sino el Padre, y nadie conoce al Padre sino el Hijo y aquel a quien el Hijo se lo quiera revelar.

Vengan a mí, todos los que están fatigados y agobiados por la carga, y yo les daré alivio. Tomen mi yugo sobre ustedes y aprendan de mí, que soy manso y humilde de corazón, y encontrarán descanso, porque mi yugo es suave y mi carga ligera".

Palabra del Señor.   R. **Gloria a ti, Señor Jesús.**

Se dice Credo.

ORACIÓN SOBRE LAS OFRENDAS

Mira, Señor, el inefable amor del corazón de tu Hijo amado, para que este don que te ofrecemos sea agradable a tus ojos y sirva como expiación de nuestros pecados. Por Jesucristo, nuestro Señor.

ANTÍFONA DE LA COMUNIÓN   Jn 19, 34

Uno de los soldados le traspasó el costado con su lanza, e inmediatamente salió sangre y agua.

ORACIÓN DESPUÉS DE LA COMUNIÓN

Señor y Padre nuestro, que este sacramento de amor nos haga arder en santo afecto, de modo que, atraídos siempre hacia tu Hijo, sepamos reconocerlo en nuestros hermanos. Él, que vive y reina por los siglos de los siglos.

CORRESPONDAMOS CON NUESTRO AMOR AL AMOR CON QUE JESÚS NOS AMA

El culto que se tributa al Sagrado Corazón de Jesús, como dijo Pío XII, "está arraigado en la Iglesia, que se apoya profundamente en los mismos Evangelios; un culto, en cuyo favor está claramente la Tradición y la sagrada Liturgia, y que los mismos Romanos Pontífices han ensalzado con alabanzas tan multiplicadas como grandes".

Del Corazón abierto de Jesús nacen la Iglesia y los sacramentos.

21 de junio   12º Domingo del T. Ordinario

(*Verde*)

ANTÍFONA DE ENTRADA   Cfr. Sal 27, 8-9

El Señor es la fuerza de su pueblo, defensa y salvación para su Ungido. Sálvanos, Señor, vela sobre nosotros y guíanos siempre.

Se dice Gloria.

ORACIÓN COLECTA

Señor, concédenos vivir siempre en el amor y respeto a tu santo nombre, ya que jamás dejas de proteger a quienes estableces en el sólido fundamento de tu amor. Por nuestro Señor Jesucristo…

Cuando nuestro Señor envía a los apóstoles a predicar el Evangelio, les dice que no teman, pues él será su apoyo ante el Padre (EVANGELIO). Del mismo modo había prometido Dios, que salvó la vida de su pobre de las manos de los malvados, ser el amparo de Jeremías contra sus enemigos (PRIMERA LECTURA). La fe de la Iglesia en lo referente al pecado original está esencialmente fundada sobre el texto de la SEGUNDA LECTURA. En ella san Pablo subraya nuestra solidaridad en la condenación, a fin de exaltar nuestra solidaridad en la gracia, que se nos ha dado en Jesucristo.

PRIMERA LECTURA

Del libro del profeta Jeremías
20, 10-13

En aquel tiempo, dijo Jeremías:
"Yo oía el cuchicheo de la gente que decía:
'Terror por todas partes.
Denunciemos a Jeremías,
vamos a denunciarlo'.
Todos los que eran mis amigos espiaban mis pasos,
esperaban que tropezara y me cayera, diciendo:
'Si se tropieza y se cae, lo venceremos
y podremos vengarnos de él'.

Pero el Señor, guerrero poderoso, está a mi lado;
por eso mis perseguidores caerán por tierra
y no podrán conmigo;
quedarán avergonzados de su fracaso
y su ignominia será eterna e inolvidable.

Señor de los ejércitos, que pones a prueba al justo
y conoces lo más profundo de los corazones,
haz que yo vea tu venganza contra ellos,
porque a ti he encomendado mi causa.

Canten y alaben al Señor,
porque él ha salvado la vida de su pobre
de la mano de los malvados".

Palabra de Dios.   R. **Te alabamos, Señor.**

SALMO RESPONSORIAL

Del salmo 68

W. Íñiguez B.P. 1551

R. **Escúchame, Señor, porque eres bueno.**

274

Por ti he sufrido oprobios
y la vergüenza cubre mi semblante.
Extraño soy y advenedizo,
aun para aquellos de mi propia sangre;
pues me devora el celo de tu casa,
el odio del que te odia, en mí recae. R.

A ti, Señor, elevo mi plegaria,
ven en mi ayuda pronto;
escúchame conforme a tu clemencia,
Dios fiel en el socorro.
Escúchame, Señor, pues eres bueno
y en tu ternura vuelve a mí tus ojos. R.

Se alegrarán, al verlo, los que sufren;
quienes buscan a Dios tendrán más ánimo,
porque el Señor jamás desoye al pobre
ni olvida al que se encuentra encadenado.
Que lo alaben por esto cielo y tierra,
el mar y cuanto en él habita. R.

SEGUNDA LECTURA

De la carta del apóstol san Pablo a los romanos
5, 12-15

Hermanos: Así como por un solo hombre entró el pecado en el mundo y por el pecado entró la muerte, así la muerte llegó a todos los hombres, por cuanto todos pecaron.

Antes de la ley de Moisés ya había pecado en el mundo y, si bien es cierto que el pecado no se imputa cuando no hay ley, sin embargo, la muerte reinó desde Adán hasta Moisés aun sobre aquellos que no pecaron con una transgresión semejante a la de Adán, el cual es figura del que había de venir.

Ahora bien, con el don no sucede como con el delito, porque si por el delito de uno solo murieron todos, ¡cuánto más la gracia de Dios y el don otorgado por la gracia de un solo hombre, Jesucristo, se han desbordado sobre todos!
Palabra de Dios. R. **Te alabamos, Señor.**

Cfr. Jn 15, 26. 27

B.P. 1259

A - le - lu - ya, a - le - lu - ya, a - le - lu - ya.

R. **Aleluya, aleluya.**

El Espíritu de la verdad dará testimonio de mí, dice el Señor,
y ustedes también darán testimonio.

R. **Aleluya, aleluya.**

EVANGELIO

✠ Del santo Evangelio según san Mateo
10, 26-33

R. **Gloria a ti, Señor.**

En aquel tiempo, Jesús dijo a sus apóstoles: "No teman a los hombres. No hay nada oculto que no llegue a descubrirse; no hay nada secreto que no llegue a saberse. Lo que les digo de noche, repítanlo en pleno día, y lo que les digo al oído, pregónenlo desde las azoteas.

No tengan miedo a los que matan el cuerpo, pero no pueden matar el alma. Teman, más bien, a quien puede arrojar al lugar de castigo el alma y el cuerpo.

¿No es verdad que se venden dos pajarillos por una moneda? Sin embargo, ni uno solo de ellos cae por tierra si no lo permite el Padre. En cuanto a ustedes, hasta los cabellos de su cabeza están contados. Por lo tanto, no tengan miedo, porque ustedes valen mucho más que todos los pájaros del mundo.

A quien me reconozca delante de los hombres, yo también lo reconoceré ante mi Padre, que está en los cielos; pero al que me niegue delante de los hombres, yo también lo negaré ante mi Padre, que está en los cielos".

Palabra del Señor.   R. **Gloria a ti, Señor Jesús.**

Se dice Credo.

ORACIÓN SOBRE LAS OFRENDAS

Recibe, Señor, este sacrificio de reconciliación y alabanza y concédenos que, purificados por su eficacia, podamos ofrecerte el entrañable afecto de nuestro corazón. Por Jesucristo, nuestro Señor.

ANTÍFONA DE LA COMUNIÓN   Jn 10, 11. 15

Yo soy el buen pastor, y doy la vida por mis ovejas, dice el Señor.

ORACIÓN DESPUÉS DE LA COMUNIÓN

Renovados, Señor, por el alimento del sagrado Cuerpo y la preciosa Sangre de tu Hijo, concédenos que lo que realizamos con asidua devoción, lo recibamos convertido en certeza de redención. Por Jesucristo, nuestro Señor.

RECONOZCAMOS AL SEÑOR ANTE LOS DEMÁS

Si en verdad conocemos y amamos a nuestro Señor Jesucristo, tenemos que sentir un sano orgullo de todo lo que él ha hecho por amor a nosotros. Sería un contrasentido que, por quedar bien con otras personas, no fuéramos capaces de manifestar la fe que tenemos en nuestro Salvador.

Los mártires son quienes han llevado hasta sus últimas consecuencias la fe y el amor que profesaron por Cristo.

Ellos tuvieron la gracia de vencer con él.

Que Cristo nos conceda su gracia para declarar que creemos en él.

24 de junio
Miércoles

Natividad de
san Juan Bautista
(Misa del día)
(*Blanco*)

ANTÍFONA DE ENTRADA Jn 1, 6-7; Lc 1, 17

Vino un hombre enviado por Dios, que se llamaba Juan. Él vino para dar testimonio de la luz y prepararle al Señor un pueblo dispuesto a recibirlo.

Se dice Gloria.

ORACIÓN COLECTA

Dios nuestro, que suscitaste a san Juan Bautista para prepararle a Cristo, el Señor, un pueblo dispuesto a recibirlo, concede ahora a tu Iglesia el don de la alegría espiritual, y guía a tus fieles por el camino de la salvación y de la paz. Por nuestro Señor Jesucristo…

Con el fin de comprender mejor la vocación de Juan el Bautista, en la PRIMERA LECTURA se nos recuerda la vocación de Isaías. Por su parte, en la SEGUNDA LECTURA, san Pablo afirma claramente que la misión de Juan el Bautista es preparar la venida de Jesús, el Salvador. El EVANGELIO, que relata el nacimiento de Juan, nos deja entrever la austera formación a la que quiso someterlo el Señor, haciéndolo vivir en el desierto "hasta el día en que se dio a conocer al pueblo de Israel".

Del libro del profeta Isaías

49, 1-6

Escúchenme, islas;
pueblos lejanos, atiéndanme.
El Señor me llamó desde el vientre de mi madre;
cuando aún estaba yo en el seno materno,
él pronunció mi nombre.

Hizo de mi boca una espada filosa,
me escondió en la sombra de su mano,
me hizo flecha puntiaguda,
me guardó en su aljaba y me dijo:
"Tú eres mi siervo, Israel;
en ti manifestaré mi gloria".
Entonces yo pensé: "En vano me he cansado,
inútilmente he gastado mis fuerzas;
en realidad mi causa estaba en manos del Señor,
mi recompensa la tenía mi Dios".

Ahora habla el Señor,
el que me formó desde el seno materno,
para que fuera su servidor,
para hacer que Jacob volviera a él
y congregar a Israel en torno suyo
–tanto así me honró el Señor
y mi Dios fue mi fuerza–.
Ahora, pues, dice el Señor:
"Es poco que seas mi siervo
sólo para restablecer a las tribus de Jacob
y reunir a los sobrevivientes de Israel;
te voy a convertir en luz de las naciones,
para que mi salvación llegue
hasta los últimos rincones de la tierra".

Palabra de Dios.   R. **Te alabamos, Señor.**

24 de junio

279

SALMO RESPONSORIAL

Del salmo 138

J. Martínez-Ramírez, B.P. 1502

Te doy gra-cias, Se-ñor, por-que me has for-ma-do ma-ra-vi-llo-sa-men- te.

R. **Te doy gracias, Señor, porque me has formado maravillosamente.**

Tú me conoces, Señor, profundamente:
Tú conoces cuándo me siento y me levanto,
desde lejos sabes mis pensamientos,
tú observas mi camino y mi descanso,
todas mis sendas te son familiares. R.

    Tú formaste mis entrañas,
me tejiste en el seno materno.
Te doy gracias por tan grandes maravillas;
soy un prodigio y tus obras son prodigiosas. R.

    Conocías plenamente mi alma;
no se te escondía mi organismo,
cuando en lo oculto me iba formando
y entretejiendo en lo profundo de la tierra. R.

SEGUNDA LECTURA

Del libro de los Hechos de los Apóstoles
13, 22-26

En aquellos días, Pablo les dijo a los judíos: "Hermanos: Dios les dio a nuestros padres como rey a David, de quien hizo esta alabanza: *He hallado a David, hijo de Jesé, hombre según mi corazón, quien realizará todos mis designios.*

    Del linaje de David, conforme a la promesa, Dios hizo nacer para Israel un Salvador, Jesús. Juan preparó su venida, predicando a todo el pueblo de Israel un bautismo de penitencia, y hacia el final de su vida, Juan decía: 'Yo no soy el que ustedes piensan. Después de mí viene uno a quien no merezco desatarle las sandalias'.

Hermanos míos, descendientes de Abraham, y cuantos temen a Dios: Este mensaje de salvación les ha sido enviado a ustedes".

Palabra de Dios.   R. **Te alabamos, Señor.**

ACLAMACIÓN ANTES DEL EVANGELIO
Lc 1, 76

B.P. 1034 - Palazón

A - le - lu - ya,   a - le - lu - ya,   a - le - lu - ya.

R. **Aleluya, aleluya.**
Y a ti, niño, te llamarán profeta del Altísimo,
porque irás delante del Señor a preparar sus caminos.
R. **Aleluya, aleluya.**

EVANGELIO
✠ Del santo Evangelio según san Lucas
1, 57-66. 80

R. **Gloria a ti, Señor.**

Por aquellos días, le llegó a Isabel la hora de dar a luz y tuvo un hijo. Cuando sus vecinos y parientes se enteraron de que el Señor le había manifestado tan grande misericordia, se regocijaron con ella.

A los ocho días fueron a circuncidar al niño y le querían poner Zacarías, como su padre; pero la madre se opuso, diciéndoles: "No. Su nombre será Juan". Ellos le decían: "Pero si ninguno de tus parientes se llama así".

Entonces le preguntaron por señas al padre cómo quería que se llamara el niño. Él pidió una tablilla y escribió: "Juan es su nombre". Todos se quedaron extrañados. En ese momento a Zacarías se le soltó la lengua, recobró el habla y empezó a bendecir a Dios.

Un sentimiento de temor se apoderó de los vecinos, y en toda la región montañosa de Judea se comentaba este suceso. Cuantos se enteraban de ello se preguntaban impresionados: "¿Qué va a ser de este niño?". Esto lo decían, porque realmente la mano de Dios estaba con él.

El niño se iba desarrollando físicamente y su espíritu se iba fortaleciendo, y vivió en el desierto hasta el día en que se dio a conocer al pueblo de Israel.

Palabra del Señor.   R. **Gloria a ti, Señor Jesús.**

Se dice Credo.

ORACIÓN SOBRE LAS OFRENDAS

Presentamos, Señor, en tu altar estos dones, al celebrar con el debido honor el nacimiento de aquel que no sólo anunció al Salvador que habría de venir, sino, además, lo mostró ya presente. Él, que vive y reina por los siglos de los siglos.

ANTÍFONA DE LA COMUNIÓN   Cfr. Lc 1, 78

Por la entrañable misericordia de nuestro Dios, nos ha visitado el sol que nace de lo alto.

ORACIÓN DESPUÉS DE LA COMUNIÓN

Renovados por el banquete celestial del Cordero, te rogamos, Señor, que tu Iglesia, llena de alegría por el nacimiento de Juan el Bautista, reconozca en aquel que Juan anunció que habría de venir al autor de la salvación. Por Jesucristo, nuestro Señor.

JUAN EL BAUTISTA PREPARÓ UN PUEBLO DISPUESTO A RECIBIR A JESÚS

Juan el Bautista vivió en el desierto de una manera muy austera, porque tenía la misión de prepararle el camino a Jesús. Juan dio su vida por ser fiel a la verdad y así dio testimonio.

¿Podremos ser fieles como él?

28 de junio   13er Domingo del T. Ordinario

(*Verde*)

ANTÍFONA DE ENTRADA   Sal 46, 2
Pueblos todos, aplaudan y aclamen a Dios con gritos de júbilo.

Se dice Gloria.

ORACIÓN COLECTA
Señor Dios, que mediante la gracia de la adopción filial quisiste que fuéramos hijos de la luz, concédenos que no nos dejemos envolver en las tinieblas del error, sino que permanezcamos siempre vigilantes en el esplendor de la verdad. Por nuestro Señor Jesucristo…

Después de que Jesús propuso a sus apóstoles que lo dejaran todo para seguirlo, prometió sus bendiciones a quienes acogieran con buena voluntad a los apóstoles (EVANGELIO). De la misma manera bendijo Dios el hogar que había recibido al profeta Eliseo (PRIMERA LECTURA). San Pablo nos enseña cómo el bautismo nos introduce en el misterio de la salvación al indicarnos que el creyente, al sumergirse en el agua, muere con Cristo y, al salir del agua, resucita con él (SEGUNDA LECTURA).

PRIMERA LECTURA

Del segundo libro de los Reyes
4, 8-11. 14-16

Un día pasaba Eliseo por la ciudad de Sunem y una mujer distinguida lo invitó con insistencia a comer en su casa. Desde entonces, siempre que Eliseo pasaba por ahí, iba a comer a su casa. En una ocasión, ella le dijo a su marido: "Yo sé que este hombre, que con tanta frecuencia nos visita, es un hombre de Dios. Vamos a construirle en los altos una pequeña habitación. Le pondremos allí una cama, una mesa, una silla y una lámpara, para que se quede allí, cuando venga a visitarnos".

Así se hizo y cuando Eliseo regresó a Sunem, subió a la habitación y se recostó en la cama. Entonces le dijo a su criado: "¿Qué podemos hacer por esta mujer?". El criado le dijo: "Mira, no tiene hijos y su marido ya es un anciano". Entonces dijo Eliseo: "Llámala". El criado la llamó y ella, al llegar, se detuvo en la puerta. Eliseo le dijo: "El año que viene, por estas mismas fechas, tendrás un hijo en tus brazos".

Palabra de Dios. R. **Te alabamos, Señor.**

SALMO RESPONSORIAL

Del salmo 88

A. Gómez B.P. 1507

Pro - cla - ma - ré sin ce - sar la mi-se-ri-cor-dia del Se -
ñor. Pro - cla - ma - ré sin ce - sar la mi-se-ri-cor-dia del Se - ñor.

R. **Proclamaré sin cesar la misericordia del Señor.**

Proclamaré sin cesar la misericordia del Señor,
y daré a conocer que su fidelidad es eterna,
pues el Señor ha dicho: "Mi amor es para siempre,
y mi lealtad, más firme que los cielos". R.

Señor, feliz el pueblo que te alaba
y que a tu luz camina,
que en tu nombre se alegra a todas horas
y al que llena de orgullo tu justicia. R.

Feliz, porque eres tú su honor y fuerza
y exalta tu favor nuestro poder.
Feliz, porque el Señor es nuestro escudo
y el santo de Israel es nuestro rey. R.

SEGUNDA LECTURA

De la carta del apóstol san Pablo a los romanos
6, 3-4. 8-11

Hermanos: Todos los que hemos sido incorporados a Cristo Jesús por medio del bautismo, hemos sido incorporados a su muerte. En efecto, por el bautismo fuimos sepultados con él en su muerte, para que, así como Cristo resucitó de entre los muertos por la gloria del Padre, así también nosotros llevemos una vida nueva.

Por lo tanto, si hemos muerto con Cristo, estamos seguros de que también viviremos con él; pues sabemos que Cristo, una vez resucitado de entre los muertos, ya nunca morirá. La muerte ya no tiene dominio sobre él, porque al morir, murió al pecado de una vez para siempre; y al resucitar, vive ahora para Dios. Lo mismo ustedes, considérense muertos al pecado y vivos para Dios en Cristo Jesús, Señor nuestro.

Palabra de Dios.   R. **Te alabamos, Señor.**

ACLAMACIÓN ANTES DEL EVANGELIO

1 Pedro 2, 9

B.P. 1033 - Palazón

A - le - lu - ya, a - le - lu - ya, a - le - lu - ya.

R. **Aleluya, aleluya.**

Ustedes son estirpe elegida, sacerdocio real,
nación consagrada a Dios,
para que proclamen las obras maravillosas
de aquel que los llamó de las tinieblas a su luz admirable.

R. **Aleluya, aleluya.**

EVANGELIO

✠ Del santo Evangelio según san Mateo
10, 37-42

R. **Gloria a ti, Señor.**

En aquel tiempo, Jesús dijo a sus apóstoles: "El que ama a su padre o a su madre más que a mí, no es digno de mí; el que ama a su hijo o a su hija más que a mí, no es digno de mí; y el que no toma su cruz y me sigue, no es digno de mí.

El que salve su vida la perderá y el que la pierda por mí, la salvará.

Quien los recibe a ustedes me recibe a mí; y quien me recibe a mí, recibe al que me ha enviado.

El que recibe a un profeta por ser profeta, recibirá recompensa de profeta; el que recibe a un justo por ser justo, recibirá recompensa de justo.

Quien diere, aunque no sea más que un vaso de agua fría a uno de estos pequeños, por ser discípulo mío, yo les aseguro que no perderá su recompensa".

Palabra del Señor.   R. **Gloria a ti, Señor Jesús.**

Se dice Credo.

ORACIÓN SOBRE LAS OFRENDAS

Señor Dios, que bondadosamente realizas el fruto de tus sacramentos, concédenos que seamos capaces de servirte como corresponde a tan santos misterios. Por Jesucristo, nuestro Señor.

Padre, te ruego por ellos, para que sean uno en nosotros y el mundo pueda creer que tú me has enviado, dice el Señor.

ORACIÓN DESPUÉS DE LA COMUNIÓN

Que la víctima divina que te hemos ofrecido y que acabamos de recibir, nos vivifique, Señor, para que, unidos a ti con perpetuo amor, demos frutos que permanezcan para siempre. Por Jesucristo, nuestro Señor.

"QUIEN ME RECIBE A MÍ, RECIBE A QUIEN ME HA ENVIADO"

El Señor hoy nos dice que nadie está por encima de Dios, y parece recordarnos el primer mandamiento de su ley: "Amarás a Dios sobre todas las cosas".

◆ Si somos cristianos, tenemos que seguir el camino de Jesús. Él tomó la cruz más pesada de todas, y nos pide que llevemos nuestra propia cruz, para ser dignos de él. Sólo así podremos llegar a la resurrección.

◆ Si recibimos a Jesús, estamos recibiendo al Padre, que está en el cielo. Y quien recibe a alguien que es servidor de Dios es al mismo Señor a quien recibe.

◆ Dice Jesús que quien diere a uno de sus discípulos "aunque no sea más que un vaso de agua fría", no se quedará sin recompensa.

La sabiduría de Dios supera nuestros criterios.

28 de junio

287

29 de junio — Santos Pedro y Pablo, apóstoles

Lunes

(Misa del día)

(Rojo)

ANTÍFONA DE ENTRADA

Éstos son los que, viviendo en nuestra carne, con su sangre fecundaron a la Iglesia, bebieron del cáliz del Señor, y fueron hechos amigos suyos.

Se dice Gloria.

ORACIÓN COLECTA

Dios nuestro, tú que nos llenas de una venerable y santa alegría en la solemnidad de tus santos apóstoles Pedro y Pablo, concede a tu Iglesia que se mantenga siempre fiel a todas las enseñanzas de aquellos por quienes comenzó la propagación de la fe. Por nuestro Señor Jesucristo…

Los Hechos de los Apóstoles cuentan la liberación milagrosa de Pedro, como respuesta a la oración de toda la Iglesia, cuando el apóstol se hallaba preso en Jerusalén (PRIMERA LECTURA). San Mateo, por su parte, nos muestra cómo la fe inquebrantable en Cristo, convierte a Simón Pedro en la "piedra fundamental de la Iglesia" (EVANGELIO). Se reproduce también (SEGUNDA LECTURA) el último mensaje de san Pablo a su discípulo Timoteo, cuando estaba prisionero en Roma, dispuesto a recibir el martirio.

Del libro de los Hechos de los Apóstoles
12, 1-11

En aquellos días, el rey Herodes mandó apresar a algunos miembros de la Iglesia para maltratarlos. Mandó pasar a cuchillo a Santiago, hermano de Juan, y viendo que eso agradaba a los judíos, también hizo apresar a Pedro. Esto sucedió durante los días de la fiesta de los panes Ázimos. Después de apresarlo, lo hizo encarcelar y lo puso bajo la vigilancia de cuatro turnos de guardia, de cuatro soldados cada turno. Su intención era hacerlo comparecer ante el pueblo después de la Pascua. Mientras Pedro estaba en la cárcel, la comunidad no cesaba de orar a Dios por él.

La noche anterior al día en que Herodes iba a hacerlo comparecer ante el pueblo, Pedro estaba durmiendo entre dos soldados, atado con dos cadenas y los centinelas cuidaban la puerta de la prisión. De pronto apareció el ángel del Señor y el calabozo se llenó de luz. El ángel tocó a Pedro en el costado, lo despertó y le dijo: "Levántate pronto". Entonces las cadenas que le sujetaban las manos se le cayeron. El ángel le dijo: "Cíñete la túnica y ponte las sandalias", y Pedro obedeció. Después le dijo: "Ponte el manto y sígueme". Pedro salió detrás de él, sin saber si era verdad o no lo que el ángel hacía, y le parecía más bien que estaba soñando. Pasaron el primero y el segundo puesto de guardia y llegaron a la puerta de hierro que daba a la calle. La puerta se abrió sola delante de ellos. Salieron y caminaron hasta la esquina de la calle y de pronto el ángel desapareció.

Entonces, Pedro se dio cuenta de lo que pasaba y dijo: "Ahora sí estoy seguro de que el Señor envió a su ángel para librarme de las manos de Herodes y de todo cuanto el pueblo judío esperaba que me hicieran".

Palabra de Dios.   R. **Te alabamos, Señor.**

29 de junio

SALMO RESPONSORIAL
Del salmo 33

H. Ramírez B.P. 1581

El Se - ñor me li - bró de to-dos mis te - mo-res, mis te - mo - res.

R. **El Señor me libró de todos mis temores.**

Bendeciré al Señor a todas horas,
no cesará mi boca de alabarlo.
Yo me siento orgulloso del Señor,
que se alegre su pueblo al escucharlo. R.

Proclamemos la grandeza del Señor
y alabemos todos juntos su poder.
Cuando acudí al Señor, me hizo caso
y me libró de todos mi temores. R.

Confía en el Señor y saltarás de gusto,
jamás te sentirás decepcionado,
porque el Señor escucha el clamor de los pobres
y los libra de todas sus angustias. R.

Junto a aquellos que temen al Señor
el ángel del Señor acampa y los protege.
Haz la prueba y verás qué bueno es el Señor.
Dichoso el hombre que se refugia en él. R.

SEGUNDA LECTURA

De la segunda carta del apóstol san Pablo a Timoteo
4, 6-8. 17-18

Querido hermano: Ha llegado para mí la hora del sacrificio y se acerca el momento de mi partida. He luchado bien en el combate, he corrido hasta la meta, he perseverado en la fe. Ahora sólo espero la corona merecida, con la que el Señor, justo juez, me premiará en aquel día, y no solamente a mí, sino a todos aquellos que esperan con amor su glorioso advenimiento.

Cuando todos me abandonaron, el Señor estuvo a mi lado y me dio fuerzas para que, por mi medio, se proclamara claramente el mensaje de salvación y lo oyeran todos los paganos. Y fui librado de las fauces del león. El Señor me seguirá librando de todos los peligros y me llevará sano y salvo a su Reino celestial.

Palabra de Dios. R. **Te alabamos, Señor.**

ACLAMACIÓN ANTES DEL EVANGELIO

Mt 16, 18

R. **Aleluya, aleluya.**
Tú eres Pedro y sobre esta piedra edificaré mi Iglesia,
y los poderes del infierno
no prevalecerán sobre ella, dice el Señor.
R. **Aleluya, aleluya.**

EVANGELIO

Del santo Evangelio según san Mateo
16, 13-19

R. **Gloria a ti, Señor.**

En aquel tiempo, cuando llegó Jesús a la región de Cesarea de Filipo, hizo esta pregunta a sus discípulos: "¿Quién dice la gente que es el Hijo del hombre?". Ellos le respondieron: "Unos dicen que eres Juan el Bautista; otros, que Elías; otros, que Jeremías o alguno de los profetas".

Luego les preguntó: "Y ustedes, ¿quién dicen que soy yo?". Simón Pedro tomó la palabra y le dijo: "Tú eres el Mesías, el Hijo de Dios vivo".

Jesús le dijo entonces: "¡Dichoso tú, Simón, hijo de Juan, porque esto no te lo ha revelado ningún hombre, sino mi Padre, que está en los cielos! Y yo te digo a ti que tú eres Pedro

291

y sobre esta piedra edificaré mi Iglesia. Los poderes del infierno no prevalecerán sobre ella. Yo te daré las llaves del Reino de los cielos; todo lo que ates en la tierra quedará atado en el cielo, y todo lo que desates en la tierra quedará desatado en el cielo".

Palabra del Señor. R. **Gloria a ti, Señor Jesús.**

Se dice Credo.

ORACIÓN SOBRE LAS OFRENDAS

Haz, Señor, que la oración de tus santos Apóstoles acompañe la ofrenda que te presentamos, y nos permita celebrar con devoción este santo sacrificio. Por Jesucristo, nuestro Señor.

ANTÍFONA DE LA COMUNIÓN   Cfr. Mt 16, 16. 18

Dijo Pedro a Jesús: Tú eres el Mesías, el Hijo de Dios vivo. Jesús le respondió: Tú eres Pedro, y sobre esta piedra edificaré mi Iglesia.

ORACIÓN DESPUÉS DE LA COMUNIÓN

Renovados por este sacramento, Señor, concédenos vivir de tal manera en tu Iglesia que, perseverando en la fracción del pan y en la enseñanza de los Apóstoles, tengamos un solo corazón y un mismo espíritu, fortalecidos por tu amor. Por Jesucristo, nuestro Señor.

"LOS PODERES DEL INFIERNO NO PREVALECERÁN SOBRE ELLA"

Jesús le prometió a Pedro que las fuerzas del mal no podrían vencer a su Iglesia, y esto se ha cumplido a lo largo de la historia, aun en los momentos más difíciles, y seguirá ocurriendo así hasta la gloriosa venida de nuestro Señor.

5 de julio

14º Domingo del T. Ordinario

(Verde)

ANTÍFONA DE ENTRADA   Cfr. Sal 47, 10-11

Meditamos, Señor, los dones de tu amor, en medio de tu templo. Tu alabanza llega hasta los confines de la tierra como tu fama. Tu diestra está llena de justicia.

Se dice Gloria.

ORACIÓN COLECTA

Señor Dios, que por medio de la humillación de tu Hijo reconstruiste el mundo derrumbado, concede a tus fieles una santa alegría para que, a quienes rescataste de la esclavitud del pecado, nos hagas disfrutar del gozo que no tiene fin. Por nuestro Señor Jesucristo…

Jesús se muestra como Hijo de Dios, el único que conoce al Padre, y como el Señor manso y humilde de corazón que nos invita a seguirlo (EVANGELIO). De acuerdo con la profecía de Zacarías, ése es el mismo Señor que un día entrará en Jerusalén, "humilde y montado en un burrito" (PRIMERA LECTURA). Después de haber participado en el misterio pascual de Cristo, por el bautismo, debemos vivir según el espíritu de Cristo, que habita en nosotros, como lo indica san Pablo (SEGUNDA LECTURA).

PRIMERA LECTURA

Del libro del profeta Zacarías
9, 9-10

Esto dice el Señor:
"Alégrate sobremanera, hija de Sión;
da gritos de júbilo, hija de Jerusalén;
mira a tu rey que viene a ti,
justo y victorioso,
humilde y montado en un burrito.

Él hará desaparecer de la tierra de Efraín
los carros de guerra,
y de Jerusalén, los caballos de combate.
Romperá el arco del guerrero
y anunciará la paz a las naciones.
Su poder se extenderá de mar a mar
y desde el gran río hasta los últimos rincones de la tierra".

Palabra de Dios.   R. **Te alabamos, Señor.**

SALMO RESPONSORIAL

Del salmo 144

A. Zermeño, B.P. 1552

A - cuér-da-te, Se - ñor,__ de tu__ mi-se-ri-cor - dia.

R.   **Acuérdate, Señor, de tu misericordia.**

Dios y rey mío, yo te alabaré,
bendeciré tu nombre siempre y para siempre.
Un día tras otro bendeciré tu nombre
y no cesará mi boca de alabarte. R.

El Señor es compasivo y misericordioso,
lento para enojarse y generoso para perdonar.
Bueno es el Señor para con todos
y su amor se extiende a todas sus creaturas. R.

El Señor es siempre fiel a sus palabras,
y lleno de bondad en sus acciones.
Da su apoyo el Señor al que tropieza
y al agobiado alivia. R.

Que te alaben, Señor, todas tus obras,
y que todos tus fieles te bendigan.
Que proclamen la gloria de tu reino
y den a conocer tus maravillas. R.

SEGUNDA LECTURA

De la carta del apóstol san Pablo a los romanos
8, 9. 11-13

Hermanos: Ustedes no viven conforme al desorden egoísta del hombre, sino conforme al Espíritu, puesto que el Espíritu de Dios habita verdaderamente en ustedes. Quien no tiene el Espíritu de Cristo, no es de Cristo. Si el Espíritu del Padre, que resucitó a Jesús de entre los muertos, habita en ustedes, entonces el Padre, que resucitó a Jesús de entre los muertos, también les dará vida a sus cuerpos mortales, por obra de su Espíritu, que habita en ustedes.

Por lo tanto, hermanos, no estamos sujetos al desorden egoísta del hombre, para hacer de ese desorden nuestra regla de conducta. Pues si ustedes viven de ese modo, ciertamente serán destruidos. Por el contrario, si con la ayuda del Espíritu destruyen sus malas acciones, entonces vivirán.

Palabra de Dios.   R. **Te alabamos, Señor.**

ACLAMACIÓN ANTES DEL EVANGELIO

Cfr. Mt 11, 25

B.P. 1035 - Palazón

A - le - lu - ya, a - le - lu - ya, a - le - lu - ya.

R. **Aleluya, aleluya.**

Yo te alabo, Padre, Señor del cielo y de la tierra,
porque has revelado los misterios del Reino
a la gente sencilla.

R. **Aleluya, aleluya.**

EVANGELIO

✠ Del santo Evangelio según san Mateo
11, 25-30

R. **Gloria a ti, Señor.**

En aquel tiempo, Jesús exclamó: "¡Yo te alabo, Padre, Señor del cielo y de la tierra, porque has escondido estas cosas a los sabios y entendidos, y las has revelado a la gente sencilla! Gracias, Padre, porque así te ha parecido bien.

El Padre ha puesto todas las cosas en mis manos. Nadie conoce al Hijo sino el Padre, y nadie conoce al Padre sino el Hijo y aquel a quien el Hijo se lo quiera revelar.

Vengan a mí, todos los que están fatigados y agobiados por la carga, y yo les daré alivio. Tomen mi yugo sobre ustedes y aprendan de mí, que soy manso y humilde de corazón, y encontrarán descanso, porque mi yugo es suave y mi carga, ligera".

Palabra del Señor.   R. **Gloria a ti, Señor Jesús.**

Se dice Credo.

ORACIÓN SOBRE LAS OFRENDAS

La oblación que te ofrecemos, Señor, nos purifique, y nos haga participar, de día en día, de la vida del reino glorioso. Por Jesucristo, nuestro Señor.

ANTÍFONA DE LA COMUNIÓN   Mt 11, 28

Vengan a mí, todos los que están fatigados y agobiados por la carga, y yo les daré alivio, dice el Señor.

ORACIÓN DESPUÉS DE LA COMUNIÓN

Señor, que nos has colmado con tantas gracias, concédenos alcanzar los dones de la salvación y que nunca dejemos de alabarte. Por Jesucristo, nuestro Señor.

EL SEÑOR HA REVELADO SUS MISTERIOS A LA GENTE SENCILLA

El Señor Jesús no elogia a los "sabios y entendidos" según el mundo, sino a aquellas personas que se abren a sus enseñanzas con un corazón sencillo.

✢ Esto no quiere decir que Jesús desee que quienes creemos en él nos quedemos en la ignorancia, sino todo lo contrario, él quiere que, guiados por el Espíritu Santo y siendo dóciles a las enseñanzas bimilenarias de la Iglesia, que es madre y maestra, conozcamos nuestra fe cada vez mejor.

✢ La Iglesia simplemente nos pide que acojamos lo que el Señor nos revela en la Sagrada Escritura, en la Tradición viva y en el Magisterio, sin pretender añadir ni quitar nada.

✢ Será sencillo de corazón quien acoja el mensaje de salvación que Jesús confió a su Iglesia desde sus inicios, con la certeza de que Dios nunca abandona a su Iglesia cuando ésta le es fiel.

✢ Los grandes pensadores de la Iglesia fueron dóciles a las enseñanzas de Jesús confiadas a su Iglesia. Imitemos su buen ejemplo, porque ellos han hecho mucho bien a la humanidad.

Acojamos el mensaje de la salvación con un corazón sencillo.

12 de julio   15° Domingo del T. Ordinario

(Verde)

ANTÍFONA DE ENTRADA   Cfr. Sal 16, 15

Por serte fiel, yo contemplaré tu rostro, Señor, y al despertar, espero saciarme de gloria.

Se dice Gloria.

ORACIÓN COLECTA

Señor Dios, que muestras la luz de tu verdad a los que andan extraviados para que puedan volver al buen camino, concede a cuantos se profesan como cristianos rechazar lo que sea contrario al nombre que llevan y cumplir lo que ese nombre significa. Por nuestro Señor Jesucristo…

San Mateo nos relata hoy la parábola del sembrador, cuya explicación nos da el mismo Cristo: la semilla es la Palabra de Dios (EVANGELIO). Antes (PRIMERA LECTURA) se nos prepara para recibir las enseñanzas del Señor, haciendo alusión al sembrador y afirmando la eficacia de la Palabra de Dios. San Pablo (SEGUNDA LECTURA) se refiere a las dimensiones enormes de la redención, al decirnos que la creación entera, destrozada por el pecado, espera participar en la gloria de la resurrección.

PRIMERA LECTURA

Del libro del profeta Isaías
55, 10-11

Esto dice el Señor:
"Como bajan del cielo la lluvia y la nieve
y no vuelven allá, sino después de empapar la tierra,
de fecundarla y hacerla germinar,
a fin de que dé semilla para sembrar y pan para comer,
así será la palabra que sale de mi boca:
no volverá a mí sin resultado,
sino que hará mi voluntad
y cumplirá su misión".

Palabra de Dios.   R. **Te alabamos, Señor.**

SALMO RESPONSORIAL
Del salmo 64

M. Aguilar BP 1553

Da-nos, Se - ñor,   siem-pre de tu   a - gua.

R. **Señor, danos siempre de tu agua.**

Señor, tú cuidas de la tierra,
la riegas y la colmas de riqueza.
Las nubes del Señor van por los campos,
rebosantes de agua, como acequias. R.

Tú preparas las tierras para el trigo:
riegas los surcos, aplanas los terrenos,
reblandeces el suelo con la lluvia,
bendices los renuevos. R.

Tú coronas el año con tus bienes,
tus senderos derraman abundancia,
están verdes los pastos del desierto,
las colinas con flores adornadas. R.

[R. **Señor, danos siempre de tu agua.**]

Los prados se visten de rebaños,
de trigales los valles se engalanan.
Todo aclama al Señor.
Todo le canta. R.

SEGUNDA LECTURA

De la carta del apóstol san Pablo a los romanos
8, 18-23

Hermanos: Considero que los sufrimientos de esta vida no se pueden comparar con la gloria que un día se manifestará en nosotros; porque toda la creación espera, con seguridad e impaciencia, la revelación de esa gloria de los hijos de Dios.

La creación está ahora sometida al desorden, no por su querer, sino por voluntad de aquel que la sometió. Pero dándole al mismo tiempo esta esperanza: que también ella misma va a ser liberada de la esclavitud de la corrupción, para compartir la gloriosa libertad de los hijos de Dios.

Sabemos, en efecto, que la creación entera gime hasta el presente y sufre dolores de parto; y no sólo ella, sino también nosotros, los que poseemos las primicias del Espíritu, gemimos interiormente, anhelando que se realice plenamente nuestra condición de hijos de Dios, la redención de nuestro cuerpo.

Palabra de Dios. R. **Te alabamos, Señor.**

ACLAMACIÓN ANTES DEL EVANGELIO

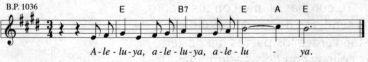

A-le-lu-ya, a-le-lu-ya, a-le-lu - ya.

R. **Aleluya, aleluya.**

La semilla es la palabra de Dios y el sembrador es Cristo; todo aquel que lo encuentra vivirá para siempre.

R. **Aleluya, aleluya.**

EVANGELIO

✠ Del santo Evangelio según san Mateo
13, 1-23

R. **Gloria a ti, Señor.**

Un día salió Jesús de la casa donde se hospedaba y se sentó a la orilla del mar. Se reunió en torno suyo tanta gente, que él se vio obligado a subir a una barca, donde se sentó, mientras la gente permanecía en la orilla. Entonces Jesús les habló de muchas cosas en parábolas y les dijo:

"Una vez salió un sembrador a sembrar, y al ir arrojando la semilla, unos granos cayeron a lo largo del camino; vinieron los pájaros y se los comieron. Otros granos cayeron en terreno pedregoso, que tenía poca tierra; ahí germinaron pronto, porque la tierra no era gruesa; pero cuando subió el sol, los brotes se marchitaron, y como no tenían raíces, se secaron. Otros cayeron entre espinos, y cuando los espinos crecieron, sofocaron las plantitas. Otros granos cayeron en tierra buena y dieron fruto: unos, ciento por uno; otros, sesenta; y otros, treinta. El que tenga oídos, que oiga".

Después se le acercaron sus discípulos y le preguntaron: "¿Por qué les hablas en parábolas?". Él les respondió: "A ustedes se les ha concedido conocer los misterios del Reino de los cielos, pero a ellos no. Al que tiene, se le dará más y nadará en la abundancia; pero al que tiene poco, aun eso poco se le quitará. Por eso les hablo en parábolas, porque viendo no ven y oyendo no oyen ni entienden.

En ellos se cumple aquella profecía de Isaías que dice: *Oirán una y otra vez y no entenderán; mirarán y volverán a mirar, pero no verán; porque este pueblo ha endurecido su corazón, ha cerrado sus ojos y tapado sus oídos, con el fin de no ver con los ojos, ni oír con*

12 de julio

301

los oídos, ni comprender con el corazón. Porque no quieren convertirse ni que yo los salve.

Pero, dichosos ustedes, porque sus ojos ven y sus oídos oyen. Yo les aseguro que muchos profetas y muchos justos desearon ver lo que ustedes ven y no lo vieron y oír lo que ustedes oyen y no lo oyeron.

Escuchen, pues, ustedes, lo que significa la parábola del sembrador.

A todo hombre que oye la palabra del Reino y no la entiende, le llega el diablo y le arrebata lo sembrado en su corazón. Esto es lo que significan los granos que cayeron a lo largo del camino.

Lo sembrado sobre terreno pedregoso significa al que oye la palabra y la acepta inmediatamente con alegría; pero, como es inconstante, no la deja echar raíces, y apenas le viene una tribulación o una persecución por causa de la palabra, sucumbe.

Lo sembrado entre los espinos representa a aquel que oye la palabra, pero las preocupaciones de la vida y la seducción de las riquezas la sofocan y queda sin fruto.

En cambio, lo sembrado en tierra buena representa a quienes oyen la palabra, la entienden y dan fruto: unos, el ciento por uno; otros, el sesenta; y otros, el treinta".

Palabra del Señor.   R. **Gloria a ti, Señor Jesús.**

Se dice Credo.

ORACIÓN SOBRE LAS OFRENDAS

Mira, Señor, los dones de tu Iglesia suplicante, y concede que, al recibirlos, sirvan a tus fieles para crecer en santidad. Por Jesucristo, nuestro Señor.

ANTÍFONA DE LA COMUNIÓN   Jn 6, 56
El que come mi carne y bebe mi sangre, permanece en mí y yo en él, dice el Señor.

ORACIÓN DESPUÉS DE LA COMUNIÓN

Alimentados con los dones que hemos recibido, te suplicamos, Señor, que, participando frecuentemente de este sacramento, crezcan los efectos de nuestra salvación. Por Jesucristo, nuestro Señor.

ESCUCHAR LA PALABRA, ENTENDERLA Y DAR FRUTO

Jesús nos pone en alerta, porque él quiere sembrar en nosotros su palabra, que da vida eterna, pero surgen factores que se contraponen a esto.

⁂ El diablo siempre busca la oportunidad de arrebatarnos las cosas buenas que Dios siembra en nuestro corazón. Por eso hay que trabajar por entender pronto las enseñanzas de Jesús y ponerlas en práctica.

⁂ Hemos de evitar la inconstancia en la escucha de la Palabra, trabajar por confiar más en Dios y no apegarnos a las vanas riquezas de este mundo.

⁂ Cada quién dará fruto en medida diversa, pero tendrá que hacerlo de acuerdo con las propias capacidades.

⁂ La vida cristiana no es fácil, porque no hemos nacido para la comodidad, sino para servir a Dios en esta vida y gozar de él en la vida eterna.

Jesús quiere cosechar nuestros buenos frutos.

12 de julio

19 de julio   16º Domingo del T. Ordinario

(*Verde*)

ANTÍFONA DE ENTRADA   Sal 53, 6. 8

El Señor es mi auxilio y el único apoyo en mi vida. Te ofreceré de corazón un sacrificio y daré gracias a tu nombre, Señor, porque eres bueno.

Se dice Gloria.

ORACIÓN COLECTA

Sé propicio, Señor, con tus siervos y multiplica, bondadoso, sobre ellos los dones de tu gracia, para que, fervorosos en la fe, la esperanza y la caridad, perseveren siempre fieles en el cumplimiento de tus mandatos. Por nuestro Señor Jesucristo...

La narración de la parábola de la cizaña nos descubre una de las posibles razones de los males que afligen al mundo. Si Dios no castiga inmediatamente a los que obran el mal, no es porque su amor impida que entre en funciones su justicia, sino porque él espera que cada uno tenga que rendir cuentas de su vida (EVANGELIO). El libro de la Sabiduría nos ofrece una reflexión parecida (PRIMERA LECTURA), al decirnos que Dios castiga al malvado, pero es paciente y le da oportunidad para que se arrepienta. San Pablo (SEGUNDA LECTURA) nos asegura que el Espíritu Santo actúa en cada uno de los bautizados y orienta nuestra vida hacia Dios.

PRIMERA LECTURA

Del libro de la Sabiduría
12, 13. 16-19

No hay más Dios que tú, Señor,
que cuidas de todas las cosas.
No hay nadie a quien tengas que rendirle cuentas
de la justicia de tus sentencias.
Tu poder es el fundamento de tu justicia,
y por ser el Señor de todos,
eres misericordioso con todos.

Tú muestras tu fuerza
a los que dudan de tu poder soberano
y castigas a quienes, conociéndolo, te desafían.
Siendo tú el dueño de la fuerza,
juzgas con misericordia y nos gobiernas con delicadeza,
porque tienes el poder y lo usas cuando quieres.

Con todo esto has enseñado a tu pueblo
que el justo debe ser humano,
y has llenado a tus hijos de una dulce esperanza,
ya que al pecador le das tiempo para que se arrepienta.

Palabra de Dios.   R. **Te alabamos, Señor.**

SALMO RESPONSORIAL
Del salmo 85

B.P. 1554

Tú, Señor, eres bueno y clemente.

R. **Tú, Señor, eres bueno y clemente.**

Puesto que eres, Señor, bueno y clemente
y todo amor con quien tu nombre invoca,
escucha mi oración
y a mi súplica da respuesta pronta. R.

    Señor, todos los pueblos
vendrán para adorarte y darte gloria,
pues sólo tú eres Dios,
y tus obras, Señor, son portentosas. R.

    Dios entrañablemente compasivo,
todo amor y lealtad, lento a la cólera,
ten compasión de mí,
pues clamo a ti, Señor, a toda hora. R.

SEGUNDA LECTURA

De la carta del apóstol san Pablo a los romanos
8, 26-27

Hermanos: El Espíritu nos ayuda en nuestra debilidad, porque nosotros no sabemos pedir lo que nos conviene; pero el Espíritu mismo intercede por nosotros con gemidos que no pueden expresarse con palabras. Y Dios, que conoce profundamente los corazones, sabe lo que el Espíritu quiere decir, porque el Espíritu ruega conforme a la voluntad de Dios, por los que le pertenecen.

Palabra de Dios.   R. **Te alabamos, Señor.**

ACLAMACIÓN ANTES DEL EVANGELIO
Cfr. Mt 11, 25

A - le - lu - ya, a - le - lu - ya.

R. **Aleluya, aleluya.**

Yo te alabo, Padre, Señor del cielo y de la tierra,
porque has revelado los misterios del Reino
a la gente sencilla.

R. **Aleluya, aleluya.**

EVANGELIO

✠ Del santo Evangelio según san Mateo
13, 24-43

R. **Gloria a ti, Señor.**

En aquel tiempo, Jesús propuso esta parábola a la muchedumbre: "El Reino de los cielos se parece a un hombre que sembró buena semilla en su campo; pero mientras los trabajadores dormían, llegó un enemigo del dueño, sembró cizaña entre el trigo y se marchó. Cuando crecieron las plantas y se empezaba a formar la espiga, apareció también la cizaña.

Entonces los trabajadores fueron a decirle al amo: 'Señor, ¿qué no sembraste buena semilla en tu campo? ¿De dónde, pues, salió esta cizaña?'. El amo les respondió: 'De seguro lo hizo un enemigo mío'. Ellos le dijeron: '¿Quieres que vayamos a arrancarla?'. Pero él les contestó: 'No. No sea que al arrancar la cizaña, arranquen también el trigo. Dejen que crezcan juntos hasta el tiempo de la cosecha y, cuando llegue la cosecha, diré a los segadores: Arranquen primero la cizaña y átenla en gavillas para quemarla, y luego almacenen el trigo en mi granero'".

Luego les propuso esta otra parábola: "El Reino de los cielos es semejante a la semilla de mostaza que un hombre siembra en un huerto. Ciertamente es la más pequeña de todas las semillas, pero cuando crece, llega a ser más grande que las hortalizas y se convierte en un arbusto, de manera que los pájaros vienen y hacen su nido en las ramas".

Les dijo también otra parábola: "El Reino de los cielos se parece a un poco de levadura que tomó una mujer y la mezcló con tres medidas de harina, y toda la masa acabó por fermentar".

Jesús decía a la muchedumbre todas estas cosas con parábolas, y sin parábolas nada les decía, para que se cumpliera lo que dijo el profeta: *Abriré mi boca y les hablaré con parábolas; anunciaré lo que estaba oculto desde la creación del mundo.*

Luego despidió a la multitud y se fue a su casa. Entonces se le acercaron sus discípulos y le dijeron: "Explícanos la parábola de la cizaña sembrada en el campo".

Jesús les contestó: "El sembrador de la buena semilla es el Hijo del hombre, el campo es el mundo, la buena semilla son los ciudadanos del Reino, la cizaña son los partidarios del maligno, el enemigo que la siembra es el diablo, el tiempo de la cosecha es el fin del mundo, y los segadores son los ángeles.

Y así como recogen la cizaña y la queman en el fuego, así sucederá al fin del mundo: el Hijo del hombre enviará a sus ángeles para que arranquen de su Reino a todos los que inducen a otros al pecado y a todos los malvados, y los arrojen en el horno encendido. Allí será el llanto y la desesperación. Entonces los justos brillarán como el sol en el Reino de su Padre. El que tenga oídos, que oiga".

Palabra del Señor.   R. **Gloria a ti**, **Señor Jesús.**

Se dice Credo.

ORACIÓN SOBRE LAS OFRENDAS

Dios nuestro, que con la perfección de un único sacrificio pusiste fin a la diversidad de sacrificios de la antigua ley, recibe las ofrendas de tus fieles, y santifícalas como bendijiste la ofrenda de Abel, para que aquello que cada uno te ofrece en honor de tu gloria, sea de provecho para la salvación de todos. Por Jesucristo, nuestro Señor.

Miren que estoy a la puerta y llamo, dice el Señor: Si alguien oye mi voz y me abre, entraré en su casa y cenaremos juntos.

ORACIÓN DESPUÉS DE LA COMUNIÓN

Señor, muéstrate benigno con tu pueblo, y ya que te dignaste alimentarlo con los misterios celestiales, hazlo pasar de su antigua condición de pecado a una vida nueva. Por Jesucristo, nuestro Señor.

SER BUENA SEMILLA Y EVITAR SER CIZAÑA

Si queremos ser "buena semilla" tenemos que estar en el equipo de Dios y procurar hacer su voluntad.

➡ La mayoría de los partidarios del maligno, que son simbolizados con la "cizaña", hacen el mal porque viven engañados.

➡ Dios permite que tanto buenos como malos crezcamos juntos, porque él no quiere que nadie se pierda, sino que todos lo conozcamos y alcancemos la salvación.

➡ El Señor ha dicho que de nada serviría ganar el mundo entero si perdemos nuestra alma (ver Mt 16, 26).

➡ Si alguien persiste en hacer el mal, finalmente se perjudica a sí mismo.

El Señor hoy nos da tiempo para dejar de hacer el mal y ponernos a hacer el bien. ¡Hay que aprovecharlo!

26 de julio   17° Domingo del T. Ordinario

(Verde)

ANTÍFONA DE ENTRADA   Cfr. Sal 67, 6-7. 36

Dios habita en su santuario; él nos hace habitar juntos en su casa; es la fuerza y el poder de su pueblo.

Se dice Gloria.

ORACIÓN COLECTA

Señor Dios, protector de los que en ti confían, sin ti, nada es fuerte, ni santo; multiplica sobre nosotros tu misericordia para que, bajo tu dirección, de tal modo nos sirvamos ahora de los bienes pasajeros, que nuestro corazón esté puesto en los bienes eternos. Por nuestro Señor Jesucristo…

Jesús nos relata hoy la parábola de aquel hombre que encontró un tesoro y que lo sacrificó todo para poder conseguirlo (EVANGELIO). Lo mismo podría decirse del tesoro que es la amistad con Dios. El rey Salomón descubrió desde niño que ninguna riqueza supera a la sabiduría que viene de Dios (PRIMERA LECTURA). San Pablo nos recuerda que Dios nos ama y quiere que reproduzcamos en nosotros la imagen de su Hijo para poder llamarnos a compartir su gloria (SEGUNDA LECTURA).

PRIMERA LECTURA

Del primer libro de los Reyes
3, 5-13

En aquellos días, el Señor se le apareció al rey Salomón en sueños y le dijo: "Salomón, pídeme lo que quieras, y yo te lo daré".

Salomón le respondió: "Señor, tú trataste con misericordia a tu siervo David, mi padre, porque se portó contigo con lealtad, con justicia y rectitud de corazón. Más aún, también ahora lo sigues tratando con misericordia, porque has hecho que un hijo suyo lo suceda en el trono. Sí, tú quisiste, Señor y Dios mío, que yo, tu siervo, sucediera en el trono a mi padre, David. Pero yo no soy más que un muchacho y no sé cómo actuar. Soy tu siervo y me encuentro perdido en medio de este pueblo tuyo, tan numeroso, que es imposible contarlo. Por eso te pido que me concedas sabiduría de corazón para que sepa gobernar a tu pueblo y discernir entre el bien y el mal. Pues sin ella, ¿quién será capaz de gobernar a este pueblo tuyo tan grande?".

Al Señor le agradó que Salomón le hubiera pedido sabiduría y le dijo: "Por haberme pedido esto, y no una larga vida, ni riquezas, ni la muerte de tus enemigos, sino sabiduría para gobernar, yo te concedo lo que me has pedido. Te doy un corazón sabio y prudente, como no lo ha habido antes, ni lo habrá después de ti. Te voy a conceder, además, lo que no me has pedido: tanta gloria y riqueza, que no habrá rey que se pueda comparar contigo".

Palabra de Dios. R. **Te alabamos, Señor.**

SALMO RESPONSORIAL

Del salmo 118

B.P. 1555

Cuán-to a-mo, Se-ñor, tus man-da-mien-tos.

311

R. **Yo amo, Señor, tus mandamientos.**

A mí, Señor, lo que me toca
es cumplir tus preceptos.
Para mí valen más tus enseñanzas
que miles de monedas de oro y plata. R.

Señor, que tu amor me consuele,
conforme a las promesas que me has hecho.
Muéstrame tu ternura y viviré,
porque en tu ley he puesto mi contento. R.

Amo, Señor, tus mandamientos
más que el oro purísimo;
por eso tus preceptos son mi guía
y odio toda mentira. R.

Tus preceptos, Señor, son admirables,
por eso yo los sigo.
La explicación de tu palabra
da luz y entendimiento a los sencillos. R.

SEGUNDA LECTURA

De la carta del apóstol san Pablo a los romanos
8, 28-30

Hermanos: Ya sabemos que todo contribuye para bien de los que aman a Dios, de aquellos que han sido llamados por él según su designio salvador.

En efecto, a quienes conoce de antemano, los predestina para que reproduzcan en sí mismos la imagen de su propio Hijo, a fin de que él sea el primogénito entre muchos hermanos. A quienes predestina, los llama; a quienes llama, los justifica; y a quienes justifica, los glorifica.

Palabra de Dios.   R. **Te alabamos, Señor.**

A - le - lu - ya,   a - le - lu - ya,   a - le - lu - ya.

R. **Aleluya, aleluya.**

Yo te alabo, Padre, Señor del cielo y de la tierra,
porque has revelado los misterios del Reino
a la gente sencilla.

R. **Aleluya, aleluya.**

EVANGELIO

✠ Del santo Evangelio según san Mateo
13, 44-52

R. **Gloria a ti, Señor.**

En aquel tiempo, Jesús dijo a sus discípulos: "El Reino de los cielos se parece a un tesoro escondido en un campo. El que lo encuentra lo vuelve a esconder, y lleno de alegría, va y vende cuanto tiene y compra aquel campo.

El Reino de los cielos se parece también a un comerciante en perlas finas que, al encontrar una perla muy valiosa, va y vende cuanto tiene y la compra.

También se parece el Reino de los cielos a la red que los pescadores echan en el mar y recoge toda clase de peces. Cuando se llena la red, los pescadores la sacan a la playa y se sientan a escoger los pescados; ponen los buenos en canastos y tiran los malos. Lo mismo sucederá al final de los tiempos: vendrán los ángeles, separarán a los malos de los buenos y los arrojarán al horno encendido. Allí será el llanto y la desesperación.

¿Han entendido todo esto?". Ellos le contestaron: "Sí". Entonces él les dijo: "Por eso, todo escriba instruido en las cosas del Reino de los cielos es semejante al padre de familia, que va sacando de su tesoro cosas nuevas y cosas antiguas". Palabra del Señor.   R. **Gloria a ti, Señor Jesús.**

Se dice Credo.

ORACIÓN SOBRE LAS OFRENDAS

Recibe, Señor, los dones que por tu generosidad te presentamos, para que, por el poder de tu gracia, estos sagrados misterios santifiquen toda nuestra vida y nos conduzcan a la felicidad eterna. Por Jesucristo, nuestro Señor.

ANTÍFONA DE LA COMUNIÓN   Mt 5, 7-8

Dichosos los misericordiosos, porque alcanzarán misericordia. Dichosos los limpios de corazón, porque verán a Dios.

ORACIÓN DESPUÉS DE LA COMUNIÓN

Habiendo recibido, Señor, el sacramento celestial, memorial perpetuo de la pasión de tu Hijo, concédenos que este don, que él mismo nos dio con tan inefable amor, nos aproveche para nuestra salvación eterna. Él, que vive y reina por los siglos de los siglos.

LA RED RECOGE TODA CLASE DE PECES

Jesús nos enseña que al final de la historia, los malos y los buenos serán separados y tendrán un destino eterno diferente. Dios nos pone en alerta, porque nos ama.

Seamos "buenos peces", para que nos pongan en los canastos del cielo.

2 de agosto   18° Domingo del T. Ordinario

(Verde)

ANTÍFONA DE ENTRADA   Sal 69, 2. 6
Dios mío, ven en mi ayuda; Señor, date prisa en socorrerme. Tú eres mi auxilio y mi salvación; Señor, no tardes.

Se dice Gloria.

ORACIÓN COLECTA
Ayuda, Señor, a tus siervos, que imploran tu continua benevolencia, y, ya que se glorían de tenerte como su creador y su guía, renueva en ellos tu obra creadora y consérvales los dones de tu redención. Por nuestro Señor Jesucristo…

San Mateo (EVANGELIO), lo mismo que los otros evangelistas, describe la multiplicación de los panes en relación con la institución de la Eucaristía. Pero el servicio sacramental de la Iglesia es incompleto si no va acompañado del servicio de la caridad. Sólo el amor de Cristo puede hacer de este mundo injusto una nueva creación en la abundancia (SEGUNDA LECTURA). Tampoco podemos repartir ese pan sin crear al mismo tiempo una insatisfacción que haga desear alimentos más sustanciosos (PRIMERA LECTURA).

PRIMERA LECTURA

Del libro del profeta Isaías

55, 1-3

E sto dice el Señor:
"Todos ustedes, los que tienen sed, vengan por agua;
y los que no tienen dinero,
vengan, tomen trigo y coman;
tomen vino y leche sin pagar.

   ¿Por qué gastar el dinero en lo que no es pan
y el salario, en lo que no alimenta?

   Escúchenme atentos y comerán bien,
saborearán platillos sustanciosos.
Préstenme atención, vengan a mí,
escúchenme y vivirán.
Sellaré con ustedes una alianza perpetua,
cumpliré las promesas que hice a David".

Palabra de Dios.   R. **Te alabamos, Señor.**

SALMO RESPONSORIAL

Del salmo 144

B.P. 1556

R.   **Abres, Señor, tu mano y nos sacias de favores.**

El Señor es compasivo y misericordioso,
lento para enojarse y generoso para perdonar.
Bueno es el Señor para con todos
y su amor se extiende a todas sus creaturas.   R.

   A ti, Señor, sus ojos vuelven todos
y tú los alimentas a su tiempo.
Abres, Señor, tus manos generosas
y cuantos viven quedan satisfechos.   R.

Siempre es justo el Señor en sus designios
y están llenas de amor todas sus obras.
No está lejos de aquellos que lo buscan;
muy cerca está el Señor, de quien lo invoca. R.

SEGUNDA LECTURA

De la carta del apóstol san Pablo a los romanos
8, 35. 37-39

Hermanos: ¿Qué cosa podrá apartarnos del amor con que nos ama Cristo? ¿Las tribulaciones? ¿Las angustias? ¿La persecución? ¿El hambre? ¿La desnudez? ¿El peligro? ¿La espada?

Ciertamente de todo esto salimos más que victoriosos, gracias a aquel que nos ha amado; pues estoy convencido de que ni la muerte ni la vida, ni los ángeles ni los demonios, ni el presente ni el futuro, ni los poderes de este mundo, ni lo alto ni lo bajo, ni creatura alguna podrá apartarnos del amor que nos ha manifestado Dios en Cristo Jesús.

Palabra de Dios. R. **Te alabamos, Señor.**

ACLAMACIÓN ANTES DEL EVANGELIO
Mt 4, 4

B.P. 1031 - Sosa

A-le - lu - ya, a-le-lu - ya, a-le-lu - ya.

R. **Aleluya, aleluya.**
No sólo de pan vive el hombre,
sino también de toda palabra
que sale de la boca de Dios.
R. **Aleluya, aleluya.**

EVANGELIO

✠✠✠ Del santo Evangelio según san Mateo
14, 13-21

R. **Gloria a ti, Señor.**

En aquel tiempo, al enterarse Jesús de la muerte de Juan el Bautista, subió a una barca y se dirigió a un lugar apartado y solitario. Al saberlo la gente, lo siguió por tierra desde los pueblos. Cuando Jesús desembarcó, vio aquella muchedumbre, se compadeció de ella y curó a los enfermos.

Como ya se hacía tarde, se acercaron sus discípulos a decirle: "Estamos en despoblado y empieza a oscurecer. Despide a la gente para que vayan a los caseríos y compren algo de comer". Pero Jesús les replicó: "No hace falta que vayan. Denles ustedes de comer". Ellos le contestaron: "No tenemos aquí más que cinco panes y dos pescados". Él les dijo: "Tráiganmelos".

Luego mandó que la gente se sentara sobre el pasto. Tomó los cinco panes y los dos pescados, y mirando al cielo, pronunció una bendición, partió los panes y se los dio a los discípulos para que los distribuyeran a la gente. Todos comieron hasta saciarse, y con los pedazos que habían sobrado se llenaron doce canastos. Los que comieron eran unos cinco mil hombres, sin contar a las mujeres y a los niños.
Palabra del Señor.   R. **Gloria a ti, Señor Jesús.**

Se dice Credo.

ORACIÓN SOBRE LAS OFRENDAS

Santifica, Señor, por tu piedad, estos dones y, al recibir en oblación este sacrificio espiritual, conviértenos para ti en una perenne ofrenda. Por Jesucristo, nuestro Señor.

ANTÍFONA DE LA COMUNIÓN   Jn 6, 35
Yo soy el pan de vida, dice el Señor. Quien venga a mí no tendrá hambre, y quien crea en mí no tendrá sed.

ORACIÓN DESPUÉS DE LA COMUNIÓN

Acompaña, Señor, con tu permanente auxilio, a quienes renuevas con el don celestial, y, a quienes no dejas de proteger, concédeles ser cada vez más dignos de la eterna redención. Por Jesucristo, nuestro Señor.

CRISTO ES EL PAN DEL CIELO QUE ALCANZA PARA TODOS

Jesús se compadece de la gente, por eso decide evitar que se vayan de aquel lugar despoblado sin haber comido algo.

- Este milagro de la multiplicación de los panes, que hizo Jesús, nos recuerda el maná con el que el Señor alimentaba a su pueblo en el desierto, antes de llegar a la tierra prometida.

- La multiplicación de los panes fue un anuncio de la Eucaristía, y presenta gestos semejantes a los realizados por Jesús en la Última Cena: "Tomó los cinco panes y los dos pescados, y mirando al cielo, pronunció una bendición, partió los panes y se los dio a los discípulos para que los distribuyeran a la gente".

En la Eucaristía nos alimentamos de Cristo, el Pan vivo bajado del cielo. Acerquémonos a recibirlo con un corazón purificado.

9 de agosto   19° Domingo del T. Ordinario

(Verde)

ANTÍFONA DE ENTRADA   Cfr. Sal 73, 20. 19. 22. 23

Acuérdate, Señor, de tu alianza, no olvides por más tiempo la suerte de tus pobres. Levántate, Señor, a defender tu causa, no olvides las voces de los que te buscan.

Se dice Gloria.

ORACIÓN COLECTA

Dios todopoderoso y eterno, a quien, enseñados por el Espíritu Santo, invocamos con el nombre de Padre, intensifica en nuestros corazones el espíritu de hijos adoptivos tuyos, para que merezcamos entrar en posesión de la herencia que nos tienes prometida. Por nuestro Señor Jesucristo…

Vemos hoy a los Apóstoles asustados y llenos de asombro, al descubrir que Jesús es el Señor todopoderoso, el Hijo de Dios (EVANGELIO). También el profeta Elías había sentido un miedo semejante cuando se encontró con el Señor en el monte donde Dios se había revelado a Moisés (PRIMERA LECTURA). San Pablo (SEGUNDA LECTURA) vuelve sobre el tema del destino de los judíos, señalando que, a pesar de que no han reconocido a Jesús como el Salvador, siguen siendo el pueblo que recibió las promesas de Dios y del que nació Jesucristo.

PRIMERA LECTURA

Del primer libro de los Reyes
19, 9. 11-13

Al llegar al monte de Dios, el Horeb, el profeta Elías entró en una cueva y permaneció allí. El Señor le dijo: "Sal de la cueva y quédate en el monte para ver al Señor, porque el Señor va a pasar".

Así lo hizo Elías, y al acercarse el Señor, vino primero un viento huracanado, que partía las montañas y resquebrajaba las rocas; pero el Señor no estaba en el viento. Se produjo después un terremoto; pero el Señor no estaba en el terremoto. Luego vino un fuego; pero el Señor no estaba en el fuego. Después del fuego se escuchó el murmullo de una brisa suave. Al oírlo, Elías se cubrió el rostro con el manto y salió a la entrada de la cueva.

Palabra de Dios.   R. **Te alabamos, Señor.**

SALMO RESPONSORIAL

Del salmo 84

T. Carrasco B.P. 1557

Mués - tra - nos, Se - ñor, tu mi - se - ri - cor - dia.

R.   **Muéstranos, Señor, tu misericordia.**

Escucharé las palabras del Señor,
palabras de paz para su pueblo santo.
Está ya cerca nuestra salvación
y la gloria del Señor habitará en la tierra. R.

La misericordia y la verdad se encontraron,
la justicia y la paz se besaron,
la fidelidad brotó en la tierra
y la justicia vino del cielo. R.

[R. **Muéstranos, Señor, tu misericordia.**]

Cuando el Señor nos muestre su bondad,
nuestra tierra producirá su fruto.
La justicia le abrirá camino al Señor
e irá siguiendo sus pisadas. R.

SEGUNDA LECTURA

De la carta del apóstol san Pablo a los romanos
9, 1-5

Hermanos: Les hablo con toda verdad en Cristo; no miento. Mi conciencia me atestigua, con la luz del Espíritu Santo, que tengo una infinita tristeza y un dolor incesante tortura mi corazón.

Hasta aceptaría verme separado de Cristo, si esto fuera para bien de mis hermanos, los de mi raza y de mi sangre, los israelitas, a quienes pertenecen la adopción filial, la gloria, la alianza, la ley, el culto y las promesas. Ellos son descendientes de los patriarcas; y de su raza, según la carne, nació Cristo, el cual está por encima de todo y es Dios bendito por los siglos de los siglos. Amén.

Palabra de Dios. R. **Te alabamos, Señor.**

ACLAMACIÓN ANTES DEL EVANGELIO
Sal 129, 5

B.P. 1259

A - le - lu - ya, a - le - lu - ya, a - le - lu - ya.

R. **Aleluya, aleluya.**
Confío en el Señor,
mi alma espera y confía en su palabra.
R. **Aleluya, aleluya.**

EVANGELIO

✠ Del santo Evangelio según san Mateo
14, 22-33

R. **Gloria a ti, Señor.**

En aquel tiempo, inmediatamente después de la multiplicación de los panes, Jesús hizo que sus discípulos subieran a la barca y se dirigieran a la otra orilla, mientras él despedía a la gente. Después de despedirla, subió al monte a solas para orar. Llegada la noche, estaba él solo allí.

Entre tanto, la barca iba ya muy lejos de la costa y las olas la sacudían, porque el viento era contrario. A la madrugada, Jesús fue hacia ellos, caminando sobre el agua. Los discípulos, al verlo andar sobre el agua, se espantaron y decían: "¡Es un fantasma!". Y daban gritos de terror. Pero Jesús les dijo enseguida: "Tranquilícense y no teman. Soy yo".

Entonces le dijo Pedro: "Señor, si eres tú, mándame ir a ti caminando sobre el agua". Jesús le contestó: "Ven". Pedro bajó de la barca y comenzó a caminar sobre el agua hacia Jesús; pero al sentir la fuerza del viento, le entró miedo, comenzó a hundirse y gritó: "¡Sálvame, Señor!". Inmediatamente Jesús le tendió la mano, lo sostuvo y le dijo: "Hombre de poca fe, ¿por qué dudaste?".

En cuanto subieron a la barca, el viento se calmó. Los que estaban en la barca se postraron ante Jesús, diciendo: "Verdaderamente tú eres el Hijo de Dios".

Palabra del Señor.   R. **Gloria a ti, Señor Jesús.**

Se dice Credo.

ORACIÓN SOBRE LAS OFRENDAS

Recibe benignamente, Señor, los dones de tu Iglesia, y, al concederle en tu misericordia que te los pueda ofrecer, haces al mismo tiempo que se conviertan en sacramento de nuestra salvación. Por Jesucristo, nuestro Señor.

9 de agosto

ANTÍFONA DE LA COMUNIÓN
Cfr. Jn 6, 51

El pan que yo les daré es mi carne para la vida del mundo, dice el Señor.

ORACIÓN DESPUÉS DE LA COMUNIÓN

La comunión de tus sacramentos que hemos recibido, Señor, nos salven y nos confirmen en la luz de tu verdad. Por Jesucristo, nuestro Señor.

"¡SÁLVAME, SEÑOR!"

Esto lo dijo Pedro cuando empezó a caminar sobre las aguas y tuvo miedo por la fuerza del viento y de las olas, y se empezó a hundir.

> En cuanto el Señor sostuvo a Pedro y evitó que se hundiera, lo reprendió, diciéndole:

"Hombre de poca fe, ¿por qué dudaste?".

> A lo largo de los siglos, la Iglesia que Cristo fundó ha tenido que enfrentar dificultades y persecuciones.

> Ante estas situaciones hay quienes han abandonado a la Iglesia y han perdido la fe; esto se conoce como apostasía.

> Pero la Iglesia ha seguido adelante porque muchos, a semejanza de Pedro, han preferido continuar y pedir el auxilio del Señor.

> Jesús nunca dejará que su Iglesia se hunda, si ella le pide su ayuda.

Confiemos en el Señor, él tiene el poder para calmar toda clase de tempestades.

15 de agosto
Sábado

Asunción de la santísima Virgen María
(Misa del día)
(Blanco)

ANTÍFONA DE ENTRADA
Alegrémonos en el Señor y alabemos al Hijo de Dios, junto con los ángeles, al celebrar hoy la Asunción al cielo de nuestra Madre, la Virgen María.

Se dice Gloria.

ORACIÓN COLECTA
Dios todopoderoso y eterno, que elevaste a la gloria celestial en cuerpo y alma a la inmaculada Virgen María, Madre de tu Hijo, concédenos tender siempre hacia los bienes eternos, para que merezcamos participar de su misma gloria. Por nuestro Señor Jesucristo…

El pasaje del Apocalipsis se refiere al combate de la Iglesia de Cristo contra las fuerzas del mal. Nos habla de la señal de la mujer, porque es en la Virgen María en donde la Iglesia ha triunfado sobre el pecado y sobre la muerte (PRIMERA LECTURA). San Pablo nos recuerda que Cristo resucitó como primicia de todos los muertos (SEGUNDA LECTURA), y como María pertenece a Cristo de una manera eminente,

325

"terminado el curso de su vida terrena", por voluntad divina fue llevada al cielo en cuerpo y alma como la primera resucitada en Cristo, su Hijo amado. En el EVANGELIO oímos el cántico de la propia María que, al saber que es Madre de Dios, exclama: "Ha hecho en mí grandes cosas el que todo lo puede".

PRIMERA LECTURA

Del libro del Apocalipsis del apóstol san Juan
11, 19; 12, 1-6. 10

Se abrió el templo de Dios en el cielo y dentro de él se vio el arca de la alianza. Apareció entonces en el cielo una figura prodigiosa: una mujer envuelta por el sol, con la luna bajo sus pies y con una corona de doce estrellas en la cabeza. Estaba encinta y a punto de dar a luz y gemía con los dolores del parto.

Pero apareció también en el cielo otra figura: un enorme dragón, color de fuego, con siete cabezas y diez cuernos, y una corona en cada una de sus siete cabezas. Con su cola barrió la tercera parte de las estrellas del cielo y las arrojó sobre la tierra. Después se detuvo delante de la mujer que iba a dar a luz, para devorar a su hijo, en cuanto éste naciera. La mujer dio a luz un hijo varón, destinado a gobernar todas las naciones con cetro de hierro; y su hijo fue llevado hasta Dios y hasta su trono. Y la mujer huyó al desierto, a un lugar preparado por Dios.

Entonces oí en el cielo una voz poderosa, que decía: "Ha sonado la hora de la victoria de nuestro Dios, de su dominio y de su reinado, y del poder de su Mesías".

Palabra de Dios.   R. **Te alabamos, Señor.**

SALMO RESPONSORIAL
Del salmo 44

E. Estrella B.P. 1583

De pie, a tu de-re-cha, es-tá la rei-na, la rei-na.

R. **De pie, a tu derecha, está la reina.**

Hijas de reyes salen a tu encuentro.
De pie, a tu derecha, está la reina,
enjoyada con oro de Ofir. R.

    Escucha, hija, mira y pon atención:
olvida a tu pueblo y la casa paterna;
el rey está prendado de tu belleza;
ríndele homenaje, porque él es tu señor. R.

    Entre alegría y regocijo
van entrando en el palacio real.
A cambio de tus padres, tendrás hijos,
que nombrarás príncipes por toda la tierra. R.

SEGUNDA LECTURA

De la primera carta del apóstol san Pablo a los corintios
15, 20-27

H ermanos: Cristo resucitó, y resucitó como la primicia de todos los muertos. Porque si por un hombre vino la muerte, también por un hombre vendrá la resurrección de los muertos.

    En efecto, así como en Adán todos mueren, así en Cristo todos volverán a la vida; pero cada uno en su orden: primero Cristo, como primicia; después, a la hora de su advenimiento, los que son de Cristo.

    Enseguida será la consumación, cuando, después de haber aniquilado todos los poderes del mal, Cristo entregue el Reino a su Padre. Porque él tiene que reinar hasta que el Padre ponga bajo sus pies a todos sus enemigos. El último de los enemigos en ser aniquilado, será la muerte, porque todo lo ha sometido Dios bajo los pies de Cristo.

Palabra de Dios. R. **Te alabamos, Señor.**

15 de agosto

327

ACLAMACIÓN ANTES DEL EVANGELIO

B.P. 1032 - Sosa

A - le - lu - ya, a - le - lu - ya, a - le - lu - ya.

R. **Aleluya, aleluya.**
María fue llevada al cielo
y todos los ángeles se alegran.
R. **Aleluya, aleluya.**

EVANGELIO

✠ Del santo Evangelio según san Lucas
1, 39-56

R. **Gloria a ti, Señor.**

En aquellos días, María se encaminó presurosa a un pueblo de las montañas de Judea, y entrando en la casa de Zacarías, saludó a Isabel. En cuanto ésta oyó el saludo de María, la criatura saltó en su seno.

Entonces Isabel quedó llena del Espíritu Santo, y levantando la voz, exclamó: "¡Bendita tú entre las mujeres y bendito el fruto de tu vientre! ¿Quién soy yo, para que la madre de mi Señor venga a verme? Apenas llegó tu saludo a mis oídos, el niño saltó de gozo en mi seno. Dichosa tú, que has creído, porque se cumplirá cuanto te fue anunciado de parte del Señor".

Entonces dijo María:
"Mi alma glorifica al Señor
y mi espíritu se llena de júbilo en Dios, mi salvador,
porque *puso sus ojos en la humildad de su esclava.*

Desde ahora me llamarán dichosa todas las generaciones,
porque ha hecho en mí grandes cosas el que todo lo puede.

Asunción de la santísima Virgen María (día)

Asunción de la santísima Virgen María (día)

Santo es su nombre,
y su misericordia llega de generación en generación
a los que lo temen.

Él hace sentir el poder de su brazo:
dispersa a los de corazón altanero,
destrona a los potentados
y exalta a los humildes.
A *los hambrientos los colma de bienes*
y a los ricos los despide sin nada.

Acordándose de su misericordia,
viene en ayuda de Israel, su siervo,
como lo había prometido a nuestros padres,
a Abraham y a su descendencia,
para siempre".

María permaneció con Isabel unos tres meses y luego regresó a su casa.

Palabra del Señor.   R. **Gloria a ti, Señor Jesús.**

Se dice Credo.

ORACIÓN SOBRE LAS OFRENDAS

Suba hasta ti, Señor, nuestra ofrenda fervorosa y, por intercesión de la santísima Virgen María, elevada al cielo, haz que nuestros corazones tiendan hacia ti, inflamados en el fuego de tu amor. Por Jesucristo, nuestro Señor.

ANTÍFONA DE LA COMUNIÓN   Lc 1, 48-49
Desde ahora me llamarán dichosa todas las generaciones, porque ha hecho en mí grandes cosas el que todo lo puede.

ORACIÓN DESPUÉS DE LA COMUNIÓN

Habiendo recibido el sacramento de la salvación, te pedimos, Señor, nos concedas que, por intercesión de santa María Virgen, elevada al cielo, seamos llevados a la gloria de la resurrección. Por Jesucristo, nuestro Señor.

LA VIRGEN MARÍA FUE LLEVADA AL CIELO EN CUERPO Y ALMA

Hoy la Iglesia expresa el gozo de saber que la Virgen Inmaculada fue llevada al cielo, en cuerpo y alma, por Dios. La que participó del dolor de su Hijo, permaneciendo al pie de la cruz, mereció participar también de su triunfo, su resurrección y su realeza.

↑ Isabel, inspirada por el Espíritu Santo, dijo a María: "Dichosa tú, que has creído, porque se cumplirá cuanto te fue anunciado de parte del Señor". Y María siempre vivió de acuerdo con la voluntad del Padre, ella "se ofrece totalmente a la Persona y a la obra de Jesús, su Hijo, abrazando con toda su alma la voluntad divina de salvación" (*Compendio del Catecismo de la Iglesia católica*, n. 97).

↑ Por eso Jesucristo, el Rey del universo, vive hoy al lado de su santa Madre en el cielo.

"… ha hecho en mí grandes cosas el que todo lo puede".

16 de agosto — 20° Domingo del T. Ordinario

(*Verde*)

ANTÍFONA DE ENTRADA   Sal 83, 10-11

Dios, protector nuestro, mira el rostro de tu Ungido. Un solo día en tu casa es más valioso, que mil días en cualquier otra parte.

Se dice Gloria.

ORACIÓN COLECTA

Señor Dios, que has preparado bienes invisibles para los que te aman, infunde en nuestros corazones el anhelo de amarte, para que, amándote en todo y sobre todo, consigamos tus promesas, que superan todo deseo. Por nuestro Señor Jesucristo…

———

El tema de las lecturas en la Misa de hoy es el mismo: el llamado de Dios a los hombres que no pertenecen al pueblo judío. Por boca del profeta, Dios declara: "mi casa será casa de oración para todos los pueblos" (PRIMERA LECTURA). Jesús alaba la fe de una mujer extranjera al pueblo judío y cura a su hija (EVANGELIO). San Pablo dice que por desobediencia de los judíos, los paganos obtuvieron misericordia (SEGUNDA LECTURA), pero Israel sigue ocupando un puesto de preferencia dentro del plan de Dios.

PRIMERA LECTURA

Del libro del profeta Isaías

56, 1. 6-7

Esto dice el Señor:
"Velen por los derechos de los demás,
practiquen la justicia,
porque mi salvación está a punto de llegar
y mi justicia a punto de manifestarse.
    A los extranjeros que se han adherido al Señor
para servirlo, amarlo y darle culto,
a los que guardan el sábado sin profanarlo
y se mantienen fieles a mi alianza,
los conduciré a mi monte santo
y los llenaré de alegría en mi casa de oración.
Sus holocaustos y sacrificios serán gratos en mi altar,
porque mi casa será casa de oración
para todos los pueblos".

Palabra de Dios.   R. **Te alabamos, Señor.**

SALMO RESPONSORIAL

Del salmo 66

T. Carrasco B.P. 1558

R.   **Que te alaben, Señor, todos los pueblos.**

Ten piedad de nosotros y bendícenos;
vuelve, Señor, tus ojos a nosotros.
Que conozca la tierra tu bondad
y los pueblos tu obra salvadora. R.

Las naciones con júbilo te canten,
porque juzgas al mundo con justicia;
con equidad tú juzgas a los pueblos
y riges en la tierra a las naciones. R.

Que te alaben, Señor, todos los pueblos,
que los pueblos te aclamen todos juntos.
Que nos bendiga Dios
y que le rinda honor el mundo entero. R.

SEGUNDA LECTURA

De la carta del apóstol san Pablo a los romanos
11, 13-15. 29-32

Hermanos: Tengo algo que decirles a ustedes, los que no son judíos, y trato de desempeñar lo mejor posible este ministerio. Pero esto lo hago también para ver si provoco los celos de los de mi raza y logro salvar a algunos de ellos. Pues, si su rechazo ha sido reconciliación para el mundo, ¿qué no será su reintegración, sino resurrección de entre los muertos? Porque Dios no se arrepiente de sus dones ni de su elección.

Así como ustedes antes eran rebeldes contra Dios y ahora han alcanzado su misericordia con ocasión de la rebeldía de los judíos, en la misma forma, los judíos, que ahora son los rebeldes y que fueron la ocasión de que ustedes alcanzaran la misericordia de Dios, también ellos la alcanzarán. En efecto, Dios ha permitido que todos cayéramos en la rebeldía, para manifestarnos a todos su misericordia.

Palabra de Dios.   R. **Te alabamos, Señor.**

ACLAMACIÓN ANTES DEL EVANGELIO
Cfr. Mt 4, 23

B.P. 1033 - Palazón

A - le - lu - ya, a - le - lu - ya, a - le - lu - ya.

R. **Aleluya, aleluya.**
Jesús predicaba la buena nueva del Reino
y curaba a la gente de toda enfermedad.
R. **Aleluya, aleluya.**

EVANGELIO

✠ Del santo Evangelio según san Mateo
15, 21-28

R. **Gloria a ti, Señor.**

En aquel tiempo, Jesús se retiró a la comarca de Tiro y Sidón. Entonces una mujer cananea le salió al encuentro y se puso a gritar: "Señor, hijo de David, ten compasión de mí. Mi hija está terriblemente atormentada por un demonio". Jesús no le contestó una sola palabra; pero los discípulos se acercaron y le rogaban: "Atiéndela, porque viene gritando detrás de nosotros". Él les contestó: "Yo no he sido enviado sino a las ovejas descarriadas de la casa de Israel".

Ella se acercó entonces a Jesús y, postrada ante él, le dijo: "¡Señor, ayúdame!". Él le respondió: "No está bien quitarles el pan a los hijos para echárselo a los perritos". Pero ella replicó: "Es cierto, Señor; pero también los perritos se comen las migajas que caen de la mesa de sus amos". Entonces Jesús le respondió: "Mujer, ¡qué grande es tu fe! Que se cumpla lo que deseas". Y en aquel mismo instante quedó curada su hija.

Palabra del Señor.   R. **Gloria a ti, Señor Jesús.**

Se dice Credo.

ORACIÓN SOBRE LAS OFRENDAS

Recibe, Señor, nuestros dones, con los que se realiza tan glorioso intercambio, para que, al ofrecerte lo que tú nos diste, merezcamos recibirte a ti mismo. Por Jesucristo, nuestro Señor.

Yo soy el pan vivo, que ha bajado del cielo, dice el Señor: quien coma de este pan, vivirá eternamente.

ORACIÓN DESPUÉS DE LA COMUNIÓN

Unidos a Cristo por este sacramento, suplicamos humildemente, Señor, tu misericordia, para que, hechos semejantes a él aquí en la tierra, merezcamos gozar de su compañía en el cielo. Él, que vive y reina por los siglos de los siglos.

EL SEÑOR ES BUENO Y NOS ESCUCHA

La mujer cananea pide a gritos a Jesús que tenga compasión de ella, y que libere a su hija, "atormentada por un demonio", porque la fama de que Jesús puede expulsar a los demonios ha llegado hasta sus oídos. Los discípulos le piden a Jesús que la atienda, simplemente para que deje de molestar.

◊ En un primer momento parece que Jesús la rechaza: "Yo no he sido enviado sino a las ovejas descarriadas de la casa de Israel".

◊ Pero a la mujer no le importa nada de lo que le digan, e insiste en su petición, porque está segura de que Jesús puede concederle lo que desea.

◊ Jesús reconoce la gran fe de esta mujer y le concede aquello que le pide.

El Señor atiende a quien persevera con fe en la oración.

16 de agosto

23 de agosto   21er Domingo del T. Ordinario

(*Verde*)

ANTÍFONA DE ENTRADA   Cfr. Sal 85, 1-3

Inclina tu oído, Señor, y escúchame. Salva a tu siervo, que confía en ti. Ten piedad de mí, Dios mío, pues sin cesar te invoco.

Se dice Gloria.

ORACIÓN COLECTA

Señor Dios, que unes en un mismo sentir los corazones de tus fieles, impulsa a tu pueblo a amar lo que mandas y a desear lo que prometes, para que, en medio de la inestabilidad del mundo, estén firmemente anclados nuestros corazones donde se halla la verdadera felicidad. Por nuestro Señor Jesucristo...

San Pedro hizo una profesión de fe tan completa y tan profunda, que Jesús le prometió enseguida confiarle "las llaves del Reino de los cielos" (EVANGELIO). De aquel episodio hay una imagen en el Antiguo Testamento, cuando el profeta Isaías habla del siervo de Dios, a quien el Señor dará la llave del palacio de David (PRIMERA LECTURA). Todo esto significa que Cristo, por voluntad propia, delegó en san Pedro la carga de su pueblo. San Pablo (SEGUNDA LECTURA) entona un himno a la infinita sabiduría de Dios.

PRIMERA LECTURA

Del libro del profeta Isaías
22, 19-23

Esto dice el Señor a Sebná, mayordomo de palacio:
"Te echaré de tu puesto
y te destituiré de tu cargo.
Aquel mismo día llamaré a mi siervo,
a Eleacín, el hijo de Elcías;
le vestiré tu túnica,
le ceñiré tu banda
y le traspasaré tus poderes.
    Será un padre para los habitantes de Jerusalén
y para la casa de Judá.
Pondré la llave del palacio de David sobre su hombro.
Lo que él abra, nadie lo cerrará;
lo que él cierre, nadie lo abrirá.
Lo fijaré como un clavo en muro firme
y será un trono de gloria para la casa de su padre".

Palabra de Dios.   R. **Te alabamos, Señor.**

SALMO RESPONSORIAL
Del salmo 137

B.P. 1559

Se - ñor, tu_a - mor per - du - ra e - ter - na - men - te.

R. **Señor, tu amor perdura eternamente.**

De todo corazón te damos gracias,
Señor, porque escuchaste nuestros ruegos.
Te cantaremos delante de tus ángeles,
te adoraremos en tu templo. R.

[R. **Señor, tu amor perdura eternamente.**]

Señor, te damos gracias
por tu lealtad y por tu amor:
siempre que te invocamos, nos oíste
y nos llenaste de valor. R.

Se complace el Señor en los humildes
y rechaza al engreído.
Señor, tu amor perdura eternamente;
obra tuya soy, no me abandones. R.

SEGUNDA LECTURA

De la carta del apóstol san Pablo a los romanos
11, 33-36

¡Qué inmensa y rica es la sabiduría y la ciencia de Dios! ¡Qué impenetrables son sus designios e incomprensibles sus caminos! *¿Quién ha conocido jamás el pensamiento del Señor o ha llegado a ser su consejero? ¿Quién ha podido darle algo primero, para que Dios se lo tenga que pagar?* En efecto, todo proviene de Dios, todo ha sido hecho por él y todo está orientado hacia él. A él la gloria por los siglos de los siglos. Amén.

Palabra de Dios. R. **Te alabamos, Señor.**

ACLAMACIÓN ANTES DEL EVANGELIO

Mt 16, 18

B.P. 1035 - Palazón

A - le - lu - ya, a - le - lu - ya, a - le - lu - ya.

R. **Aleluya, aleluya.**
Tú eres Pedro y sobre esta piedra edificaré mi Iglesia,
y los poderes del infierno
no prevalecerán sobre ella, dice el Señor.
R. **Aleluya, aleluya.**

EVANGELIO

✠ Del santo Evangelio según san Mateo
16, 13-20

R. **Gloria a ti, Señor.**

En aquel tiempo, cuando llegó Jesús a la región de Cesarea de Filipo, hizo esta pregunta a sus discípulos: "¿Quién dice la gente que es el Hijo del hombre?". Ellos le respondieron: "Unos dicen que eres Juan el Bautista; otros, que Elías; otros, que Jeremías o alguno de los profetas".

Luego les preguntó: "Y ustedes, ¿quién dicen que soy yo?". Simón Pedro tomó la palabra y le dijo: "Tú eres el Mesías, el Hijo de Dios vivo".

Jesús le dijo entonces: "¡Dichoso tú, Simón, hijo de Juan, porque esto no te lo ha revelado ningún hombre, sino mi Padre, que está en los cielos! Y yo te digo a ti que tú eres Pedro y sobre esta piedra edificaré mi Iglesia. Los poderes del infierno no prevalecerán sobre ella. Yo te daré las llaves del Reino de los cielos; todo lo que ates en la tierra quedará atado en el cielo, y todo lo que desates en la tierra quedará desatado en el cielo".

Y les ordenó a sus discípulos que no dijeran a nadie que él era el Mesías.

Palabra del Señor.   R. **Gloria a ti, Señor Jesús.**

Se dice Credo.

ORACIÓN SOBRE LAS OFRENDAS

Señor, que con un mismo y único sacrificio adquiriste para ti un pueblo de adopción, concede, propicio, a tu Iglesia, los dones de la unidad y de la paz. Por Jesucristo, nuestro Señor.

ANTÍFONA DE LA COMUNIÓN   Jn 6, 54
El que come mi carne y bebe mi sangre, tiene vida eterna, dice el Señor; y yo lo resucitaré en el último día.

ORACIÓN DESPUÉS DE LA COMUNIÓN

Te pedimos, Señor, que la obra salvadora de tu misericordia fructifique plenamente en nosotros, y haz que, con la ayuda continua de tu gracia, de tal manera tendamos a la perfección, que podamos siempre agradarte en todo. Por Jesucristo, nuestro Señor.

JESÚS ES EL MESÍAS ESPERADO POR EL PUEBLO DE ISRAEL

La tragedia de los judíos, en tiempos de Jesús, fue no haber reconocido en él al Mesías prometido por Dios a través de sus profetas.

✳ Esto ocurrió principalmente entre los dirigentes del pueblo, que optaron por dar muerte a Jesús en la cruz, cerrándose a reconocer en él al Enviado para liberar al pueblo de Israel.

✳ Jesús nació judío, y la Virgen María, san José y los apóstoles, entre ellos san Pablo, fueron todos judíos.

✳ La primera generación de cristianos estuvo constituida por gente perteneciente al pueblo de Israel que supo reconocer en Jesús a su Mesías.

✳ Lamentablemente, el resto de ese pueblo, los que aún conservan la fe judía y son fieles a ella, sigue aún en espera del Enviado de Dios.

✳ Desde aquí les anunciamos que Jesús, como dijo san Pedro, es "el Mesías, el Hijo de Dios vivo".

El Señor siempre cumple sus promesas. Lo que Jesús abra, "nadie lo cerrará; lo que él cierre, nadie lo abrirá".

30 de agosto   22º Domingo del T. Ordinario
(*Verde*)

ANTÍFONA DE ENTRADA   Cfr. Sal 85, 3. 5
Dios mío, ten piedad de mí, pues sin cesar te invoco: Tú eres bueno y clemente, y rico en misericordia con quien te invoca.

Se dice Gloria.

ORACIÓN COLECTA
Dios de toda virtud, de quien procede todo lo que es bueno, infunde en nuestros corazones el amor de tu nombre, y concede que, haciendo más religiosa nuestra vida, hagas crecer el bien que hay en nosotros y lo conserves con solicitud amorosa. Por nuestro Señor Jesucristo…

Jesús anuncia la proximidad de su pasión y de su muerte, y declara a sus discípulos que, si quieren seguirlo, tendrán que cargar, ellos también, su propia cruz (EVANGELIO). Las angustias y sufrimientos del profeta Jeremías constituyen un anuncio de la pasión de Cristo (PRIMERA LECTURA). Toda la vida del cristiano, dice san Pablo (SEGUNDA LECTURA), es la entrega total a Dios como un sacrificio, glorificando su nombre en todas nuestras actividades.

PRIMERA LECTURA

Del libro del profeta Jeremías

20, 7-9

Me sedujiste, Señor, y me dejé seducir;
fuiste más fuerte que yo y me venciste.
He sido el hazmerreír de todos;
día tras día se burlan de mí.
Desde que comencé a hablar,
he tenido que anunciar a gritos violencia y destrucción.
Por anunciar la palabra del Señor,
me he convertido en objeto de oprobio y de burla todo el día.
He llegado a decirme: "Ya no me acordaré del Señor
ni hablaré más en su nombre".
Pero había en mí como un fuego ardiente,
encerrado en mis huesos;
yo me esforzaba por contenerlo y no podía.

Palabra de Dios. ℟. **Te alabamos, Señor.**

SALMO RESPONSORIAL

Del salmo 62

B.P. 1560

Se - ñor, mi al - ma tie - ne sed de ti.

℟. **Señor, mi alma tiene sed de ti.**

Señor, tú eres mi Dios, a ti te busco;
de ti sedienta está mi alma.
Señor, todo mi ser te añora
como el suelo reseco añora el agua. ℟.

    Para admirar tu gloria y tu poder,
con este afán te busco en tu santuario.
Pues mejor es tu amor que la existencia;
siempre, Señor, te alabarán mis labios. ℟.

Podré así bendecirte mientras viva
y levantar en oración mis manos.
De lo mejor se saciará mi alma;
te alabaré con jubilosos labios. R.

Porque fuiste mi auxilio
y a tu sombra, Señor, canto con gozo.
A ti se adhiere mi alma
y tu diestra me da seguro apoyo. R.

SEGUNDA LECTURA

De la carta del apóstol san Pablo a los romanos
12, 1-2

Hermanos: Por la misericordia que Dios les ha manifestado, los exhorto a que se ofrezcan ustedes mismos como
una ofrenda viva, santa y agradable a Dios, porque en esto
consiste el verdadero culto. No se dejen transformar por los
criterios de este mundo, sino dejen que una nueva manera de
pensar los transforme internamente, para que sepan distin-
guir cuál es la voluntad de Dios, es decir, lo que es bueno, lo
que le agrada, lo perfecto.

Palabra de Dios.   R. **Te alabamos, Señor.**

ACLAMACIÓN ANTES DEL EVANGELIO

Cfr. Ef 1, 17-18

A - le - lu - ya, a - le - lu - ya, a - le - lu - ya.

R. **Aleluya, aleluya.**
Que el Padre de nuestro Señor Jesucristo
ilumine nuestras mentes
para que podamos comprender cuál es la esperanza
que nos da su llamamiento.
R. **Aleluya, aleluya.**

EVANGELIO

✠ Del santo Evangelio según san Mateo
16, 21-27

R. **Gloria a ti, Señor.**

En aquel tiempo, comenzó Jesús a anunciar a sus discípulos que tenía que ir a Jerusalén para padecer allí mucho de parte de los ancianos, de los sumos sacerdotes y de los escribas; que tenía que ser condenado a muerte y resucitar al tercer día.

Pedro se lo llevó aparte y trató de disuadirlo, diciéndole: "No lo permita Dios, Señor. Eso no te puede suceder a ti". Pero Jesús se volvió a Pedro y le dijo: "¡Apártate de mí, Satanás, y no intentes hacerme tropezar en mi camino, porque tu modo de pensar no es el de Dios, sino el de los hombres!".

Luego Jesús dijo a sus discípulos: "El que quiera venir conmigo, que renuncie a sí mismo, que tome su cruz y me siga. Pues el que quiera salvar su vida, la perderá; pero el que pierda su vida por mí, la encontrará. ¿De qué le sirve a uno ganar el mundo entero, si pierde su vida? ¿Y qué podrá dar uno a cambio para recobrarla?

Porque el Hijo del hombre ha de venir rodeado de la gloria de su Padre, en compañía de sus ángeles, y entonces le dará a cada uno lo que merecen sus obras".

Palabra del Señor. R. **Gloria a ti, Señor Jesús.**

Se dice Credo.

ORACIÓN SOBRE LAS OFRENDAS

Que esta ofrenda sagrada, Señor, nos traiga siempre tu bendición salvadora, para que dé fruto en nosotros lo que realiza el misterio. Por Jesucristo, nuestro Señor.

ANTÍFONA DE LA COMUNIÓN   Mt 5, 9-10

Dichosos los que trabajan por la paz, porque serán llamados hijos de Dios. Dichosos los perseguidos por causa de la justicia, porque de ellos es el reino de los cielos.

ORACIÓN DESPUÉS DE LA COMUNIÓN

Saciados con el pan de esta mesa celestial, te suplicamos, Señor, que este alimento de caridad fortalezca nuestros corazones, para que nos animemos a servirte en nuestros hermanos. Por Jesucristo, nuestro Señor.

PENSAR Y OBRAR DE ACUERDO CON LA VOLUNTAD DE DIOS

Cuando los discípulos de Jesús le pidieron que les enseñara a orar, él, como auténtico y autorizado Maestro de oración, les enseñó a rezar el Padrenuestro; por eso la Iglesia le da un lugar preponderante en la liturgia, y es la oración por excelencia a la que los cristianos recurrimos cuando oramos en comunidad o personalmente.

† En el Padrenuestro le pedimos a Dios: "Hágase tu voluntad en la tierra como en el cielo".

† Cuando Pedro intentó disuadir a Jesús de hacer la voluntad del Padre, Jesús lo reprendió severamente, diciéndole: "¡Apártate de mí, Satanás, y no intentes hacerme tropezar en mi camino, porque tu modo de pensar no es el de Dios, sino el de los hombres!".

† Y es que el demonio se las ingenia para alejar a los seres humanos de hacer la voluntad de Dios, y se ha inventado una cantidad impresionante de cosas para lograrlo.

Por eso san Pablo nos dice: "No se dejen transformar por los criterios de este mundo".

6 de septiembre   23ᵉʳ Domingo del T. Ordinario

(*Verde*)

ANTÍFONA DE ENTRADA   Sal 118, 137. 124

Eres justo, Señor, y rectos son tus mandamientos; muéstrate bondadoso con tu siervo.

Se dice Gloria.

ORACIÓN COLECTA

Señor Dios, de quien nos viene la redención y a quien debemos la filiación adoptiva, protege con bondad a los hijos que tanto amas, para que todos los que creemos en Cristo obtengamos la verdadera libertad y la herencia eterna. Por nuestro Señor Jesucristo…

Hoy escuchamos la primera de una serie de exhortaciones que hizo Jesús sobre la vida en las comunidades cristianas. El Señor nos pide que no dejemos que alguno de nuestros hermanos haga el mal sin reprenderlo y sin ayudarlo a que vuelva a andar por el buen camino (EVANGELIO). Ese mismo consejo es el que da Dios al profeta Ezequiel (PRIMERA LECTURA). Todo esto es, como dice san Pablo (SEGUNDA LECTURA), una manifestación del amor mutuo entre los cristianos.

PRIMERA LECTURA
Del libro del profeta Ezequiel
33, 7-9

Esto dice el Señor:
"A ti, hijo de hombre,
te he constituido centinela para la casa de Israel.
Cuando escuches una palabra de mi boca,
tú se la comunicarás de mi parte.

Si yo pronuncio sentencia de muerte contra un hombre,
porque es malvado,
y tú no lo amonestas para que se aparte del mal camino,
el malvado morirá por su culpa,
pero yo te pediré a ti cuentas de su vida.

En cambio, si tú lo amonestas
para que deje su mal camino
y él no lo deja,
morirá por su culpa,
pero tú habrás salvado tu vida".

Palabra de Dios.   R. **Te alabamos, Señor.**

SALMO RESPONSORIAL
Del salmo 94

T. Carrasco B.P. 1561

Se - ñor, Se - ñor, que no se - a - mos sor - dos a tu voz.

R.   **Señor, que no seamos sordos a tu voz.**

Vengan, lancemos vivas al Señor,
aclamemos al Dios que nos salva.
Acerquémonos a él, llenos de júbilo,
y démosle gracias. R.

Vengan, y puestos de rodillas,
adoremos y bendigamos al Señor, que nos hizo,
pues él es nuestro Dios y nosotros, su pueblo,
él nuestro pastor y nosotros, sus ovejas. R.

[R. **Señor, que no seamos sordos a tu voz.**]

Hagámosle caso al Señor, que nos dice:
"No endurezcan su corazón,
como el día de la rebelión en el desierto,
cuando sus padres dudaron de mí,
aunque habían visto mis obras". R.

SEGUNDA LECTURA
De la carta del apóstol san Pablo a los romanos
13, 8-10

Hermanos: No tengan con nadie otra deuda que la del amor mutuo, porque el que ama al prójimo, ha cumplido ya toda la ley. En efecto, los mandamientos que ordenan: "No cometerás adulterio, no robarás, no matarás, no darás falso testimonio, no codiciarás" y todos los otros, se resumen en éste: "Amarás a tu prójimo como a ti mismo", pues quien ama a su prójimo no le causa daño a nadie. Así pues, el cumplimiento pleno de la ley consiste en amar.

Palabra de Dios.   R. **Te alabamos, Señor.**

ACLAMACIÓN ANTES DEL EVANGELIO
2 Cor 5, 19

R. **Aleluya, aleluya.**
Dios reconcilió al mundo consigo por medio de Cristo,
y a nosotros nos confió el mensaje de la reconciliación.
R. **Aleluya, aleluya.**

EVANGELIO
✠ Del santo Evangelio según san Mateo
18, 15-20

R. **Gloria a ti, Señor.**

En aquel tiempo, Jesús dijo a sus discípulos: "Si tu hermano comete un pecado, ve y amonéstalo a solas. Si te escucha, habrás salvado a tu hermano. Si no te hace caso, hazte acompañar de una o dos personas, para que todo lo que se diga conste por boca de dos o tres testigos. Pero si ni así te hace caso, díselo a la comunidad; y si ni a la comunidad le hace caso, apártate de él como de un pagano o de un publicano.

Yo les aseguro que todo lo que aten en la tierra quedará atado en el cielo, y todo lo que desaten en la tierra quedará desatado en el cielo.

Yo les aseguro también que si dos de ustedes se ponen de acuerdo para pedir algo, sea lo que fuere, mi Padre celestial se lo concederá; pues donde dos o tres se reúnen en mi nombre, ahí estoy yo en medio de ellos".

Palabra del Señor.   R. **Gloria a ti, Señor Jesús.**

Se dice Credo.

ORACIÓN SOBRE LAS OFRENDAS
Señor Dios, fuente de toda devoción sincera y de la paz, concédenos honrar de tal manera, con estos dones, tu divina majestad, que, al participar en estos santos misterios, todos quedemos unidos en un mismo sentir. Por Jesucristo, nuestro Señor.

ANTÍFONA DE LA COMUNIÓN   Jn 8, 12
Yo soy la luz del mundo, dice el Señor; el que me sigue, no camina en tinieblas, sino que tendrá la luz de la vida.

ORACIÓN DESPUÉS DE LA COMUNIÓN
Concede, Señor, a tus fieles, a quienes alimentas y vivificas con tu palabra y el sacramento del cielo, aprovechar de tal manera tan grandes dones de tu Hijo amado, que merezcamos ser siempre partícipes de su vida. Él, que vive y reina por los siglos de los siglos.

PONERNOS DE ACUERDO
PARA PEDIR LO QUE NOS CONVIENE

Invocar a Dios no es frotar la "lámpara de Aladino" para pedirle a un genio que cumpla nuestros deseos, no. Muchas veces lo único que queremos es que Dios haga nuestra voluntad, sin detenernos a pensar si eso que le pedimos en realidad nos conviene.

▶ El Señor nos ama, pero él no es tonto. Nosotros somos los que muchas veces actuamos como tales.

▶ Recordando la parábola del hijo pródigo, vemos en ella que el padre le entregó la parte de la herencia que tenía destinada para su hijo, pero que él no supo darle un buen uso a esos bienes.

▶ Hoy Jesús nos dice que si dos de nosotros nos ponemos de acuerdo para pedir algo, "sea lo que fuere" (nunca algo malo), nuestro Padre del cielo nos lo concederá.

▶ Esto es un llamado para que las familias oren juntas, y para que participemos en la Misa.

"Donde dos o tres se reúnen en mi nombre, ahí estoy yo en medio de ellos".

13 de septiembre   24º Domingo del T. Ordinario

(*Verde*)

ANTÍFONA DE ENTRADA Cfr. Sir 36, 18
Concede, Señor, la paz a los que esperan en ti, y cumple así las palabras de tus profetas; escucha las plegarias de tu siervo, y de tu pueblo Israel.

Se dice Gloria.

ORACIÓN COLECTA
Señor Dios, creador y soberano de todas las cosas, vuelve a nosotros tus ojos y concede que te sirvamos de todo corazón, para que experimentemos los efectos de tu misericordia. Por nuestro Señor Jesucristo…

La vida común está fundada en la ayuda mutua y en el perdón. Esto es lo que recuerda Jesús y, para ilustrar su enseñanza, nos relata la parábola del deudor implacable (EVANGELIO). Esta parábola tiene un eco en el Antiguo Testamento, que nos dice: "Perdona la ofensa a tu prójimo, y así, cuando pidas perdón, se te perdonarán tus pecados" (PRIMERA LECTURA). San Pablo nos pide que no vivamos para nosotros mismos, sino para el Señor, a quien pertenecemos (SEGUNDA LECTURA).

PRIMERA LECTURA

Del libro del Sirácide (Eclesiástico)
27, 33–28, 9

Cosas abominables son el rencor y la cólera;
sin embargo, el pecador se aferra a ellas.
El Señor se vengará del vengativo
y llevará rigurosa cuenta de sus pecados.

Perdona la ofensa a tu prójimo,
y así, cuando pidas perdón, se te perdonarán tus pecados.
Si un hombre le guarda rencor a otro,
¿le puede acaso pedir la salud al Señor?

El que no tiene compasión de un semejante,
¿cómo pide perdón de sus pecados?
Cuando el hombre que guarda rencor
pide a Dios el perdón de sus pecados,
¿hallará quien interceda por él?

Piensa en tu fin y deja de odiar,
piensa en la corrupción del sepulcro
y guarda los mandamientos.

Ten presentes los mandamientos
y no guardes rencor a tu prójimo.
Recuerda la alianza del Altísimo
y pasa por alto las ofensas.

Palabra de Dios.   R. **Te alabamos, Señor.**

SALMO RESPONSORIAL

Del salmo 102

M. Aguilar B.P. 1562

El Se - ñor es com - pa - si - vo y mi - se - ri - cor - dio - so.

R. **El Señor es compasivo y misericordioso.**

Bendice al Señor, alma mía;
que todo mi ser bendiga su santo nombre.
Bendice al Señor, alma mía,
y no te olvides de sus beneficios. **R.**

El Señor perdona tus pecados
y cura tus enfermedades;
él rescata tu vida del sepulcro
y te colma de amor y de ternura. **R.**

El Señor no nos condena para siempre,
ni nos guarda rencor perpetuo.
No nos trata como merecen nuestras culpas,
ni nos paga según nuestros pecados. **R.**

Como desde la tierra hasta el cielo,
así es de grande su misericordia;
como un padre es compasivo con sus hijos,
así es compasivo el Señor con quien lo ama. **R.**

SEGUNDA LECTURA

De la carta del apóstol san Pablo a los romanos
14, 7-9

Hermanos: Ninguno de nosotros vive para sí mismo, ni muere para sí mismo. Si vivimos, para el Señor vivimos; y si morimos, para el Señor morimos. Por lo tanto, ya sea que estemos vivos o que hayamos muerto, somos del Señor. Porque Cristo murió y resucitó para ser Señor de vivos y muertos.

Palabra de Dios. **R.** **Te alabamos, Señor.**

ACLAMACIÓN ANTES DEL EVANGELIO

Jn 13, 34

A - le - lu - ya,   a - le - lu - ya,   a - le - lu - ya.

R. **Aleluya, aleluya.**

Les doy un mandamiento nuevo, dice el Señor,
que se amen los unos a los otros, como yo los he amado.

R. **Aleluya, aleluya.**

EVANGELIO

✠ Del santo Evangelio según san Mateo
18, 21-35

R. **Gloria a ti, Señor.**

En aquel tiempo, Pedro se acercó a Jesús y le preguntó: "Si mi hermano me ofende, ¿cuántas veces tengo que perdonarlo? ¿Hasta siete veces?". Jesús le contestó: "No sólo hasta siete, sino hasta setenta veces siete".

Entonces Jesús les dijo: "El Reino de los cielos es semejante a un rey que quiso ajustar cuentas con sus servidores. El primero que le presentaron le debía muchos millones. Como no tenía con qué pagar, el señor mandó que lo vendieran a él, a su mujer, a sus hijos y todas sus posesiones, para saldar la deuda. El servidor, arrojándose a sus pies, le suplicaba, diciendo: 'Ten paciencia conmigo y te lo pagaré todo'. El rey tuvo lástima de aquel servidor, lo soltó y hasta le perdonó la deuda.

Pero, apenas había salido aquel servidor, se encontró con uno de sus compañeros, que le debía poco dinero. Entonces lo agarró por el cuello y casi lo estrangulaba, mientras le decía: 'Págame lo que me debes'. El compañero se le arrodilló y le rogaba: 'Ten paciencia conmigo y te lo pagaré todo'. Pero el otro no quiso escucharlo, sino que fue y lo metió en la cárcel hasta que le pagara la deuda.

Al ver lo ocurrido, sus compañeros se llenaron de indignación y fueron a contar al rey lo sucedido. Entonces el señor lo llamó y le dijo: 'Siervo malvado. Te perdoné toda aquella deuda porque me lo suplicaste. ¿No debías tú también haber tenido compasión de tu compañero, como yo tuve compasión de ti?'. Y el señor, encolerizado, lo entregó a los verdugos para que no lo soltaran hasta que pagara lo que debía.

Pues lo mismo hará mi Padre celestial con ustedes, si cada cual no perdona de corazón a su hermano".

Palabra del Señor.   R. **Gloria a ti, Señor Jesús.**

Se dice Credo.

ORACIÓN SOBRE LAS OFRENDAS

Sé propicio, Señor, a nuestras plegarias y acepta benignamente estas ofrendas de tus siervos, para que aquello que cada uno ofrece en honor de tu nombre aproveche a todos para su salvación. Por Jesucristo, nuestro Señor.

ANTÍFONA DE LA COMUNIÓN   Cfr. 1 Cor 10, 16

El cáliz de bendición, por el que damos gracias, es la unión de todos en la Sangre de Cristo; y el pan que partimos es la participación de todos en el Cuerpo de Cristo.

ORACIÓN DESPUÉS DE LA COMUNIÓN

Que el efecto de este don celestial, Señor, transforme nuestro cuerpo y nuestro espíritu, para que sea su fuerza, y no nuestro sentir, lo que siempre inspire nuestras acciones. Por Jesucristo, nuestro Señor.

13 de septiembre

PERDONEMOS A LOS DEMÁS COMO DIOS NOS PERDONA

El ejemplo nos lo dio Jesús cuando, estando clavado en la cruz, dijo: "Padre, perdónalos, porque no saben lo que hacen". Si recibimos perdón, es justo que lo otorguemos.

"Ten presentes los mandamientos y no guardes rencor a tu prójimo".

20 de septiembre   25° Domingo del T. Ordinario

(Verde)

ANTÍFONA DE ENTRADA

Yo soy la salvación de mi pueblo, dice el Señor. Los escucharé cuando me llamen en cualquier tribulación, y siempre seré su Dios.

Se dice Gloria.

ORACIÓN COLECTA

Señor Dios, que has hecho del amor a ti y a los hermanos la plenitud de todo lo mandado en tu santa ley, concédenos que, cumpliendo tus mandamientos, merezcamos llegar a la vida eterna. Por nuestro Señor Jesucristo…

La parábola de los trabajadores que un propietario contrata para su viña (EVANGELIO), nos enseña que Dios es todo bondad, como aquel dueño que se compadece de los hombres que no tienen trabajo. Es que los pensamientos de Dios no son como los pensamientos de los hombres (PRIMERA LECTURA) y el corazón de Dios es mucho más grande que el nuestro. Desde la cárcel escribió san Pablo a los cristianos de Filipos (SEGUNDA LECTURA): "Para mí, la vida es Cristo, y la muerte, una ganancia".

PRIMERA LECTURA
Del libro del profeta Isaías
55, 6-9

Busquen al Señor mientras lo pueden encontrar,
invóquenlo mientras está cerca;
que el malvado abandone su camino,
y el criminal, sus planes;
que regrese al Señor, y él tendrá piedad;
a nuestro Dios, que es rico en perdón.

Mis pensamientos no son los pensamientos de ustedes,
sus caminos no son mis caminos, dice el Señor.
Porque así como aventajan los cielos a la tierra,
así aventajan mis caminos a los de ustedes
y mis pensamientos a sus pensamientos.

Palabra de Dios.   R. **Te alabamos, Señor.**

SALMO RESPONSORIAL
Del salmo 144
M. Aguilar B.P. 1563

Ben - de - ci - ré al Se - ñor e - ter - na - men - te.

R. **Bendeciré al Señor eternamente.**

Un día tras otro bendeciré tu nombre
y no cesará mi boca de alabarte.
Muy digno de alabanza es el Señor,
por ser su grandeza incalculable. R.

El Señor es compasivo y misericordioso,
lento para enojarse y generoso para perdonar.
Bueno es el Señor para con todos
y su amor se extiende a todas sus creaturas. R.

Siempre es justo el Señor en sus designios
y están llenas de amor todas sus obras.
No está lejos de aquellos que lo buscan;
muy cerca está el Señor, de quien lo invoca. R.

SEGUNDA LECTURA

De la carta del apóstol san Pablo a los filipenses
1, 20-24. 27

Hermanos: Ya sea por mi vida, ya sea por mi muerte, Cristo será glorificado en mí. Porque para mí, la vida es Cristo, y la muerte, una ganancia. Pero si el continuar viviendo en este mundo me permite trabajar todavía con fruto, no sabría yo qué elegir.

Me hacen fuerza ambas cosas: por una parte, el deseo de morir y estar con Cristo, lo cual, ciertamente, es con mucho lo mejor; y por la otra, el de permanecer en vida, porque esto es necesario para el bien de ustedes. Por lo que a ustedes toca, lleven una vida digna del Evangelio de Cristo.

Palabra de Dios.   R. **Te alabamos, Señor.**

ACLAMACIÓN ANTES DEL EVANGELIO
Cfr. Hechos 16, 14

A - le - lu - ya, a - le - lu - ya, a - le - lu - ya.

R. **Aleluya, aleluya.**
Abre, Señor, nuestros corazones,
para que aceptemos las palabras de tu Hijo.
R. **Aleluya, aleluya.**

EVANGELIO

✠ Del santo Evangelio según san Mateo
20, 1-16

R. **Gloria a ti, Señor.**

En aquel tiempo, Jesús dijo a sus discípulos esta parábola: "El Reino de los cielos es semejante a un propietario que, al amanecer, salió a contratar trabajadores para su viña. Después de quedar con ellos en pagarles un denario por día, los mandó a su viña. Salió otra vez a media mañana, vio a unos que estaban ociosos en la plaza y les dijo: 'Vayan también ustedes a mi viña y les pagaré lo que sea justo'. Salió de nuevo a medio día y a media tarde e hizo lo mismo.

Por último, salió también al caer la tarde y encontró todavía a otros que estaban en la plaza y les dijo: '¿Por qué han estado aquí todo el día sin trabajar?'. Ellos le respondieron: 'Porque nadie nos ha contratado'. Él les dijo: 'Vayan también ustedes a mi viña'.

Al atardecer, el dueño de la viña le dijo a su administrador: 'Llama a los trabajadores y págales su jornal, comenzando por los últimos hasta que llegues a los primeros'. Se acercaron, pues, los que habían llegado al caer la tarde y recibieron un denario cada uno.

Cuando les llegó su turno a los primeros, creyeron que recibirían más; pero también ellos recibieron un denario cada uno. Al recibirlo, comenzaron a reclamarle al propietario, diciéndole: 'Esos que llegaron al último sólo trabajaron una hora, y sin embargo, les pagas lo mismo que a nosotros, que soportamos el peso del día y del calor'.

Pero él respondió a uno de ellos: 'Amigo, yo no te hago ninguna injusticia. ¿Acaso no quedamos en que te pagaría un denario? Toma, pues, lo tuyo y vete. Yo quiero darle al que llegó al último lo mismo que a ti. ¿Qué no puedo hacer con lo mío lo que yo quiero? ¿O vas a tenerme rencor porque yo soy bueno?'.

De igual manera, los últimos serán los primeros, y los primeros, los últimos".

Palabra del Señor.   R. **Gloria a ti, Señor Jesús.**

Se dice Credo.

ORACIÓN SOBRE LAS OFRENDAS

Acepta benignamente, Señor, los dones de tu pueblo, para que recibamos, por este sacramento celestial, aquello mismo que el fervor de nuestra fe nos mueve a proclamar. Por Jesucristo, nuestro Señor.

ANTÍFONA DE LA COMUNIÓN   Jn 10, 14

Yo soy el buen pastor, dice el Señor; y conozco a mis ovejas, y ellas me conocen a mí.

ORACIÓN DESPUÉS DE LA COMUNIÓN

A quienes alimentas, Señor, con tus sacramentos, confórtanos con tu incesante ayuda, para que en estos misterios recibamos el fruto de la redención y la conversión de nuestra vida. Por Jesucristo, nuestro Señor.

EL SEÑOR SIEMPRE ES JUSTO

El Señor nos ofrece salvación y vida eterna a todos, y todo aquel que quiere recibir este beneficio del Señor se pone a trabajar para él, confiando en recibir lo prometido.

muchas personas que aún no conocen a Jesús, y no ha habido quien las invite a trabajar para él. Sin embargo, la promesa es también para ellas.

▶ Hay quienes llevan ya muchos años trabajando para alcanzar esto, pero hay

"¿Qué no puedo hacer con lo mío lo que yo quiero?"

27 de septiembre 26º Domingo del T. Ordinario

(Verde)

ANTÍFONA DE ENTRADA
Dn 3, 31. 29. 30. 43. 42

Todo lo que hiciste con nosotros, Señor, es verdaderamente justo, porque hemos pecado contra ti y hemos desobedecido tus mandatos; pero haz honor a tu nombre y trátanos conforme a tu inmensa misericordia.

Se dice Gloria.

ORACIÓN COLECTA
Señor Dios, que manifiestas tu poder de una manera admirable sobre todo cuando perdonas y ejerces tu misericordia, multiplica tu gracia sobre nosotros, para que, apresurándonos hacia lo que nos prometes, nos hagas partícipes de los bienes celestiales. Por nuestro Señor Jesucristo…

El Señor espera a que el pecador se vuelva hacia él y entonces tenga nueva vida, como dice el profeta Ezequiel (PRIMERA LECTURA). Lo mismo nos quiere decir Jesús al relatarnos la parábola de los hijos a quienes su padre mandó a trabajar en la viña (EVANGELIO). San Pablo nos habla de la vida diaria del cristiano, que debe seguir el ejemplo de Cristo en su pasión, porque los cristianos deben vivir humildemente, ya que el Hijo de Dios se humilló hasta morir en la cruz (SEGUNDA LECTURA).

PRIMERA LECTURA

Del libro del profeta Ezequiel
18, 25-28

Esto dice el Señor: "Si ustedes dicen: 'No es justo el proceder del Señor', escucha, casa de Israel: ¿Conque es injusto mi proceder? ¿No es más bien el proceder de ustedes el injusto?

Cuando el justo se aparta de su justicia, comete la maldad y muere; muere por la maldad que cometió. Cuando el pecador se arrepiente del mal que hizo y practica la rectitud y la justicia, él mismo salva su vida. Si recapacita y se aparta de los delitos cometidos, ciertamente vivirá y no morirá".

Palabra de Dios.   R. **Te alabamos, Señor.**

SALMO RESPONSORIAL
Del salmo 24

D. Rojas B.P. 1564

R. **Descúbrenos, Señor, tus caminos.**

Descúbrenos, Señor, tus caminos,
guíanos con la verdad de tu doctrina.
Tú eres nuestro Dios y salvador
y tenemos en ti nuestra esperanza. R.

Acuérdate, Señor, que son eternos
tu amor y tu ternura.
Según ese amor y esa ternura,
acuérdate de nosotros. R.

Porque el Señor es recto y bondadoso
indica a los pecadores el sendero,
guía por la senda recta a los humildes
y descubre a los pobres sus caminos. R.

SEGUNDA LECTURA

De la carta del apóstol san Pablo a los filipenses
2, 1-11

Hermanos: Si alguna fuerza tiene una advertencia en nombre de Cristo, si de algo sirve una exhortación nacida del amor, si nos une el mismo Espíritu y si ustedes me profesan un afecto entrañable, llénenme de alegría teniendo todos una misma manera de pensar, un mismo amor, unas mismas aspiraciones y una sola alma. Nada hagan por espíritu de rivalidad ni presunción; antes bien, por humildad, cada uno considere a los demás como superiores a sí mismo y no busque su propio interés, sino el del prójimo. Tengan los mismos sentimientos que tuvo Cristo Jesús.

Cristo, siendo Dios,
no consideró que debía aferrarse
a las prerrogativas de su condición divina,
sino que, por el contrario, se anonadó a sí mismo
tomando la condición de siervo,
y se hizo semejante a los hombres.
Así, hecho uno de ellos, se humilló a sí mismo
y por obediencia aceptó incluso la muerte,
y una muerte de cruz.

Por eso Dios lo exaltó sobre todas las cosas
y le otorgó el nombre que está sobre todo nombre,
para que, al nombre de Jesús, todos doblen la rodilla
en el cielo, en la tierra y en los abismos,
y todos reconozcan públicamente que Jesucristo es el Señor,
para gloria de Dios Padre.

Palabra de Dios.   R. **Te alabamos**, **Señor.**

ACLAMACIÓN ANTES DEL EVANGELIO

Jn 10, 27

A - le - lu - ya, a - le - lu - ya, a - le - lu - ya.

R. **Aleluya, aleluya.**

Mis ovejas escuchan mi voz, dice el Señor;
yo las conozco y ellas me siguen.

R. **Aleluya, aleluya.**

EVANGELIO

✠ Del santo Evangelio según san Mateo
21, 28-32

R. **Gloria a ti, Señor.**

En aquel tiempo, Jesús dijo a los sumos sacerdotes y a los ancianos del pueblo: "¿Qué opinan de esto? Un hombre que tenía dos hijos fue a ver al primero y le ordenó: 'Hijo, ve a trabajar hoy en la viña'. Él le contestó: 'Ya voy, señor', pero no fue. El padre se dirigió al segundo y le dijo lo mismo. Éste le respondió: 'No quiero ir', pero se arrepintió y fue. ¿Cuál de los dos hizo la voluntad del padre?". Ellos le respondieron: "El segundo".

Entonces Jesús les dijo: "Yo les aseguro que los publicanos y las prostitutas se les han adelantado en el camino del Reino de Dios. Porque vino a ustedes Juan, predicó el camino de la justicia y no le creyeron; en cambio, los publicanos y las prostitutas sí le creyeron; ustedes, ni siquiera después de haber visto, se han arrepentido ni han creído en él".

Palabra del Señor. R. **Gloria a ti, Señor Jesús.**

Se dice Credo.

ORACIÓN SOBRE LAS OFRENDAS

Concédenos, Dios misericordioso, que nuestra ofrenda te sea aceptable y que por ella quede abierta para nosotros la fuente de toda bendición. Por Jesucristo, nuestro Señor.

ANTÍFONA DE LA COMUNIÓN
1 Jn 3, 16

En esto hemos conocido lo que es el amor de Dios: en que dio su vida por nosotros. Por eso también nosotros debemos dar la vida por los hermanos.

ORACIÓN DESPUÉS DE LA COMUNIÓN

Que este misterio celestial renueve, Señor, nuestro cuerpo y nuestro espíritu, para que seamos coherederos en la gloria de aquel cuya muerte, al anunciarla, la hemos compartido. Él, que vive y reina por los siglos de los siglos.

TENGAMOS LOS MISMOS SENTIMIENTOS DE CRISTO JESÚS

San Pablo nos exhorta a que tener los mismos sentimientos de Cristo Jesús, lo cual implica que tenemos que conocerlo, estudiar su vida, y tendríamos que preguntarnos continuamente: ¿qué haría Jesús en este caso?

✳ El Señor hoy nos envía a trabajar en su viña; esto quiere decir que desea que continuemos con su obra, de acuerdo con nuestras capacidades y nuestro estado de vida. No se trata de decirle que sí y no ir.

✳ Pero lo primero que nos pide es que, de veras, seamos sus discípulos. Aún tenemos mucho que aprender de él.

Que el Señor nos guíe con la verdad de su doctrina.

4 de octubre 27° Domingo del T. Ordinario

(Verde)

ANTÍFONA DE ENTRADA Cfr. Est 4, 17

En tu voluntad, Señor, está puesto el universo, y no hay quien pueda resistirse a ella. Tú hiciste todo, el cielo y la tierra, y todo lo que está bajo el firmamento; tú eres Señor del universo.

Se dice Gloria.

ORACIÓN COLECTA

Dios todopoderoso y eterno, que en la abundancia de tu amor sobrepasas los méritos y aun los deseos de los que te suplican, derrama sobre nosotros tu misericordia para que libres nuestra conciencia de toda inquietud y nos concedas aun aquello que no nos atrevemos a pedir. Por nuestro Señor Jesucristo…

"La viña del Señor de los ejércitos –dice el profeta– es la casa de Israel" (PRIMERA LECTURA). La parábola de los viñadores homicidas tiene mucho que ver con aquellas palabras del profeta, porque al rechazar al Hijo de Dios, el pueblo de Israel sufriría la catástrofe y Dios se buscaría otro pueblo (EVANGELIO). Por su parte, san Pablo

(SEGUNDA LECTURA) invita a los cristianos a vivir intensamente bajo la mirada de Dios y a obrar de acuerdo con el buen ejemplo recibido.

PRIMERA LECTURA
Del libro del profeta Isaías
5, 1-7

Voy a cantar, en nombre de mi amado,
una canción a su viña.
Mi amado tenía una viña
en una ladera fértil.
Removió la tierra, quitó las piedras
y plantó en ella vides selectas;
edificó en medio una torre
y excavó un lagar.
Él esperaba que su viña diera buenas uvas,
pero la viña dio uvas agrias.

Ahora bien, habitantes de Jerusalén
y gente de Judá, yo les ruego,
sean jueces entre mi viña y yo.
¿Qué más pude hacer por mi viña,
que yo no lo hiciera?
¿Por qué cuando yo esperaba que diera uvas buenas,
las dio agrias?

Ahora voy a darles a conocer lo que haré con mi viña;
le quitaré su cerca y será destrozada.
Derribaré su tapia y será pisoteada.
La convertiré en un erial,
nadie la podará ni le quitará los cardos,
crecerán en ella los abrojos y las espinas,
mandaré a las nubes que no lluevan sobre ella.

Pues bien, la viña del Señor de los ejércitos
es la casa de Israel,
y los hombres de Judá son su plantación preferida.
El Señor esperaba de ellos que obraran rectamente
y ellos, en cambio, cometieron iniquidades;

él esperaba justicia
y sólo se oyen reclamaciones.

Palabra de Dios. R. **Te alabamos, Señor.**

SALMO RESPONSORIAL
Del salmo 79

R. **La viña del Señor es la casa de Israel.**

Señor, tú trajiste de Egipto una vid,
arrojaste de aquí a los paganos y la plantaste;
ella extendió sus sarmientos hasta el mar
y sus brotes llegaban hasta el río. R.

  Señor, ¿por qué has derribado su cerca,
de modo que puedan saquear tu viña los que pasan,
pisotearla los animales salvajes,
y las bestias del campo destrozarla? R.

  Señor, Dios de los ejércitos, vuelve tus ojos,
mira tu viña y visítala;
protege la cepa plantada por tu mano,
el renuevo que tú mismo cultivaste. R.

  Ya no nos alejaremos de ti;
consérvanos la vida y alabaremos tu poder.
Restablécenos, Señor, Dios de los ejércitos,
míranos con bondad y estaremos a salvo. R.

SEGUNDA LECTURA

De la carta del apóstol san Pablo a los filipenses
4, 6-9

Hermanos: No se inquieten por nada; más bien presenten
en toda ocasión sus peticiones a Dios en la oración y la

súplica, llenos de gratitud. Y que la paz de Dios, que sobrepasa toda inteligencia, custodie sus corazones y sus pensamientos en Cristo Jesús.

Por lo demás, hermanos, aprecien todo lo que es verdadero y noble, cuanto hay de justo y puro, todo lo que es amable y honroso, todo lo que sea virtud y merezca elogio. Pongan por obra cuanto han aprendido y recibido de mí, todo lo que yo he dicho y me han visto hacer; y el Dios de la paz estará con ustedes.

Palabra de Dios.   R. **Te alabamos, Señor.**

ACLAMACIÓN ANTES DEL EVANGELIO
Cfr. Jn 15, 16

B.P. 1035 - Palazón

A - le - lu - ya, a - le - lu - ya, a - le - lu - ya.

R. **Aleluya, aleluya.**
Yo los he elegido del mundo, dice el Señor,
para que vayan y den fruto, y su fruto permanezca.
R. **Aleluya, aleluya.**

EVANGELIO
✠ Del santo Evangelio según san Mateo
21, 33-43

R. **Gloria a ti, Señor.**

En aquel tiempo, Jesús dijo a los sumos sacerdotes y a los ancianos del pueblo esta parábola: "Había una vez un propietario que plantó un viñedo, lo rodeó con una cerca, cavó un lagar en él, construyó una torre para el vigilante y luego lo alquiló a unos viñadores y se fue de viaje.

Llegado el tiempo de la vendimia, envió a sus criados para pedir su parte de los frutos a los viñadores; pero éstos se apoderaron de los criados, golpearon a uno, mataron a otro y a otro más lo apedrearon. Envió de nuevo a otros criados, en mayor número que los primeros, y los trataron del mismo modo.

Por último, les mandó a su propio hijo, pensando: 'A mi hijo lo respetarán'. Pero cuando los viñadores lo vieron, se dijeron unos a otros: 'Éste es el heredero. Vamos a matarlo y nos quedaremos con su herencia'. Le echaron mano, lo sacaron del viñedo y lo mataron.

Ahora díganme: cuando vuelva el dueño del viñedo, ¿qué hará con esos viñadores?". Ellos le respondieron: "Dará muerte terrible a esos desalmados y arrendará el viñedo a otros viñadores, que le entreguen los frutos a su tiempo".

Entonces Jesús les dijo: "¿No han leído nunca en la Escritura: *La piedra que desecharon los constructores, es ahora la piedra angular. Esto es obra del Señor y es un prodigio admirable*?

Por esta razón les digo que les será quitado a ustedes el Reino de Dios y se le dará a un pueblo que produzca sus frutos".

Palabra del Señor.   R. **Gloria a ti, Señor Jesús.**

Se dice Credo.

ORACIÓN SOBRE LAS OFRENDAS

Acepta, Señor, el sacrificio que tú mismo nos mandaste ofrecer, y, por estos sagrados misterios, que celebramos en cumplimiento de nuestro servicio, dígnate llevar a cabo en nosotros la santificación que proviene de tu redención. Por Jesucristo, nuestro Señor.

ANTÍFONA DE LA COMUNIÓN   Cfr. 1 Cor 10, 17

El pan es uno, y así nosotros, aunque somos muchos, formamos un solo cuerpo, porque todos participamos de un mismo pan y de un mismo cáliz.

ORACIÓN DESPUÉS DE LA COMUNIÓN

Dios omnipotente, saciados con este alimento y bebida celestiales, concédenos ser transformados en aquel a quien hemos recibido en este sacramento. Por Jesucristo, nuestro Señor.

PONGAMOS POR OBRA
LO QUE HEMOS APRENDIDO

Es muy triste que, en un pueblo constituido mayoritariamente por personas que hemos sido bautizadas, vivamos las situaciones de violencia e inseguridad que estamos padeciendo en la actualidad.

✝ A Jesús le dieron una muerte de cruz, porque las autoridades de su tiempo fueron incapaces de aceptar su verdad y sus enseñanzas.

✝ Hoy se da muerte a los niños antes de nacer, argumentando que así se protege la vida de la madre, cuando en realidad se está cometiendo uno de los crímenes más horribles: privar a un inocente de su derecho a la vida.

✝ Hoy se nos presenta a la droga como una opción recreativa, cuando en realidad lo que provoca es daño en los consumidores, en sus familias y en la sociedad.

✝ Nuestro mundo sigue rechazando al Mesías, la "piedra angular" que desechan los constructores de un mundo que prefiere la muerte por encima de la vida, la mentira por encima de la verdad, el pecado por encima de la virtud, y que adora al dinero, al placer y al poder como sus dioses.

✝ Nuestra única esperanza está en el Señor Jesús. Si le damos el lugar que merece, si ponemos en práctica sus enseñanzas, este mundo cambiará, para bien.

Digámosle al Señor:

"Ya no nos alejaremos de ti; consérvanos la vida y alabaremos tu poder".

11 de octubre   28° Domingo del T. Ordinario

(*Verde*)

ANTÍFONA DE ENTRADA   Cfr. Sal 129, 3-4
Si conservaras el recuerdo de nuestras faltas, Señor, ¿quién podría resistir? Pero tú, Dios de Israel, eres Dios de perdón.

Se dice Gloria.

ORACIÓN COLECTA
Te pedimos, Señor, que tu gracia continuamente nos disponga y nos acompañe, de manera que estemos siempre dispuestos a obrar el bien. Por nuestro Señor Jesucristo…

Por medio de la parábola del banquete, Jesús advierte a los judíos que se va a predicar el Evangelio a los extranjeros y a los despreciados, en vista de que los convidados en primer lugar rechazan la invitación (EVANGELIO). Ya el profeta Isaías había tenido la visión de un festín semejante. Todos los pueblos serán invitados al banquete abundante que prepara el Señor (PRIMERA LECTURA). Para san Pablo (SEGUNDA LECTURA), todo en su vida es Cristo; es lo único que cuenta para él, ya se encuentre prisionero o en libertad.

PRIMERA LECTURA
Del libro del profeta Isaías
25, 6-10

En aquel día, el Señor del universo
preparará sobre este monte
un festín con platillos suculentos
para todos los pueblos;
un banquete con vinos exquisitos
y manjares sustanciosos.
Él arrancará en este monte
el velo que cubre el rostro de todos los pueblos,
el paño que oscurece a todas las naciones.
Destruirá la muerte para siempre;
el Señor Dios enjugará las lágrimas de todos los rostros
y borrará de toda la tierra la afrenta de su pueblo.
Así lo ha dicho el Señor.

En aquel día se dirá:
"Aquí está nuestro Dios,
de quien esperábamos que nos salvara.
Alegrémonos y gocemos con la salvación que nos trae,
porque la mano del Señor reposará en este monte".

Palabra de Dios.   R. **Te alabamos, Señor.**

SALMO RESPONSORIAL
Del salmo 22

B.P. 1566

Ha-bi-ta-ré en la ca-sa del Se-ñor por to-da la vi-da.

R.   **Habitaré en la casa del Señor toda la vida.**

El Señor es mi pastor, nada me falta;
en verdes praderas me hace reposar
y hacia fuentes tranquilas me conduce
para reparar mis fuerzas. R.

[R. **Habitaré en la casa del Señor toda la vida**.]

Por ser un Dios fiel a sus promesas,
me guía por el sendero recto;
así, aunque camine por cañadas oscuras,
nada temo, porque tú estás conmigo.
Tu vara y tu cayado me dan seguridad. R.

Tú mismo me preparas la mesa,
a despecho de mis adversarios;
me unges la cabeza con perfume
y llenas mi copa hasta los bordes. R.

Tu bondad y tu misericordia me acompañarán
todos los días de mi vida;
y viviré en la casa del Señor
por años sin término. R.

SEGUNDA LECTURA

De la carta del apóstol san Pablo a los filipenses

4, 12-14. 19-20

Hermanos: Yo sé lo que es vivir en pobreza y también lo que es tener de sobra. Estoy acostumbrado a todo: lo mismo a comer bien que a pasar hambre; lo mismo a la abundancia que a la escasez. Todo lo puedo unido a aquel que me da fuerza. Sin embargo, han hecho ustedes bien en socorrerme, cuando me vi en dificultades.

Mi Dios, por su parte, con su infinita riqueza, remediará con esplendidez todas las necesidades de ustedes, por medio de Cristo Jesús. Gloria a Dios, nuestro Padre, por los siglos de los siglos. Amén.

Palabra de Dios.   R. **Te alabamos, Señor.**

ACLAMACIÓN ANTES DEL EVANGELIO

Cfr. Ef 1, 17-18

B.P. 1036

A-le-lu-ya, a-le-lu-ya, a-le-lu - ya.

R. **Aleluya, aleluya.**
Que el Padre de nuestro Señor Jesucristo
ilumine nuestras mentes
para que podamos comprender cuál es la esperanza
que nos da su llamamiento.
R. **Aleluya, aleluya.**

EVANGELIO
✠ Del santo Evangelio según san Mateo
22, 1-14
R. **Gloria a ti, Señor.**

E n aquel tiempo, volvió Jesús a hablar en parábolas a los sumos sacerdotes y a los ancianos del pueblo, diciendo: "El Reino de los cielos es semejante a un rey que preparó un banquete de bodas para su hijo. Mandó a sus criados que llamaran a los invitados, pero éstos no quisieron ir.

Envió de nuevo a otros criados que les dijeran: 'Tengo preparado el banquete; he hecho matar mis terneras y los otros animales gordos; todo está listo. Vengan a la boda'. Pero los invitados no hicieron caso. Uno se fue a su campo, otro a su negocio y los demás se les echaron encima a los criados, los insultaron y los mataron.

Entonces el rey se llenó de cólera y mandó sus tropas, que dieron muerte a aquellos asesinos y prendieron fuego a la ciudad.

Luego les dijo a sus criados: 'La boda está preparada; pero los que habían sido invitados no fueron dignos. Salgan, pues, a los cruces de los caminos y conviden al banquete de bodas a todos los que encuentren'. Los criados salieron a los caminos y reunieron a todos los que encontraron, malos y buenos, y la sala del banquete se llenó de convidados.

Cuando el rey entró a saludar a los convidados, vio entre ellos a un hombre que no iba vestido con traje de fiesta y le preguntó: 'Amigo, ¿cómo has entrado aquí sin traje de fiesta?'. Aquel hombre se quedó callado. Entonces el rey dijo a los criados: 'Átenlo de pies y manos y arrójenlo fuera, a las tinieblas. Allí será el llanto y la desesperación'. Porque muchos son los llamados y pocos los escogidos".

Palabra del Señor.   R. **Gloria a ti, Señor Jesús.**

Se dice Credo.

ORACIÓN SOBRE LAS OFRENDAS
Recibe, Señor, las súplicas de tus fieles junto con estas ofrendas que te presentamos, para que, lo que celebramos con devoción, nos lleve a alcanzar la gloria del cielo. Por Jesucristo, nuestro Señor.

ANTÍFONA DE LA COMUNIÓN   1 Jn 3, 2
Cuando el Señor se manifieste, seremos semejantes a él, porque lo veremos tal cual es.

ORACIÓN DESPUÉS DE LA COMUNIÓN
Dios nuestro, te pedimos que así como nos nutres con el sagrado alimento del Cuerpo y de la Sangre de tu Hijo, nos hagas participar de tu naturaleza divina. Por Jesucristo, nuestro Señor.

¿ESTAMOS PREPARANDO NUESTRO TRAJE DE FIESTA?

Estamos invitados a un banquete eterno, en el que Dios quiere vernos reunidos y felices en torno a él: "Destruirá la muerte para siempre… enjugará las lágrimas de todos los rostros…". Se trata de las bodas del Cordero.

Tenemos que revestirnos de Cristo, para poder asistir.

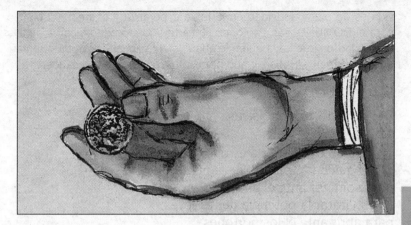

18 de octubre   29º Domingo del T. Ordinario
(O bien: **Domingo Mundial de las Misiones**)

(Verde)

ANTÍFONA DE ENTRADA   Cfr. Sal 16, 6. 8

Te invoco, Dios mío, porque tú me respondes; inclina tu oído y escucha mis palabras. Cuídame, Señor, como a la niña de tus ojos y cúbreme bajo la sombra de tus alas

Se dice Gloria.

ORACIÓN COLECTA

Dios todopoderoso y eterno, haz que nuestra voluntad sea siempre dócil a la tuya y que te sirvamos con un corazón sincero. Por nuestro Señor Jesucristo…

Nuestro Señor define en el EVANGELIO su posición con relación al poder temporal: por una parte, hay que respetarlo porque es autónomo; pero, por otra, hay que reivindicar la primacía de todo lo que toca al servicio de Dios. Así ha de proceder la Iglesia en sus relaciones con la política. El profeta Isaías afirma, en la PRIMERA LECTURA, que el Señor está por encima de todo y se vale a veces de quienes dirigen a los pueblos, como lo hizo con Ciro, rey de Persia, para llevar a cabo sus planes. En la SEGUNDA LECTURA comenzamos la carta de san Pablo a los tesalonicenses. El Apóstol da gracias a Dios porque su vida es de plena actividad en la fe, la esperanza y el amor. (O bien, para el DOMUND: san Pablo, en su carta a los romanos, habla de la necesidad de que haya quien le anuncie el Evangelio el mundo, para que éste crea y se salve, y que por eso hacen falta los enviados).

PRIMERA LECTURA

Del libro del profeta Isaías
45, 1. 4-6

Así habló el Señor a Ciro, su ungido,
a quien ha tomado de la mano
para someter ante él a las naciones
y desbaratar la potencia de los reyes,
para abrir ante él los portones
y que no quede nada cerrado:
"Por amor a Jacob, mi siervo, y a Israel, mi escogido,
te llamé por tu nombre y te di un título de honor,
aunque tú no me conocieras.
Yo soy el Señor y no hay otro;
fuera de mí no hay Dios.
Te hago poderoso, aunque tú no me conoces,
para que todos sepan, de oriente a occidente,
que no hay otro Dios fuera de mí.
Yo soy el Señor y no hay otro".

Palabra de Dios.   R. **Te alabamos, Señor.**

SALMO RESPONSORIAL
Del salmo 95

J.J. Frausto B.P. 1567

R. **Cantemos la grandeza del Señor.**

Cantemos al Señor un canto nuevo,
que le cante al Señor toda la tierra.

Su grandeza anunciemos a los pueblos;
de nación en nación sus maravillas. R.

Cantemos al Señor, porque él es grande,
más digno de alabanza y más tremendo
que todos los dioses paganos, que ni existen;
ha sido el Señor quien hizo el cielo. R.

Alaben al Señor, pueblos del orbe,
reconozcan su gloria y su poder
y tribútenle honores a su nombre.
Ofrézcanle en sus atrios sacrificios. R.

Caigamos en su templo de rodillas.
Tiemblen ante el Señor los atrevidos.
"Reina el Señor", digamos a los pueblos.
Él gobierna a las naciones con justicia. R.

SEGUNDA LECTURA

De la primera carta del apóstol san Pablo a los tesalonicenses
1, 1-5

Pablo, Silvano y Timoteo deseamos la gracia y la paz a la
comunidad cristiana de los tesalonicenses, congregada por
Dios Padre y por Jesucristo, el Señor.

En todo momento damos gracias a Dios por ustedes y los
tenemos presentes en nuestras oraciones. Ante Dios, nuestro Padre, recordamos sin cesar las obras que manifiestan la
fe de ustedes, los trabajos fatigosos que ha emprendido su
amor y la perseverancia que les da su esperanza en Jesucristo, nuestro Señor.

Nunca perdemos de vista, hermanos muy amados de Dios,
que él es quien los ha elegido. En efecto, nuestra predicación del Evangelio entre ustedes no se llevó a cabo sólo con
palabras, sino también con la fuerza del Espíritu Santo, que
produjo en ustedes abundantes frutos.

Palabra de Dios. R. **Te alabamos, Señor.**

De la carta del apóstol san Pablo a los romanos
10, 9-18

Hermanos: Basta que cada uno declare con su boca que Jesús es el Señor y que crea en su corazón que Dios lo resucitó de entre los muertos, para que pueda salvarse.

En efecto, hay que creer con el corazón para alcanzar la santidad y declarar con la boca para alcanzar la salvación. Por eso dice la Escritura: Ninguno que crea en él quedará defraudado, porque no existe diferencia entre judío y no judío, ya que uno mismo es el Señor de todos, espléndido con todos los que lo invocan, pues todo el que invoque al Señor como a su Dios, será salvado por él.

Ahora bien, ¿cómo van a invocar al Señor, si no creen en él? ¿Y cómo van a creer en él, si no han oído hablar de él? ¿Y cómo van a oír hablar de él, si no hay nadie que se lo anuncie? ¿Y cómo va a haber quienes lo anuncien, si no son enviados? Por eso dice la Escritura: ¡Qué hermoso es ver correr sobre los montes al mensajero que trae buenas noticias!

Sin embargo, no todos han creído en el Evangelio. Ya lo dijo Isaías: Señor, ¿quién ha creído en nuestra predicación? Por lo tanto, la fe viene de la predicación y la predicación consiste en anunciar la palabra de Cristo.

Entones, yo pregunto: ¿Acaso no habrán oído la predicación? ¡Claro que la han oído!, pues la Escritura dice: La voz de los mensajeros ha resonado en todo el mundo y sus palabras han llegado hasta el último rincón de la tierra.

Palabra de Dios.   R. **Te alabamos**, **Señor.**

B.P. 1258 - Sosa

A-le-lu - ya, a-le-lu - ya.

R. **Aleluya, aleluya.**
Iluminen al mundo con la luz del Evangelio
reflejada en su vida.
R. **Aleluya, aleluya.**

EVANGELIO

✠ Del santo Evangelio según san Mateo
22, 15-21

R. **Gloria a ti, Señor.**

En aquel tiempo, se reunieron los fariseos para ver la manera de hacer caer a Jesús, con preguntas insidiosas, en algo de que pudieran acusarlo.

Le enviaron, pues, a algunos de sus secuaces, junto con algunos del partido de Herodes, para que le dijeran: "Maestro, sabemos que eres sincero y enseñas con verdad el camino de Dios, y que nada te arredra, porque no buscas el favor de nadie. Dinos, pues, qué piensas: ¿Es lícito o no pagar el tributo al César?".

Conociendo Jesús la malicia de sus intenciones, les contestó: "Hipócritas, ¿por qué tratan de sorprenderme? Enséñenme la moneda del tributo". Ellos le presentaron una moneda. Jesús les preguntó: "¿De quién es esta imagen y esta inscripción?". Le respondieron: "Del César". Y Jesús concluyó: "Den, pues, al César lo que es del César, y a Dios lo que es de Dios".

Palabra del Señor.   R. **Gloria a ti, Señor Jesús.**

18 de octubre

Se dice Credo.

ORACIÓN SOBRE LAS OFRENDAS

Concédenos, Señor, el don de poderte servir con libertad de espíritu, para que, por la acción purificadora de tu gracia, los mismos misterios que celebramos nos limpien de toda culpa. Por Jesucristo, nuestro Señor.

ANTÍFONA DE LA COMUNIÓN   Mc 10, 45

El Hijo del hombre ha venido a dar su vida como rescate por la humanidad, dice el Señor.

ORACIÓN DESPUÉS DE LA COMUNIÓN

Te rogamos, Señor, que la frecuente recepción de estos dones celestiales, produzca fruto en nosotros y nos ayude a aprovechar los bienes temporales y alcanzar con sabiduría los eternos. Por Jesucristo, nuestro Señor.

DÉMOSLE A DIOS
TODO LO QUE ÉL SE MERECE

La trampa que le tendieron a Jesús los fariseos fue la ocasión para que el Maestro nos diera su enseñanza acerca de los criterios para darle a cada quien su lugar.

✝ De Dios hemos recibido todo lo que somos y tenemos, porque si gozamos de salud, tenemos un trabajo, comida, vestido, techo y una familia, es porque recibimos de él diversos dones, el más grande de los cuales es Cristo mismo. ¿De qué nos serviría haber nacido, sin su salvación?

¿Cómo le pagaremos al Señor por todo lo que ha hecho por nosotros?

25 de octubre   30º Domingo del T. Ordinario

(*Verde*)

ANTÍFONA DE ENTRADA   Cfr. Sal 104, 3-4
Alégrese el corazón de los que buscan al Señor. Busquen al Señor y serán fuertes; busquen su rostro sin descanso.

Se dice Gloria.

ORACIÓN COLECTA
Dios todopoderoso y eterno, aumenta en nosotros la fe, la esperanza y la caridad, y para que merezcamos alcanzar lo que nos prometes, concédenos amar lo que nos mandas. Por nuestro Señor Jesucristo…

Otra vez nos recuerda Jesús que toda la ley descansa en el amor a Dios y al prójimo (EVANGELIO). En el libro del Éxodo (PRIMERA LECTURA) se señalan nuestros deberes hacia nuestros hermanos más necesitados: los pobres, los trabajadores, los emigrantes, los olvidados de la propiedad económica. San Pablo nos exhorta a difundir la Palabra de Dios en torno nuestro, con la alegría de la esperanza en la venida del Señor (SEGUNDA LECTURA).

PRIMERA LECTURA
Del libro del Éxodo
22, 20-26

Esto dice el Señor a su pueblo: "No hagas sufrir ni oprimas al extranjero, porque ustedes fueron extranjeros en Egipto. No explotes a las viudas ni a los huérfanos, porque si los explotas y ellos claman a mí, ciertamente oiré yo su clamor; mi ira se encenderá, te mataré a espada, tus mujeres quedarán viudas y tus hijos, huérfanos.

Cuando prestes dinero a uno de mi pueblo, al pobre que está contigo, no te portes con él como usurero, cargándole intereses.

Si tomas en prenda el manto de tu prójimo, devuélveselo antes de que se ponga el sol, porque no tiene otra cosa con qué cubrirse; su manto es su único cobertor y si no se lo devuelves, ¿cómo va a dormir? Cuando él clame a mí, yo lo escucharé, porque soy misericordioso".

Palabra de Dios.   R. **Te alabamos, Señor.**

SALMO RESPONSORIAL
Del salmo 17

B.P. 1568

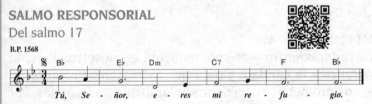

R.   **Tú, Señor, eres mi refugio.**

Yo te amo, Señor, tú eres mi fuerza,
el Dios que me protege y me libera. R.

Tú eres mi refugio,
mi salvación, mi escudo, mi castillo.
Cuando invoqué al Señor de mi esperanza,
al punto me libró de mi enemigo. R.

Bendito seas, Señor, que me proteges;
que tú, mi salvador, seas bendecido.

Tú concediste al rey grandes victorias
y mostraste tu amor a tu elegido. R.

SEGUNDA LECTURA

De la primera carta del apóstol san Pablo a los tesalonicenses
1, 5-10

Hermanos: Bien saben cómo hemos actuado entre ustedes para su bien. Ustedes, por su parte, se hicieron imitadores nuestros y del Señor, pues en medio de muchas tribulaciones y con la alegría que da el Espíritu Santo, han aceptado la palabra de Dios en tal forma, que han llegado a ser ejemplo para todos los creyentes de Macedonia y Acaya, porque de ustedes partió y se ha difundido la palabra del Señor; y su fe en Dios ha llegado a ser conocida, no sólo en Macedonia y Acaya, sino en todas partes; de tal manera, que nosotros ya no teníamos necesidad de decir nada.

Porque ellos mismos cuentan de qué manera tan favorable nos acogieron ustedes y cómo, abandonando los ídolos, se convirtieron al Dios vivo y verdadero para servirlo, esperando que venga desde el cielo su Hijo, Jesús, a quien él resucitó de entre los muertos, y es quien nos libra del castigo venidero.

Palabra de Dios.   R. **Te alabamos, Señor.**

ACLAMACIÓN ANTES DEL EVANGELIO
Jn 14, 23

R. **Aleluya, aleluya.**
El que me ama, cumplirá mi palabra, dice el Señor;
y mi Padre lo amará y vendremos a él.
R. **Aleluya, aleluya.**

EVANGELIO

✠ Del santo Evangelio según san Mateo
22, 34-40

R. **Gloria a ti, Señor.**

En aquel tiempo, habiéndose enterado los fariseos de que Jesús había dejado callados a los saduceos, se acercaron a él. Uno de ellos, que era doctor de la ley, le preguntó para ponerlo a prueba: "Maestro, ¿cuál es el mandamiento más grande de la ley?".

Jesús le respondió: "*Amarás al Señor, tu Dios, con todo tu corazón, con toda tu alma y con toda tu mente*. Éste es el más grande y el primero de los mandamientos. Y el segundo es semejante a éste: *Amarás a tu prójimo como a ti mismo*. En estos dos mandamientos se fundan toda la ley y los profetas".

Palabra del Señor.   R. **Gloria a ti, Señor Jesús.**

Se dice Credo.

ORACIÓN SOBRE LAS OFRENDAS

Mira, Señor, los dones que presentamos a tu majestad, para que lo que hacemos en tu servicio esté siempre ordenado a tu mayor gloria. Por Jesucristo, nuestro Señor.

ANTÍFONA DE LA COMUNIÓN   Ef 5, 2

Cristo nos amó y se entregó a sí mismo por nosotros, como ofrenda agradable a Dios.

ORACIÓN DESPUÉS DE LA COMUNIÓN

Que tus sacramentos, Señor, produzcan en nosotros todo lo que significan, para que lo que ahora celebramos en figura lo alcancemos en su plena realidad. Por Jesucristo, nuestro Señor.

SIRVAMOS AL ÚNICO DIOS VIVO Y VERDADERO

Los Mandamientos son para nuestro bien. Son un acto de justicia para con Dios. Él nos hizo y somos suyos, y él sabe lo que más nos conviene.

•➡ Jesús nos dice que el más grande y el primero de los mandamientos de la ley es: *"Amarás al Señor, tu Dios, con todo tu corazón, con toda tu alma y con toda tu mente"*. La forma en que se manifiesta este amor es buscar a Dios en todo lo que hacemos. ¿Guardamos el domingo como día del Señor?, ¿asistimos a la Santa Misa para darle gloria a Dios y recibir su gracia?

•➡ El *Compendio del Catecismo de la Iglesia católica*, en su número 443, nos dice: "Las palabras 'adorarás al Señor tu Dios y a Él sólo darás culto' suponen adorar a Dios como Señor de todo cuanto existe; rendirle el culto debido individual y comunitariamente; rezarle con expresiones de alabanza, de acción de gracias y de súplica; ofrecerle sacrificios, sobre todo el espiritual de nuestra vida, unido al sacrificio perfecto de Cristo; mantener las promesas y votos que se le hacen".

1 de noviembre

Domingo

Todos los Santos

(*Blanco*)

ANTÍFONA DE ENTRADA

Alegrémonos en el Señor y alabemos al Hijo de Dios, junto con los ángeles, al celebrar hoy esta solemnidad de Todos los Santos.

Se dice Gloria.

ORACIÓN COLECTA

Dios todopoderoso y eterno, que nos concedes venerar los méritos de todos tus santos en una sola fiesta, te rogamos, por las súplicas de tan numerosos intercesores, que en tu generosidad nos concedas la deseada abundancia de tu gracia. Por nuestro Señor Jesucristo…

La visión del Apocalipsis y el Evangelio de las bienaventuranzas son dos pilares sobre los que descansa la liturgia de esta fiesta. La enorme muchedumbre de los redimidos, descrita en el Apocalipsis (PRIMERA LECTURA), es a la vez una realidad presente, aunque invisible, y un futuro en pos del cual caminamos. El EVANGELIO de las bienaventuranzas nos señala el camino que hay que seguir: Dichosos los limpios de corazón, porque verán a Dios.

Del libro del Apocalipsis del apóstol san Juan

7, 2-4. 9-14

Yo, Juan, vi a un ángel que venía del oriente. Traía consigo el sello del Dios vivo y gritaba con voz poderosa a los cuatro ángeles encargados de hacer daño a la tierra y al mar. Les dijo: "¡No hagan daño a la tierra, ni al mar, ni a los árboles, hasta que terminemos de marcar con el sello la frente de los servidores de nuestro Dios!". Y pude oír el número de los que habían sido marcados: eran ciento cuarenta y cuatro mil, procedentes de todas las tribus de Israel.

Vi luego una muchedumbre tan grande, que nadie podía contarla. Eran individuos de todas las naciones y razas, de todos los pueblos y lenguas. Todos estaban de pie, delante del trono y del Cordero; iban vestidos con una túnica blanca; llevaban palmas en las manos y exclamaban con voz poderosa: "La salvación viene de nuestro Dios, que está sentado en el trono, y del Cordero".

Y todos los ángeles que estaban alrededor del trono, de los ancianos y de los cuatro seres vivientes, cayeron rostro en tierra delante del trono y adoraron a Dios, diciendo: "Amén. La alabanza, la gloria, la sabiduría, la acción de gracias, el honor, el poder y la fuerza, se le deben para siempre a nuestro Dios".

Entonces uno de los ancianos me preguntó: "¿Quiénes son y de dónde han venido los que llevan la túnica blanca?". Yo le respondí: "Señor mío, tú eres quien lo sabe". Entonces él me dijo: "Son los que han pasado por la gran tribulación y han lavado y blanqueado su túnica con la sangre del Cordero".

Palabra de Dios.   R. **Te alabamos, Señor.**

1 de noviembre

389

SALMO RESPONSORIAL
Del salmo 23

J. de D. Delgado B.P. 1584

Es - ta es la cla - se de hom - bres que te bus - can, Se - ñor; que te bus - can, Se - ñor.

R. **Ésta es la clase de hombres que te buscan, Señor.**

Del Señor es la tierra y lo que ella tiene,
el orbe todo y los que en él habitan,
pues él lo edificó sobre los mares,
él fue quien lo asentó sobre los ríos. R.

  ¿Quién subirá hasta el monte del Señor?
¿Quién podrá entrar en su recinto santo?
El de corazón limpio y manos puras
y que no jura en falso. R.

  Ése obtendrá la bendición de Dios,
y Dios, su salvador, le hará justicia.
Ésta es la clase de hombres que te buscan
y vienen ante ti, Dios de Jacob. R.

SEGUNDA LECTURA
De la primera carta del apóstol san Juan
3, 1-3

Queridos hijos: Miren cuánto amor nos ha tenido el Padre, pues no sólo nos llamamos hijos de Dios, sino que lo somos. Si el mundo no nos reconoce, es porque tampoco lo ha reconocido a él.

  Hermanos míos, ahora somos hijos de Dios, pero aún no se ha manifestado cómo seremos al fin. Y ya sabemos que, cuando él se manifieste, vamos a ser semejantes a él, porque lo veremos tal cual es.

Todo el que tenga puesta en Dios esta esperanza, se purifica a sí mismo para ser tan puro como él.

Palabra de Dios. R. **Te alabamos, Señor.**

ACLAMACIÓN ANTES DEL EVANGELIO
Mt 11, 28

R. **Aleluya, aleluya.**
Vengan a mí, todos los que están
fatigados y agobiados por la carga,
y yo les daré alivio, dice el Señor.
R. **Aleluya, aleluya.**

EVANGELIO

Del santo Evangelio según san Mateo
5, 1-12

R. **Gloria a ti, Señor.**

En aquel tiempo, cuando Jesús vio a la muchedumbre, subió al monte y se sentó. Entonces se le acercaron sus discípulos. Enseguida comenzó a enseñarles, y les dijo:
    "Dichosos los pobres de espíritu,
porque de ellos es el Reino de los cielos.
Dichosos los que lloran,
porque serán consolados.
Dichosos los sufridos,
porque heredarán la tierra.
Dichosos los que tienen hambre y sed de justicia,
porque serán saciados.
Dichosos los misericordiosos,
porque obtendrán misericordia.

Dichosos los limpios de corazón,
porque verán a Dios.
Dichosos los que trabajan por la paz,
porque se les llamará hijos de Dios.
Dichosos los perseguidos por causa de la justicia,
porque de ellos es el Reino de los cielos.

Dichosos serán ustedes cuando los injurien, los persigan y digan cosas falsas de ustedes por causa mía. Alégrense y salten de contento, porque su premio será grande en los cielos".
Palabra del Señor.   R. **Gloria a ti, Señor Jesús.**

Se dice Credo.

ORACIÓN SOBRE LAS OFRENDAS

Que te sean gratos, Señor, los dones que ofrecemos en honor de todos los santos, y concédenos experimentar la ayuda para obtener nuestra salvación, de aquellos que ya alcanzaron con certeza la felicidad eterna. Por Jesucristo, nuestro Señor.

ANTÍFONA DE LA COMUNIÓN   Mt 5, 8-10

Dichosos los limpios de corazón, porque verán a Dios. Dichosos los que trabajan por la paz, porque se les llamará hijos de Dios. Dichosos los perseguidos por causa de la justicia, porque de ellos es el Reino de los cielos.

ORACIÓN DESPUÉS DE LA COMUNIÓN

Dios nuestro, a quien adoramos, admirable y único Santo entre todos tus santos, imploramos tu gracia para que, al consumar nuestra santificación en la plenitud de tu amor, podamos pasar de esta mesa de la Iglesia peregrina, al banquete de la patria celestial. Por Jesucristo, nuestro Señor.

EL AUTÉNTICO ÉXITO
SÓLO LO ALCANZAN LOS SANTOS

El mundo nos dice que la felicidad está en obtener el "éxito" en este mundo, lo cual consiste en tener suficiente dinero –cueste lo que cueste– para comprar una bonita casa y el mejor auto posible, usar ropa de buena marca, comer bien, viajar y divertirse hasta más no poder…

* Pero Jesús nos enseña que, para ser felices, tenemos que ser sencillos, superar las dificultades que se nos presentan confiando siempre en Dios, ser limpios de corazón, trabajar por la paz, ser promotores de justicia y soportar las injurias, persecuciones y las calumnias a causa de nuestra fe en él.

"¿Quién subirá hasta el monte del Señor? ¿Quién podrá entrar en su recinto santo?"

2 de noviembre
Lunes

Conmemoración de Todos los Fieles Difuntos
(*Blanco o morado*)

El sacerdote puede utilizar cualquiera de las tres Misas siguientes, aunque, para no repetir siempre el mismo formulario, para este año (ciclo A) sugerimos la primera Misa, que va a continuación.

Primera Misa

ANTÍFONA DE ENTRADA   Cfr. 1 Tes 4, 14; 1 Cor 15, 22

Así como Jesús murió y resucitó, de igual manera debemos creer que a los que mueren en Jesús, Dios los llevará con él. Y así como en Adán todos mueren, así en Cristo todos volverán a la vida.

ORACIÓN COLECTA

Escucha, Señor, benignamente nuestras súplicas, y concédenos que al proclamar nuestra fe en la resurrección de tu Hijo de entre los muertos, se afiance también nuestra esperanza en la resurrección de tus hijos difuntos. Por nuestro Señor Jesucristo…

Ya en el Antiguo Testamento (PRIMERA LECTURA), Judas Macabeo ofrece a Dios un sacrificio de expiación por los pecados de los caídos en una batalla, y considera esto como una "acción santa y conveniente". Por su parte, san Pablo (SEGUNDA LECTURA) reafirma la confianza de que en Cristo resucitado "todos volverán a la vida", y que al final Dios será todo en todas las cosas. El EVANGELIO presenta el anuncio gozoso de la Resurrección.

PRIMERA LECTURA

Del segundo libro de los Macabeos

12, 43-46

En aquellos días, Judas Macabeo, jefe de Israel, hizo una colecta y recogió dos mil dracmas de plata, que envió a Jerusalén para que ofrecieran un sacrificio de expiación por los pecados de los que habían muerto en la batalla.

Obró con gran rectitud y nobleza, pensando en la resurrección, pues si no hubiera esperado la resurrección de sus compañeros, habría sido completamente inútil orar por los muertos. Pero él consideraba que, a los que habían muerto piadosamente, les estaba reservada una magnífica recompensa.

En efecto, orar por los difuntos para que se vean libres de sus pecados es una acción santa y conveniente.

Palabra de Dios.   R. **Te alabamos, Señor.**

SALMO RESPONSORIAL

Del salmo 102

J.J. García B.P. 1748

El Se-ñor es com-pa-si-vo y mi-se-ri-cor-dio-so.

R. **El Señor es compasivo y misericordioso.**

El Señor es compasivo y misericordioso,
lento para enojarse y generoso para perdonar.
No nos trata como merecen nuestras culpas,
ni nos paga según nuestros pecados. R.

Como un padre es compasivo con sus hijos,
así es compasivo el Señor con quien lo ama,
pues bien sabe él de lo que estamos hechos
y de que somos barro, no se olvida. R.

La vida del hombre es como la hierba,
brota como una flor silvestre:
tan pronto la azota el viento, deja de existir
y nadie vuelve a saber nada de ella. R.

El amor del Señor a quien lo teme
es un amor eterno,
y entre aquellos que cumplen con su alianza,
pasa de hijos a nietos su justicia. R.

SEGUNDA LECTURA

De la primera carta del apóstol san Pablo a los corintios
15, 20-24. 25-28

Hermanos: Cristo resucitó, y resucitó como la primicia de todos los muertos. Porque si por un hombre vino la muerte, también por un hombre vendrá la resurrección de los muertos.

En efecto, así como en Adán todos mueren, así en Cristo todos volverán a la vida; pero cada uno en su orden: primero Cristo, como primicia; después, a la hora de su advenimiento, los que son de Cristo.

Enseguida será la consumación, cuando Cristo entregue el Reino a su Padre. Porque él tiene que reinar hasta que el Padre ponga bajo sus pies a todos sus enemigos. El último de los enemigos en ser aniquilado, será la muerte. Es claro que cuando la Escritura dice: *Todo lo sometió el Padre a los pies de Cristo*, no incluye a Dios, que es quien le sometió a Cristo todas las cosas.

Al final, cuando todo se le haya sometido, Cristo mismo se someterá al Padre, y así Dios será todo en todas las cosas.

Palabra de Dios.   R. **Te alabamos, Señor.**

ACLAMACIÓN ANTES DEL EVANGELIO

Jn 11, 25. 26

R. **Aleluya, aleluya.**
Yo soy la resurrección y la vida, dice el Señor;
el que cree en mí, no morirá para siempre.

R. **Aleluya, aleluya.**

EVANGELIO

✠ Del santo Evangelio según san Lucas
23, 44-46. 50. 52-53; 24, 1-6

R. **Gloria a ti, Señor.**

Era casi el mediodía, cuando las tinieblas invadieron toda la región y se oscureció el sol hasta las tres de la tarde. El velo del templo se rasgó a la mitad. Jesús, clamando con voz potente, dijo: "¡Padre, en tus manos encomiendo mi espíritu!". Y dicho esto, expiró.

Un hombre llamado José, consejero del sanedrín, hombre bueno y justo, se presentó ante Pilato para pedirle el cuerpo de Jesús. Lo bajó de la cruz, lo envolvió en una sábana y lo colocó en un sepulcro excavado en la roca, donde no habían puesto a nadie todavía.

El primer día después del sábado, muy de mañana, llegaron las mujeres al sepulcro, llevando los perfumes que habían preparado. Encontraron que la piedra ya había sido retirada del sepulcro y entraron, pero no hallaron el cuerpo del Señor Jesús.

Estando ellas todas desconcertadas por esto, se les presentaron dos varones con vestidos resplandecientes. Como ellas se llenaron de miedo e inclinaron el rostro a tierra, los varones les dijeron: "¿Por qué buscan entre los muertos al que está vivo? No está aquí; ha resucitado".

Palabra del Señor.   R. **Gloria a ti, Señor Jesús.**

ORACIÓN SOBRE LAS OFRENDAS

Que te sean gratas, Señor, nuestras ofrendas, para que tus fieles difuntos sean recibidos en la gloria con tu Hijo, a quien nos unimos por este sacramento de su amor. Él, que vive y reina por los siglos de los siglos.

ANTÍFONA DE LA COMUNIÓN   Jn 11, 25-26

Yo soy la resurrección y la vida, dice el Señor. El que cree en mí, aunque haya muerto, vivirá; y todo aquel que está vivo y cree en mí, no morirá para siempre.

ORACIÓN DESPUÉS DE LA COMUNIÓN

Te rogamos, Señor, que tus fieles difuntos, por quienes hemos celebrado este sacrificio pascual, lleguen a la morada de la luz y de la paz. Por Jesucristo, nuestro Señor.

Segunda Misa

ANTÍFONA DE ENTRADA   Cfr. 4 Esd 2, 34-35

Dales, Señor, el descanso eterno y brille para ellos la luz perpetua.

ORACIÓN COLECTA

Señor Dios, gloria de los fieles y vida de los justos, que nos has redimido por la muerte y resurrección de tu Hijo, acoge con bondad a tus fieles difuntos, que creyeron en el misterio de nuestra resurrección, y concédeles alcanzar los gozos de la eterna bienaventuranza. Por nuestro Señor Jesucristo…

Dios revela a su profeta Daniel que Miguel, "el gran príncipe", ha sido puesto por él para proteger a su pueblo en tiempos de angustia (PRIMERA LECTURA). San Pablo confirma a la comunidad cristiana de Corinto que el Señor ha dispuesto para los suyos una morada en el cielo (SEGUNDA LECTURA), y que "todos tendremos que comparecer ante el tribunal de Cristo". En el EVANGELIO, mediante la imagen del grano de trigo que muere, Jesús habla de su misión redentora.

PRIMERA LECTURA

Del libro del profeta Daniel
12, 1-3

En aquel tiempo, se levantará Miguel, el gran príncipe que defiende a tu pueblo.

Será aquél un tiempo de angustia, como no lo hubo desde el principio del mundo. Entonces se salvará tu pueblo; todos aquellos que están escritos en el libro. Muchos de los que duermen en el polvo, despertarán: unos para la vida eterna, otros para el eterno castigo.

Los guías sabios brillarán como el esplendor del firmamento, y los que enseñan a muchos la justicia, resplandecerán como estrellas por toda la eternidad.

Palabra de Dios.　R. **Te alabamos, Señor.**

SALMO RESPONSORIAL

Del salmo 121

J.J. García B.P. 1749

Va - ya - mos con a - le - grí - a　al en - cuen - tro del Se - ñor.

R.　**Vayamos con alegría al encuentro del Señor.**

¡Qué alegría sentí, cuando me dijeron:
"Vayamos a la casa del Señor"!
Y hoy estamos aquí, Jerusalén,
jubilosos, delante de tus puertas.　R.

[R. **Vayamos con alegría al encuentro del Señor.**]

A ti, Jerusalén, suben las tribus,
las tribus del Señor,
según lo que a Israel se le ha ordenado,
para alabar el nombre del Señor. R.

Digan de todo corazón: "Jerusalén,
que haya paz entre aquellos que te aman,
que haya paz dentro de tus murallas
y que reine la paz en cada casa". R.

Por el amor que tengo a mis hermanos,
voy a decir: "La paz esté contigo".
Y por la casa del Señor, mi Dios,
pediré para ti todos los bienes. R.

SEGUNDA LECTURA

De la segunda carta del apóstol san Pablo a los corintios
5, 1. 6-10

Hermanos: Sabemos que, aunque se desmorone esta morada terrena, que nos sirve de habitación, Dios nos tiene preparada en el cielo una morada eterna, no construida por manos humanas. Por eso siempre tenemos confianza, aunque sabemos que, mientras vivimos en el cuerpo, estamos desterrados, lejos del Señor. Caminamos guiados por la fe, sin ver todavía. Estamos, pues, llenos de confianza y preferimos salir de este cuerpo para vivir con el Señor.

Por eso procuramos agradarle, en el destierro o en la patria. Porque todos tendremos que comparecer ante el tribunal de Cristo, para recibir el premio o el castigo por lo que hayamos hecho en esta vida.

Palabra de Dios.   R. **Te alabamos, Señor.**

ACLAMACIÓN ANTES DEL EVANGELIO

Apoc 14, 13

B.P. 1126 J. Sosa

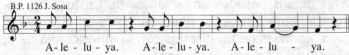

A - le - lu - ya. A - le - lu - ya. A - le - lu - ya.

R. **Aleluya, aleluya.**

Dichosos los que mueren en el Señor;
que descansen ya de sus fatigas,
pues sus obras los acompañan.

R. **Aleluya, aleluya.**

EVANGELIO

✠ Del santo Evangelio según san Juan
12, 23-28

R. **Gloria a ti, Señor.**

En aquel tiempo, Jesús dijo a sus discípulos: "Ha llegado la hora de que el Hijo del hombre sea glorificado. Yo les aseguro que si el grano de trigo sembrado en la tierra no muere, queda infecundo; pero si muere, producirá mucho fruto. El que se ama a sí mismo, se pierde; el que se aborrece a sí mismo en este mundo, se asegura para la vida eterna.

El que quiera servirme, que me siga, para que donde yo esté, también esté mi servidor. El que me sirve será honrado por mi Padre.

Ahora que tengo miedo, ¿le voy a decir a mi Padre: 'Padre, líbrame de esta hora'? No, pues precisamente para esta hora he venido. Padre, dale gloria a tu nombre". Se oyó entonces una voz que decía: "Lo he glorificado y volveré a glorificarlo".

Palabra del Señor.   **R.** **Gloria a ti, Señor Jesús.**

2 de noviembre

401

ORACIÓN SOBRE LAS OFRENDAS

Por este sacrificio, Dios todopoderoso y eterno, te rogamos que laves de sus pecados en la sangre de Cristo a tus fieles difuntos, para que, a los que purificaste en el agua del bautismo, no dejes de purificarlos con la misericordia de tu amor. Por Jesucristo, nuestro Señor.

ANTÍFONA DE LA COMUNIÓN   Cfr. 4 Esd 2, 35. 34

Brille, Señor, para nuestros hermanos difuntos la luz perpetua y vivan para siempre en compañía de tus santos, ya que eres misericordioso.

ORACIÓN DESPUÉS DE LA COMUNIÓN

Habiendo recibido el sacramento de tu Unigénito, que se inmoló por nosotros y resucitó glorioso, te pedimos humildemente, Señor, por tus fieles difuntos, para que, ya purificados por este sacrificio pascual, alcancen la gloria de la futura resurrección. Por Jesucristo, nuestro Señor.

Tercera Misa

ANTÍFONA DE ENTRADA   Cfr. Rom 8, 11

El Padre, que resucitó a Jesús de entre los muertos, también dará vida a nuestros cuerpos mortales, por obra de su Espíritu, que habita en nosotros.

ORACIÓN COLECTA

Dios nuestro, tú que quisiste que tu Hijo único venciera la muerte y entrara victorioso en el cielo, concede a tus fieles difuntos que, venciendo también la muerte, puedan contemplarte a ti, creador y redentor, por toda la eternidad. Por nuestro Señor Jesucristo…

La PRIMERA LECTURA, tomada del libro de la Sabiduría, nos muestra la verdadera perspectiva del sufrimiento y de la muerte, que no son para el justo, por su esperanza de alcanzar la inmortalidad, ni un castigo, ni una completa destrucción. San Juan, en la SEGUNDA LECTURA, nos presenta el amor fraterno como la garantía única de la vida eterna, lo cual Cristo confirma en el EVANGELIO, al hacernos ver que las obras de misericordia van a ser el tema básico del examen final de todo ser humano.

PRIMERA LECTURA
Del libro de la Sabiduría
3, 1-9

Las almas de los justos están en las manos de Dios
y no los alcanzará ningún tormento.
Los insensatos pensaban que los justos habían muerto,
que su salida de este mundo era una desgracia
y su salida de entre nosotros, una completa destrucción.
Pero los justos están en paz.

La gente pensaba que sus sufrimientos eran un castigo,
pero ellos esperaban confiadamente la inmortalidad.
Después de breves sufrimientos
recibirán una abundante recompensa,
pues Dios los puso a prueba
y los halló dignos de sí.
Los probó como oro en el crisol
y los aceptó como un holocausto agradable.

En el día del juicio brillarán los justos
como chispas que se propagan en un cañaveral.
Juzgarán a las naciones y dominarán a los pueblos,
y el Señor reinará eternamente sobre ellos.

Los que confían en el Señor comprenderán la verdad
y los que son fieles a su amor permanecerán a su lado,
porque Dios ama a sus elegidos y cuida de ellos.

Palabra de Dios.   R. **Te alabamos, Señor.**

2 de noviembre

SALMO RESPONSORIAL
Del salmo 26

D. Rojas B.P. 1585

Es - pe - ro ver_____ la bon - dad del Se - ñor.

R. **Espero ver la bondad del Señor.**

El Señor es mi luz y mi salvación,
¿a quién voy a tenerle miedo?
El Señor es la defensa de mi vida,
¿quién podrá hacerme temblar? R.

   Lo único que pido, lo único que busco
es vivir en la casa del Señor toda mi vida,
para disfrutar las bondades del Señor
y estar continuamente en su presencia. R.

   Oye, Señor, mi voz y mis clamores
y tenme compasión.
El corazón me dice que te busque
y buscándote estoy.
No rechaces con cólera a tu siervo. R.

   La bondad del Señor espero ver
en esta misma vida.
Ármate de valor y fortaleza
y en el Señor confía. R.

SEGUNDA LECTURA
De la primera carta del apóstol san Juan
3, 14-16

Hermanos: Nosotros estamos seguros de haber pasado de la muerte a la vida, porque amamos a nuestros herma-nos. El que no ama permanece en la muerte. El que odia a su hermano es un homicida y bien saben ustedes que ningún homicida tiene la vida eterna.

Conocemos lo que es el amor, en que Cristo dio su vida por nosotros. Así también debemos nosotros dar la vida por nuestros hermanos.

Palabra de Dios.   R. **Te alabamos, Señor.**

ACLAMACIÓN ANTES DEL EVANGELIO
Mt 25, 34

R. **Aleluya, aleluya.**
Vengan, benditos de mi Padre, dice el Señor;
tomen posesión del Reino preparado para ustedes
desde la creación del mundo.
R. **Aleluya, aleluya.**

EVANGELIO

✝ Del santo Evangelio según san Mateo
25, 31-46

R. **Gloria a ti, Señor.**

En aquel tiempo, Jesús dijo a sus discípulos: "Cuando venga el Hijo del hombre, rodeado de su gloria, acompañado de todos sus ángeles, se sentará en su trono de gloria. Entonces serán congregadas ante él todas las naciones, y él apartará a los unos de los otros, como aparta el pastor a las ovejas de los cabritos, y pondrá a las ovejas a su derecha y a los cabritos a su izquierda.

Entonces dirá el rey a los de su derecha: 'Vengan, benditos de mi Padre; tomen posesión del Reino preparado para ustedes desde la creación del mundo; porque estuve hambriento y me dieron de comer, sediento y me dieron de beber, era forastero y me hospedaron, estuve desnudo y me vistieron, enfermo y me visitaron, encarcelado y fueron a verme'. Los justos le contestarán entonces: 'Señor, ¿cuándo te vimos hambriento y te dimos de comer, sediento y te dimos de beber? ¿Cuándo te vimos de forastero y te hospedamos, o desnudo y te vestimos? ¿Cuándo te vimos enfermo o encarcelado y te fuimos a ver?'. Y el rey les dirá: 'Yo les aseguro que, cuando lo hicieron con el más insignificante de mis hermanos, conmigo lo hicieron'.

Entonces dirá también a los de la izquierda: 'Apártense de mí, malditos; vayan al fuego eterno, preparado para el diablo y sus ángeles; porque estuve hambriento y no me dieron de comer, sediento y no me dieron de beber, era forastero y no me hospedaron, estuve desnudo y no me vistieron, enfermo y encarcelado y no me visitaron'.

Entonces ellos le responderán: 'Señor, ¿cuándo te vimos hambriento o sediento, de forastero o desnudo, enfermo o encarcelado y no te asistimos?'. Y él les replicará: 'Yo les aseguro que, cuando no lo hicieron con uno de aquellos más insignificantes, tampoco lo hicieron conmigo'. Entonces irán éstos al castigo eterno y los justos a la vida eterna".

Palabra del Señor.   R. **Gloria a ti, Señor Jesús.**

ORACIÓN SOBRE LAS OFRENDAS
Recibe, Señor, con bondad la ofrenda que te presentamos por todos tus siervos que descansan en Cristo, para que, por este admirable sacrificio, libres de los lazos de la muerte, alcancen la vida eterna. Por Jesucristo, nuestro Señor.

ANTÍFONA DE LA COMUNIÓN   Cfr. Flp 3, 20-21
Esperamos como Salvador a nuestro Señor Jesucristo, el cual transformará nuestro cuerpo frágil en cuerpo glorioso como el suyo.

ORACIÓN DESPUÉS DE LA COMUNIÓN

Habiendo recibido este santo sacrificio, te pedimos, Señor, que derrames con abundancia tu misericordia sobre tus siervos difuntos, y a quienes diste la gracia del bautismo, concédeles la plenitud de los gozos eternos. Por Jesucristo, nuestro Señor.

PIDAMOS POR LOS DIFUNTOS LO MISMO QUE QUEREMOS PARA NOSOTROS

La Iglesia de Dios no solamente está conformada por quienes peregrinamos en este mundo con la esperanza de alcanzar un día la Patria eterna del cielo; también son Iglesia aquellos que han llegado al cielo (que ya triunfaron con Jesucristo), así como aquellos hermanos nuestros que aún se están purificando para llegar al cielo; a ellos se les conoce popularmente como las "animas del purgatorio".

❖ Una de las obras de misericordia que muchas veces se nos olvida es "rogar a Dios por vivos y difuntos".

❖ El *Compendio del Catecismo de la Iglesia católica*, en su número 211, nos dice: "En virtud de la comunión de los santos, los fieles que peregrinan aún en la tierra pueden ayudar a las almas del purgatorio ofreciendo por ellas oraciones de sufragio, en particular el sacrificio de la Eucaristía, pero también limosnas, indulgencias y obras de penitencia".

La Iglesia que aún se purifica espera mucho de nosotros.

8 de noviembre   32º Domingo del T. Ordinario

(*Verde*)

ANTÍFONA DE ENTRADA

Cfr. Sal 87, 3

Que llegue hasta ti mi súplica, Señor, inclina tu oído a mi clamor.

Se dice Gloria.

ORACIÓN COLECTA

Dios omnipotente y misericordioso, aparta de nosotros todos los males, para que, con el alma y el cuerpo bien dispuestos, podamos con libertad de espíritu cumplir lo que es de tu agrado. Por nuestro Señor Jesucristo…

Jesús refiere una de las costumbres de los matrimonios de su época, que las doncellas deben esperar en vela el regreso del esposo, para decirnos a cada uno de los cristianos que estemos preparados (EVANGELIO). Es necesario que consagremos nuestras jornadas de trabajo y nuestras vigilias de la noche a buscar la sabiduría que procede de Dios (PRIMERA LECTURA). Los que creen en Jesús, estén muertos o vivos, dice san Pablo (SEGUNDA LECTURA), tendrán su resurrección cuando Jesús vuelva y vivirán para siempre a su lado.

PRIMERA LECTURA

Del libro de la Sabiduría
6, 12-16

Radiante e incorruptible es la sabiduría;
con facilidad la contemplan quienes la aman
y ella se deja encontrar por quienes la buscan
y se anticipa a darse a conocer a los que la desean.

El que madruga por ella no se fatigará,
porque la hallará sentada a su puerta.
Darle la primacía en los pensamientos
es prudencia consumada;
quien por ella se desvela
pronto se verá libre de preocupaciones.

A los que son dignos de ella,
ella misma sale a buscarlos por los caminos;
se les aparece benévola
y colabora con ellos en todos sus proyectos.

Palabra de Dios.   R. **Te alabamos, Señor.**

SALMO RESPONSORIAL
Del salmo 62

J.J. Frausto B.P. 1570

Se-ñor, Se-ñor, mi al-ma tie-ne sed de ti. Se ti.

R. **Señor, mi alma tiene sed de ti.**

Señor, tú eres mi Dios, a ti te busco;
de ti sedienta está mi alma.
Señor, todo mi ser te añora
como el suelo reseco añora el agua. R.

Para admirar tu gloria y tu poder,
con este afán te busco en tu santuario.
Pues mejor es tu amor que la existencia;
siempre, Señor, te alabarán mis labios. R.

[R. **Señor, mi alma tiene sed de ti.**]

Podré así bendecirte mientras viva
y levantar en oración mis manos.
De lo mejor se saciará mi alma.
Te alabaré con jubilosos labios. R.

SEGUNDA LECTURA

De la primera carta del apóstol san Pablo a los tesalonicenses
4, 13-18

Hermanos: No queremos que ignoren lo que pasa con los difuntos, para que no vivan tristes, como los que no tienen esperanza. Pues, si creemos que Jesús murió y resucitó, de igual manera debemos creer que, a los que mueren en Jesús, Dios los llevará con él.

Lo que les decimos, como palabra del Señor, es esto: que nosotros, los que quedemos vivos para cuando venga el Señor, no tendremos ninguna ventaja sobre los que ya murieron.

Cuando Dios mande que suenen las trompetas, se oirá la voz de un arcángel y el Señor mismo bajará del cielo. Entonces, los que murieron en Cristo resucitarán primero; después nosotros, los que quedemos vivos, seremos arrebatados, juntamente con ellos entre nubes por el aire, para ir al encuentro del Señor, y así estaremos siempre con él.

Consuélense, pues, unos a otros con estas palabras.

Palabra de Dios. R. **Te alabamos, Señor.**

ACLAMACIÓN ANTES DEL EVANGELIO
Mt 24, 42. 44

B.P. 1033 - Palazón

A-le-lu-ya, a-le-lu-ya, a-le-lu - ya.

R. **Aleluya, aleluya.**
Estén preparados, porque no saben
a qué hora va a venir el Hijo del hombre.
R. **Aleluya, aleluya.**

EVANGELIO

✠ Del santo Evangelio según san Mateo
25, 1-13

R. **Gloria a ti, Señor.**

En aquel tiempo, Jesús dijo a sus discípulos esta parábola: "El Reino de los cielos es semejante a aquellas diez jóvenes, que tomando sus lámparas, salieron al encuentro del esposo. Cinco de ellas eran descuidadas y cinco, previsoras. Las descuidadas llevaron sus lámparas, pero no llevaron aceite para llenarlas de nuevo; las previsoras, en cambio, llevaron cada una un frasco de aceite junto con su lámpara. Como el esposo tardaba, les entró sueño a todas y se durmieron.

A medianoche se oyó un grito: 'iYa viene el esposo! iSalgan a su encuentro!'. Se levantaron entonces todas aquellas jóvenes y se pusieron a preparar sus lámparas, y las descuidadas dijeron a las previsoras: 'Dennos un poco de su aceite, porque nuestras lámparas se están apagando'. Las previsoras les contestaron: 'No, porque no va a alcanzar para ustedes y para nosotras. Vayan mejor a donde lo venden y cómprenlo'.

Mientras aquéllas iban a comprarlo, llegó el esposo, y las que estaban listas entraron con él al banquete de bodas y se cerró la puerta. Más tarde llegaron las otras jóvenes y dijeron: 'Señor, señor, ábrenos'. Pero él les respondió: 'Yo les aseguro que no las conozco'.

Estén, pues, preparados, porque no saben ni el día ni la hora".

Palabra del Señor.   R. **Gloria a ti, Señor Jesús.**

Se dice Credo.

ORACIÓN SOBRE LAS OFRENDAS

Señor, mira con bondad este sacrificio, y concédenos alcanzar los frutos de la pasión de tu Hijo, que ahora celebramos sacramentalmente. Él, que vive y reina por los siglos de los siglos.

ANTÍFONA DE LA COMUNIÓN   Lc 24, 35

Los discípulos reconocieron al Señor Jesús, al partir el pan.

ORACIÓN DESPUÉS DE LA COMUNIÓN

Alimentados con estos sagrados dones, te damos gracias, Señor, e imploramos tu misericordia, para que, por la efusión de tu Espíritu, cuya eficacia celestial recibimos, nos concedas perseverar en la gracia de la verdad. Por Jesucristo, nuestro Señor.

NO SABEMOS NI EL DÍA NI LA HORA

Dios nos ama. Es por eso que hoy, en la parábola de las jóvenes descuidadas y las previsoras, Jesús nos pone de nuevo en alerta para que estemos siempre listos para el encuentro definitivo con él; no sea que en aquel momento nos halle con las manos vacías.

⇒No podemos detener el tiempo…

Mejor será estar preparados para ese día.

15 de noviembre   33er Domingo del T. Ordinario
(*Verde*)

ANTÍFONA DE ENTRADA   Jer 29, 11. 12. 14

Yo tengo designios de paz, no de aflicción, dice el Señor. Ustedes me invocarán y yo los escucharé y los libraré de la esclavitud donde quiera que se encuentren.

Se dice Gloria.

ORACIÓN COLECTA

Concédenos, Señor, Dios nuestro, alegrarnos siempre en tu servicio, porque la profunda y verdadera alegría está en servirte siempre a ti, autor de todo bien. Por nuestro Señor Jesucristo...

El ejemplo de la mujer hacendosa, que sabe atender su hogar (PRIMERA LECTURA) y el ejemplo del servidor que supo multiplicar los bienes que su señor le dejó encargados (EVANGELIO), tratan de hacernos entender una lección de fidelidad en la espera. Éste es también el tipo de fidelidad que nos pide san Pablo (SEGUNDA LECTURA) al recomendarnos que estemos vigilantes, en espera de la venida del Señor.

PRIMERA LECTURA
Del libro de los Proverbios
31, 10-13. 19-20. 30-31

D ichoso el hombre que encuentra una mujer hacendosa: muy superior a las perlas es su valor.

Su marido confía en ella
y, con su ayuda, él se enriquecerá;
todos los días de su vida
le procurará bienes y no males.

Adquiere lana y lino
y los trabaja con sus hábiles manos.

Sabe manejar la rueca y con sus dedos mueve el huso;
abre sus manos al pobre y las tiende al desvalido.

Son engañosos los encantos y vana la hermosura;
merece alabanza la mujer que teme al Señor.

Es digna de gozar del fruto de sus trabajos
y de ser alabada por todos.

Palabra de Dios. R. **Te alabamos, Señor.**

SALMO RESPONSORIAL
Del salmo 127

J.J. Frausto B.P. 1571

Di - cho - so el que te - me al Se - ñor, di - cho - so. Di - so.

R. **Dichoso el que teme al Señor.**

Dichoso el que teme al Señor
y sigue sus caminos:
comerá del fruto de su trabajo,
será dichoso, le irá bien. R.

Su mujer como vid fecunda
en medio de su casa;
sus hijos, como renuevos de olivo,
alrededor de su mesa. R.

Ésta es la bendición del hombre que teme al Señor:
"Que el Señor te bendiga desde Sión,
que veas la prosperidad de Jerusalén,
todos los días de tu vida". R.

414

SEGUNDA LECTURA

De la primera carta del apóstol san Pablo a los tesalonicenses
5, 1-6

Hermanos: Por lo que se refiere al tiempo y a las circunstancias de la venida del Señor, no necesitan que les escri-
bamos nada, puesto que ustedes saben perfectamente que
el día del Señor llegará como un ladrón en la noche. Cuando
la gente esté diciendo: "¡Qué paz y qué seguridad tenemos!",
de repente vendrá sobre ellos la catástrofe, como de repente
le vienen a la mujer encinta los dolores del parto, y no podrán escapar.

Pero a ustedes, hermanos, ese día no los tomará por sor-
presa, como un ladrón, porque ustedes no viven en tinieblas,
sino que son hijos de la luz y del día, no de la noche y las tinieblas.

Por lo tanto, no vivamos dormidos, como los malos; antes
bien, mantengámonos despiertos y vivamos sobriamente.

Palabra de Dios.   R. **Te alabamos, Señor.**

ACLAMACIÓN ANTES DEL EVANGELIO
Jn 15, 4. 5

B.P. 1035 - Palazón

A - le - lu - ya, a - le - lu - ya, a - le - lu - ya.

R. **Aleluya, aleluya.**
Permanezcan en mí y yo en ustedes, dice el Señor;
el que permanece en mí da fruto abundante.
R. **Aleluya, aleluya.**

EVANGELIO
✝✝✝ Del santo Evangelio según san Mateo
25, 14-30

R. **Gloria a ti, Señor.**

En aquel tiempo, Jesús dijo a sus discípulos esta parábola: "El Reino de los cielos se parece también a un hombre que iba a salir de viaje a tierras lejanas; llamó a sus servidores de confianza y les encargó sus bienes. A uno le dio cinco millones; a otro, dos; y a un tercero, uno, según la capacidad de cada uno, y luego se fue.

El que recibió cinco millones fue enseguida a negociar con ellos y ganó otros cinco. El que recibió dos hizo lo mismo y ganó otros dos. En cambio, el que recibió un millón hizo un hoyo en la tierra y allí escondió el dinero de su señor. Después de mucho tiempo regresó aquel hombre y llamó a cuentas a sus servidores.

Se acercó el que había recibido cinco millones y le presentó otros cinco, diciendo: 'Señor, cinco millones me dejaste; aquí tienes otros cinco, que con ellos he ganado'. Su señor le dijo: 'Te felicito, siervo bueno y fiel. Puesto que has sido fiel en cosas de poco valor, te confiaré cosas de mucho valor. Entra a tomar parte en la alegría de tu señor'.

Se acercó luego el que había recibido dos millones y le dijo: 'Señor, dos millones me dejaste; aquí tienes otros dos, que con ellos he ganado'. Su señor le dijo: 'Te felicito, siervo bueno y fiel. Puesto que has sido fiel en cosas de poco valor, te confiaré cosas de mucho valor. Entra a tomar parte en la alegría de tu señor'.

Finalmente se acercó el que había recibido un millón y le dijo: 'Señor, yo sabía que eres un hombre duro, que quieres cosechar lo que no has plantado y recoger lo que no has sembrado. Por eso tuve miedo y fui a esconder tu millón bajo tierra. Aquí tienes lo tuyo'.

El señor le respondió: 'Siervo malo y perezoso. Sabías que cosecho lo que no he plantado y recojo lo que no he sembrado. ¿Por qué, entonces, no pusiste mi dinero en el banco para que, a mi regreso, lo recibiera yo con intereses? Quítenle el millón y dénselo al que tiene diez. Pues al que tiene se le dará y le sobrará; pero al que tiene poco, se le quitará aun eso poco que tiene. Y a este hombre inútil, échenlo fuera, a las tinieblas. Allí será el llanto y la desesperación' ".

Palabra del Señor.   R. **Gloria a ti, Señor Jesús.**

Se dice Credo.

ORACIÓN SOBRE LAS OFRENDAS
Concédenos, Señor, que estas ofrendas que ponemos bajo tu mirada, nos obtengan la gracia de vivir entregados a tu servicio y nos alcancen, en recompensa, la felicidad eterna. Por Jesucristo, nuestro Señor.

ANTÍFONA DE LA COMUNIÓN   Mc 11, 23-24
Cualquier cosa que pidan en la oración, crean ustedes que ya se la han concedido, y la obtendrán, dice el Señor.

ORACIÓN DESPUÉS DE LA COMUNIÓN
Al recibir, Señor, el don de estos sagrados misterios, te suplicamos humildemente que lo que tu Hijo nos mandó celebrar en memoria suya, nos aproveche para crecer en nuestra caridad fraterna. Por Jesucristo, nuestro Señor.

TRABAJAR LOS DONES QUE DIOS NOS DA

Dios sigue confiando en nosotros. Esos dones que puso bajo nuestro cuidado no deben estar ociosos. Estamos llamados a colaborar en la obra de Dios, y, si lo hacemos como él lo quiere, podremos gozar de esos frutos junto a él.

Dios espera mucho de nosotros, sus hijos.

22 de noviembre — Nuestro Señor Jesucristo, Rey del universo

(Blanco)

Apoc 5, 12; 1, 6

Digno es el Cordero, que fue inmolado, de recibir el poder y la riqueza, la sabiduría, la fuerza y el honor. A él la gloria y el imperio por los siglos de los siglos.

Se dice Gloria.

ORACIÓN COLECTA

Dios todopoderoso y eterno, que quisiste fundamentar todas las cosas en tu Hijo muy amado, Rey del universo, concede, benigno, que toda la creación, liberada de la esclavitud del pecado, sirva a tu majestad y te alabe eternamente. Por nuestro Señor Jesucristo…

Dios es el rey del universo, el pastor de la humanidad y el juez supremo de vivos y muertos (PRIMERA LECTURA). San Mateo (EVANGELIO) reproduce las palabras de Jesús, quien anuncia: "Cuando venga el Hijo del hombre rodeado de su gloria, acompañado de todos sus ángeles, se sentará en su trono de gloria". Su Padre, al resucitarlo de entre los muertos, hizo de él, como dice san Pablo (SEGUNDA LECTURA), las primicias de la humanidad nueva.

PRIMERA LECTURA

Del libro del profeta Ezequiel
34, 11-12. 15-17

Esto dice el Señor Dios: "Yo mismo iré a buscar a mis ovejas y velaré por ellas. Así como un pastor vela por su rebaño cuando las ovejas se encuentran dispersas, así velaré yo por mis ovejas e iré por ellas a todos los lugares por donde se dispersaron un día de niebla y oscuridad.

Yo mismo apacentaré a mis ovejas, yo mismo las haré reposar, dice el Señor Dios. Buscaré a la oveja perdida y haré volver a la descarriada; curaré a la herida, robusteceré a la débil, y a la que está gorda y fuerte, la cuidaré. Yo las apacentaré con justicia.

En cuanto a ti, rebaño mío, he aquí que yo voy a juzgar entre oveja y oveja, entre carneros y machos cabríos".

Palabra de Dios.   R. **Te alabamos, Señor.**

SALMO RESPONSORIAL

Del salmo 22

H. Hernández B.P. 1519

El Señor es mi pastor, nada me falta. fal - ta.

R.   **El Señor es mi pastor, nada me faltará.**

El Señor es mi pastor, nada me falta;
en verdes praderas me hace reposar
y hacia fuentes tranquilas me conduce
para reparar mis fuerzas. R.

Tú mismo me preparas la mesa,
a despecho de mis adversarios;
me unges la cabeza con perfume
y llenas mi copa hasta los bordes. R.

[R. **El Señor es mi pastor, nada me faltará.**]

Tu bondad y tu misericordia me acompañarán
todos los días de mi vida;
y viviré en la casa del Señor
por años sin término. R.

SEGUNDA LECTURA

De la primera carta del apóstol san Pablo a los corintios
15, 20-26. 28

Hermanos: Cristo resucitó, y resucitó como la primicia
de todos los muertos. Porque si por un hombre vino la
muerte, también por un hombre vendrá la resurrección de
los muertos.

En efecto, así como en Adán todos mueren, así en Cristo
todos volverán a la vida; pero cada uno en su orden: primero
Cristo, como primicia; después, a la hora de su advenimiento, los que son de Cristo.

Enseguida será la consumación, cuando, después de haber aniquilado todos los poderes del mal, Cristo entregue
el Reino a su Padre. Porque él tiene que reinar hasta que el
Padre ponga bajo sus pies a todos sus enemigos. El último
de los enemigos en ser aniquilado, será la muerte. Al final,
cuando todo se le haya sometido, Cristo mismo se someterá
al Padre, y así Dios será todo en todas las cosas.

Palabra de Dios.   R. **Te alabamos, Señor.**

ACLAMACIÓN ANTES DEL EVANGELIO
Mc 11, 9. 10

B.P. 1034 - Palazón

A-le - lu - ya, a -le - lu - ya, a -le - lu - ya.

R. **Aleluya, aleluya.**

¡Bendito el que viene en el nombre del Señor!

¡Bendito el reino que llega, el reino de nuestro padre David!

R. **Aleluya, aleluya.**

EVANGELIO

✠ Del santo Evangelio según san Mateo

25, 31-46

R. **Gloria a ti, Señor.**

En aquel tiempo, Jesús dijo a sus discípulos: "Cuando venga el Hijo del hombre, rodeado de su gloria, acompañado de todos sus ángeles, se sentará en su trono de gloria. Entonces serán congregadas ante él todas las naciones, y él apartará a los unos de los otros, como aparta el pastor a las ovejas de los cabritos, y pondrá a las ovejas a su derecha y a los cabritos a su izquierda.

Entonces dirá el rey a los de su derecha: 'Vengan, benditos de mi Padre; tomen posesión del Reino preparado para ustedes desde la creación del mundo; porque estuve hambriento y me dieron de comer, sediento y me dieron de beber, era forastero y me hospedaron, estuve desnudo y me vistieron, enfermo y me visitaron, encarcelado y fueron a verme'. Los justos le contestarán entonces: 'Señor, ¿cuándo te vimos hambriento y te dimos de comer, sediento y te dimos de beber? ¿Cuándo te vimos de forastero y te hospedamos, o desnudo y te vestimos? ¿Cuándo te vimos enfermo o encarcelado y te fuimos a ver?'. Y el rey les dirá: 'Yo les aseguro que, cuando lo hicieron con el más insignificante de mis hermanos, conmigo lo hicieron'.

Entonces dirá también a los de la izquierda: 'Apártense de mí, malditos; vayan al fuego eterno, preparado para el diablo y sus ángeles; porque estuve hambriento y no me dieron de comer, sediento y no me dieron de beber, era forastero y no me hospedaron, estuve desnudo y no me vistieron, enfermo y encarcelado y no me visitaron'.

Entonces ellos le responderán: 'Señor, ¿cuándo te vimos hambriento o sediento, de forastero o desnudo, enfermo o encarcelado y no te asistimos?'. Y él les replicará: 'Yo les aseguro que, cuando no lo hicieron con uno de aquellos más insignificantes, tampoco lo hicieron conmigo'. Entonces irán éstos al castigo eterno y los justos a la vida eterna".

Palabra del Señor.   R. **Gloria a ti, Señor Jesús.**

Se dice Credo.

ORACIÓN SOBRE LAS OFRENDAS

Al ofrecerte, Señor, el sacrificio de la reconciliación humana, te suplicamos humildemente que tu Hijo conceda a todos los pueblos los dones de la unidad y de la paz. Él, que vive y reina por los siglos de los siglos.

ANTÍFONA DE LA COMUNIÓN   Sal 28, 10-11
En su trono reinará el Señor para siempre y le dará a su pueblo la bendición de la paz.

ORACIÓN DESPUÉS DE LA COMUNIÓN

Habiendo recibido, Señor, el alimento de vida eterna, te rogamos que quienes nos gloriamos de obedecer los mandamientos de Jesucristo, Rey del universo, podamos vivir eternamente con él en el reino de los cielos. Él, que vive y reina por los siglos de los siglos.

¿QUÉ QUEREMOS SER, AL FINAL DEL DÍA, OVEJAS O CABRITOS?

El amor solamente se puede dar cuando existe libertad verdadera. Dios nos hizo libres, lo cual no significa que podamos hacer todo lo que se nos antoje, sino por el contrario, somos libres para optar por lo bueno, para elegir a Dios por ser quien es, hasta llegar junto a él a gozar de la felicidad que nunca se termina.

* Jesús ya hizo su parte: "fue concebido por obra y gracia del Espíritu Santo, nació de santa María Virgen, padeció bajo el poder de Poncio Pilato, fue crucificado, muerto y sepultado, descendió a los infiernos, al tercer día resucitó de entre los muertos, subió a los cielos y está sentado a la derecha de Dios, Padre todopoderoso". Durante su vida en la tierra "pasó haciendo el bien", se nos da como alimento en la Eucaristía, nos perdona nuestros pecados y nos santifica por medio de los otros sacramentos.

* A nosotros nos corresponde cumplir sus Mandamientos, porque son el camino para ser felices de verdad. Estamos en este mundo para conocer y amar a Dios y servirlo como él se lo merece.

* Hoy se nos recuerda que Cristo "de nuevo vendrá con gloria para juzgar a vivos y muertos, y su reino no tendrá fin".

El Señor quiere que, al final, todos seamos ovejas suyas. ¿Le daremos ese gusto?

Tiempo de Adviento

El Adviento es la espera activa y alegre de la fiesta del nacimiento del Señor. Se anuncia la visita de una persona muy estimada, se espera un acontecimiento muy deseado, ya que se trata del nacimiento del Hijo de Dios e Hijo del hombre, nuestro Salvador. La expectativa de la realización es alegre e inunda todo el tiempo de preparación. Esto nos lleva a disponer todo lo necesario para que el encuentro se realice lo mejor posible. Tenemos así las dos características del Adviento: gozo y acción.

Nos preparamos para recibir al Señor, no sólo en la celebración y actualización de su nacimiento, sino también en todos los modos en que el Señor viene a nosotros:

–En la Parusía, manifestación definitiva del Señor.

–En la liturgia, en su Palabra, en el sacerdote y, en forma muy especial, en la Eucaristía.

–El Señor viene a través de las personas, principalmente entre las que son consideradas "menores" por alguna razón, y también a través de los acontecimientos, no sólo en los alegres y positivos, sino también en los tristes y que consideramos negativos.

29 de noviembre   1er Domingo de Adviento

(Inicia nuevo año litúrgico, Ciclo B)

(*Morado*)

ANTÍFONA DE ENTRADA   Cfr. Sal 24, 1-3

A ti, Señor, levanto mi alma; Dios mío, en ti confío, no quede yo defraudado, que no triunfen de mí mis enemigos; pues los que esperan en ti no quedan defraudados.

No se dice Gloria.

ORACIÓN COLECTA

Concede a tus fieles, Dios todopoderoso, el deseo de salir al encuentro de Cristo, que viene a nosotros, para que, mediante la práctica de las buenas obras, colocados un día a su derecha, merezcamos poseer el reino celestial. Por nuestro Señor Jesucristo…

Comienza el año litúrgico con el anuncio: "Ya viene el Señor". Él, antes de su pasión y de su muerte, nos anunció su regreso y nos mandó permanecer en vela, esperándolo (EVANGELIO). San Pablo, confiando en la fidelidad del Señor a sus promesas, nos pide que aguardemos llenos de esperanza el advenimiento de Jesucristo (SEGUNDA LECTURA). También el profeta Isaías (PRIMERA LECTURA) nos habla de la ansiosa petición del pueblo judío que acude al único Señor que puede salvarlo.

PRIMERA LECTURA

Del libro del profeta Isaías

63, 16-17. 19; 64, 2-7

Tú, Señor, eres nuestro padre y nuestro redentor;
ése es tu nombre desde siempre.

¿Por qué, Señor, nos has permitido alejarnos de tus
mandamientos y dejas endurecer nuestro corazón
hasta el punto de no temerte?
Vuélvete, por amor a tus siervos,
a las tribus que son tu heredad.
Ojalá rasgaras los cielos y bajaras,
estremeciendo las montañas con tu presencia.

Descendiste y los montes se estremecieron
con tu presencia.
Jamás se oyó decir, ni nadie vio jamás
que otro Dios, fuera de ti,
hiciera tales cosas en favor de los que esperan en él.
Tú sales al encuentro
del que practica alegremente la justicia
y no pierde de vista tus mandamientos.

Estabas airado porque nosotros pecábamos
y te éramos siempre rebeldes.
Todos éramos impuros
y nuestra justicia era como trapo asqueroso;
todos estábamos marchitos, como las hojas,
y nuestras culpas nos arrebataban, como el viento.

Nadie invocaba tu nombre,
nadie se levantaba para refugiarse en ti,
porque nos ocultabas tu rostro
y nos dejabas a merced de nuestras culpas.

Sin embargo, Señor, tú eres nuestro padre;
nosotros somos el barro y tú el alfarero;
todos somos hechura de tus manos.

Palabra de Dios.   R. **Te alabamos, Señor.**

SALMO RESPONSORIAL
Del salmo 79

J.J. García B.P. 1587

Més - tra - nos, Se - ñor, tu fa - vor y sál - va - nos.

R. **Señor, muéstranos tu favor y sálvanos.**

Escúchanos, pastor de Israel;
tú, que estás rodeado de querubines, manifiéstate,
despierta tu poder y ven a salvarnos. R.

    Señor, Dios de los ejércitos, vuelve tus ojos,
mira tu viña y visítala;
protege la cepa plantada por tu mano,
el renuevo que tú mismo cultivaste. R.

    Que tu diestra defienda al que elegiste,
al hombre que has fortalecido.
Ya no nos alejaremos de ti;
consérvanos la vida y alabaremos tu poder. R.

SEGUNDA LECTURA
De la primera carta del apóstol san Pablo a los corintios
1, 3-9

Hermanos: Les deseo la gracia y la paz de parte de Dios, nuestro Padre, y de Cristo Jesús, el Señor.

    Continuamente agradezco a mi Dios los dones divinos que les ha concedido a ustedes por medio de Cristo Jesús, ya que por él los ha enriquecido con abundancia en todo lo que se refiere a la palabra y al conocimiento; porque el testimonio que damos de Cristo ha sido confirmado en ustedes a tal grado, que no carecen de ningún don, ustedes, los que esperan la manifestación de nuestro Señor Jesucristo. Él los hará permanecer irreprochables hasta el fin, hasta el día de su advenimiento. Dios es quien los ha llamado a la unión con su Hijo Jesucristo, y Dios es fiel.

Palabra de Dios.   R. **Te alabamos, Señor.**

ACLAMACIÓN ANTES DEL EVANGELIO
Sal 84, 8

B.P. 1246 - Bernal

A - le - lu - ya, a - le - lu - ya.

R. **Aleluya, aleluya.**
Muéstranos, Señor, tu misericordia
y danos tu salvación.
R. **Aleluya, aleluya.**

EVANGELIO

Del santo Evangelio según san Marcos
13, 33-37

R. **Gloria a ti, Señor.**

En aquel tiempo, Jesús dijo a sus discípulos: "Velen y estén preparados, porque no saben cuándo llegará el momento. Así como un hombre que se va de viaje, deja su casa y encomienda a cada quien lo que debe hacer y encarga al portero que esté velando, así también velen ustedes, pues no saben a qué hora va a regresar el dueño de la casa: si al anochecer, a la medianoche, al canto del gallo o a la madrugada. No vaya a suceder que llegue de repente y los halle durmiendo. Lo que les digo a ustedes, lo digo para todos: permanezcan alerta".

Palabra del Señor. R. **Gloria a ti, Señor Jesús.**

Se dice Credo.

ORACIÓN SOBRE LAS OFRENDAS
Recibe, Señor, estos dones que te ofrecemos, tomados de los mismos bienes que nos has dado, y haz que lo que nos das en el tiempo presente para aumento de nuestra fe, se convierta para nosotros en prenda de tu redención eterna. Por Jesucristo, nuestro Señor.

ANTÍFONA DE LA COMUNIÓN   Sal 84, 13

El Señor nos mostrará su misericordia y nuestra tierra producirá su fruto.

ORACIÓN DESPUÉS DE LA COMUNIÓN

Te pedimos, Señor, que nos aprovechen los misterios en que hemos participado, mediante los cuales, mientras caminamos en medio de las cosas pasajeras, nos inclinas ya desde ahora a anhelar las realidades celestiales y a poner nuestro corazón en las que han de durar para siempre. Por Jesucristo, nuestro Señor.

¡VEN PRONTO, SEÑOR JESÚS!

Iniciamos el Adviento, y el Espíritu Santo mueve a su Iglesia a pedir que nuestro Señor Jesucristo venga, "con gran poder y majestad", a regir a su Iglesia y al mundo entero. Por eso decimos en la Eucaristía: "Ven, Señor Jesús".

✳ No debemos tener miedo, porque aquel que dio su vida por nosotros en la cruz vendrá de nuevo para traernos la paz y la felicidad verdaderas.

✳ A nosotros nos toca velar y estar preparados "mediante la práctica de las buenas obras".

Como Iglesia nos preparamos para recibir al "dueño de la casa".

6 de diciembre

2º Domingo de Adviento
(*Morado*)

ANTÍFONA DE ENTRADA   Cfr. Is 30, 19. 30

Pueblo de Sión, mira que el Señor va a venir para salvar a todas las naciones y dejará oír la majestad de su voz para alegría de tu corazón.

No se dice Gloria.

ORACIÓN COLECTA

Dios omnipotente y misericordioso, haz que ninguna ocupación terrena sirva de obstáculo a quienes van presurosos al encuentro de tu Hijo, antes bien, que el aprendizaje de la sabiduría celestial, nos lleve a gozar de su presencia. Él, que vive y reina contigo…

El antiguo profeta nos invita a "preparar los caminos del Señor" (PRIMERA LECTURA) y san Marcos (EVANGELIO) repite las palabras del profeta refiriéndose a san Juan Bautista. Esta idea de preparar los caminos procede de la antigüedad: cuando un soberano anunciaba su llegada a un país, se empezaba por hacer transitables todos los caminos. San Pedro, por su parte (SEGUNDA LECTURA), hace que nuestras miradas se dirijan al cielo nuevo y a la tierra nueva, que inaugurará la segunda venida de Cristo.

PRIMERA LECTURA

Del libro del profeta Isaías

40, 1-5. 9-11

"Consuelen, consuelen a mi pueblo,
dice nuestro Dios.
Hablen al corazón de Jerusalén
y díganle a gritos que ya terminó el tiempo de su servidumbre
y que ya ha satisfecho por sus iniquidades,
porque ya ha recibido de manos del Señor
castigo doble por todos sus pecados".

Una voz clama:
"Preparen el camino del Señor en el desierto,
construyan en el páramo
una calzada para nuestro Dios.
Que todo valle se eleve,
que todo monte y colina se rebajen;
que lo torcido se enderece y lo escabroso se allane.
Entonces se revelará la gloria del Señor
y todos los hombres la verán".
Así ha hablado la boca del Señor.

Sube a lo alto del monte,
mensajero de buenas nuevas para Sión;
alza con fuerza la voz,
tú que anuncias noticias alegres a Jerusalén.
Alza la voz y no temas;
anuncia a los ciudadanos de Judá:
"Aquí está su Dios.
Aquí llega el Señor, lleno de poder,
el que con su brazo lo domina todo.
El premio de su victoria lo acompaña
y sus trofeos lo anteceden.
Como pastor apacentará su rebaño;
llevará en sus brazos a los corderitos recién nacidos
y atenderá solícito a sus madres".

Palabra de Dios.   R. **Te alabamos, Señor.**

SALMO RESPONSORIAL
Del salmo 84

B. Rangel B.P. 1588

Mués-tra-nos, Se-ñor, al Sal-va-dor, al Sal-va-dor.

R.   **Muéstranos, Señor, tu misericordia y danos al Salvador.**

Escucharé las palabras del Señor,
palabras de paz para su pueblo santo.
Está ya cerca nuestra salvación
y la gloria del Señor habitará en la tierra. R.

      La misericordia y la verdad se encontraron,
la justicia y la paz se besaron,
la fidelidad brotó en la tierra
y la justicia vino del cielo. R.

      Cuando el Señor nos muestre su bondad,
nuestra tierra producirá su fruto.
La justicia le abrirá camino al Señor
e irá siguiendo sus pisadas. R.

SEGUNDA LECTURA

De la segunda carta del apóstol san Pedro
3, 8-14

Queridos hermanos: No olviden que para el Señor, un día
es como mil años y mil años, como un día. No es que el
Señor se tarde, como algunos suponen, en cumplir su promesa, sino que les tiene a ustedes mucha paciencia, pues no
quiere que nadie perezca, sino que todos se arrepientan.

      El día del Señor llegará como los ladrones. Entonces los
cielos desaparecerán con gran estrépito, los elementos serán destruidos por el fuego y perecerá la tierra con todo lo
que hay en ella.

Puesto que todo va a ser destruido, piensen con cuánta santidad y entrega deben vivir ustedes esperando y apresurando el advenimiento del día del Señor, cuando desaparecerán los cielos, consumidos por el fuego, y se derretirán los elementos.

Pero nosotros confiamos en la promesa del Señor y esperamos un cielo nuevo y una tierra nueva, en que habite la justicia. Por lo tanto, queridos hermanos, apoyados en esta esperanza, pongan todo su empeño en que el Señor los halle en paz con él, sin mancha ni reproche.

Palabra de Dios.   R. **Te alabamos, Señor.**

ACLAMACIÓN ANTES DEL EVANGELIO
Lc 3, 4. 6

B.P. 1246 - Bernal

A - le - lu - ya,   a - le - lu - ya.

R. **Aleluya, aleluya.**
Preparen el camino del Señor, hagan rectos sus senderos,
y todos los hombres verán la salvación de Dios.
R. **Aleluya, aleluya.**

EVANGELIO
✠ Del santo Evangelio según san Marcos
1, 1-8

R. **Gloria a ti, Señor.**

Éste es el principio del Evangelio de Jesús, Mesías, Hijo de Dios. En el libro del profeta Isaías está escrito:
He aquí que yo envío a mi mensajero delante de ti,
a preparar tu camino.
Voz del que clama en el desierto:

"*Preparen el camino del Señor,
enderecen sus senderos*".

En cumplimiento de esto, apareció en el desierto Juan el Bautista predicando un bautismo de conversión, para el perdón de los pecados. A él acudían de toda la comarca de Judea y muchos habitantes de Jerusalén; reconocían sus pecados y él los bautizaba en el Jordán.

Juan usaba un vestido de pelo de camello, ceñido con un cinturón de cuero y se alimentaba de saltamontes y miel silvestre. Proclamaba: "Ya viene detrás de mí uno que es más poderoso que yo, uno ante quien no merezco ni siquiera inclinarme para desatarle la correa de sus sandalias. Yo los he bautizado a ustedes con agua, pero él los bautizará con el Espíritu Santo".

Palabra del Señor.　R. **Gloria a ti, Señor Jesús.**

Se dice Credo.

ORACIÓN SOBRE LAS OFRENDAS
Que te sean agradables, Señor, nuestras humildes súplicas y ofrendas, y puesto que no tenemos méritos en qué apoyarnos, nos socorra el poderoso auxilio de tu benevolencia. Por Jesucristo, nuestro Señor.

ANTÍFONA DE LA COMUNIÓN　　　　　　　Bar 5, 5; 4, 36
Levántate, Jerusalén, sube a lo alto, para que contemples la alegría que te viene de Dios.

ORACIÓN DESPUÉS DE LA COMUNIÓN
Saciados por el alimento que nutre nuestro espíritu, te rogamos, Señor, que, por nuestra participación en estos misterios, nos enseñes a valorar sabiamente las cosas de la tierra y a poner nuestro corazón en las del cielo. Por Jesucristo, nuestro Señor.

"PREPAREN EL CAMINO DEL SEÑOR, ENDERECEN SUS SENDEROS"

Juan el Bautista preparó el camino para Jesús. Eso ocurrió cuando nuestro Señor se iba a manifestar al pueblo de Israel para cumplir las promesas de salvación que hizo por medio de sus santos profetas.

✝ Juan predicaba "un bautismo de conversión, para el perdón de los pecados", y hoy, en este Tiempo de Adviento, Dios también nos invita a arrepentirnos de nuestros pecados, pues "no quiere que nadie perezca, sino que todos se arrepientan". Tenemos que vivir de verdad como bautizados, porque él, por su parte, cumplirá con sus promesas

"... nosotros confiamos en la promesa del Señor y esperamos un cielo nuevo y una tierra nueva, en que habite la justicia".

8 de diciembre
Martes

Inmaculada Concepción de la santísima Virgen María
(*Blanco*)

Me alegro en el Señor con toda el alma y me lleno de júbilo en mi Dios, porque me revistió con vestiduras de salvación y me cubrió con un manto de justicia, como la novia que se adorna con sus joyas.

Se dice Gloria.

ORACIÓN COLECTA

Dios nuestro, que por la Inmaculada Concepción de la Virgen María preparaste una digna morada para tu Hijo y, en previsión de la muerte redentora de Cristo, la preservaste de toda mancha de pecado, concédenos que, por su intercesión, nosotros también, purificados de todas nuestras culpas, lleguemos hasta ti. Por nuestro Señor Jesucristo…

El ángel saludó a María, diciéndole: "Alégrate, llena de gracia, el Señor está contigo" (EVANGELIO). María recibió plenamente la bendición con que Dios nos ha colmado en Cristo, "para que fuéramos –dice san Pablo– santos e irreprochables a sus ojos, por el amor" (SEGUNDA

LECTURA). El libro del Génesis (PRIMERA LECTURA), anuncia la victoria de la descendencia de la Virgen, es decir, de Cristo sobre Satanás.

PRIMERA LECTURA

Del libro del Génesis

3, 9-15. 20

Después de que el hombre y la mujer comieron del fruto del árbol prohibido, el Señor Dios llamó al hombre y le preguntó: "¿Dónde estás?". Éste le respondió: "Oí tus pasos en el jardín y tuve miedo, porque estoy desnudo, y me escondí". Entonces le dijo Dios: "¿Y quién te ha dicho que estabas desnudo? ¿Has comido acaso del árbol del que te prohibí comer?".

Respondió Adán: "La mujer que me diste por compañera me ofreció del fruto del árbol y comí". El Señor Dios dijo a la mujer: "¿Por qué has hecho esto?". Repuso la mujer: "La serpiente me engañó y comí".

Entonces dijo el Señor Dios a la serpiente:
"Porque has hecho esto,
serás maldita entre todos los animales
y entre todas las bestias salvajes.
Te arrastrarás sobre tu vientre y comerás polvo
todos los días de tu vida.
Pondré enemistad entre ti y la mujer,
entre tu descendencia y la suya;
y su descendencia te aplastará la cabeza,
mientras tú tratarás de morder su talón".

El hombre le puso a su mujer el nombre de "Eva", porque ella fue la madre de todos los vivientes.

Palabra de Dios.   R. **Te alabamos, Señor.**

SALMO RESPONSORIAL
Del salmo 97

B. Vega B.P. 1654

R. **Cantemos al Señor un canto nuevo,
pues ha hecho maravillas.**

Cantemos al Señor un canto nuevo,
pues ha hecho maravillas.
Su diestra y su santo brazo
le han dado la victoria. R.

    El Señor ha dado a conocer su victoria
y ha revelado a las naciones su justicia.
Una vez más ha demostrado Dios
su amor y su lealtad hacia Israel. R.

    La tierra entera ha contemplado
la victoria de nuestro Dios.
Que todos los pueblos y naciones
aclamen con júbilo al Señor. R.

SEGUNDA LECTURA

De la carta del apóstol san Pablo a los efesios
1, 3-6. 11-12

B endito sea Dios, Padre de nuestro Señor Jesucristo,
que nos ha bendecido en él
con toda clase de bienes espirituales y celestiales.
Él nos eligió en Cristo, antes de crear el mundo,
para que fuéramos santos e irreprochables
a sus ojos, por el amor,

y determinó, porque así lo quiso,
que, por medio de Jesucristo, fuéramos sus hijos,
para que alabemos y glorifiquemos la gracia
con que nos ha favorecido por medio de su Hijo amado.

Con Cristo somos herederos también nosotros. Para esto estábamos destinados, por decisión del que lo hace todo según su voluntad: para que fuéramos una alabanza continua de su gloria, nosotros, los que ya antes esperábamos en Cristo.

Palabra de Dios.   R. **Te alabamos, Señor.**

ACLAMACIÓN ANTES DEL EVANGELIO
Cfr. Lc 1, 28

A - le - lu - ya,   a - le - lu - ya,   a - le - lu   -   ya.

R. **Aleluya, aleluya.**
Dios te salve, María, llena de gracia,
el Señor está contigo,
bendita tú entre las mujeres.
R. **Aleluya, aleluya.**

EVANGELIO
✠ Del santo Evangelio según san Lucas
1, 26-38

R. **Gloria a ti, Señor.**

En aquel tiempo, el ángel Gabriel fue enviado por Dios a una ciudad de Galilea, llamada Nazaret, a una virgen desposada con un varón de la estirpe de David, llamado José. La virgen se llamaba María.

Entró el ángel a donde ella estaba y le dijo: "Alégrate, llena de gracia, el Señor está contigo". Al oír estas palabras, ella se preocupó mucho y se preguntaba qué querría decir semejante saludo.

El ángel le dijo: "No temas, María, porque has hallado gracia ante Dios. Vas a concebir y a dar a luz un hijo y le pondrás por nombre Jesús. Él será grande y será llamado Hijo del Altísimo; el Señor Dios le dará el trono de David, su padre, y él reinará sobre la casa de Jacob por los siglos y su reinado no tendrá fin".

María le dijo entonces al ángel: "¿Cómo podrá ser esto, puesto que yo permanezco virgen?". El ángel le contestó: "El Espíritu Santo descenderá sobre ti y el poder del Altísimo te cubrirá con su sombra. Por eso, el Santo, que va a nacer de ti, será llamado Hijo de Dios. Ahí tienes a tu parienta Isabel, que a pesar de su vejez, ha concebido un hijo y ya va en el sexto mes la que llamaban estéril, porque no hay nada imposible para Dios". María contestó: "Yo soy la esclava del Señor; cúmplase en mí lo que me has dicho". Y el ángel se retiró de su presencia.

Palabra del Señor.   R. **Gloria a ti, Señor Jesús.**

Se dice Credo.

ORACIÓN SOBRE LAS OFRENDAS

Recibe favorablemente, Señor, la ofrenda que te presentamos en la solemnidad de la Inmaculada Concepción de la santísima Virgen María, y concédenos que, así como profesamos que tu gracia la preservó de toda mancha de pecado, así también nosotros, por su intercesión, quedemos libres de toda culpa. Por Jesucristo, nuestro Señor.

ANTÍFONA DE LA COMUNIÓN

Grandes cosas se cantan de ti, María, porque de ti ha nacido el sol de justicia, Cristo nuestro Dios.

ORACIÓN DESPUÉS DE LA COMUNIÓN

Que el sacramento que acabamos de recibir, Señor Dios nuestro, repare en nosotros las consecuencias de aquella culpa de la cual preservaste singularmente a la Virgen María en su Inmaculada Concepción. Por Jesucristo, nuestro Señor.

EL PECADO NUNCA TUVO PODER SOBRE ELLA

Hoy celebramos que la santísima Virgen María fue concebida sin la mancha del pecado original que adquirieron para la humanidad nuestros primeros padres, Adán y Eva, cuando desobedecieron a Dios, por haberle creído sus mentiras a la serpiente de la que nos habla el libro del Génesis.

* La Virgen fue concebida sin pecado en el vientre de su madre, santa Ana, en atención a los futuros méritos de su Hijo, Jesucristo.

* Aquella que nos iba a traer a nuestro Salvador y Redentor no podía ser esclava del pecado, sino todo lo contrario. Por eso ella pudo decir, con toda verdad: "Yo soy la esclava del Señor, cúmplase en mí lo que me has dicho".

* Pareciera que en nuestra época está prohibido decir la palabra "pecado", y, paradójicamente, es un tiempo en el que el pecado sobreabunda en todos los rincones del planeta; basta con ver las noticias para darnos cuenta de esto: asesinatos, secuestros, trata de personas, esclavitud, corrupción, injusticias…

* El pecado es como una lepra que nos va destruyendo como individuos y como sociedad, y que nos separa de Dios.

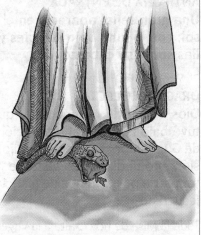

La Virgen Inmaculada nos trajo a Cristo, quien ya venció al pecado, a la muerte y a la antigua serpiente.

12 de diciembre   Nuestra Señora de Guadalupe, Patrona de América

Sábado

(*Blanco*)

ANTÍFONA DE ENTRADA   Cfr. Apoc 12, 1

Una gran señal apareció en el cielo: una mujer vestida de sol, con la luna bajo sus pies y una corona de doce estrellas sobre su cabeza.

Se dice Gloria.

ORACIÓN COLECTA

Dios, Padre de misericordia, que has puesto a este pueblo tuyo bajo la especial protección de la siempre Virgen María de Guadalupe, Madre de tu Hijo, concédenos, por su intercesión, profundizar en nuestra fe y buscar el progreso de nuestra patria por caminos de justicia y de paz. Por nuestro Señor Jesucristo…

Toda la Misa de hoy exalta a la Virgen María. La Iglesia utiliza el mensaje profético de Isaías sobre la maternidad virginal de María, o bien, acomoda un pasaje del libro del Sirácide a la Santísima Virgen (PRIMERA LECTURA). San Lucas nos señala a la Virgen María, escogida por Dios para ser la madre de su Hijo hecho hombre, como la mujer que tiene la misión de entregarnos al Redentor. Ya lo lleva en su seno y la presencia salvadora de su Hijo se manifiesta en Isabel y en Juan. Todo eso fue posible porque María creyó y respondió sin condiciones al llamado de Dios (EVANGELIO). San Pablo aclara la misión salvadora de Cristo (SEGUNDA LECTURA), como Hijo de Dios nacido de María, así como el papel del Espíritu Santo en la obra redentora.

PRIMERA LECTURA **
Del libro del profeta Isaías
7, 10-14

En aquellos tiempos, el Señor le habló a Ajaz diciendo: "Pide al Señor, tu Dios, una señal de abajo, en lo profundo o de arriba, en lo alto". Contestó Ajaz: "No la pediré. No tentaré al Señor".

Entonces dijo Isaías: "Oye, pues, casa de David: ¿No satisfechos con cansar a los hombres, quieren cansar también a mi Dios? Pues bien, el Señor mismo les dará por eso una señal: He aquí que la virgen concebirá y dará a luz un hijo y le pondrán el nombre de Emmanuel, que quiere decir Dios-con-nosotros".

Palabra de Dios.   R. **Te alabamos, Señor.**

O bien:

Del libro del Sirácide (Eclesiástico)
24, 23-31

Yo soy como una vid de fragantes hojas
y mis flores son producto de gloria y de riqueza.
Yo soy la madre del amor, del temor,
del conocimiento y de la santa esperanza.
En mí está toda la gracia del camino y de la verdad,
toda esperanza de vida y de virtud.

Vengan a mí, ustedes, los que me aman
y aliméntense de mis frutos.
Porque mis palabras son más dulces que la miel
y mi heredad, mejor que los panales.

Los que me coman seguirán teniendo hambre de mí,
los que me beban seguirán teniendo sed de mí;

los que me escuchan no tendrán de qué avergonzarse
y los que se dejan guiar por mí no pecarán.
Los que me honran tendrán una vida eterna.

Palabra de Dios.   R. **Te alabamos, Señor.**

SALMO RESPONSORIAL
Del salmo 66

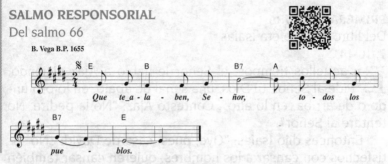

R. **Que te alaben, Señor, todos los pueblos.**

Ten piedad de nosotros y bendícenos;
vuelve, Señor, tus ojos a nosotros.
Que conozca la tierra tu bondad
y los pueblos tu obra salvadora. R.

    Las naciones con júbilo te canten,
porque juzgas al mundo con justicia;
con equidad tú juzgas a los pueblos
y riges en la tierra a las naciones. R.

    Que te alaben, Señor, todos los pueblos,
que los pueblos te aclamen todos juntos.
Que nos bendiga Dios
y que le rinda honor el mundo entero. R.

SEGUNDA LECTURA

De la carta del apóstol san Pablo a los gálatas
4, 4-7

Hermanos: Al llegar la plenitud de los tiempos, envió Dios
a su Hijo, nacido de una mujer, nacido bajo la ley, para
rescatar a los que estábamos bajo la ley, a fin de hacernos
hijos suyos.

Puesto que ya son ustedes hijos, Dios envió a sus corazones el Espíritu de su Hijo, que clama: "¡Abbá!", es decir, ¡Padre! Así que ya no eres siervo, sino hijo; y siendo hijo, eres también heredero por voluntad de Dios.

Palabra de Dios.   R. **Te alabamos, Señor.**

ACLAMACIÓN ANTES DEL EVANGELIO
Lc 1, 47

B.P. 1032 - Sosa

A - le - lu - ya, a - le - lu - ya, a - le - lu - ya.

R. **Aleluya, aleluya.**
Mi alma glorifica al Señor
y mi espíritu se llena de júbilo en Dios, mi salvador.
R. **Aleluya, aleluya.**

EVANGELIO

Del santo Evangelio según san Lucas
1, 39-48

R. **Gloria a ti, Señor.**

En aquellos días, María se encaminó presurosa a un pueblo de las montañas de Judea, y entrando en la casa de Zacarías, saludó a Isabel. En cuanto ésta oyó el saludo de María, la criatura saltó en su seno.

Entonces Isabel quedó llena del Espíritu Santo, y levantando la voz, exclamó: "¡Bendita tú entre las mujeres y bendito el fruto de tu vientre! ¿Quién soy yo, para que la madre de mi Señor venga a verme? Apenas llegó tu saludo a mis oídos, el niño saltó de gozo en mi seno. Dichosa tú, que has creído, porque se cumplirá cuanto te fue anunciado de parte del Señor".

Entonces dijo María: "Mi alma glorifica al Señor *y mi espíritu se llena de júbilo en Dios, mi salvador,* porque *puso sus ojos en la humildad de su esclava"*.

Palabra del Señor.   R. **Gloria a ti, Señor Jesús.**

Se dice Credo.

ORACIÓN SOBRE LAS OFRENDAS

Acepta, Señor, los dones que te presentamos en esta solemnidad de nuestra Señora de Guadalupe, y haz que este sacrificio nos dé fuerza para cumplir tus mandamientos, como verdaderos hijos de la Virgen María. Por Jesucristo, nuestro Señor.

ANTÍFONA DE LA COMUNIÓN   Cfr. Sal 147, 20

No ha hecho nada semejante con ningún otro pueblo; a ninguno le ha manifestado tan claramente su amor.

ORACIÓN DESPUÉS DE LA COMUNIÓN

Que el Cuerpo y la Sangre de tu Hijo, que acabamos de recibir en este sacramento, nos ayuden, Señor, por intercesión de santa María de Guadalupe, a reconocernos y amarnos todos como verdaderos hermanos. Por Jesucristo, nuestro Señor.

LA VIRGEN DE GUADALUPE ES MADRE DE DIOS Y MADRE NUESTRA

Nuestra Señora de Guadalupe es una hermosa prueba del amor que Dios tiene por todos los pueblos de la tierra. Ella baja del cielo para cumplir una misión.

"La Madre del Redentor tiene un lugar preciso en el plan de la salvación".

13 de diciembre

3er Domingo de Adviento

(Morado o rosa)

ANTÍFONA DE ENTRADA Cfr. Flp 4, 4. 5

Estén siempre alegres en el Señor, les repito, estén alegres. El Señor está cerca.

No se dice Gloria.

ORACIÓN COLECTA

Dios nuestro, que contemplas a tu pueblo esperando fervorosamente la fiesta del nacimiento de tu Hijo, concédenos poder alcanzar la dicha que nos trae la salvación y celebrarla siempre, con la solemnidad de nuestras ofrendas y con vivísima alegría. Por nuestro Señor Jesucristo…

Hoy se nos muestra, por boca del profeta (PRIMERA LECTURA), al que Dios ungió para llevar a cabo su obra de salvación; Jesús iba a aplicarse a sí mismo esta profecía. San Juan nos la muestra cuando todavía no había sido presentado por Juan el Bautista (EVANGELIO) sino como "alguien que viene detrás de mí". Cristo volverá un día, y por eso nos exhorta san Pablo (SEGUNDA LECTURA) a vivir en una gozosa espera y manteniendo una atención vigilante a todo aquello que Dios quiere de nosotros.

PRIMERA LECTURA

Del libro del profeta Isaías

61, 1-2. 10-11

El espíritu del Señor esta sobre mí,
porque me ha ungido
y me ha enviado para anunciar la buena nueva a los pobres,
a curar a los de corazón quebrantado,
a proclamar el perdón a los cautivos,
la libertad a los prisioneros,
y a pregonar el año de gracia del Señor.

Me alegro en el Señor con toda el alma
y me lleno de júbilo en mi Dios,
porque me revistió con vestiduras de salvación
y me cubrió con un manto de justicia,
como el novio que se pone la corona,
como la novia que se adorna con sus joyas.

Así como la tierra echa sus brotes
y el jardín hace germinar lo sembrado en él,
así el Señor hará brotar la justicia
y la alabanza ante todas las naciones.

Palabra de Dios.   R. **Te alabamos, Señor.**

SALMO RESPONSORIAL

Lucas 1

M. Ramírez B.P. 1589

R.   **Mi espíritu se alegra en Dios, mi salvador.**

Mi alma glorifica al Señor
y mi espíritu se llena de júbilo en Dios, mi salvador,
porque puso los ojos en la humildad de su esclava. R.

Desde ahora me llamarán dichosa todas las generaciones,
porque ha hecho en mí grandes cosas
el que todo lo puede.
Santo es su nombre, y su misericordia llega
de generación en generación a los que lo temen. R.

A los hambrientos los colma de bienes
y a los ricos los despide sin nada.
Acordándose de su misericordia,
viene en ayuda de Israel, su siervo. R.

SEGUNDA LECTURA

De la primera carta del apóstol san Pablo a los tesalonicenses
5, 16-24

Hermanos: Vivan siempre alegres, oren sin cesar, den gracias en toda ocasión, pues esto es lo que Dios quiere de ustedes en Cristo Jesús. No impidan la acción del Espíritu Santo, ni desprecien el don de profecía; pero sométanlo todo a prueba y quédense con lo bueno. Absténganse de toda clase de mal. Que el Dios de la paz los santifique a ustedes en todo y que todo su ser, espíritu, alma y cuerpo, se conserve irreprochable hasta la llegada de nuestro Señor Jesucristo. El que los ha llamado es fiel y cumplirá su promesa.

Palabra de Dios.   R. **Te alabamos, Señor.**

ACLAMACIÓN ANTES DEL EVANGELIO

Is 61, 1 (cit. en Lc 4, 18)

B.P. 1246 - Bernal

A - le - lu - ya, a - le - lu - ya.

R. **Aleluya, aleluya.**

El Espíritu del Señor está sobre mí.

Me ha enviado para anunciar la buena nueva a los pobres.

R. **Aleluya, aleluya.**

EVANGELIO

✠ Del santo Evangelio según san Juan
1, 6-8. 19-28

R. **Gloria a ti, Señor.**

Hubo un hombre enviado por Dios, que se llamaba Juan. Éste vino como testigo, para dar testimonio de la luz, para que todos creyeran por medio de él. Él no era la luz, sino testigo de la luz.

Éste es el testimonio que dio Juan el Bautista, cuando los judíos enviaron desde Jerusalén a unos sacerdotes y levitas para preguntarle: "¿Quién eres tú?".

Él reconoció y no negó quién era. Él afirmó: "Yo no soy el Mesías". De nuevo le preguntaron: "¿Quién eres, pues? ¿Eres Elías?". Él les respondió: "No lo soy". "¿Eres el profeta?". Respondió: "No". Le dijeron: "Entonces dinos quién eres, para poder llevar una respuesta a los que nos enviaron. ¿Qué dices de ti mismo?". Juan les contestó: "*Yo soy la voz que grita en el desierto:* '*Enderecen el camino del Señor*', como anunció el profeta Isaías".

Los enviados, que pertenecían a la secta de los fariseos, le preguntaron: "Entonces ¿por qué bautizas, si no eres el Mesías, ni Elías, ni el profeta?". Juan les respondió: "Yo bautizo con agua, pero en medio de ustedes hay uno, al que ustedes no conocen, alguien que viene detrás de mí, a quien yo no soy digno de desatarle las correas de sus sandalias".

Esto sucedió en Betania, en la otra orilla del Jordán, donde Juan bautizaba.

Palabra del Señor.   R. **Gloria a ti, Señor Jesús.**

Se dice Credo.

ORACIÓN SOBRE LAS OFRENDAS

Que este sacrificio, Señor, que te ofrecemos con devoción, nunca deje de realizarse, para que cumpla el designio que encierra tan santo misterio y obre eficazmente en nosotros tu salvación. Por Jesucristo, nuestro Señor.

ANTÍFONA DE LA COMUNIÓN   Cfr. Is 35, 4

Digan a los cobardes: "¡Ánimo, no teman!; miren a su Dios: viene en persona a salvarlos".

ORACIÓN DESPUÉS DE LA COMUNIÓN

Imploramos, Señor, tu misericordia, para que estos divinos auxilios nos preparen, purificados de nuestros pecados, para celebrar las fiestas venideras. Por Jesucristo, nuestro Señor.

DIOS VIENE EN PERSONA A SALVARNOS

Aunque, a semejanza de Juan el Bautista, "no somos dignos de desatarle a Jesús, las correas de sus sandalias", él Hijo de Dios tuvo a bien bajar del cielo para traernos su salvación.

✛ Dios pudo haber escogido una infinidad de maneras para rescatarnos de la esclavitud de la muerte, del pecado y del demonio. Pero, en su infinita Sabiduría y Misericordia, eligió la mejor: quiso hacerse uno de nosotros.

"Vivan siempre alegres, oren sin cesar, den gracias en toda ocasión".

20 de diciembre 4º Domingo de Adviento
(*Morado*)

ANTÍFONA DE ENTRADA Cfr. Is 45, 8

Cielos, destilen el rocío; nubes, lluevan la salvación; que la tierra se abra, y germine el Salvador.

No se dice Gloria.

ORACIÓN COLECTA

Te pedimos, Señor, que infundas tu gracia en nuestros corazones, para que, habiendo conocido, por el anuncio del ángel, la encarnación de tu Hijo, lleguemos, por medio de su pasión y de su cruz, a la gloria de la resurrección. Por nuestro Señor Jesucristo…

San Lucas nos ha dejado un admirable relato de la anunciación del ángel a María y de la encarnación del Hijo de Dios (EVANGELIO). Cuando el ángel le dice a María que Jesús recibirá de Dios el trono de David, su padre, anuncia el cumplimiento de la promesa hecha al mismo David por el profeta Natán (PRIMERA LECTURA). La venida del Hijo de Dios hecho hombre era la revelación del misterio de amor infinito de Dios para con los hombres, un misterio, como dice san Pablo (SEGUNDA LECTURA), mantenido en secreto durante siglos y manifestado ahora.

PRIMERA LECTURA

Del segundo libro de Samuel
7, 1-5. 8-12. 14. 16

Tan pronto como el rey David se instaló en su palacio y el Señor le concedió descansar de todos los enemigos que lo rodeaban, el rey dijo al profeta Natán: "¿Te has dado cuenta de que yo vivo en una mansión de cedro, mientras el arca de Dios sigue alojada en una tienda de campaña?". Natán le respondió: "Anda y haz todo lo que te dicte el corazón, porque el Señor está contigo".

Aquella misma noche habló el Señor a Natán y le dijo: "Ve y dile a mi siervo David que el Señor le manda decir esto: '¿Piensas que vas a ser tú el que me construya una casa, para que yo habite en ella? Yo te saqué de los apriscos y de andar tras las ovejas, para que fueras el jefe de mi pueblo, Israel. Yo estaré contigo en todo lo que emprendas, acabaré con tus enemigos y te haré tan famoso como los hombres más famosos de la tierra.

Le asignaré un lugar a mi pueblo, Israel; lo plantaré allí para que habite en su propia tierra. Vivirá tranquilo y sus enemigos ya no lo oprimirán más, como lo han venido haciendo desde los tiempos en que establecí jueces para gobernar a mi pueblo, Israel. Y a ti, David, te haré descansar de todos tus enemigos.

Además, yo, el Señor, te hago saber que te daré una dinastía; y cuando tus días se hayan cumplido y descanses para siempre con tus padres, engrandeceré a tu hijo, sangre de tu sangre, y consolidaré su reino. Yo seré para él un padre y él será para mí un hijo. Tu casa y tu reino permanecerán para siempre ante mí, y tu trono será estable eternamente'".

Palabra de Dios.   R. **Te alabamos, Señor.**

SALMO RESPONSORIAL
Del salmo 88

S. Llamas B.P. 1590

Pro - cla - ma - ré   sin ce - sar   la mi - se - ri - cor - dia   del Se - ñor.

R. **Proclamaré sin cesar la misericordia del Señor.**

Proclamaré sin cesar la misericordia del Señor
y daré a conocer que su fidelidad es eterna,
pues el Señor ha dicho: "Mi amor es para siempre
y mi lealtad, más firme que los cielos. R.

    Un juramento hice a David, mi servidor,
una alianza pacté con mi elegido:
'Consolidaré tu dinastía para siempre
y afianzaré tu trono eternamente'. R.

    Él me podrá decir: 'Tú eres mi padre,
el Dios que me protege y que me salva'.
Yo jamás le retiraré mi amor,
ni violaré el juramento que le hice". R.

SEGUNDA LECTURA

De la carta del apóstol san Pablo a los romanos
16, 25-27

Hermanos: A aquel que puede darles fuerzas para cumplir el Evangelio que yo he proclamado, predicando a Cristo, conforme a la revelación del misterio mantenido en secreto durante siglos, y que ahora, en cumplimiento del designio eterno de Dios, ha quedado manifestado por las Sagradas Escrituras, para atraer a todas las naciones a la obediencia de la fe, al Dios único, infinitamente sabio, démosle gloria, por Jesucristo, para siempre. Amén.

Palabra de Dios.   R. **Te alabamos**, **Señor.**

ACLAMACIÓN ANTES DEL EVANGELIO

Lc 1, 38

B.P. 1246 - Bernal

A - le - lu - ya, a - le - lu - ya.

R. **Aleluya, aleluya.**

Yo soy la esclava del Señor;

cúmplase en mí lo que me has dicho.

R. **Aleluya, aleluya.**

EVANGELIO

✠ Del santo Evangelio según san Lucas
1, 26-38

R. **Gloria a ti, Señor.**

En aquel tiempo, el ángel Gabriel fue enviado por Dios a una ciudad de Galilea, llamada Nazaret, a una virgen desposada con un varón de la estirpe de David, llamado José. La virgen se llamaba María.

Entró el ángel a donde ella estaba y le dijo: "Alégrate, llena de gracia, el Señor está contigo". Al oír estas palabras, ella se preocupó mucho y se preguntaba qué querría decir semejante saludo.

El ángel le dijo: "No temas, María, porque has hallado gracia ante Dios. Vas a concebir y a dar a luz un hijo y le pondrás por nombre Jesús. Él será grande y será llamado Hijo del Altísimo; el Señor Dios le dará el trono de David, su padre, y él reinará sobre la casa de Jacob por los siglos y su reinado no tendrá fin".

María le dijo entonces al ángel: "¿Cómo podrá ser esto, puesto que yo permanezco virgen?". El ángel le contestó: "El Espíritu Santo descenderá sobre ti y el poder del Altísimo te cubrirá con su sombra. Por eso, el Santo, que va a nacer de ti, será llamado Hijo de Dios. Ahí tienes a tu parienta Isabel, que a pesar de su vejez, ha concebido un hijo y ya va en el

455

sexto mes la que llamaban estéril, porque no hay nada imposible para Dios". María contestó: "Yo soy la esclava del Señor;
cúmplase en mí lo que me has dicho". Y el ángel se retiró de
su presencia.

Palabra del Señor.   R. **Gloria a ti, Señor Jesús.**

Se dice Credo.

ORACIÓN SOBRE LAS OFRENDAS

Que santifique, Señor, estos dones, colocados en tu altar, el
mismo Espíritu Santo que fecundó con su poder el seno de la
bienaventurada Virgen María. Por Jesucristo, nuestro Señor.

ANTÍFONA DE LA COMUNIÓN   Is 7, 14

**Miren: la Virgen concebirá y dará a luz un hijo, a quien le
pondrá el nombre de Emmanuel.**

ORACIÓN DESPUÉS DE LA COMUNIÓN

Habiendo recibido esta prenda de redención eterna, te rogamos, Dios todopoderoso, que, cuanto más se acerca el día
de la festividad que nos trae la salvación, con tanto mayor
fervor nos apresuremos a celebrar dignamente el misterio del
nacimiento de tu Hijo. Él, que vive y reina por los siglos de los
siglos.

EL AMOR DEL SEÑOR ES PARA SIEMPRE

Hoy llegamos al último
domingo de Adviento.

Nos viene bien pensar, con amor
y agradecimiento, que el paso
que dio el Hijo de Dios al
encarnarse de la Virgen María
es irreversible: él será verdadero
Dios y verdadero hombre por
toda la eternidad.

Jesús "será grande y será llamado Hijo del Altísimo".

Tiempo de Navidad

Preparados por el Adviento, y después de haber sido acompañados por nuestros guías: los profetas, Juan el Bautista y, la principal, la Virgen María, hemos llegado hasta la celebración del nacimiento del Señor, ya que la Palabra eterna de Dios –el Verbo– asume la misma naturaleza que nosotros, se hace carne; el Eterno entra en el tiempo, el Hijo de Dios nace en una pobre gruta en Belén, con gran asombro y regocijo en el cielo y en la tierra.

Al igual que la Pascua, la Navidad tiene octava, esto quiere decir que durante toda una semana se prolonga la festividad, como si se tratara de un mismo día, aunque Navidad admite algunas fiestas.

San Pablo VI, Papa, instituyó para el último día de la octava la solemnidad de Santa María, Madre de Dios; con esto restituyó una celebración muy antigua que nos une con nuestros hermanos de rito oriental. También estableció que en la misma fecha se realizara la Jornada Mundial de Oración por la Paz.

Este tiempo litúrgico se extiende desde la solemnidad de la Natividad hasta la fiesta del Bautismo del Señor, que en esta ocasión será el domingo después de la Epifanía, el 10 de enero de 2021.

25 de diciembre
Viernes

La Natividad del Señor
(Misa de la noche)
(*Blanco*)

ANTÍFONA DE ENTRADA   Sal 2, 7
El Señor me dijo: Tú eres mi Hijo, yo te he engendrado hoy.

Se dice Gloria.

ORACIÓN COLECTA
Señor Dios, que hiciste resplandecer esta noche santísima con la claridad de Cristo, luz verdadera, concede, a quienes hemos conocido los misterios de esa luz en la tierra, que podamos disfrutar también de su gloria en el cielo. Por nuestro Señor Jesucristo…

El nacimiento que hacía gritar de alegría a Isaías: "un niño nos ha nacido, un hijo se nos ha dado", tiene lugar esta noche (PRIMERA LECTURA). Aquello no era más que un lejano vaticinio del nacimiento que, al producirse, es gloria para Dios y paz para los hombres (EVANGELIO). Si la venida de Jesús es una prenda de paz para la tierra es porque en él, como dice san Pablo (SEGUNDA LECTURA), apareció la gracia de Dios, que trae la salvación para todos los hombres.

458

PRIMERA LECTURA

Del libro del profeta Isaías

9, 1-3. 5-6

El pueblo que caminaba en tinieblas
vio una gran luz;
sobre los que vivían en tierra de sombras,
una luz resplandeció.

Engrandeciste a tu pueblo
e hiciste grande su alegría.
Se gozan en tu presencia como gozan al cosechar,
como se alegran al repartirse el botín.
Porque tú quebrantaste su pesado yugo,
la barra que oprimía sus hombros y el cetro de su tirano,
como en el día de Madián.

Porque un niño nos ha nacido, un hijo se nos ha dado;
lleva sobre sus hombros el signo del imperio y su nombre será:
"Consejero admirable", "Dios poderoso",
"Padre sempiterno", "Príncipe de la paz";
para extender el principado con una paz sin límites
sobre el trono de David y sobre su reino;
para establecerlo y consolidarlo
con la justicia y el derecho, desde ahora y para siempre.
El celo del Señor lo realizará.

Palabra de Dios.   R. **Te alabamos, Señor.**

SALMO RESPONSORIAL

Del salmo 95

E. Estrella, B.P. 1592

Hoy nos ha nacido el Salvador,
el Salvador nos ha nacido hoy.

R. **Hoy nos ha nacido el Salvador.**

Cantemos al Señor un canto nuevo,
que le cante al Señor toda la tierra;
cantemos al Señor y bendigámoslo. R.

Proclamemos su amor día tras día,
su grandeza anunciemos a los pueblos;
de nación en nación, sus maravillas. R.

Alégrense los cielos y la tierra,
retumbe el mar y el mundo submarino.
Salten de gozo el campo y cuanto encierra,
manifiesten los bosques regocijo. R.

Regocíjese todo ante el Señor,
porque ya viene a gobernar el orbe.
Justicia y rectitud serán las normas
con las que rija a todas las naciones. R.

SEGUNDA LECTURA
De la carta del apóstol san Pablo a Tito
2, 11-14

Querido hermano: La gracia de Dios se ha manifestado para salvar a todos los hombres y nos ha enseñado a renunciar a la vida sin religión y a los deseos mundanos, para que vivamos, ya desde ahora, de una manera sobria, justa y fiel a Dios, en espera de la gloriosa venida del gran Dios y Salvador, Cristo Jesús, nuestra esperanza. Él se entregó por nosotros para redimirnos de todo pecado y purificarnos, a fin de convertirnos en pueblo suyo, fervorosamente entregado a practicar el bien.

Palabra de Dios.   R. **Te alabamos, Señor.**

ACLAMACIÓN ANTES DEL EVANGELIO
Cfr. Lc 2, 10-11

R. **Aleluya, aleluya.**

Les anuncio una gran alegría:
Hoy nos ha nacido el Salvador,
que es Cristo, el Señor.

R. **Aleluya, aleluya.**

EVANGELIO

✠ Del santo Evangelio según san Lucas
2, 1-14

R. **Gloria a ti, Señor.**

Por aquellos días, se promulgó un edicto de César Augusto, que ordenaba un censo de todo el imperio. Este primer censo se hizo cuando Quirino era gobernador de Siria. Todos iban a empadronarse, cada uno en su propia ciudad; así es que también José, perteneciente a la casa y familia de David, se dirigió desde la ciudad de Nazaret, en Galilea, a la ciudad de David, llamada Belén, para empadronarse, juntamente con María, su esposa, que estaba encinta.

Mientras estaban ahí, le llegó a María el tiempo de dar a luz y tuvo a su hijo primogénito; lo envolvió en pañales y lo recostó en un pesebre, porque no hubo lugar para ellos en la posada.

En aquella región había unos pastores que pasaban la noche en el campo, vigilando por turno sus rebaños. Un ángel del Señor se les apareció y la gloria de Dios los envolvió con su luz y se llenaron de temor. El ángel les dijo: "No teman. Les traigo una buena noticia, que causará gran alegría a todo el pueblo: hoy les ha nacido, en la ciudad de David, un Salvador, que es el Mesías, el Señor. Esto les servirá de señal: encontrarán al niño envuelto en pañales y recostado en un pesebre".

De pronto se le unió al ángel una multitud del ejército celestial, que alababa a Dios, diciendo: "¡Gloria a Dios en el cielo, y en la tierra paz a los hombres de buena voluntad!".

Palabra del Señor.   R. **Gloria a ti, Señor Jesús.**

Se dice **Credo**. Todos se arrodillan a las palabras y por obra...

ORACIÓN SOBRE LAS OFRENDAS

Te rogamos, Señor, que la ofrenda de esta festividad sea de tu agrado, para que, mediante este sagrado intercambio, lleguemos a ser semejantes a aquel por quien nuestra naturaleza quedó unida a la tuya. Él, que vive y reina por los siglos de los siglos.

ANTÍFONA DE LA COMUNIÓN   Jn 1, 14

El Verbo se hizo hombre y hemos visto su gloria.

ORACIÓN DESPUÉS DE LA COMUNIÓN

Señor, Dios nuestro, que nos has concedido el gozo de celebrar el nacimiento de nuestro Redentor, haz que después de una vida santa, merezcamos alcanzar la perfecta comunión con él. Que vive y reina por los siglos de los siglos.

¿CÓMO TENDRÍA QUE SER NUESTRA CENA DE NAVIDAD?

Para nosotros los cristianos la cena de Nochebuena tiene que ser, ante todo, una verdadera acción de gracias a Dios por el más grande regalo que nos ha hecho: entregarnos a su Hijo amado para darnos su salvación.

Esta noche es para celebrar el nacimiento de Jesús. No la echemos a perder.

25 de diciembre
Viernes

La Natividad del Señor
(Misa del día)
(Blanco)

ANTÍFONA DE ENTRADA   Cfr. Is 9, 5

Un niño nos ha nacido, un hijo se nos ha dado; lleva sobre sus hombros el imperio y su nombre será Ángel del gran consejo.

Se dice Gloria.

ORACIÓN COLECTA

Señor Dios, que de manera admirable creaste la naturaleza humana y, de modo aún más admirable, la restauraste, concédenos compartir la divinidad de aquel que se dignó compartir nuestra humanidad. Él, que vive y reina contigo…

La Misa de hoy nos lleva a ver en el pesebre de Jesús lo que está más allá de lo humano. Aquel niño recién nacido es "la Palabra de Dios hecha hombre" (EVANGELIO); es el Hijo, por medio del cual Dios hizo y conserva el mundo, y es el reflejo de la gloria de Dios (SEGUNDA LECTURA). Su venida a la tierra trae consigo la salvación de Dios, que habrá de llegar a todos los rincones del mundo (PRIMERA LECTURA).

PRIMERA LECTURA

Del libro del profeta Isaías
52, 7-10

¡Qué hermoso es ver correr sobre los montes
al mensajero que anuncia la paz,
al mensajero que trae la buena nueva,
que pregona la salvación,
que dice a Sión: "Tu Dios es rey"!

Escucha: Tus centinelas alzan la voz
y todos a una gritan alborozados,
porque ven con sus propios ojos al Señor,
que retorna a Sión.

Prorrumpan en gritos de alegría, ruinas de Jerusalén,
porque el Señor rescata a su pueblo, consuela a Jerusalén.
Descubre el Señor su santo brazo
a la vista de todas las naciones.
Verá la tierra entera
la salvación que viene de nuestro Dios.

Palabra de Dios.   R. **Te alabamos, Señor.**

SALMO RESPONSORIAL

Del salmo 97

P. Hermosillo B.P. 1594

To - da la tie - rra ha vis - to al Sal - va - dor.

R.   **Toda la tierra ha visto al Salvador.**

Cantemos al Señor un canto nuevo,
pues ha hecho maravillas.
Su diestra y su santo brazo
le han dado la victoria.   R.

El Señor ha dado a conocer su victoria
y ha revelado a las naciones su justicia.
Una vez más ha demostrado Dios
su amor y su lealtad hacia Israel. R.

La tierra entera ha contemplado
la victoria de nuestro Dios.
Que todos los pueblos y naciones
aclamen con júbilo al Señor. R.

Cantemos al Señor al son del arpa,
suenen los instrumentos.
Aclamemos al son de los clarines
al Señor, nuestro rey. R.

SEGUNDA LECTURA

De la carta a los hebreos
1, 1-6

En distintas ocasiones y de muchas maneras habló Dios en el pasado a nuestros padres, por boca de los profetas. Ahora, en estos tiempos, que son los últimos, nos ha hablado por medio de su Hijo, a quien constituyó heredero de todas las cosas y por medio del cual hizo el universo.

El Hijo es el resplandor de la gloria de Dios, la imagen fiel de su ser y el sostén de todas las cosas con su palabra poderosa. Él mismo, después de efectuar la purificación de los pecados, se sentó a la diestra de la majestad de Dios, en las alturas, tanto más encumbrado sobre los ángeles, cuanto más excelso es el nombre que, como herencia, le corresponde.

Porque ¿a cuál de los ángeles le dijo Dios: *Tú eres mi Hijo; yo te he engendrado hoy*? ¿O de qué ángel dijo Dios: *Yo seré para él un padre y él será para mí un hijo*? Además, en otro pasaje, cuando introduce en el mundo a su primogénito, dice: *Adórenlo todos los ángeles de Dios*.

Palabra de Dios.   R. **Te alabamos, Señor.**

B.P. 1244 - Sosa

A - le - lu - ya, a - le - lu - ya, a - le - lu - ya.

R. **Aleluya, aleluya.**
Un día sagrado ha brillado para nosotros.
Vengan, naciones, y adoren al Señor,
porque hoy ha descendido una gran luz sobre la tierra.
R. **Aleluya, aleluya.**

EVANGELIO

✠ Del santo Evangelio según san Juan
1, 1-18

R. **Gloria a ti, Señor.**

E n el principio ya existía aquel que es la Palabra,
y aquel que es la Palabra estaba con Dios y era Dios.
Ya en el principio él estaba con Dios.
Todas las cosas vinieron a la existencia por él
y sin él nada empezó de cuanto existe.
Él era la vida, y la vida era la luz de los hombres.
La luz brilla en las tinieblas
y las tinieblas no la recibieron.

Hubo un hombre enviado por Dios, que se llamaba Juan.
Éste vino como testigo, para dar testimonio de la luz,
para que todos creyeran por medio de él.
Él no era la luz, sino testigo de la luz.

Aquel que es la Palabra era la luz verdadera,
que ilumina a todo hombre que viene a este mundo.
En el mundo estaba;
el mundo había sido hecho por él
y, sin embargo, el mundo no lo conoció.

Vino a los suyos y los suyos no lo recibieron;
pero a todos los que lo recibieron
les concedió poder llegar a ser hijos de Dios,
a los que creen en su nombre,
los cuales no nacieron de la sangre,
ni del deseo de la carne, ni por voluntad del hombre,
sino que nacieron de Dios.

Y aquel que es la Palabra se hizo hombre
y habitó entre nosotros.
Hemos visto su gloria,
gloria que le corresponde como a Unigénito del Padre,
lleno de gracia y de verdad.

Juan el Bautista dio testimonio de él, clamando:
"A éste me refería cuando dije:
'El que viene después de mí, tiene precedencia sobre mí,
porque ya existía antes que yo'".

De su plenitud hemos recibido todos gracia sobre gracia.
Porque la ley fue dada por medio de Moisés,
mientras que la gracia y la verdad vinieron por Jesucristo.
A Dios nadie lo ha visto jamás.
El Hijo unigénito, que está en el seno del Padre,
es quien lo ha revelado.

Palabra del Señor.   R. **Gloria a ti, Señor Jesús.**

Se dice Credo. Todos se arrodillan a las palabras y por obra…

ORACIÓN SOBRE LAS OFRENDAS

Que sea aceptable ante ti, Señor, la oblación de la presente
solemnidad, por la que llegó a nosotros tu benevolencia para
nuestra perfecta reconciliación y nos fue concedido participar en plenitud del culto divino. Por Jesucristo, nuestro Señor.

ANTÍFONA DE LA COMUNIÓN   Cfr. Sal 97, 3
**Los confines de la tierra han contemplado la salvación
que nos viene de Dios.**

ORACIÓN DESPUÉS DE LA COMUNIÓN

Concédenos, Dios misericordioso, que el Salvador del mundo, que hoy nos ha nacido, puesto que es el autor de nuestro nacimiento a la vida, también nos haga partícipes de su inmortalidad. Él, que vive y reina por los siglos de los siglos.

OJALÁ QUE NOSOTROS TAMBIÉN LO RECIBAMOS

En el evangelio de Juan que la liturgia ha elegido para este día, nos encontramos con noticias buenas:

✳ Aquel que es la Palabra (Jesús) "estaba con Dios y era Dios".

✳ "Todas las cosas vinieron a la existencia por él y sin él nada empezó de cuanto existe".

✳ "Él era la vida, y la vida era la luz de los hombres".

Pero también una mala:

✳ "Vino a los suyos y los suyos no lo recibieron".

Sin embargo, ¡alegrémonos! porque:

✳ "... a todos los que lo recibieron les concedió poder llegar a ser hijos de Dios".

"... aquel que es la Palabra se hizo hombre y habitó entre nosotros".

27 de diciembre
Domingo

La Sagrada Familia de Jesús, María y José
(*Blanco*)

ANTÍFONA DE ENTRADA   Lc 2, 16
Llegaron los pastores a toda prisa y encontraron a María y a José, y al niño recostado en un pesebre.

Se dice Gloria.

ORACIÓN COLECTA

Señor Dios, que te dignaste dejarnos el más perfecto ejemplo en la Sagrada Familia de tu Hijo, concédenos benignamente que, imitando sus virtudes domésticas y los lazos de caridad que la unió, podamos gozar de la eterna recompensa en la alegría de tu casa. Por nuestro Señor Jesucristo…

Esta Sagrada Familia, modelo de todas las familias, entrega a su Hijo Jesús en el templo (EVANGELIO), como Abraham había entregado a Isaac en un acto supremo de fe (SEGUNDA LECTURA), aun sabiendo que era el hijo en quien se habrían de cumplir las promesas de Dios (PRIMERA LECTURA).

En lugar del formulario de lecturas para la fiesta de la Sagrada Familia que presentamos a continuación, el sacerdote puede elegir: Sirácide 3, 3-7. 14-17; Salmo 127; Colosenses 3, 12-21, tal como aparecen en el Leccionario.

Del libro del Génesis
15, 1-6; 21, 1-3

La Sagrada Familia

En aquel tiempo, el Señor se le apareció a Abram y le dijo: "No temas, Abram. Yo soy tu protector y tu recompensa será muy grande". Abram le respondió: "Señor, Señor mío, ¿qué me vas a poder dar, puesto que voy a morir sin hijos? Ya que no me has dado descendientes, un criado de mi casa será mi heredero".

Pero el Señor le dijo: "Ése no será tu heredero, sino uno que saldrá de tus entrañas". Y haciéndolo salir de la casa, le dijo: "Mira el cielo y cuenta las estrellas, si puedes". Luego añadió: "Así será tu descendencia". Abram creyó lo que el Señor le decía y, por esa fe, el Señor lo tuvo por justo.

Poco tiempo después, el Señor tuvo compasión de Sara, como lo había dicho, y le cumplió lo que le había prometido. Ella concibió y le dio a Abraham un hijo en su vejez, en el tiempo que Dios había predicho. Abraham le puso por nombre Isaac al hijo que le había nacido de Sara.

Palabra de Dios. R. **Te alabamos, Señor.**

SALMO RESPONSORIAL
Del salmo 104

J. Martínez Ramírez B.P. 1761

El Señor nunca olvida sus promesas.

R. **El Señor nunca olvida sus promesas.**

Aclamen al Señor y denle gracias,
relaten sus prodigios a los pueblos.
Entonen en su honor himnos y cantos,
celebren sus portentos. R.

Del nombre del Señor enorgullézcanse
y siéntase feliz el que lo busca.
Recurran al Señor y a su poder
y a su presencia acudan. R.

Recuerden los prodigios que él ha hecho,
sus portentos y oráculos,
descendientes de Abraham, su servidor,
estirpe de Jacob, su predilecto. R.

Ni aunque transcurran mil generaciones,
se olvidará el Señor de sus promesas,
de la alianza pactada con Abraham,
del juramento a Isaac, que un día le hiciera. R.

SEGUNDA LECTURA

De la carta a los hebreos
11, 8. 11-12. 17-19

Hermanos: Por su fe, Abraham, obediente al llamado de Dios, y sin saber a dónde iba, partió hacia la tierra que habría de recibir como herencia.

Por su fe, Sara, aun siendo estéril y a pesar de su avanzada edad, pudo concebir un hijo, porque creyó que Dios habría de ser fiel a la promesa; y así, de un solo hombre, ya anciano, nació una descendencia, numerosa como las estrellas del cielo e incontable como las arenas del mar.

Por su fe, Abraham, cuando Dios le puso una prueba, se dispuso a sacrificar a Isaac, su hijo único, garantía de la promesa, porque Dios le había dicho: *De Isaac nacerá la descendencia que ha de llevar tu nombre.* Abraham pensaba, en efecto, que Dios tiene poder hasta para resucitar a los muertos; por eso le fue devuelto Isaac, que se convirtió así en un símbolo profético.

Palabra de Dios.   R. **Te alabamos, Señor.**

ACLAMACIÓN ANTES DEL EVANGELIO
Heb 1, 1-2

A - le - lu - ya, a - le - lu - ya, a - le - lu - ya.

R. **Aleluya, aleluya.**

En distintas ocasiones y de muchas maneras
habló Dios en el pasado a nuestros padres,
por boca de los profetas.
Ahora, en estos tiempos, que son los últimos,
nos ha hablado por medio de su Hijo.

R. **Aleluya, aleluya.**

EVANGELIO

✠ Del santo Evangelio según san Lucas
2, 22-40

R. **Gloria a ti, Señor.**

Transcurrido el tiempo de la purificación de María, según la ley de Moisés, ella y José llevaron al niño a Jerusalén para presentarlo al Señor, de acuerdo con lo escrito en la ley: *Todo primogénito varón será consagrado al Señor*, y también para ofrecer, como dice la ley, *un par de tórtolas o dos pichones*.

Vivía en Jerusalén un hombre llamado Simeón, varón justo y temeroso de Dios, que aguardaba el consuelo de Israel; en él moraba el Espíritu Santo, el cual le había revelado que no moriría sin haber visto antes al Mesías del Señor. Movido por el Espíritu, fue al templo, y cuando José y María entraban con el niño Jesús para cumplir con lo prescrito por la ley, Simeón lo tomó en brazos y bendijo a Dios, diciendo:

"Señor, ya puedes dejar morir en paz a tu siervo,
según lo que me habías prometido,
porque mis ojos han visto a tu Salvador,

al que has preparado para bien de todos los pueblos,
luz que alumbra a las naciones
y gloria de tu pueblo, Israel".

El padre y la madre del niño estaban admirados de semejantes palabras. Simeón los bendijo, y a María, la madre de Jesús, le anunció: "Este niño ha sido puesto para ruina y resurgimiento de muchos en Israel, como signo que provocará contradicción, para que queden al descubierto los pensamientos de todos los corazones. Y a ti, una espada te atravesará el alma".

Había también una profetisa, Ana, hija de Fanuel, de la tribu de Aser. Era una mujer muy anciana. De joven, había vivido siete años casada y tenía ya ochenta y cuatro años de edad. No se apartaba del templo ni de día ni de noche, sirviendo a Dios con ayunos y oraciones. Ana se acercó en aquel momento, dando gracias a Dios y hablando del niño a todos los que aguardaban la liberación de Jerusalén.

Una vez que José y María cumplieron todo lo que prescribía la ley del Señor, se volvieron a Galilea, a su ciudad de Nazaret. El niño iba creciendo y fortaleciéndose, se llenaba de sabiduría y la gracia de Dios estaba con él.

Palabra del Señor.   R. **Gloria a ti, Señor Jesús.**

Se dice Credo.

ORACIÓN SOBRE LAS OFRENDAS
Te ofrecemos, Señor, este sacrificio de reconciliación, y te pedimos humildemente que, por la intercesión de la Virgen Madre de Dios y de san José, fortalezcas nuestras familias en tu gracia y en tu paz. Por Jesucristo, nuestro Señor.

ANTÍFONA DE LA COMUNIÓN   Bar 3, 38
Nuestro Dios apareció en el mundo y convivió con los hombres.

ORACIÓN DESPUÉS DE LA COMUNIÓN

Padre misericordioso, haz que, reanimados con este sacramento celestial, imitemos constantemente los ejemplos de la Sagrada Familia, para que, superadas las aflicciones de esta vida, consigamos gozar eternamente de su compañía. Por Jesucristo, nuestro Señor.

JESÚS, MARÍA Y JOSÉ VIVEN AHORA EN EL CIELO

La Sagrada Familia de Nazaret, conformada por Jesús, María y José, transcurrió su vida de una manera muy sencilla a los ojos de los hombres: José trabajaba como carpintero, ganando el pan "con el sudor de su frente"; María, la "llena de gracia", se ocupaba en las labores del hogar (que en aquel entonces no contaba con los electrodomésticos, que facilitan tanto el trabajo), y de Jesús sabemos que "iba creciendo y fortaleciéndose, se llenaba de sabiduría y la gracia de Dios estaba con él"; seguramente que trabajó un tiempo al lado de san José, también como carpintero.

A ellos les encomendamos nuestras familias, para que las protejan y las guíen hasta el cielo.

Cantos

"Exhorta el Apóstol a los fieles que se reúnen esperando la venida de su Señor que canten todos juntos con salmos, himnos y cánticos espirituales (cfr. Col 3, 16). El canto es una señal del gozo del corazón (cfr. Hech 2, 46). De ahí que san Agustín diga con razón: 'Cantar es propio de quien ama'; y viene de tiempos muy antiguos el famoso proverbio: 'Quien bien canta, ora dos veces' " (*Instrucción General del Misal Romano*, n. 39).

Ofrecemos la letra de algunos cantos para la participación de los fieles en las celebraciones; pueden ser de utilidad cuando por alguna circunstancia no se cuente con la presencia de un coro o cantor, como una guía para cantar, especialmente cuando no se cuente con el acompañamiento de instrumentos musicales.

Entrada

PREPAREMOS LOS CAMINOS
(Carmelo Erdozáin)

Preparemos los caminos,
despertemos, llega el Señor;
allanemos los senderos,
ya se acerca la liberación.

1. Los profetas anunciaron la llegada del Señor,
por las calles, por las plazas la esperanza floreció;
viene el Mesías, viene el Señor.

Preparemos los caminos,
despertemos, llega el Señor;
allanemos los senderos,
ya se acerca la Liberación.

2. El Bautista, en el desierto, nos levanta con su voz;
entre todos preparemos la justicia, el amor;
viene el Mesías, Libertador.

Levantemos entre todos
la justicia, la libertad;
enlacemos nuestras manos,
ya se acerca la liberación.

3. Una Virgen nazarena aguardaba al Redentor,
confiando en las promesas fue la Aurora del Amor;
viene el Mesías, es mi Señor.

Hosanna al Rey del cielo,
hosanna al Reino de Dios;
hosanna al Mensajero,
hosanna al Hijo de Dios.

TE PRESENTAMOS
(Antonio Espinosa)

Te presentamos el vino y el pan.
Bendito seas por siempre, Señor.

1. Bendito seas, Señor,
por este pan que nos diste,
fruto de la tierra y del trabajo de los hombres.

2. Bendito seas, Señor,
el vino tú nos lo diste,
fruto de la vid y del trabajo de los hombres.

Comunión

ABRE TU TIENDA AL SEÑOR
(Carmelo Erdozáin)

Abre tu tienda al Señor,
recíbele dentro, escucha su voz;
abre tu tienda al Señor,
prepara tu fuego, que llega el amor.

1. El Adviento es esperanza, la esperanza salvación,
ya se acerca el Señor;
preparemos los caminos, los caminos del amor,
escuchemos su voz.

2. Que se rompan las cadenas, que se cante libertad,
el Señor nos va a salvar;
sanará nuestras heridas, nuestro miedo y soledad,
él será nuestra paz.

3. Por la ruta de los pobres va María, va José,
van camino de Belén;
en sus ojos mil estrellas, en su seno Emmanuel,
él será nuestro Rey.

Entrada

VENID, FIELES TODOS
(Canto tradicional gregoriano)

1. Venid, fieles todos, entonando himnos;
venid, una estrella brilló en Belén.
Hoy ha nacido el Rey de los cielos.

**Venid y adoremos, venid y adoremos,
venid y adoremos a nuestro Señor.**

2. Venid fieles todos, a Belén marchemos
gozosos, triunfantes y llenos de amor.
Cristo ha nacido, Cristo Rey divino.

3. Un ángel del cielo llama a los pastores,
pues siempre el humilde cerca está de Dios.
Vamos cantando llenos de alegría.

Ofrendas

ENTRE TUS MANOS
(Anónimo)

Entre tus manos, está mi vida, Señor.
Entre tus manos pongo mi existir.
Hay que morir para vivir.
Entre tus manos pongo yo mi ser.

Si el grano de trigo no muere,
si no muere, solo quedará,
pero si muere, en abundancia dará
un fruto eterno que no morirá.

Cantos

JESÚS ESTÁ AQUÍ
(Jesús M. Sánchez)

**Tan cerca de mí, tan cerca de mí,
que hasta lo puedo tocar. Jesús está aquí.**

1. Míralo a tu lado caminando
y paseándose en la multitud.
Muchos ciegos van, porque no le ven,
ciegos de ceguera espiritual.

2. Háblale sin miedo al oído,
cuéntale las cosas que hay en ti,
y que sólo a él le interesarán;
que él sea más que un mito para ti.

3. No busques a Cristo en lo alto,
ni lo busques en la oscuridad.
Muy cerca de ti, en tu corazón,
puedes encontrar a tu Señor.

Tiempo de Cuaresma

Entrada

HACIA TI, MORADA SANTA
(Kiko Argüello)

**Hacia ti, morada santa,
hacia ti, tierra del Salvador,
peregrinos, caminantes, vamos hacia ti.**

1. Venimos a tu mesa,
sellaremos tu pacto,
comeremos tu carne,
tu sangre nos limpiará.
Reinaremos contigo,
en tu morada santa,
beberemos tu sangre,
tu fe nos salvará.

2. Somos tu pueblo santo
que hoy camina unido;
tú vas entre nosotros,
tu amor nos guiará.
Tú eres el camino,
tú eres la esperanza,
hermano entre los pobres.
Amén. Aleluya.

Ofrendas

PRESENTAMOS PAN Y VINO
(Anónimo)

**Presentamos pan y vino,
ofrenda de gratitud.
Caminamos dando gracias,
hasta llegar a tu altar.**

1. Con amor y esperanza,
y alegría de vivir,
todos juntos como hermanos
caminamos hacia ti.

2. Te ofrecemos estos dones
con amor y humildad,
será el Cuerpo de tu Hijo,
que nos vuelva tu amistad.

Comunión

SEÑOR, ¿A QUIÉN IREMOS?
(Juan 6, 27-69; M.: A. Mejía)

**Señor, ¿a quién iremos?
Tú tienes palabras de vida;
nosotros hemos creído
que tú eres el Hijo de Dios.**

1. "Soy el pan que os da la vida eterna;
el que viene a mí no tendrá hambre,
el que viene a mí no tendrá sed".
Así ha hablado Jesús.

2. No busquéis alimento que perece,
si no aquel que perdura eternamente;
el que ofrece el Hijo del hombre,
que el Padre os ha enviado.

3. No es Moisés quien os dio pan del cielo;
es mi Padre quien da pan verdadero,
porque el pan de Dios baja del cielo
y da la vida al mundo.

4. Pues si yo he bajado del cielo,
no es para hacer mi voluntad
sino la voluntad de mi Padre,
que es dar al mundo la vida.

5. Soy el pan vivo que del cielo baja,
el que come este pan por siempre vive;
pues el pan que daré es mi carne,
que da la vida al mundo.

Tiempo Pascual

Entrada

EN LA MAÑANA DE RESURRECCIÓN
(Carmelo Erdozáin)

1. En la mañana de Resurrección,
caminan al sepulcro donde está el Redentor.
Se preguntan al marchar: "¿Quién moverá,
quién abrirá la tumba donde está el Señor?".

¡El Señor, nuestro Dios, resucitó!
¡Aleluya, aleluya, aleluya!

2. En la mañana de Resurrección,
vivimos la esperanza de un futuro mejor.
Ser testigos del Señor exige cambiar,
exige luchar por un mundo de justicia y paz.

Ofrendas

HIMNO PASCUAL
(Filipenses 2, 5-11; M.: Alejandro Mejía)

1. Cristo Jesús, el cual existía
en la forma de Dios,
no exigió tener la gloria
debida a su divinidad.
Se anonadó tomando la forma
del Siervo de Dios
y se asemejó a todos los hombres
en su condición.

Haciéndose hombre, se humilló,
se hizo obediente hasta morir en la cruz,
¡hasta morir en la cruz!

2. Por eso Dios, de modo admirable,
a Cristo exaltó
y le otorgó un nombre tan alto
que a todo excedió.
Para que así el cosmos entero
se centre en Jesús:
Él es el Señor que todo
conduce al Padre.
Amén.

Cantos

ID Y ENSEÑAD

(Cesáreo Gabaráin)

1. Sois la semilla que ha de crecer,
sois estrella que ha de brillar.
Sois levadura, sois grano de sal,
antorcha que debe alumbrar.
Sois la mañana que vuelve a nacer,
sois espiga que empieza a granar.
Sois aguijón y caricia a la vez,
testigos que voy a enviar.

**Id, amigos, por el mundo,
anunciando el amor,
mensajeros de la vida,
de la paz y el perdón.
Sed, amigos, los testigos
de mi resurrección.
Id llevando mi presencia;
con vosotros estoy.**

2. Sois una llama que ha de encender
resplandores de fe y caridad.
Sois los pastores que han de guiar
al mundo por sendas de paz.
Sois los amigos que quise escoger,
sois palabra que intento gritar.
Sois reino nuevo que empieza a engendrar
justicia, amor y verdad.

3. Sois fuego y savia que vine a traer,
sois la ola que agita la mar.
La levadura pequeña de ayer
fermenta la masa del pan.
Una ciudad no se puede esconder,
ni los montes se han de ocultar,
en vuestras obras que buscan el bien
los hombres al Padre verán.

EL ESPÍRITU DEL SEÑOR
(Canto popular)

El Espíritu del Señor llenó la faz
de la tierra; ¡Aleluya, aleluya, aleluya!

1. Enviaste, Señor, a tu Espíritu
y todo ha sido creado,
y se ha renovado la faz de la tierra,
y se ha renovado la faz de la tierra.

2. Él viene a dar testimonio
de lo que dijo Jesús
y a confirmar toda su doctrina,
y a confirmar toda su doctrina.

Tiempo Ordinario

Entrada

¡VAMOS CANTANDO AL SEÑOR
(Antonio Espinosa)

Vamos cantando al Señor,
él es nuestra alegría.

1. La luz de un nuevo día venció a la oscuridad,
que brille en nuestras almas la luz de la verdad.

2. La roca que nos salva es Cristo, nuestro Dios,
lleguemos dando gracias a nuestro Redentor.

3. Los cielos y la tierra aclaman al Señor:
"Ha hecho maravillas, inmenso es su amor".

4. Unidos como hermanos venimos a tu altar,
que llenes nuestras vidas de amor y de amistad.

TE OFRECEMOS, SEÑOR
(Antonio Espinosa)

**Te ofrecemos, Señor, nuestra juventud,
te ofrecemos, Señor, nuestra juventud.**

1. Este día que amanece
entre cantos y alegrías,
este día que sentimos
tu presencia en nuestras vidas.

2. Ilusiones y esperanzas,
la alegría de vivir,
todos juntos como hermanos
caminamos hacia ti.

3. El esfuerzo de los hombres,
el dominio de la tierra,
la llegada de tu Reino,
inquietud que se hace eterna.

4. Ofrecemos todos juntos
nuestras vidas al Señor,
los trabajos y dolores, la alegría y el amor.

5. Vino y pan hoy te ofrecemos;
pronto se convertirán
en tu Cuerpo y en tu Sangre,
fuente de alegría y paz.

VINO Y PAN
(M. Aguayo / C. Camacho – Misa Hosanna)

Vino y pan en oblación
esperan el milagro del Señor.
Ve nuestra ofrenda sobre tu santo altar,
era en los campos dulce vid y trigal.

Pero tú, por tu bondad,
transformas nuestra ofrenda en ti, Señor.
Toma mi vida y también cambiará.
Llena mi alma de tu gracia y tu paz. Amén.

Comunión

PESCADOR DE HOMBRES
(Cesáreo Gabaráin)

1. Tú has venido a la orilla,
no has buscado ni a sabios ni a ricos,
tan sólo quieres que yo te siga.

**Señor, me has mirado a los ojos,
sonriendo has dicho mi nombre.
En la arena he dejado mi barca,
junto a ti buscaré otro mar.**

2. Tú sabes bien lo que tengo,
en mi barca no hay oro ni espadas,
tan sólo redes y mi trabajo.

3. Tú necesitas mis manos,
mi cansancio, que a otros descanse;
amor que quiera seguir amando.

4. Tú, pescador de otros lagos,
ansia eterna de almas que esperan,
amigo bueno, que así me llamas.

YO SOY EL PAN DE VIDA
(Jn 6, 35-38; 11, 25-27; M.: Suzanne Toolan)

1. Yo soy el Pan de vida,
el que viene a mí no tendrá hambre,
el que cree en mí no tendrá sed.
Nadie viene a mí, si mi Padre no le atrae.

**Yo le resucitaré, yo le resucitaré,
yo le resucitaré, en el día final.
Yo le resucitaré, yo le resucitaré,
yo le resucitaré, en el día final.**

2. El pan que yo daré
es mi Cuerpo, vida para el mundo.
El que siempre coma de mi carne,
vivirá en mí, como yo vivo en mi Padre.

3. Yo soy esa bebida
que se prueba y no se siente sed.
El que siempre beba de mi Sangre,
vivirá en mí y tendrá la vida eterna.

4. Sí, mi Señor, yo creo
que has venido al mundo a redimirnos.
Que tú eres el Hijo de Dios
y que estás aquí alentando nuestras vidas.

Cantos eucarísticos

ALTÍSIMO SEÑOR
(Anónimo)

1. Altísimo Señor, que supiste juntar
a un tiempo en el altar ser Cordero y Pastor,
quisiera con fervor amar y recibir
a quien por mí quiso morir.

2. Cordero divinal, por nuestro sumo bien
inmolado en Salem, en tu puro raudal,
de gracia celestial, lava mi corazón,
que fiel te rinde adoración.

3. Suavísimo maná, que sabe a dulce miel,
ven y del mundo vil nada me gustará.
Ven y se trocará del destierro cruel
con tu dulzura la amarga hiel.

4. Oh convite real, do sirve el Redentor,
al siervo del Señor comida sin igual:
Pan de vida inmortal, ven a entrañarte en mí,
y quede yo trocado en ti.

BENDITO, BENDITO
(Anónimo)

Bendito, bendito, bendito sea Dios;
los ángeles cantan y alaban a Dios. (2)

1. Yo creo, Jesús mío, que estás en el altar,
oculto en la Hostia te vengo a adorar. (2)

2. Espero, Jesús mío, en tu suma bondad,
poder recibirte con fe y caridad. (2)

3. Por el amor al hombre moriste en una cruz,
y al cáliz bajaste por nuestra salud. (2)

4. Jesús, Rey del cielo, está en el altar,
su Cuerpo, su Sangre, nos da sin cesar. (2)

5. Entre sus ovejas está el Buen Pastor,
en vela continua lo tiene el amor. (2)

CANTEMOS AL AMOR DE LOS AMORES
(I. B. de Sagastizábal)

1. Cantemos al Amor de los amores,
cantemos al Señor; Dios está aquí.
¡Venid, adoradores!, adoremos a Cristo Redentor.

Gloria a Cristo Jesús;
cielos y tierra, bendecid al Señor;
honor y gloria a ti, Rey de la gloria,
amor por siempre a ti, Dios del amor.

2. Por nuestro amor oculta en el sagrario
su gloria y esplendor;
para nuestro bien se queda en el santuario
esperando al justo y pecador.

3. ¡Oh, gran prodigio del amor divino!
¡Milagro sin igual!
¡Prenda de amistad, banquete peregrino,
do se come al Cordero celestial!

4. ¡Jesús potente, Rey de las victorias!
¡A ti loor sin fin!
¡Canten tu poder, Autor de nuestras glorias,
cielo y tierra hasta el último confín!

5. Tu nombre hoy ensalzamos y alabamos
con toda nuestra voz:
¡Rey de Majestad, por siempre te aclamamos,
y Señor de las almas, Cristo Dios!

Cantos marianos

NIÑA
(Anónimo)

Niña que nació limpia de pecado.
Niña que no murió sino fue llevada hacia Dios.

En ti, niña hermosa, el Verbo se encarnó.
Dejas de ser niña y eres Madre de Dios.

Madre de Jesús, que vino a salvarnos,
gracias doy a ti, por habernos dado a nuestra Luz.

Hoy te canto, María, porque eres mi madre
y me cuidas y me amas; conmigo siempre estás.

Enséñame, Señora, a orar y a ser humilde,
a ser más servicial y a darme a los demás. (2)

SALVE, REINA DE LOS CIELOS
(Himno de Completas; M.: Jesús María Sánchez)

Salve, Reina de los cielos
y Señora de los ángeles;
* salve raíz, salve puerta
que dio paso a nuestra Luz. (2)

Alégrate, Virgen gloriosa,
entre todas la más bella.
Salve, agraciada doncella,
ruega a Cristo por nosotros.

SANTA MARÍA DEL CAMINO
(Antonio Espinosa)

1. Mientras recorres la vida,
tú nunca solo estás;
contigo por el camino Santa María va.

**Ven con nosotros al caminar;
Santa María, ven.
Ven con nosotros al caminar;
Santa María, ven.**

2. Aunque te digan algunos
que nada puede cambiar,
lucha por un mundo nuevo,
lucha por la verdad.

3. Si por el mundo los hombres
sin conocerse van,
no niegues nunca tu mano
al que contigo está.

4. Aunque parezcan tus pasos
inútil caminar,
tú vas haciendo caminos:
otros los seguirán.

Oraciones cotidianas

"La Iglesia, 'pueblo reunido en la unidad del Padre, del Hijo y del Espíritu Santo' es una comunidad de culto. Por voluntad de su Señor y Fundador, realiza numerosas acciones rituales que tienen como objetivo la gloria de Dios y la santificación del hombre, y que son todas, de distinto modo y en diverso grado, celebraciones del Misterio Pascual de Cristo, orientadas a realizar la voluntad de Dios de reunir a los hijos dispersos en la unidad de un solo pueblo.

En las diversas acciones rituales, la Iglesia anuncia el Evangelio de la salvación y proclama la Muerte y Resurrección de Cristo, realizando a través de los signos su obra de salvación. En la Eucaristía celebra el memorial de la santa Pasión, de la gloriosa Resurrección y de la admirable Ascensión, y en los otros

491

sacramentos obtiene otros dones del Espíritu que brotan de la Cruz del Salvador. La Iglesia glorifica al Padre con salmos e himnos por las maravillas que ha realizado en la Muerte y en la Exaltación de Cristo, su Hijo, y le suplica que el misterio salvífico de la Pascua llegue a todos los hombres; en los sacramentales, instituidos para socorrer a los fieles en diversas situaciones y necesidades, suplica al Señor para que toda su actividad esté sostenida e iluminada por el Espíritu de la Pascua.

Sin embargo, en la celebración de la liturgia no se agota la misión de la Iglesia por lo que se refiere al culto divino. Los discípulos de Cristo, según el ejemplo y la enseñanza del Maestro, rezan también en lo escondido de su morada (cfr. Mt 6, 6); se reúnen a rezar según formas establecidas por hombres y mujeres de gran experiencia religiosa, que han percibido los anhelos de los fieles y han orientado su piedad hacia aspectos particulares del misterio de Cristo; rezan de unas formas determinadas, que han surgido de una manera prácticamente anónima desde el fondo de la conciencia colectiva cristiana, en las cuales las exigencias de la cultura popular se armonizan con los datos esenciales del mensaje evangélico.

Las formas auténticas de la piedad popular son también fruto del Espíritu Santo y se deben considerar como expresiones de la piedad de la Iglesia: porque son realizadas por los fieles que viven en comunión con la Iglesia, adheridos a su fe y respetando la disciplina eclesiástica del culto; porque no pocas de dichas expresiones han sido explícitamente aprobadas y recomendadas por la misma Iglesia".

Directorio sobre la piedad popular
y la liturgia, nn. 81-83

Oraciones cotidianas

Oraciones comunes

Señal de la Cruz

Persignarse: **Por la señal** ✠ **de la Santa Cruz, de nuestros** ✠ **enemigos líbranos** ✠**, Señor, Dios nuestro.**

Signarse: **En el nombre del Padre** ✠**, y del Hijo, y del Espíritu Santo. Amén.**

Padrenuestro

Padre nuestro, que estás en el cielo,
santificado sea tu nombre;
venga a nosotros tu reino;
hágase tu voluntad en la tierra como en el cielo.
Danos hoy nuestro pan de cada día;
perdona nuestras ofensas,
como también nosotros perdonamos
a los que nos ofenden;
no nos dejes caer en la tentación,
y líbranos del mal. Amén.

Avemaría

Dios te salve, María, llena eres de gracia,
el Señor es contigo.
Bendita eres entre todas las mujeres,
y bendito es el fruto de tu vientre, Jesús.
Santa María, Madre de Dios,
ruega por nosotros, pecadores,
ahora y en la hora de nuestra muerte. Amén.

Gloria al Padre

Gloria al Padre, y al Hijo, y al Espíritu Santo.
Como era en el principio, ahora y siempre,
por los siglos de los siglos. Amén.

ÁNGELUS

V. El ángel del Señor anunció a María.
R. Y concibió por obra del Espíritu Santo.
Dios te salve, María...

V. He aquí la esclava del Señor.
R. Hágase en mí según tu palabra.
Dios te salve, María...

V. Y el Verbo se hizo carne.
R. Y habitó entre nosotros.
Dios te salve, María...

V. Ruega por nosotros, santa Madre de Dios.
R. Para que seamos dignos de alcanzar las divinas gracias y promesas de nuestro Señor Jesucristo.

Infunde, Señor, tu gracia en nuestras almas, para que los que por el anuncio del ángel hemos conocido la Encarnación de tu Hijo Jesucristo, por los méritos de su Pasión y su Cruz lleguemos a la gloria de la Resurrección. Por el mismo Jesucristo, nuestro Señor.
R. Amén.

Gloria al Padre... *(Tres veces)*

REGINA CAELI
(Se dice durante el Tiempo Pascual)

V. Reina del cielo, alégrate, aleluya.
R. Porque el que mereciste llevar en tu seno, aleluya.
V. Resucitó, según su palabra, aleluya.
R. Ruega a Dios por nosotros, aleluya.

V. Gózate y alégrate, Virgen María, aleluya.
R. Porque verdaderamente resucitó el Señor, aleluya.

Oh Dios, que por la resurrección de tu Hijo, nuestro Señor Jesucristo, te dignaste alegrar el mundo, concédenos que, por intercesión de su Madre, la Virgen María, alcancemos el gozo de la vida eterna. Por el mismo Jesucristo, nuestro Señor. R. Amén.

Oraciones cotidianas

Acto de contrición

Señor mío Jesucristo, Dios y hombre verdadero,
me pesa de todo corazón de haber pecado,
porque he merecido el infierno y perdido el cielo,
y sobre todo, porque te ofendí a ti,
que eres tan bueno y que tanto me amas,
y a quien yo quiero amar sobre todas las cosas.
Propongo firmemente, con tu gracia,
enmendarme y alejarme de las ocasiones de pecar,
confesarme y cumplir la penitencia.
Confío me perdonarás por tu infinita misericordia.
Amén.

Acto de fe

Señor Dios, creo firmemente
y confieso todas y cada una de las verdades
que la santa Iglesia católica propone,
porque tú las revelaste,
oh Dios, que eres la eterna Verdad y Sabiduría,
que ni se engaña ni nos puede engañar.
Quiero vivir y morir en esta fe. Amén.

Acto de esperanza

Señor Dios mío, espero por tu gracia
la remisión de todos mis pecados;
y después de esta vida,
alcanzar la eterna felicidad,
porque tú lo prometiste,
que eres infinitamente poderoso,
fiel, benigno y lleno de misericordia.
Quiero vivir y morir en esta esperanza. Amén.

ACTO DE CARIDAD

Dios mío,
te amo sobre todas las cosas
y al prójimo por ti, porque tú eres el infinito,
sumo y perfecto Bien, digno de todo amor.
Quiero vivir y morir en este amor. Amén

TE AMO, OH MI DIOS

San Juan María Vianney,
el Santo Cura de Ars

Te amo, oh mi Dios, y mi único deseo
es amarte hasta el último suspiro de mi vida.

Te amo, oh Dios infinitamente amable,
y prefiero morir amándote
que vivir un solo instante sin amarte.

Te amo, oh mi Dios, y no deseo el cielo
sino por tener el gozo de amarte perfectamente.

Te amo, oh mi Dios, y temo el infierno
porque allí no se dará jamás
el dulce consuelo de amarte.

Oh mi Dios, si mi lengua no puede decir
en cada momento que te amo,
quiero al menos que mi corazón
te lo repita a cada suspiro.

Dame la gracia de sufrir amándote,
de amarte sufriendo y de expirar un día
amándote y sintiendo que te amo.
Y cuanto más me acerco a mi fin,
más te suplico acrecentar mi amor
y perfeccionarlo. Amén.

A la Santísima Trinidad

TE DEUM

A ti, oh Dios, te alabamos:
a ti, Señor, te reconocemos.

A ti, eterno Padre,
te venera toda la creación.

Los ángeles todos,
los cielos y todas las potestades te honran;
los querubines y serafines
te cantan sin cesar:
Santo, Santo, Santo
es el Señor, Dios del universo.

Los cielos y la tierra están llenos
de la majestad de tu gloria.

A ti te ensalza
el glorioso coro de los apóstoles,
la multitud admirable de los profetas,
el blanco ejército de los mártires.

A ti la Iglesia santa,
extendida por toda la tierra, te proclama:
Padre de inmensa majestad,
Hijo único y verdadero, digno de adoración,
Espíritu Santo, Defensor.
Tú eres el Rey de la gloria, Cristo.
Tú eres el Hijo único del Padre.

Tú, para liberar al hombre,
aceptaste la condición humana
sin desdeñar el seno de la Virgen.

Tú, rotas las cadenas de la muerte,
abriste a los creyentes el reino del cielo.

Tú te sientas a la derecha de Dios
en la gloria del Padre.

Creemos que un día
has de venir como Juez.

Te rogamos, pues,
que vengas en ayuda de tus siervos,
a quienes redimiste con tu preciosa Sangre.

Haz que en la gloria eterna
nos asociemos a tus santos.

Salva a tu pueblo, Señor,
y bendice tu heredad.

Sé su pastor
y ensálzalo eternamente.

Día tras día te bendecimos
y alabamos tu nombre para siempre,
por eternidad de eternidades.

Dígnate, Señor, en este día
guardarnos del pecado.

Ten piedad de nosotros, Señor,
ten piedad de nosotros.

Que tu misericordia, Señor,
venga sobre nosotros,
como lo esperamos de ti.

En ti, Señor, confié,
no me vea defraudado para siempre.

Oraciones cotidianas

A Jesucristo

CONSAGRACIÓN AL
SAGRADO CORAZÓN DE JESÚS

Señor Jesús, Dios y hombre verdadero,
hoy quiero consagrar a tu Sagrado Corazón
todo lo que soy y lo que tengo.
Ayúdame a vivir siempre en tu amistad.

Te pido que en este día bendigas a mi familia,
a mis amigos, a los que me hacen el bien,
a los más necesitados y a los que no me quieren.

Creo y espero en ti,
y deseo corresponder
al gran amor que me has mostrado
al morir por mí en la cruz.

¡Toma mi corazón y transfórmalo
con el fuego de tu Sagrado Corazón!

ORACIÓN DEL INCIENSO
(Tradición copta)

Rey de la Paz, danos tu Paz
y perdona nuestros pecados.
Aleja a los enemigos de la Iglesia
y guárdala, para que no desfallezca.

Emmanuel, Dios con nosotros, estás entre nosotros
en la gloria del Padre y del Espíritu Santo.

Bendícenos y purifica nuestro corazón,
y sana las enfermedades del alma y del cuerpo.

Te adoramos, Cristo,
con el Padre de bondad y con el Espíritu Santo,
porque has venido, nos has salvado. Amén.

Al Espíritu Santo

VEN, ESPÍRITU CREADOR

Ven, Espíritu Creador,
visita las almas de tus fieles,
llena con tu divina gracia
los corazones que tú creaste.

Tú eres nuestro consuelo,
don de Dios altísimo,
fuente viva, fuego, caridad
y espiritual unción.

Tú derramas sobre nosotros los siete dones;
tú, dedo de la diestra de Dios,
tú, fiel promesa del Padre
que inspiras nuestras palabras.

Enciende con tu luz nuestros sentidos,
infunde tu amor en nuestros corazones
y, con tu perpetuo auxilio,
fortalece la debilidad de nuestro cuerpo.

Aleja de nosotros al enemigo,
danos pronto la paz,
sé tú nuestro guía,
para que evitemos todo lo nocivo.

Por ti conozcamos al Padre,
y también al Hijo, y que en ti,
que eres el Espíritu de ambos,
creamos en todo tiempo.

Sea la gloria a Dios Padre,
y al Hijo, que resucitó de entre los muertos,
y al Espíritu Paráclito,
por los siglos de los siglos. Amén.

Ven, Espíritu Santo

Ven, Espíritu Santo,
y desde el cielo
envía un rayo de tu luz.

Ven, padre de los pobres,
ven, dador de las gracias,
ven, luz de los corazones.

Consolador óptimo,
dulce huésped del alma,
dulce refrigerio.

Descanso en el trabajo,
en el ardor tranquilidad,
consuelo en el llanto.

Oh luz santísima:
llena lo más íntimo
de los corazones de tus fieles

Sin tu ayuda,
nada hay en el hombre,
nada que sea inocente.

Lava lo que está manchado,
riega lo que es árido,
cura lo que está enfermo.

Doblega lo que es rígido,
calienta lo que es frío,
dirige lo que está extraviado.

Concede, a tus fieles
que en ti confían,
tus siete sagrados dones.

Dales el mérito de la virtud,
dales el puerto de la salvación,
dales el eterno gozo. Amén. (Aleluya.)

A la Virgen María

ACUÉRDATE

Acuérdate,
oh piadosísima Virgen María,
que jamás se ha oído decir
que ninguno de los que
han acudido a tu protección,
implorando tu asistencia
y reclamando tu socorro,
haya sido abandonado de ti.

Animado con esta confianza,
a ti también acudo,
oh Madre, Virgen de las vírgenes,
y aunque gimiendo
bajo el peso de mis pecados,
me atrevo a comparecer
ante tu presencia soberana.

No deseches mis humildes súplicas,
oh Madre del Verbo divino,
antes bien, escúchalas
y acógelas benignamente. Amén

BAJO TU AMPARO

Bajo tu amparo nos acogemos,
santa Madre de Dios;
no desprecies las súplicas
que te hacemos en nuestras necesidades,
antes bien líbranos siempre de todos los peligros,
¡oh Virgen gloriosa y bendita!

LA SALVE
(SALVE REGINA)

Dios te salve,
Reina y Madre de misericordia.
Vida, dulzura y esperanza nuestra, Dios te salve.

A ti clamamos los desterrados hijos de Eva.
A ti suspiramos,
gimiendo y llorando en este valle de lágrimas.

Ea, pues, Señora abogada nuestra:
vuelve a nosotros esos tus ojos misericordiosos;
y después de este destierro,
muéstranos a Jesús,
fruto bendito de tu vientre.

¡Oh, clemente, oh piadosa, oh dulce Virgen María!

V. Ruega por nosotros, santa Madre de Dios.
R. Para que seamos dignos de alcanzar las divinas gracias y promesas de nuestro Señor Jesucristo.

A LA VIRGEN DE GUADALUPE

San Juan Pablo II

¡Oh Virgen Inmaculada,
Madre del verdadero Dios y Madre de la Iglesia!
Tú, que desde este lugar manifiestas
tu clemencia y tu compasión
a todos los que solicitan tu amparo,
escucha la oración
que con filial confianza te dirigimos,
y preséntala ante tu Hijo Jesús,
único Redentor nuestro.

Madre de misericordia,
Maestra del sacrificio escondido y silencioso,
a ti, que sales al encuentro de nosotros,
los pecadores,

A la Virgen María

503

te consagramos en este día
todo nuestro ser y todo nuestro amor.
Te consagramos también nuestra vida,
nuestros trabajos, nuestras alegrías,
nuestras enfermedades y nuestros dolores.

Da la paz, la justicia y la prosperidad
a nuestros pueblos;
ya que todo lo que tenemos y somos
lo ponemos bajo tu cuidado,
Señora y Madre nuestra.

Queremos ser totalmente tuyos
y recorrer contigo el camino
de una plena fidelidad a Jesucristo en su Iglesia:
no nos sueltes de tu mano amorosa.

Virgen de Guadalupe, Madre de las Américas,
te pedimos por todos los obispos,
para que conduzcan a los fieles por senderos
de intensa vida cristiana, de amor
y de humilde servicio a Dios y a las almas.

Contempla esta inmensa mies,
e intercede para que el Señor infunda
hambre de santidad en todo el Pueblo de Dios,
y otorgue abundantes vocaciones
de sacerdotes y religiosos, fuertes en la fe
y celosos dispensadores de los misterios de Dios.

Concede a nuestros hogares la gracia
de amar y de respetar la vida que comienza,
con el mismo amor con el que concebiste
en tu seno la vida del Hijo de Dios.
Virgen santa María, Madre del Amor hermoso,
protege a nuestras familias,
para que estén siempre muy unidas,
y bendice la educación de nuestros hijos.

Esperanza nuestra, míranos con compasión,
enséñanos a ir continuamente a Jesús
y, si caemos, ayúdanos a levantarnos, a volver a él,
mediante la confesión de nuestras culpas
y pecados en el sacramento de la Penitencia,
que trae sosiego al alma.
Te suplicamos que nos concedas
un amor muy grande
a todos los santos sacramentos,
que son como las huellas que tu Hijo
nos dejó en la tierra.

Así, Madre santísima,
con la paz de Dios en la conciencia,
con nuestros corazones libres de mal y de odios,
podremos llevar a todos
la verdadera alegría y la verdadera paz,
que vienen de tu Hijo, nuestro Señor Jesucristo,
que con Dios Padre y con el Espíritu Santo
vive y reina por los siglos de los siglos. Amén.

CONSAGRACIÓN AL INMACULADO CORAZÓN DE MARÍA

Oh Virgen mía, oh Madre mía,
yo me ofrezco enteramente
a tu Inmaculado Corazón
y te consagro mi cuerpo y mi alma,
mis pensamientos y mis acciones.

Quiero ser como tú quieres que sea,
hacer lo que tú quieres que haga.
No temo, pues siempre estás conmigo.
Ayúdame a amar a tu Hijo Jesús,
con todo mi corazón y sobre todas las cosas.

Pon mi mano en la tuya
para que esté siempre contigo. Amén.

Cántico de la santísima Virgen María (Magníficat) Lc 1, 46-55

Proclama mi alma la grandeza del Señor,
se alegra mi espíritu en Dios, mi salvador;
porque ha mirado la humillación de su esclava.

Desde ahora me felicitarán todas las generaciones,
porque el Poderoso ha hecho obras grandes por mí:
su nombre es santo
y su misericordia llega a sus fieles
de generación en generación.

Él hace proezas con su brazo:
dispersa a los soberbios de corazón,
derriba del trono a los poderosos
y enaltece a los humildes,
a los hambrientos los colma de bienes
y a los ricos los despide vacíos.

Auxilia a Israel, su siervo,
acordándose de su misericordia
–como lo había prometido a nuestros padres–
en favor de Abraham y su descendencia
por siempre.

Gloria al Padre, y al Hijo, y al Espíritu Santo.
Como era en el principio, ahora y siempre,
por los siglos de los siglos. Amén.

A san José

Oración a san José

San Luis María Grignion de Montfort

Salve, san José, hombre justo,
la Sabiduría está contigo,
bendito es Jesús, el fruto de María, tu fiel esposa.
San José, digno padre y protector de Jesucristo,

ruega por nosotros, pecadores,
y alcánzanos de Dios la divina Sabiduría,
ahora y en la hora de nuestra muerte. Amén.

A los ángeles

ÁNGEL DE DIOS

Ángel de Dios, que eres mi custodio,
pues la bondad divina
me ha encomendado a ti,
ilumíname, guárdame, defiéndeme
y gobiérname.
Amén.

A SAN MIGUEL ARCÁNGEL

San Miguel arcángel, defiéndenos en la batalla;
sé nuestro amparo contra la perversidad
y las asechanzas del demonio.
Reprímale Dios, pedimos suplicantes;
y tú, príncipe de la milicia celestial,
con el poder que Dios te ha conferido,
arroja al infierno a Satanás
y a los demás espíritus malignos
que vagan por el mundo
para la perdición de las almas. Amén.

Por distintas necesidades

POR LA VIDA

Obispos de México

Gracias, Padre bueno,
por el don de la vida que nos has concedido.
Te pedimos que la podamos vivir
y ayudar a vivir, hasta la plenitud de Cristo.

Concédenos que en nuestra patria
nos conduzcamos mediante leyes sensatas
que reconozcan, respeten, defiendan
y promuevan toda vida humana,
desde su concepción
hasta su término natural. Amén.

¡Virgen María de Guadalupe, Madre de la Vida,
ruega por nosotros!

POR LA DEFENSA DEL MATRIMONIO

Padre eterno,
tú que nos creaste
a tu imagen y semejanza,
hombre y mujer nos creaste,
para unirnos y ser fecundos,
no permitas que prosperen
proyectos e iniciativas humanos
que atenten contra la obra de tus manos.

Líbranos de la tentación
de inventar o aceptar
una creación alternativa
que desdeñe tu divina voluntad.

Danos la gracia y el valor,
de promover y defender
tu sabio designio de amor
para el matrimonio y la familia,
bajo el amparo y la guía
de Jesús, José y María. Amén.

ORACIÓN DE LOS PADRES POR LOS HIJOS

Padre amoroso,
a través de nosotros hiciste surgir la vida.

Te damos gracias por los hijos que nos diste,
tú los conocías y amabas desde la eternidad.

No siempre es fácil comprenderlos
o ser como ellos desean que seamos,
pero son nuestra alegría y bendición.

Las preocupaciones, temores y fatigas
que nos cuestan, las aceptamos con serenidad.
Ayúdanos a amarlos sinceramente.

Danos sabiduría para guiarlos
con la palabra y el ejemplo,
paciencia para instruirlos,
vigilancia para hacerlos buenos,
y amor para corregirlos. Amén.

POR LA PAZ

Obispos de México

Señor Jesús, tú eres nuestra paz.
Mira nuestra patria, dañada
por la violencia y dispersa
por el miedo y la inseguridad.

Consuela el dolor de quienes sufren.
Da acierto a las decisiones
de quienes nos gobiernen.

Toca el corazón de quienes olvidan que
somos hermanos y provocan sufrimiento
y muerte. Dales el don de la conversión.
Protege a las familias, a nuestros niños,
adolescentes y jóvenes, a nuestros
pueblos y comunidades.

Que como discípulos misioneros tuyos,
ciudadanos responsables, sepamos ser
promotores de justicia y de paz para que,
en ti, nuestro pueblo tenga vida digna. Amén.

Santa María de Guadalupe, Reina de la paz,
ruega por nosotros.

POR LAS VOCACIONES
SACERDOTALES Y RELIGIOSAS

Siervo de Dios Luis María Martínez

Oh, Jesús, Pastor eterno de las almas,
dígnate mirar con ojos de misericordia
a esta porción de tu grey amada.
Señor, gemimos en la orfandad,
danos vocaciones, danos sacerdotes
y religiosos santos.
Te lo pedimos por la Inmaculada
Virgen María de Guadalupe,
tu dulce y santa Madre.

Oh Jesús, danos sacerdotes y religiosos
según tu corazón. Amén.

POR LA SANTIFICACIÓN
DE LOS SACERDOTES

Papa Benedicto XVI

Señor Jesucristo, eterno Sumo Sacerdote,
tú que te ofreciste al Padre en el altar de la Cruz,
y que por la efusión del Espíritu
le dio a su pueblo sacerdotal
una participación en tu sacrificio redentor.

Escucha nuestra oración
por la santificación de nuestros sacerdotes.
Concede a todos los que han sido
ordenados al ministerio sacerdotal
que sean cada vez más conformes a ti,
Divino Maestro. Que enseñen el Evangelio
con el corazón puro y la conciencia clara.

Que sean pastores
de acuerdo con tu propio Corazón,
una sola mente en el servicio a ti y a tu Iglesia,

y ejemplos luminosos
de una vida santa, sencilla y alegre.

A través de las oraciones
de la bienaventurada Virgen María,
Madre tuya y nuestra,
atrae a todos los sacerdotes y fieles a su cargo
a la plenitud de la vida eterna,
donde vives y reinas
con el Padre y el Espíritu Santo, un Dios,
por los siglos de los siglos. Amén.

POR LAS MISIONES

Señor Jesús,
que has prometido permanecer entre nosotros
si nos amamos como tú nos amas,
te rogamos lleves a buen término
por los caminos de la paz,
de la justicia y del perdón
a esta humanidad lacerada de guerras,
violencia y hambrienta de fraternidad.

Da fortaleza a los misioneros
que están llevando la antorcha de la fe,
y haz que, siguiendo los pasos
de san Francisco Javier,
sean testigos valientes del Evangelio.

Infunde en muchos jóvenes
la ilusión de seguirte
por el camino de la vocación al laicado,
a la vida consagrada y a la vida sacerdotal.

Te lo pedimos en unión con María,
Reina de las Misiones
y Estrella de la Nueva Evangelización. Amén.

Por distintas necesidades

Por los cristianos perseguidos

Padre nuestro,
Padre misericordioso y lleno de amor,
mira a tus hijos que a causa de la fe
en tu santo nombre
sufren persecución y discriminación
en diversos lugares del mundo.

Que tu Santo Espíritu los colme con su fuerza
en los momentos más difíciles de perseverar en la fe.
Que los haga capaces de perdonar
a los que los oprimen.
Que los llene de esperanza
para que puedan vivir su fe con alegría y libertad.

Que María, Auxiliadora y Reina de la Paz, interceda
por ellos y los guíe por el camino de santidad.

Padre celestial, que el ejemplo
de nuestros hermanos perseguidos
aumente nuestro compromiso cristiano,
que nos haga más fervorosos y agradecidos
por el don de la fe.
Abre, Señor, nuestros corazones
para que con generosidad sepamos llevarles el apoyo
y mostrarles nuestra solidaridad.

Te lo pedimos por Jesucristo, nuestro Señor. Amén.

Por un enfermo

Señor Jesucristo,
que para redimir a los hombres
y sanar a los enfermos quisiste asumir
nuestra condición humana,
mira con piedad a N., que está enfermo(a)
y necesita ser curado(a) en el cuerpo y en el espíritu.
Reconfórtalo(a) con tu poder
para que levante su ánimo

y pueda superar todos sus males;
y, ya que has querido asociarlo(a)
a tu Pasión redentora,
haz que confíe en la eficacia del dolor
para la salvación del mundo.
Tú que vives y reinas
por los siglos de los siglos. Amén.

POR LOS AGONIZANTES

¡Oh misericordiosísimo Jesús,
abrasado en ardiente amor por las almas!
Te suplicamos por la agonía
de tu Sacratísimo Corazón
y por los dolores de tu Inmaculada Madre,
que laves con tu Sangre
a todos los pecadores de la tierra
que están en la agonía y tienen hoy que morir. Amén.

Corazón agonizante de Jesús,
ten misericordia de los moribundos.

ORACIÓN POR LOS DIFUNTOS
(Tradición bizantina)

Dios de los espíritus y de toda carne,
que sepultaste la muerte,
venciste al demonio y diste la vida al mundo.
Tú, Señor, concede al alma
de tu difunto(a) siervo(a) N.,
el descanso en un lugar luminoso,
en un oasis, en un lugar de frescura,
lejos de todo sufrimiento, dolor o lamento.

Perdona las culpas por él (ella) cometidas
de pensamiento, palabra y obra,
Dios de bondad y misericordia;
puesto que no hay hombre que viva y no peque,
ya que tú sólo eres Perfecto

y tu Justicia es justicia eterna
y tu Palabra es la Verdad.

Tú eres la Resurrección, la Vida y el descanso
del difunto (de la difunta), tu siervo(a) N.

Oh Cristo, Dios nuestro,
te glorificamos junto con el Padre no engendrado
y con tu Santísimo, bueno y vivificante Espíritu.
Amén.

EL DESCANSO ETERNO

Dales, Señor, el descanso eterno.
Y brille para ellos la luz perpetua.
Descansen en paz. Así sea.

En torno a la Santa Misa

PARA ANTES DE LA MISA

Amado Dios, que eres todo poder e infinito amor,
vengo al sacramento de tu Hijo único,
nuestro Señor Jesucristo.

Vengo como enfermo al médico de mi vida,
como impuro a la fuente de la pureza,
como ciego a la luz de la claridad eterna,
como pobre e indigente
al Señor del cielo y de la tierra.

Te imploro la abundancia
de tu inmensa generosidad,
para que te dignes curar mi enfermedad,
lavar mi suciedad, eliminar mi ceguera,
enriquecer mi pobreza, vestir mi desnudez,
y así pueda recibir el Pan de los ángeles,
al Rey de reyes y Señor de señores,
con tanta reverencia y humildad, con tanto amor

y devoción, con tanta pureza y fe,
como conviene para mi salud integral.

Dame, te ruego, que no sólo reciba
el sacramento del Cuerpo y de la Sangre del Señor,
sino también la gracia y la virtud
que fluye del mismo.

Dios de misericordia, concédeme así
recibir el Cuerpo de tu Hijo único,
que él tomó de la Virgen María.
Él, que vive y reina por los siglos de los siglos. Amén.

ALMA DE CRISTO

Alma de Cristo, santifícame.
Cuerpo de Cristo, sálvame.
Sangre de Cristo, embriágame.
Agua del costado de Cristo, lávame.
Pasión de Cristo, confórtame.
Oh buen Jesús, óyeme.
Dentro de tus llagas, escóndeme.
No permitas que me aparte de ti.
Del maligno enemigo, defiéndeme.
En la hora de mi muerte, llámame.
Y mándame ir a ti,
para que con tus santos te alabe,
por los siglos de los siglos. Amén.

ORACIÓN DE SAN IGNACIO DE LOYOLA

Toma, Señor, y recibe toda mi libertad,
mi memoria, mi entendimiento
y toda mi voluntad; todo mi haber y mi poseer.
Tú me lo diste; a ti, Señor, lo torno;
todo es tuyo, dispón a toda tu voluntad.
Dame tu amor y tu gracia, que esto me basta.

Oración a Jesús crucificado

Mírame, oh mi amado y buen Jesús,
postrado ante tu santísima presencia;
te ruego con el mayor fervor,
que imprimas en mi corazón
vivos sentimientos de fe, esperanza y caridad,
dolor de mis pecados
y firmísimo propósito de jamás ofenderte.
Mientras que yo, con todo el amor
y con toda la compasión de que soy capaz,
voy considerando tus cinco llagas,
comenzando por aquello que dijo de ti,
oh Dios mío, el santo profeta David:
Han taladrado mis manos y mis pies
y se pueden contar todos mis huesos (Sal 22 [21], 17-18).

Para después de la Misa

Señor, bendito seas por el gran don de la Eucaristía.
Una vez más has querido que participe
de tus sagrados Misterios.

Gracias por tu Palabra,
que me enseña todo lo que has hecho
y haces constantemente por mí;
gracias por el sacerdote, imagen tuya,
que eres el Buen Pastor de todo el rebaño;
gracias por la comunidad de los hermanos,
que me ayudan a comprender
que soy miembro de la Iglesia;
gracias por tu Cuerpo y por tu Sangre,
que una vez más nos has dado por amor.

Ayúdame, ahora, al volver a mi casa
y a mis obligaciones de cada día,
a ser verdadero cristiano (verdadera cristiana).
Que sepa reconocer en los demás a mis hermanos,
que esperan ser amados de todo corazón.

Así no me apartaré nunca de tu lado,
aquí en la iglesia y también fuera de ella.

Madre de Dios y Madre mía, intercede para que
en todo lo que diga, haga o piense,
tu Hijo y Señor nuestro sea glorificado. Amén.

OFRECIMIENTO DEL
APOSTOLADO DE LA ORACIÓN

Divino Corazón de Jesús, por medio
del Corazón Inmaculado de María santísima,
te ofrezco todas mis oraciones,
obras y padecimientos de este día
en reparación de nuestros pecados
y por todas las intenciones
por las cuales te ofreces continuamente
en el santísimo Sacrificio del altar.
Te ofrezco todo esto en especial
por las intenciones del Apostolado de la Oración
y por las señaladas por el Papa para este mes.
Todo por ti, Corazón Sacratísimo de Jesús.

COMUNIÓN ESPIRITUAL

Jesús y Señor mío, creo con firmísima fe
que estás realmente presente
en el augusto Sacramento del altar.
Dios mío, qué feliz sería
yo si pudiera recibirte en mi corazón.
Espero, Señor, que vengas a él
y lo llenes de tu gracia.
Te amo, dulcísimo Jesús mío.
Siento no haberte amado siempre.
Ojalá nunca te hubiera agraviado ni ofendido,
dulcísimo Jesús de mi corazón.
Deseo recibirte en mi pobre morada. Amén.

Santo Rosario

El que guía: **Por la señal de la Santa Cruz...** (p. 493).
Todos: **Señor mío Jesucristo...** (p. 495).
El que guía: **Hoy vamos a considerar los misterios...** (gozosos, luminosos, dolorosos, gloriosos).

Después de meditar cada uno de los cinco misterios, se dice un Padrenuestro, diez Avemarías y un Gloria al Padre.

MISTERIOS GOZOSOS:
(Lunes y sábados)

1º **La Anunciación.**
2º **La Visitación.**
3º **El Nacimiento del Niño Dios.**
4º **La Presentación.**
5º **El hallazgo del Niño Jesús.**

MISTERIOS LUMINOSOS:
(Jueves)

1º **El Bautismo de Jesús.**
2º **Las bodas de Caná.**
3º **El anuncio del Reino.**
4º **La Transfiguración.**
5º **La institución de la Eucaristía.**

MISTERIOS DOLOROSOS:
(Martes y viernes)

1º **La Oración en el huerto.**
2º **La Flagelación.**
3º **La Coronación de espinas.**
4º **Jesús con la cruz a cuestas.**
5º **Crucifixión y muerte de Jesús.**

MISTERIOS GLORIOSOS:
(Miércoles y domingos)

1º La Resurrección.
2º La Ascensión.
3º La venida del Espíritu Santo.
4º La Asunción de María.
5º La Coronación de María.

El que guía: Por las intenciones del Santo Padre: Padre nuestro...
– Dios te salve, María santísima, Hija de Dios Padre, Virgen purísima antes del parto, en tus manos encomendamos nuestra fe para que la ilumines, llena eres de gracia...
– Dios te salve, María santísima, Madre de Dios Hijo, Virgen purísima en el parto, en tus manos encomendamos nuestra esperanza para que la alientes, llena eres de gracia...
– Dios te salve, María santísima, Esposa de Dios Espíritu Santo, Virgen purísima después del parto, en tus manos encomendamos nuestra caridad para que la inflames, llena eres de gracia...
– Dios te salve, María santísima, templo, trono y sagrario de la Santísima Trinidad, Virgen concebida sin pecado original. Dios te salve, Reina y Madre de misericordia... (p. 503).

LETANÍA

Señor, ten piedad de nosotros.	Señor, ten piedad de nosotros.
Cristo, ten piedad de nosotros.	Cristo, ten piedad de nosotros.
Señor, ten piedad de nosotros.	Señor, ten piedad de nosotros.
Cristo, óyenos.	Cristo, óyenos.
Cristo, escúchanos.	Cristo, escúchanos.
Dios Padre celestial,	ten piedad de nosotros.
Dios Hijo, Redentor del mundo,	ten piedad de nosotros.
Dios Espíritu Santo,	ten piedad de nosotros.
Santísima Trinidad, que eres un solo Dios,	ten piedad de nosotros.

ruega por nosotros.		ruega por nosotros.
Santa María,		Madre castísima,
Santa Madre de Dios,		Madre virgen,
Santa Virgen de las vírgenes,		Madre sin corrupción,
Madre de Cristo,		Madre inmaculada,
Madre de la Iglesia,		Madre amable,
Madre de la divina gracia,		Madre admirable,
Madre purísima,		Madre del buen consejo,

519

Madre del Creador,
Madre del Salvador,
Virgen prudentísima,
Virgen digna de veneración,
Virgen digna de alabanza,
Virgen poderosa,
Virgen clemente,
Virgen fiel,
Espejo de justicia,
Trono de la Sabiduría,
Causa de nuestra alegría,
Vaso espiritual,
Vaso digno de honor,
Vaso insigne de devoción,
Rosa mística,
Torre de David,
Torre de marfil,
Casa de oro,
Arca de la alianza,
Puerta del cielo,

ruega por nosotros.

Estrella de la mañana,
Salud de los enfermos,
Refugio de los pecadores,
Consuelo de los afligidos,
Auxilio de los cristianos,
Reina de los ángeles,
Reina de los patriarcas,
Reina de los profetas,
Reina de los apóstoles,
Reina de los mártires,
Reina de los confesores,
Reina de las vírgenes,
Reina de todos los santos,
Reina concebida sin pecado
    original,
Reina elevada al cielo,
Reina del santísimo Rosario,
Reina de la familia,
Reina de la paz,

ruega por nosotros.

Cordero de Dios, que quitas el pecado
del mundo,   perdónanos, Señor.
Cordero de Dios, que quitas el pecado
del mundo,   óyenos, Señor.
Cordero de Dios, que quitas el pecado
del mundo,   ten piedad de nosotros.

Bajo tu amparo nos acogemos, santa Madre de Dios; no desprecies las súplicas que te hacemos en nuestras necesidades, antes
bien líbranos de todos los peligros, ¡oh Virgen gloriosa y bendita!
El que guía: Ruega por nosotros, santa Madre de Dios.
Todos: Para que seamos dignos de alcanzar las divinas gracias y
promesas de nuestro Señor Jesucristo.

Oremos:
Te rogamos, Señor, que concedas a nosotros, tus siervos, gozar
de perpetua salud de alma y cuerpo, y que, por la gloriosa intercesión de la bienaventurada siempre Virgen María, seamos libres
de las tristezas de la vida presente y gocemos de las alegrías de la
vida eterna. Por Jesucristo, nuestro Señor. Amén.

En el nombre del Padre, y del Hijo, y del Espíritu Santo. Amén.

Vía Crucis

"Entre los ejercicios de piedad con los que los fieles veneran la Pasión del Señor, hay pocos que sean tan estimados como el Vía Crucis. A través de este ejercicio de piedad los fieles recorren, participando con su afecto, el último tramo del camino recorrido por Jesús durante su vida terrena: del Monte de los Olivos, donde en el 'huerto llamado Getsemaní' (Mc 14, 32) el Señor fue 'presa de la angustia' (Lc 22, 44), hasta el Monte Calvario, donde fue crucificado entre dos malhechores (cfr. Lc 23, 33), al jardín donde fue sepultado en un sepulcro nuevo, excavado en la roca (cfr. Jn 19, 40-42)".

Directorio sobre la piedad popular y la liturgia, n. 131

Introducción

En el nombre del Padre, y del Hijo, y del Espíritu Santo.

R. Amén.

Señor, que esta breve meditación de tu pasión nos anime y ayude a tomar la cruz de nuestra vida y a seguirte.

R. Amén.

1ª ESTACIÓN
Jesús es condenado a muerte

V. Te adoramos, Cristo, y te bendecimos.

R. Porque por tu Santa Cruz redimiste al mundo.

Por la envidia de los fariseos y la debilidad de Pilato, Jesús fue juzgado injustamente y condenado a muerte.

Porque yo también te he juzgado y condenado en mis hermanos o he dejado, con mi silencio, que otros lo hagan...

R. Perdón, Señor, perdón.

Todos: Padre nuestro...

Vía Crucis

2ª ESTACIÓN
Jesús carga con la cruz

V. Te adoramos, Cristo, y te bendecimos.
R. Porque por tu Santa Cruz redimiste al mundo.

Simplemente se la echaron encima, sin ninguna consideración, y él no la rechazó.

Por las veces que yo he dejado caer la cruz de mis obligaciones diarias y he renegado de la de mis penas y enfermedades...

R. Perdón, Señor, perdón.
Todos: Padre nuestro...

3ª ESTACIÓN
Jesús cae por primera vez

V. Te adoramos, Cristo, y te bendecimos.
R. Porque por tu Santa Cruz redimiste al mundo.

No es fácil llevar la cruz. Muchas veces cae uno vencido bajo su peso.

Por las ocasiones en que he tardado tanto en levantarme y por todos mis hermanos que ya no se han levantado...

R. Perdón, Señor, perdón.
Todos: Padre nuestro...

4ª ESTACIÓN
Jesús se encuentra con su Madre

V. Te adoramos, Cristo, y te bendecimos.
R. Porque por tu Santa Cruz redimiste al mundo.

Tuviste, Jesús, el apoyo de tu Madre en la subida al Calvario. Ella no se quejó, sino que te acompañó en ese penoso camino.

Por las veces en que he dejado solos a tantos enfermos y ancianos en su penoso camino...

R. Perdón, Señor, perdón.
Todos: Padre nuestro...

5ª ESTACIÓN
Simón de Cirene ayuda a Jesús

V. Te adoramos, Cristo, y te bendecimos.

R. Porque por tu Santa Cruz redimiste al mundo.

No quería, claro que no; el Cirineo era como muchos de nosotros, que no queremos ayudar.

Por haber dejado solos con su cruz de hambre, de desnudez, de abandono a tantos hermanos, cuando podía haberlos ayudado a llevarla...

R. Perdón, Señor, perdón.

Todos: Padre nuestro...

6ª ESTACIÓN
La Verónica limpia el rostro de Jesús

V. Te adoramos, Cristo, y te bendecimos.

R. Porque por tu Santa Cruz redimiste al mundo.

Aquella mujer supo descubrir el rostro de Cristo bajo aquella capa de sangre, sudor, polvo y salivazos.

Por no haberte descubierto en tantos rostros sudorosos de obreros y campesinos, y no haberte enjugado tantas lágrimas en quienes sufren...

R. Perdón, Señor, perdón.

Todos: Padre nuestro...

7ª ESTACIÓN
Jesús cae por segunda vez

V. Te adoramos, Cristo, y te bendecimos.

R. Porque por tu Santa Cruz redimiste al mundo.

¿Fue un tropezón con una piedra esta vez o un empujón? No lo sabemos.

Por las veces en que con nuestro ejemplo hemos hecho que los demás tropiecen, y por las veces, quizá, que deliberadamente los hemos empujado...

R. Perdón, Señor, perdón.

Todos: Padre nuestro...

8ª ESTACIÓN
Jesús habla a las hijas de Jerusalén

V. Te adoramos, Cristo, y te bendecimos.

R. Porque por tu Santa Cruz redimiste al mundo.

Ellas lloraban al ver a Jesús en medio de tanto dolor; mas él les dijo: "no lloren por mí; lloren por ustedes y por sus hijos".

Por las veces en que no valoro que el Inocente, el Santo, el "Varón de dolores" cargó con nuestros pecados en la cruz.

R. Perdón, Señor, perdón.

Todos: Padre nuestro...

9ª ESTACIÓN
Jesús cae por tercera vez

V. Te adoramos, Cristo, y te bendecimos.

R. Porque por tu Santa Cruz redimiste al mundo.

Y por tercera vez hace un esfuerzo supremo y se levanta.

Por esas ocasiones en las que, ante las dificultades, no he perseverado en la obra emprendida en favor de los demás.

R. Perdón, Señor, perdón.

Todos: Padre nuestro...

10ª ESTACIÓN
Jesús es despojado de sus vestiduras

V. Te adoramos, Cristo, y te bendecimos.

R. Porque por tu Santa Cruz redimiste al mundo.

Antes de ponerlo en la cruz lo despojaron de sus vestiduras.

Por las veces en que yo he despojado a los otros de su fama, de sus bienes, de sus derechos, de su inocencia, de sus ilusiones...

R. Perdón, Señor, perdón.

Todos: Padre nuestro...

11ª ESTACIÓN
Jesús es clavado en la cruz

V. Te adoramos, Cristo, y te bendecimos.

R. Porque por tu Santa Cruz redimiste al mundo.

Y desde la cruz pidió a su Padre que perdonara a sus verdugos, y a nosotros.

Por tantos perdones que yo he negado, y por tantas represalias y venganzas que he tomado...

R. Perdón, Señor, perdón.

Todos: Padre nuestro...

12ª ESTACIÓN
Jesús muere en la cruz

V. Te adoramos, Cristo, y te bendecimos.

R. Porque por tu Santa Cruz redimiste al mundo.

No hay amor más grande que dar la vida por los amigos.

Por la facilidad con que me olvido de lo que me quisiste –de lo que me quieres– y de lo que te costaron mis pecados...

R. Perdón, Señor, perdón.

Todos: Padre nuestro...

13ª ESTACIÓN
Jesús es bajado de la cruz

V. Te adoramos, Cristo, y te bendecimos.

R. Porque por tu Santa Cruz redimiste al mundo.

Y su cuerpo es puesto en brazos de su madre.

Por ese tierno Niño que tú nos diste en la Nochebuena, y que en aquella tarde te lo devolvimos muerto por nuestros pecados...

R. Perdón, Señor, perdón.

Todos: Padre nuestro...

14ª ESTACIÓN
Jesús es sepultado

V. Te adoramos, Cristo, y te bendecimos.

R. Porque por tu Santa Cruz redimiste al mundo.

Aquel que los judíos esperaban que fuera el libertador de Israel, el Mesías, fue sepultado.

Por las veces en que no tomo en cuenta, como dijiste a los discípulos de Emaús, que es necesario pasar por todas estas cosas para entrar en la gloria...

R. Perdón, Señor, perdón.

Todos: Padre nuestro...

15ª ESTACIÓN *(Se omite en Cuaresma)*
La Resurrección de Jesús

V. Te adoramos, Cristo, y te bendecimos.

R. Porque por tu Santa Cruz redimiste al mundo.

Si Cristo no hubiera resucitado, vana sería nuestra fe. Él vive eternamente, y un día vendrá de nuevo "con gran poder y majestad".

Por las veces en que me olvido de que si no muero con Cristo no podré resucitar con él...

R. Perdón, Señor, perdón.

Todos: Padre nuestro...

Oración final

Señor mío Jesucristo, que con tu pasión y muerte diste vida al mundo, líbranos de todas nuestras culpas y de todo mal, concédenos vivir apegados a tus Mandamientos y jamás permitas que nos separemos de ti. Tú que vives y reinas por los siglos de los siglos.

R. Amén.

V. El Señor nos bendiga, nos guarde de todo mal y nos lleve a la vida eterna.

R. Amén.

526

Intenciones del Papa Francisco
para el año 2020

ENERO
Promoción de la paz en el mundo

Por la evangelización: Recemos para que los cristianos, los que siguen otras religiones y las personas de buena voluntad promuevan la paz y la justicia en el mundo.

FEBRERO
Escuchar los gritos de los migrantes

Universal: Recemos para que el clamor de los hermanos migrantes víctimas del tráfico criminal sea escuchado y considerado.

MARZO
Los católicos en China

Por la evangelización: Recemos para que la Iglesia en China persevere en la fidelidad al Evangelio y crezca en unidad.

ABRIL
Liberación de las adicciones

Universal: Recemos para que todas las personas bajo la influencia de las adicciones sean bien ayudadas y acompañadas.

MAYO
Por los diáconos

Por la evangelización: Recemos para que los diáconos, fieles al servicio de la Palabra y de los pobres, sean un signo vivificante para toda la Iglesia.

JUNIO
El camino del corazón

Por la evangelización: Recemos para que aquellos que sufren encuentren caminos de vida, dejándose tocar por el Corazón de Jesús.

JULIO

Nuestras familias

Universal: Recemos para que las familias actuales sean acompañadas con amor, respeto y consejo.

AGOSTO

El mundo del mar

Universal: Recemos por todas las personas que trabajan y viven del mar, entre ellos los marineros, los pescadores y sus familias.

SEPTIEMBRE

Respeto de los recursos del planeta.

Universal: Recemos para que los recursos del planeta no sean saqueados, sino que se compartan de manera justa y respetuosa.

OCTUBRE

La misión de los laicos en la Iglesia

Por la evangelización: Recemos para que en virtud del Bautismo los fieles laicos, en especial las mujeres, participen más en las instancias de responsabilidad de la Iglesia.

NOVIEMBRE

La inteligencia artificial

Universal: Recemos para que el progreso de la robótica y de la inteligencia artificial esté siempre al servicio del ser humano.

DICIEMBRE

Para una vida de oración

Por la evangelización: Recemos para que nuestra relación personal con Jesucristo se alimente de la Palabra de Dios y de una vida de oración.

Para más información:

http://www.apostoladodelaoracion.com